John Lukacs
Churchill und Hitler

John Lukacs

Churchill und Hitler

Der Zweikampf

10. Mai – 31. Juli 1940

Aus dem Amerikanischen
von Norbert Greiner

Deutsche Verlags-Anstalt
Stuttgart

Die Originalausgabe erschien unter dem Titel
»The Duel 10 May – 31 July 1940.
The Eighty-Day Struggle Between Churchill and Hitler«.
1991 by Ticknor & Fields, New York
© 1990 by John Lukacs

Die Deutsche Bibliothek – CIP-Einheitsaufnahme

Lukacs, John:
Churchill und Hitler: der Zweikampf
10. Mai – 31. Juli 1940/John Lukacs.
[Aus dem Amerikanischen von Norbert Greiner]. –
Stuttgart: Deutsche Verlags-Anstalt, 1992
Einheitssacht.: The duel ten May to thirty-one July 1940 ⟨dt.⟩
ISBN 3-421-06535-7

© 1992 der deutschen Ausgabe
Deutsche Verlags-Anstalt GmbH, Stuttgart
Alle Rechte vorbehalten
Lektorat: Ulrich Volz
Satz: Dörlemann-Satz, Lemförde
Druck und Bindearbeiten: Clausen & Bosse, Leck
Printed in Germany

Dem Andenken von
Brigadegeneral Claude Nicholson,
Verteidiger der Ehre Englands bei Calais,
und
Adam von Trott zu Solz,
Verteidiger der Ehre Deutschlands in Berlin

»Der Soziologe usw. behandelt seinen Gegenstand, als ob das Resultat bereits in den Faktoren gegeben wäre; er sucht nur nach der Weise, auf welche das Endergebnis in den gegebenen Faktoren schon determiniert war. Der Historiker dagegen muß gegenüber seinem Objekt einen indeterministischen Gesichtspunkt wahren. Er versetzt sich ständig in einen Augenblick der Vergangenheit, in dem die erkennbaren Faktoren noch verschiedene Ergebnisse zuzulassen schienen. Spricht er von Salamis, dann ist es noch möglich, daß die Perser siegen werden . . .«

Johan Huizinga in »Die historische Idee«

Inhalt

Der achtzigtägige Zweikampf 9
Der erste Zufall
10. Mai 1940 29
In gefährlichem Gelände
11.–31. Mai 1940 81
Allein?
31. Mai–30. Juni 1940 155
Große Erwartungen
1.–30. Juli 1940 223
Der zweite Zufall
31. Juli 1940 278
Fünfzig Jahre danach 300
Epilog 315

Kurzer bibliographischer Essay 321
Danksagung 326
Abkürzungen zu den Anmerkungen .. 327
Anmerkungen 334
Register 345

Der achtzigtägige Zweikampf

Freitag, der 10. Mai 1940: In England und auf dem europäischen Festland bereitete man sich auf die Pfingstfeiertage vor. Eine sternenklare Nacht über ganz Westeuropa versprach einen schönen Frühlingstag.

In der ersten Stunde dieses Tages hielt ein ungewöhnlicher Zug, der von zwei Dampflokomotiven gezogen wurde und aus zehn überdurchschnittlich langen, dunkelgrünen Waggons bestand, leise und unbemerkt vor einer Weiche beim Bahnhof Hagenow, der an der langen, geraden, von Berlin nach Hamburg führenden Strecke liegt. Es war ein Sonderzug mit eigens für Hitler und dessen Begleitung gebauten Waggons, massiv, dunkel, matt glänzend, eine jener mächtigen Apparaturen aus bestem deutschem Stahl. Sein Deckname: »Amerika«.

Kurz nach Mitternacht westeuropäischer Zeit änderte der Zug die Richtung, und zwar so geschickt und unauffällig, daß kaum einer der Fahrgäste erwachte und merkte, wie die Reise weiterging. Man war zunächst nach Norden gefahren, ohne daß die Mitreisenden das Ziel gekannt hätten; die Reise schien nach Hamburg zu gehen. Die meisten glaubten, der Führer wolle nach Norwegen fahren, dessen Gebiet in den vorausgegangenen drei Wochen von seinen Streitkräften weitgehend erobert worden war. Er selbst hatte gegenüber einer seiner Sekretärinnen eine entsprechende Andeutung gemacht. Aber nun, etwa um ein Uhr morgens Berliner Zeit (die deutschen Uhren waren bei Kriegsbeginn eine Stunde vorgestellt worden), setzte sich der Zug in Richtung Westen in Bewegung.

Als er vier Stunden später anhielt, war der Tag noch nicht angebrochen. Im Inneren der getäfelten und stark gepanzerten Wagen herrschte gedämpftes Treiben, begleitet von den morgendlichen Geräuschen eines jeden Schlafwagens. Die Reisenden zogen die Lichtblenden an den Fenstern hoch. Ihr Blick fiel auf ein Bahnhofsgelände ohne Ortsschilder. Diese waren allesamt entfernt worden. Statt dessen hingen überall die gelben Zeichen der Wehrmacht. Dann erfuhren sie, daß sie sich in Euskirchen befanden, einer kleinen Stadt zwischen Bonn und Aachen nahe der belgischen Grenze. Von dort wurden sie zu Baracken bei Münstereifel gefahren, oberhalb des Dorfes Rodert. In den folgenden dreiundzwanzig Tagen bildeten diese ihr spartanisch ausgestattetes Hauptquartier: in einer Waldlichtung gelegen, die manch einem mit ihrem dichten Grün und ihrem Vogelgezwitscher in angenehmer Erinnerung blieb. Sein Deckname war »Felsennest«.

Der »Chef«, wie Hitler von seinen Mitarbeitern genannt wurde, wirkte ausgeruht, entschlossen und energiegeladen. Es war ungewöhnlich, daß er zu so früher Stunde auf den Beinen war. Sonst arbeitete er bis tief in die Nacht und stand normalerweise nicht vor elf Uhr auf. Er winkte seinen Stab herbei, der sich sofort erwartungsvoll versammelte. »Meine Herren, soeben ist die Offensive gegen die Westmächte eingeleitet worden«, eröffnete er den Anwesenden. Schon drang aus der Ferne das dumpfe Dröhnen der Artillerie. Waldesstille, Vogelgesang und Artilleriefeuer: So manchen erfüllte es mit Wonne, an diesem Morgengrauen dabeisein zu dürfen.

Das größte Abenteuer in der Karriere Adolf Hitlers hatte begonnen. Es entwickelte sich mit einer Geschwindigkeit, die niemand, nicht einmal er selbst, hatte voraussahen können. In weniger als vierzig Tagen war er Herr über Europa, beherrschte er große Teile der Welt. Seine Fahne wehte vom Nordkap bis zu den Pyrenäen. Seine Truppen vollzogen die Eroberung Westeuropas unter geringeren Verlusten an Menschen und Material, als sie die deutsche kaiserliche Armee im Ersten Weltkrieg in einem vergleichbaren Zeitraum für einen wenige Kilometer weit reichenden Vorstoß aus den Schützengräben zu verzeichnen gehabt hatte.

Ein wesentlicher Teil dieses Erfolges beruhte auf militärischen Entscheidungen, die von Hitler selbst getroffen worden waren. Zwanzig Jahre zuvor, als er sich entschloß, Politiker zu werden, hatte man ihn nicht ernst genommen: Wie konnte dieser ungebildete Außenseiter in Deutschland einer Partei vorstehen? Er belehrte alle eines Besseren. Er erwies sich als Meister nationaler deutscher Politik; er hatte Erfolg. Hitler wurde Reichskanzler, und erneut wurde er unterschätzt: Was verstand dieser Demagoge provinzieller Herkunft schon von Diplomatie und von Europa? Er belehrte seine Gegner wiederum eines Besseren. Er erwies sich als ernstzunehmender Staatsmann: Innerhalb von sechs Jahren machte er Deutschland größer, als Bismarck es vermocht hatte, und all dies erreichte er ohne Krieg. Man sagte nun: Ein Krieg? Was für ein Krieg? Mit einem Deutschland, das seiner Kriegsflotte beraubt war, seiner Kolonien, der Rohstoffe und finanziellen Mittel, über die das Kaiserreich im Jahr 1914 verfügt hatte?

Erneut belehrte er sie eines Besseren. Im Mai 1940 hatte sich Hitler seine Strategie für den Westfeldzug zurechtgelegt. Sein Plan war, in den Ardennen durchzubrechen, die Alliierten zu täuschen und geradewegs zum Ärmelkanal vorzustoßen. Es war ein genialer Plan.

Napoleon hat einmal gesagt, wie bei der Prostitution seien auch im Krieg Amateure oft besser als Professionelle. Hitler mag in der Kriegführung ein Amateur gewesen sein, aber er verfügte über eine unschätzbare Gabe, die sich in allen Problemlagen stets vorzüglich bewährte: Er besaß eine ausgeprägte Menschenkenntnis und einen untrüglichen Instinkt für die Schwächen des Gegners. Damit konnte er es sehr weit bringen.

Sehr weit. Er wollte die Franzosen schnell überrennen und die Briten vom Kontinent vertreiben. Dann könnte er seine Friedensbedingungen diktieren, und die Briten müßten sie akzeptieren.

An jenem sonnigen, vom Gesang der Vögel erfüllten Morgen des 10. Mai war Hitler seiner Sache fast sicher. Fast, doch nicht vollkommen. Er war auch nervös: im Ungewissen darüber, ob die Pläne für die Hauptheeresgruppe umgesetzt werden könnten; ob das Wetter günstig blieb; und vor allem im Bewußtsein der Tatsache, daß die endgültigen Meldungen über den Verlauf der Operation nach dem »Sichelschnittplan« – jenem von den deutschen Truppen vollzogenen Schnitt quer durch Frankreichs Norden, der die französischen und britischen Truppeneinheiten in Belgien einkesselte – noch einige Tage auf sich warten lassen würden. An diesem Tag jedoch schien alles gut zu laufen.

Am späten Abend dieses Maitages fühlte Hitler sich mit seinem Mitarbeiterstab bereits ganz zu Hause, eingerichtet und eingenistet im »Felsennest«. Bevor er sich abends ungewöhnlich früh zurückzog (allerdings war er ja auch ungewöhnlich früh aufgestanden), rief er noch zu einer kurzen Besprechung in den Kartenraum. Kurz zuvor hatte er erfahren, daß jenseits des Kanals Winston Churchill Premierminister von Großbritannien geworden war. Diese Nachricht befand sich unter den zahlreichen Meldungen, die ihm Walther Hewel, der Verbindungsmann des Außenministers Joachim von Ribbentrop im Hauptquartier, vorlegte.

Die Ernennung Churchills war irgendwann am frühen Abend erfolgt. Es gibt keine Aufzeichnungen darüber, wie Hitler auf diese Nachricht reagierte. Er wußte, daß sich die britische Regierung schon seit einigen Tagen in einer schweren Krise befand. Wir dürfen davon ausgehen, daß er nicht sonderlich überrascht war. Schon früher hatte er einmal geäußert, daß Chamberlain eines Tages abtreten könnte und die Briten es mit Churchill versuchen würden. Ein Versuch: nicht mehr. Er wußte, daß Churchill einer seiner erbittertsten Gegner war, vielleicht der erbittertste überhaupt. Aus diesem und manchen anderen Gründen verachtete Hitler ihn.

Das war ein Fehler. Es ist immer gefährlich, einen entschlossenen Gegner zu unterschätzen. Wie dem auch sei: Was Hitler von den Nachrichten aus London hielt, als er sich am Abend dieses 10. Mai zur Nachtruhe zurückzog, wissen wir nicht. Offenbar ist ihm nicht klar gewesen, in welchem Maße er jenseits des großen Krieges, den er in Westeuropa zwischen den Armeen, Flotten und Völkern entfacht hatte, in einen ganz persönlichen Zweikampf mit Churchill verwickelt war.

Der Unterschied zwischen Churchill und Adolf Hitler konnte kaum größer sein; ebenso unterschiedlich verlief für beide auch dieser 10. Mai. Schon in ihrer äußeren Erscheinung unterschieden sie sich sehr. Als Hitler an jenem Morgen die Baracken betrat, trug er eine einfache Uniform, die er nach eigenem Bekunden den ganzen Krieg tragen wollte. Churchill war mit einem seidenen Schlafanzug und einem lose gebundenen bunten Morgenmantel bekleidet, mit Hausschuhen an den ansonsten nackten Füßen. In ihnen tappte er kurzatmig durchs Haus. Hitler nahm ein einfaches Frühstück zu sich. Auf Churchill wartete ein großer Teller mit Speck und Eiern und seine Morgenzigarre.

Zur gleichen Stunde, vielleicht im selben Augenblick, in dem Hitler seinen Mitarbeiterstab ins Vertrauen zog, morgens um 5.30 Uhr in jener Waldlichtung, klingelte auf dem Nachttisch von Churchills Wohnung im oberen Stockwerk des Hauses der Admiralität das Telefon. Die Deutschen griffen Holland an. Noch war nicht klar, was diese Meldung bedeutete: nur Holland? Oder war dies der Beginn eines großen deutschen Westfeldzugs? Knapp eine Stunde später war es nur allzu offensichtlich. Auch Belgien wurde angegriffen, französische Luftwaffenstützpunkte bombardiert. Mittlerweile hatte das Licht des Maitages die Dämmerung verdrängt. Die große Dunstglocke über London wich einem klaren blauen Licht.

Damals, im Jahre 1940, war London noch die größte Stadt der Welt und zählte mehr Einwohner als New York, Moskau, Berlin oder Tokio. Die meisten Einwohner waren von den Ereignissen des Krieges noch nicht sonderlich beunruhigt. Natürlich waren die Briten nicht einfach nur Zuschauer bei dem sich abzeichnenden Zweikampf. Die Deutschen ebensowenig. Beide, Hitler und Churchill, waren von ihrem Volk abhängig. Aber es gab einen wesentlichen Unterschied: Hitler saß fest im Sattel, Churchill nicht – jedenfalls noch nicht. Zudem waren die Sättel ungleich, ebenso wie ihre Pferde.

Die Deutschen waren willensstark, diszipliniert, gehorsam, viele von ihnen unwillig, ihren Verstand jenseits der doch offensichtlich notwendigen und funktionierenden Grenzen zu gebrauchen. Der Charakter und die historischen Erfahrungen des britischen Volkes waren andersgeartet. Ihre Form der politischen, wenn auch nicht gerade sozialen Demokratie mit der parlamentarisch kontrollierten Regierung hatte ihre Führer von der jeweiligen Stimmung abhängig gemacht. Die Bedingungen und Prozesse, unter denen solche Stimmungen von der politischen Führung registriert wurden, waren kompliziert und indirekt.

Engländer sind nicht intellektuell. Auch zeigen sie oftmals keine Bereitschaft, über manche Dinge nachzudenken – doch ist diese Zurückhaltung von einer anderen Art als die der Deutschen. Die Engländer sind nicht willens, nachzudenken oder gar ein einmal getroffenes Urteil zu ändern, wenn sie nicht ein unabweisbarer Sachverhalt nachgerade dazu nötigt. *We'll cross that bridge when we get to it* – was sinngemäß soviel heißt wie »Wir widmen uns dem Problem, wenn es sich stellt«: Kaum eine Redensart ist typischer für die Briten als diese. An jenem 10. Mai des Jahres 1940 standen allerdings viele Briten, und mit ihnen ihre gewählten Parlamentsabgeordneten, unter dem Eindruck, daß eine solche Brücke erreicht war, daß ein Problem auf eine Lösung drängte. Merkwürdigerweise hatte das aber nichts mit den ungeheuren Nachrichten dieses Tages zu tun, mit der Tatsache, daß die deutsche Invasion in Westeuropa den Zweiten Weltkrieg in aller Konsequenz entfesselt hatte. Vielmehr war die innenpolitische Situation an einem Siedepunkt angelangt, den viele seit langem erwartet hatten: Chamberlain mußte als Premierminister abgelöst werden.

Ansonsten verlief der Morgen normal. Die braunen und gelben Backsteinhäuser in den Vororten Londons, die blankgeputzten Messingverzierungen an den Türen von Mayfair, die langsamen Busse in den Londoner Straßen, der Kohle- und Polstergeruch in den Untergrundbahnen, auch die Spiele oder Gartenarbeiten, die man sich für die zwei Pfingsttage vorgenommen hatte: All das war vertraute Wirklichkeit und scheinbar durch nichts zu verdrängen. Der Krieg hatte ernsthaft begonnen, aber über ganz England war kein einziger Bomber zu sehen.

An diesem 10. Mai wurde in Westminster die sprichwörtliche Brücke überquert und eine folgenreiche Entscheidung getroffen. Die Ereignisse dieses Tages, wie sie sich Stunde für Stunde entwickelten, sind von den Betroffenen und von Historikern, in Memoiren und Biographien, ausgiebig dargestellt worden. Auch Churchill hat seine Version geliefert (wenngleich er sich im Datum eines entscheidenden Gesprächs irrte, welches in Wirklichkeit am Vortag stattgefunden hatte).

Für Churchill war es ein außergewöhnlicher Tag, so wie für seinen Gegner mehr als vierhundert Kilometer weiter östlich. Das galt im übrigen auch für ihre persönlichen Gepflogenheiten. Wie Hitler war Churchill ein Spätaufsteher. (Hitler wollte vor elf Uhr nicht gestört werden; Churchill saß gelegentlich im Bett über seinen Akten und traf seine Anordnungen von dort oder von der Badewanne aus.) An diesem Tag frühstückte er lange vor sieben Uhr. Die Meldungen vom Kriegsgeschehen trafen nach und nach ein. An diesem klaren, kühlen Morgen fuhr er früh vom Haus der Admiralität zu einer Krisensitzung des Kriegskabinetts.

Er wußte schon seit dem Nachmittag des Vortages, daß eine wichtige Entscheidung bevorstand und daß er Premierminister Großbritanniens werden würde. Er hatte es seinem Sohn bereits am Vorabend in einem Telefonat mitgeteilt. Als er sich nun auf den Weg machen wollte, stürzte sein Privatsekretär ins Zimmer: Sein Sohn war erneut am Telefon. Diesmal war der Vater kurz angebunden: »Ach, das ist doch nicht so wichtig. Jetzt geht es um nichts anderes mehr, als den Feind zu schlagen.« Das waren keine auf öffentliche Wirkung bedachten Worte. Wir dürfen davon ausgehen, daß er es damit ernst meinte. Bemerkenswert ist, daß Churchill an diesem Tag, an dem das Schicksal ihn begünstigte, nicht den geringsten Triumph zeigte.

Doch dann trat eine unerwartete Störung ein. Chamberlain hatte es sich anders überlegt. Am Tag vorher hatte er gegenüber Churchill und Halifax geäußert, daß er wohl zurücktreten müsse. Nun klebte er an der Macht. Als das Kabinett unter dem Eindruck der ständig eintreffenden Kriegsmeldungen zusammentrat, erklärte Chamberlain, daß er wohl besser im Amt bleibe, bis die soeben begonnene Schlacht um Belgien entschieden sei. Churchill sprach kein Wort.

Im Verlauf des Vormittags versagten einige seiner Gefolgsleute dem Premierminister die Gefolgschaft. Es herrschte mittlerweile ungeteilte Einigkeit darüber, daß eine Regierung der nationalen Einheit unter Beteiligung von Labour-Ministern gebildet werden müsse. Die Führung der Labour Party hielt gerade ihre Jahresversammlung in einem bürgerlichen Hotel in Bournemouth ab. Sie hatte erklärt, daß sie einer Regierung unter Chamberlain nicht beitreten würde; aber ihre endgültige Stellungnahme war noch nicht abgegeben.

Um 11.30 Uhr trat das Kriegskabinett zu einer weiteren Krisensitzung zusammen. Deutsche Fallschirmspringer hatten den Flughafen von Rotterdam eingenommen. Das holländische Königshaus und das Kabinett waren bereit, aus ihrem Land zu fliehen. Churchill brachte einige technische Einzelheiten zur Sprache; aber im allgemeinen blieb er zurückhaltend. Um 16.30 Uhr trat das Kabinett erneut zusammen. In der Ferne, jenseits des Kanals, entbrannte die Schlacht. Die Kabinettssitzung zog sich mühselig hin, wie dies häufig geschieht.

Jeder wußte, worum es ging: was die Delegierten der Labour Party – die im Unterhaus numerisch in einer deutlichen Minderheit war – zu einer nationalen Einheitsregierung sagen würden. Gegen 17 Uhr übermittelten sie telefonisch ihre Antwort. Unter Chamberlain würden sie keiner Regierung beitreten. Churchill schwieg noch immer. Chamberlain brachte Churchill noch immer nicht ins Gespräch. Doch schließlich, am Ende der letzten Kabinettssitzung dieses Tages, erklärte er erschöpft und müde seinen Rücktritt.

Anschließend fuhr er in den Buckingham-Palast, um den König von diesem Schritt zu unterrichten. Dieser hatte soeben seine Teezeit beendet. George VI. war enttäuscht: Chamberlain besaß sein Vertrauen, über Churchill war er sich nicht im klaren; insgeheim hatte er auf Halifax gesetzt. Eine Stunde später fuhr Churchill vor. Der König empfing ihn »sehr wohlwollend«. Das Treffen war von englischem *understatement* gekennzeichnet, ohne Glanz und Aufwand; der König scherzte mit Churchill, und dieser ging ungezwungen darauf ein. Dann forderte der König ihn auf: »Ich wünsche, daß Sie eine Regierung bilden.« Churchill willigte ein. Er unterbreitete einige seiner Vorstellungen. Mittlerweile war London in ein bläuliches Zwielicht getaucht. Der Weg vom Buckingham Palace zum Haus der Admiralität ist kurz. Churchill wurde nur von Inspektor W. H. Thompson, seiner persönlichen Leibwache, begleitet. Zunächst schwieg Churchill. Dann wandte er sich an Thompson: Dieser könne sich sicher denken, warum man ihn zum König gerufen habe. Thompson bejahte es, gratulierte ihm und fügte hinzu: »Für dieses Amt hätte ich Ihnen bessere Zeiten gewünscht, denn auf Sie wartet eine enorme Aufgabe.« Im Gegensatz zu Hitler ließ Churchill seinen Gefühlen freien Lauf. Bei manchen Anlässen konnten ihm durchaus Tränen in die Augen treten. Jetzt war ein solcher Moment. Er erwiderte: »Gott allein weiß, wie schwer sie ist. Ich hoffe, es ist noch nicht zu spät. Ich fürchte es beinahe. Wir können nur unser Bestes tun.« Damit stieg er aus dem Auto und ging die Treppen zum Haus der Admiralität hinauf, mit zusammengepreßten Lippen und einem ernsten, entschlossenen Blick.

Die Entscheidung war nun gefallen. Nach einem langen Tag, an dem er auch auf seinen erfrischenden Nachmittagsschlaf hatte verzichten müssen, widmete er sich mit neuer Energie einer Fülle von Einzelheiten. Er schrieb viele Briefe, darunter einen verbindlichen an Chamberlain. Als er viele Jahre nach dem Krieg die Ereignisse dieser Tage zu Papier brachte, mag ihn seine Erinnerung in dieser oder jener Einzelheit getäuscht haben. Aber am Ende findet sich eine verblüffende Feststellung: »Als ich gegen drei Uhr früh zu Bett ging, [empfand ich] eine tiefe Erleichterung. Endlich verfügte ich über die Autorität, in jeder Richtung maßgebende Weisungen zu erteilen. Mir war zumute, als ob das Schicksal selber mir den Weg wiese, als wäre mein ganzes bisheriges Leben nur eine Vorbereitung auf diesen Augenblick gewesen und auf diese Prüfung.« Er schließt die Schilderung der Ereignisse dieses Tages mit einer merkwürdig einsilbigen Bemerkung: »Tatsachen sind besser als Träume.« Vielleicht wollte er seinen

Lesern damit nur sagen, daß er in einen gesegnet ruhigen und traumlosen Schlaf fiel. Das war um drei Uhr morgens, am 11. Mai. Hitler schlief fest. Er hatte den Vortag früher als Churchill begonnen; aber Churchill hatte länger durchgehalten. Vielleicht war das ein Vorzeichen. Doch liegt es in der Natur von Vorzeichen, daß wir sie erst hinterher als solche erkennen.

Hier nun beginnt die Geschichte des Zweikampfes zwischen Adolf Hitler und Winston Churchill während der achtzig Tage zwischen dem 10. Mai und dem 1. August des Jahres 1940. Von diesem Zweikampf im Mai, Juni und Juli 1940 hing der Ausgang des Zweiten Weltkriegs ab und das weitere Schicksal der Welt. Während dieser achtzig Tage stand allein Churchill Hitler im Weg, konnte nur er ihn daran hindern, den Krieg zu gewinnen. Nach diesen achtzig Tagen haben andere historische Persönlichkeiten auf die weltpolitische Szene Einfluß genommen. Auch änderte sich dann die jeweilige Situation der Duellanten. Hitler erwog eine Invasion Rußlands, die möglicherweise einer Invasion Englands vorauszugehen hätte oder sie gar überflüssig machte.

Diese Überlegungen gewannen genau zu jenem Zeitpunkt in Hitlers Kopf Gestalt, als Franklin Roosevelts Sympathie für Churchills England und seine Abneigung gegen Hitlers Deutschland dazu führten, daß seinen schon längst nicht mehr neutralen Verlautbarungen nun auch eindeutige Handlungen folgten. Nach dem August 1940 war Churchill nicht mehr allein. Weitere fünfhundert Tage später befanden sich Amerika unter Roosevelt und Rußland unter Stalin im Krieg. Wir wissen, daß Großbritannien den Kampf um England im August und September 1940 hätte verlieren können, daß Churchill und die Alliierten noch 1941 und vielleicht noch 1942 den Krieg hätten verlieren können und daß auch danach immer deutlicher zutage trat, daß Großbritannien selbst bei vollem Kriegsengagement der Vereinigten Staaten Deutschland nicht besiegen konnte.

Bei alledem müssen wir zwei Umstände in Betracht ziehen, die wenig oder überhaupt keine Beachtung gefunden haben. Zum einen war Hitler in diesen achtzig Tagen im Mai, Juni und Juli 1940 dem Sieg viel näher als gemeinhin befürchtet. Zum anderen war Churchills Position innerhalb Englands nicht so stark wie zumeist angenommen. Hitler und Churchill wußten das. Sie kannten sich auch gegenseitig recht gut, obwohl sie sich persönlich niemals kennengelernt hatten. Das erklärt die Faszination, die dieser Zweikampf besitzt – ein intellektuelles und psychologisches Duell.

Wir dürfen das Bild nicht überstrapazieren. Ein Historiker ist sich durchaus der Gefahr der Selbsttäuschung bewußt, wenn er an eine in irgendeiner Form gegebene »wissenschaftliche« Objektivität glaubt; er muß aber ebenso den Verlockungen ständiger Überdramatisierung widerstehen, die zwangsläufig zu einem Mißbrauch der Worte führt. Ein Zweikampf ist seiner Natur nach physischer Art. Er trägt feudale oder mittelalterliche Züge: die eines Turniers. Churchill war wohl so etwas wie ein Ritter, doch steckte er gewiß nicht in einer schimmernden Rüstung. (Der Plebejer Hitler wurde übrigens von einem deutschen Künstler einmal als Ritter dargestellt, mit glänzender Rüstung und stolz erhobener Lanze.)

In einem Zweikampf hat jeder der Kombattanten die gleiche Chance, den anderen zu erschlagen beziehungsweise zu besiegen. 1940 blieb Churchill nichts anderes übrig, als Hitlers Angriffe zu parieren und ihm bei Gelegenheit da und dort ein paar Wunden zuzufügen. Aber er konnte ihn weder töten noch besiegen, noch lebensgefährlich verwunden. Und dennoch: In gewisser Weise besiegte – oder vielmehr überlebte – er seinen Gegner, als dieser damit begonnen hatte, seine ursprüngliche Strategie zu ändern.

All dies widerspricht der deterministischen und sozialwissenschaftlichen (und in gewisser Hinsicht demokratischen) Denkweise der modernen Welt, derzufolge die Geschichte durch materielle Bedingungen, Institutionen und deren Organisationsformen »gemacht« und nicht durch die Gedanken, Worte und Taten (kurz: vom Charakter – ein altmodisches, kaum noch gebrauchtes Wort) hervorragender Menschen geprägt wird. Es steht außer Zweifel, daß das Schicksal fast der ganzen Welt –

ebenso wie die weitere Entwicklung des zwanzigsten Jahrhunderts – im Jahr 1940 von diesen beiden Männern abhing, von Hitler und Churchill (später natürlich auch von Roosevelt, Stalin und de Gaulle, ohne die der Zweite Weltkrieg einen anderen Verlauf genommen hätte).

Was wirklich zählt, ist weniger die materielle als die geistige Disposition des Menschen. Hitler und Churchill waren erfahrene Denker. Alles hing davon ab, wie und was sie wirklich dachten, wobei das entscheidende Element ihres Zweikampfes darin bestand, wie sie sich gegenseitig sahen und einschätzten. Weder Hitler noch Churchill entwickelten völlig originale Gedanken; völlig originale Ideen gibt es nicht. Aber jeder einzelne Gedanke wird in dieser Welt von jedem menschlichen Wesen anders aufgenommen (und ausgedrückt). In unserer Welt sind die Ideen und Überzeugungen der Menschen ausschlaggebend – und damit im Jahre 1940 die Ideen und Überzeugungen Hitlers und Churchills.

Doch Überzeugungen, Ideen und Überlegungen existieren ebensowenig unabhängig von denen, die sie hervorbringen, wie vom Rest der Welt. Ideen existieren nur dann, wenn Menschen sie verkörpern – insofern irrten sich nicht nur Materialisten wie Marx, sondern auch Idealisten wie Dostojewski. Kurz: Nicht nur ist der Geist der Materie vorrangig und vorhergehend; zugleich ist auch das, was Menschen mit ihm machen, wichtiger und wirklicher als das, was dieser Geist bei Menschen bewirkt.

Es gibt Ideen, die unvergänglich sein mögen, aber ihre Aufnahme ist fast immer historisch, das heißt, sie werden gefiltert und vermittelt. Im Jahr 1940 waren Hitler und Churchill die beiden Protagonisten eines großen Kampfes. Sie repräsentierten dabei nicht nur zwei unterschiedliche Völker und ihre unterschiedlichen Streitkräfte, Erzeugnisse, Sitten, Gewohnheiten und Gesetze. Sie repräsentierten vor allem auch zwei der drei wichtigen historischen Bewegungen, die, nach dem Ersten Weltkrieg geformt, im Jahre 1940 einen Höhepunkt erreicht hatten und die Geschichte fast eines jeden Landes beherrschten.

Zur Zeit der Abfassung dieses Buches – mehr als ein halbes

Jahrhundert nach jenen Ereignissen – sind bereits ein oder zwei Generationen nachgewachsen, denen sich die Geschichte dieses Jahrhunderts als globaler Konflikt zwischen Kapitalismus und Kommunismus oder, wenn man will, zwischen Demokratie und Kommunismus darstellt. Diese Sehweise ist falsch.

Die historische Landschaft des zwanzigsten Jahrhunderts ist – auch nach dem Ende des kalten Krieges und der Teilung Deutschlands – nach wie vor im wesentlichen durch die zwei Weltkriege geprägt. Sie sind die beiden massiven Gebirgsketten, in deren Schatten wir uns auch heute noch befinden. Sie haben die Welt mehr verändert als irgendein Weltkrieg oder eine Revolution der vorhergegangenen Jahrhunderte. Sie trennen uns von einer Welt vor 1914, die nicht nur uns unsagbar weit entfernt erscheint, sondern bereits der unmittelbaren Nachkriegsgeneration unglaublich fremd erschien. Die bolschewistische Revolution, der Aufstieg der Vereinigten Staaten zur führenden Supermacht dieser Welt, das Ende der Kolonialreiche, die Teilung Europas, die Atombombe und vieles andere waren die Folgen dieser Kriege, nicht ihre Ursachen.

Es ist unsinnig, Ideen so zu betrachten, als existierten sie losgelöst von menschlichen Wesen. Wie schon seit einigen Hundert Jahren verkörpern auch heute die Nationen dieser Erde die wesentlichen historischen Faktoren. Das war in der Vergangenheit nicht immer der Fall, und es wird wohl auch nicht in aller Zukunft so bleiben. Dem heutigen Begriff der Nation liegt – im Unterschied zu dem des Staates – eine relativ junge Vorstellung zugrunde. Ungeachtet der Theorien von Marx, Engels und großer Teile der Sozialwissenschaften in demokratischen Ländern gilt, daß die großen Kriege und Auseinandersetzungen des zwanzigsten Jahrhunderts nicht zwischen den Klassen, sondern den Nationen dieser Welt ausgetragen worden sind. So waren die beiden Weltkriege im wesentlichen, wenn auch nicht gänzlich und ausschließlich, Kämpfe, die die deutsche Nation gegen andere Nationen führte, ein Ergebnis des deutschen Aufstiegs zur Weltmacht und des deutschen Anspruchs auf eine Vormachtstellung in Europa – im Rückblick der letzte militärische und politische Versuch einer mächtigen europäischen Nation, dieses Ziel zu erreichen. Das war jedoch nicht alles. Die bestimmende historische Kraft des zwanzigsten Jahrhunderts ist der Nationalismus. Dies zu ignorieren bis zu einem Punkt, an dem es für eine Korrektur – fast – zu spät war, war der fatale, zumindest ans Fatale grenzende Irrtum von Kommunismus und Demokratie gleichermaßen. Der größte und mächtigste Apostel dieser modernen Form des Nationalismus war Adolf Hitler. Aber er stand keineswegs allein. Er war nur die – im wörtlichen, nicht wertenden Sinn gemeinte – hervorragende Verkörperung einer historischen Bewegung, die mindestens zwanzig oder fünfundzwanzig Jahre lang in immer neuen Formen die ganze Welt erfaßte. Etwa zwischen 1920 und 1945, jenem Vierteljahrhundert also, in das Hitlers (nicht allerdings Churchills) politische Karriere fiel, war die Weltgeschichte (also nicht nur die europäische Geschichte) von der Auseinandersetzung dreier Kräfte beherrscht.

Da war zum einen der damals allein durch Sowjetrußland verkörperte Kommunismus. Zum anderen gab es die Demokratie – die parlamentarische und liberale Demokratie, die in den englischsprachigen und den west- und nordeuropäischen Nationen ihr Zuhause hatte. Und schließlich war da jene neue historische Kraft, die unzutreffend mit »Faschismus« bezeichnet wurde. Mussolinis Diktatur in Italien war die erste nationale Erscheinungsform dieser Bewegung, aber ihre Anziehungskraft wurde sehr bald übertroffen von Hitlers Drittem Reich, einem nationalsozialistischen Staat, der gemeinhin als die eigentliche Verkörperung dieser dritten Kraft bis zu seiner endgültigen Niederlage im Jahre 1945 galt.

In jenem Jahr 1940 nun – und schon einige Jahre zuvor und noch einige Jahre danach – war der Nationalsozialismus die mächtigste dieser drei historischen Kräfte. Wie wir wissen – und gelegentlich vergessen –, hat es schließlich der vereinten Kräfte der in vieler Hinsicht ungewöhnlichen und kurzlebigen Allianz Großbritanniens, der Vereinigten Staaten von Amerika und Sowjetrußlands bedurft, um Deutschland zu besiegen. Keinem dieser Staaten allein – nicht einmal einer Allianz aus nur zweien dieser drei Staaten und auch nicht der ungeheuren Materialkraft der Briten und Amerikaner – wäre der Sieg gelungen. Das ist nicht nur auf die Kampfkraft, die Organisation und die Disziplin der deutschen Streitkräfte zurückzuführen, wenngleich diese sicherlich ihren Teil dazu beigetragen haben. Entscheidender war wohl die Kraft der Idee, die Hitler verkörperte. Deshalb ist es nicht nur historisch unkorrekt, sondern auch gefährlich, Hitler und den Hitlerismus lediglich als ein flüchtig-kurioses Zwischenspiel in der Geschichte des zwanzigsten Jahrhunderts zu betrachten, als den kurzen Aufstieg und Fall eines Verrückten.

Trotz seiner internationalen Ambitionen und seiner Propaganda hatte der Kommunismus die Grenzen der Sowjetunion nicht sehr weit überschritten. Lenin war davon überzeugt, daß die kommunistische Machtübernahme 1917 in Rußland nur ein glücklicher Zufall war und daß die Ereignisse dort sich sehr bald auch in vielen anderen europäischen und asiatischen Ländern (zuallererst, wie Lenin glaubte, in Deutschland) wiederholen würden. Diese Erwartung blieb unerfüllt. Der Kommunismus ist die einzige große revolutionäre Bewegung der Geschichte, der es nicht gelang, ihren Machtbereich wesentlich über die Grenzen seines Ursprungslandes auszudehnen – jedenfalls nicht vor dem Ende des Zweiten Weltkriegs. Man vergleiche nur einmal die Wirkung, die in kürzester Zeit von der amerikanischen und der französischen Revolution auf zahllose andere Länder ausstrahlte, und zwar sehr oft ohne militärische Unterstützung durch Amerika oder Frankreich. Der Preis, den Lenin selbst innerhalb des großen russischen Reiches für die Machterhaltung des kommunistischen Regimes zu zahlen hatte, war die Verkleinerung dieses Reiches, der Rückzug aus Rußlands osteuropäischem Macht- und Geltungsbereich. Im Gegensatz zu Lenin war Stalin, der 1924 die Macht übernahm, weniger ein Revolutionär als ein Staatsmann, und zwar ein nationalistischer, der zudem noch viele Jahre lang eine ausgeprägte Isolationspolitik betrieb.

Aber während der zwanziger und besonders der dreißiger Jahre verlor neben dem Kommunismus auch die Demokratie an Faszinationskraft. Kurz nach 1918 hatte es so ausgesehen, als führe der Sieg der westlichen demokratischen Länder im Ersten Weltkrieg zwangsläufig zur Einrichtung einer liberalen parlamentarischen Demokratie in den meisten Ländern der Welt, besonders Europas. Dieser Eindruck hielt nicht lange vor. In den zwanzig Jahren vor Ausbruch des Zweiten Weltkriegs versagte die liberale parlamentarische Demokratie und wurde von vielen Völkern aufgegeben: von Italien, der Türkei, Portugal, Spanien, Bulgarien, Griechenland, Rumänien, Jugoslawien, Ungarn, Albanien, Polen, Estland, Litauen, Österreich, Deutschland – nicht zu reden von Japan, China und vielen mittel- und südamerikanischen Ländern. Diese Veränderungen wurden nicht durch äußeren Druck hervorgerufen. Es waren spontane Entwicklungen. Bereits 1930, also schon drei Jahre vor Hitlers Machtergreifung in Deutschland, sah es so aus, als sei die Einrichtung autoritärer Diktaturen weltweit die natürliche Antwort auf das Versagen der parlamentarischen und kapitalistischen Demokratie. Wie wir noch sehen werden, erschien selbst Churchill eine solche Interpretation nicht abwegig.

Diese Diktaturen hatten in jedem Land einen anderen Zuschnitt. Die wenigsten von ihnen waren »totalitär« in dem Sinn, in dem wir den Begriff heute gebrauchen. Einige von ihnen leisteten Hitler Widerstand. Aber im großen und ganzen befand sich die Demokratie auf dem Rückzug. Sie erweckte den Eindruck, als seien ihre Institutionen und Ideen erlahmt und abgenutzt. Die politische Landkarte Europas war ein Spiegelbild dieser Entwicklung. Während sich in West- und Nordeuropa die parlamentarische Demokratie weiterhin behauptete, war sie in Mittel-, Süd- und Osteuropa nationalistischen Diktaturen gewichen. Und im fernen Osten des Kontinents, durch einen eisernen Vorhang vom übrigen Europa abgetrennt, moderte der dunkle, einsame Gigant, das kommunistische Rußland, vor sich hin.

Eine weitere, wesentlichere Veränderung war eingetreten. Zur Zeit des Ersten Weltkriegs war es ganz normal und durchaus sinnvoll, von »Deutschland«, »Frankreich«, »Großbritannien« als Kriegsparteien zu sprechen. Die unterschiedlichen Verfassungen und Regierungsformen dieser Länder waren zweitrangig. Als 1939 der Zweite Weltkrieg ausbrach, handelte es sich erneut um einen Krieg zwischen verschiedenen Nationen, in den Deutschland, Polen, Frankreich und Großbritannien verwickelt waren. Aber jeder wußte, daß es daneben um mehr ging. Das Deutschland des Jahres 1939 war nicht mit dem Deutschland des Jahres 1914 zu vergleichen, und nicht etwa nur deshalb, weil Adolf Hitler nicht mit Wilhelm II. zu vergleichen war. Das neue Deutschland war ein nationalsozialistisches Deutschland geworden, ein Drittes Reich, die Verkörperung einer Ideologie, die ein wesentliches, vielleicht *das* wesentliche Merkmal seines damaligen Charakters und seines Verhaltens ausmachte.

Und noch eine, nicht minder wichtige Veränderung gab es. In jedem Krieg, den die Menschheit bis dahin führte, hatte es in jedem Reich und in jeder Nation Menschen gegeben, die gegen den jeweiligen Krieg und folglich gegen ihre eigene Regierung waren. Aber 1914 gab es nur sehr wenige, die einen Sieg des Feindes herbeiwünschten oder ihn gar betrieben. Selbst Lenin, der den Zusammenbruch der zaristischen Regierung Rußlands herbeisehnte, wollte Deutschland nicht als Sieger sehen. Er erhielt deutsche Hilfe und deutsche Gelder, aber er war kein deutscher Agent.

1940 hingegen war dies anders. Es gab durchaus Personen – oft genug eine ansehnliche Minderheit –, die ihre Regierung und deren Kriegspolitik nicht nur aus pazifistischen, sondern aus politischen und ideologischen Gründen bekämpften; und das war oft gleichbedeutend mit einer Nähe zum politischen und ideologischen System des Feindes. In Deutschland gab es eine Gruppe aufrechter Männer und Frauen, die zwar klein war, aber deren Rolle einen Platz in unseren Geschichtsbüchern verdient. Sie hofften auf Hitlers Sturz, wenn es nötig wäre, auch durch die militärische Niederlage des Dritten Reiches.

In fast jedem Land der Welt bildeten sich kommunistische Gruppierungen, welche ohne den geringsten nationalen Loyalitätsskrupel bestrebt waren, der Macht Sowjetrußlands zu dienen. Und in fast jedem Land, auch in den demokratischen Ländern des

Westens, fanden sich Kriegsgegner, die nicht nur gegen diesen Krieg mit dem Dritten Reich opponierten, sondern deren Opposition untrennbar mit einer Verachtung der demokratischen Politik und Regierung ihres Landes verbunden war und mit Bewunderung für das, was Hitlers Ordnung zu verkörpern schien, einherging. In allen von Hitler eroberten Ländern, in der Tschechoslowakei, in Dänemark, Norwegen, Holland und Belgien, gab es »Kollaborateure«, die die deutsche Übermacht bereitwillig akzeptierten und sich auf diese Weise Einfluß und Macht sichern wollten. Oftmals waren ihre Interessen von einer Bewunderung für Hitlerdeutschland getragen, das, wie sie glaubten, den Krieg nicht nur gewinnen würde, sondern den Sieg auch verdiente, so wie ihre ehemaligen liberalen und demokratischen Regierungen die Niederlage verdient hatten. In Frankreich gab es zwar nur wenige überzeugte Sympathisanten der Nazis; aber es gab doch zahlreiche Männer und Frauen, deren Verachtung für das in ihren Augen korrupte und handlungsunfähige Regierungs- und Gesellschaftssystem zwangsläufig in eine Ablehnung der militärischen Allianz mit Großbritannien mündete. Selbst in den Vereinigten Staaten wurde der weitverbreitete und politisch maßgebliche »Isolationsgedanke« selten konsequent vertreten. Die meisten Isolationisten waren erbitterte Gegner der Roosevelt-Regierung, nicht grundsätzlich gegen Rüstung, Militär und das amerikanische Imperium eingestellt. Sie wollten nur *diesen* Krieg der veralteten und korrupten französischen und britischen Mächte gegen Deutschland nicht, in den Roosevelt und andere offenbar auf der Seite Englands und Frankreichs eintreten wollten.

Oft führte ein ausgeprägter Antikommunismus zu dieser Haltung. Die komplizierte Psychologie des Antikommunismus hat bis heute noch nicht die Aufmerksamkeit gefunden, die sie verdient. Die meisten von denen, die den Krieg gegen Hitler nicht wollten, zählten nicht unbedingt zu den Sympathisanten des Hitler-Regimes. Aber sie waren davon überzeugt – oder hatten sich vielmehr eingeredet –, daß die große Gefahr, die ihrer Nation und der ganzen Welt drohte, vom Kommunismus ausging (und damit von Sowjetrußland und nicht vom nationalsozialistischen

Deutschland); und schließlich war doch Hitler ein Antikommunist. Daß es ähnlich denkende einflußreiche Personen in Großbritannien gab, war Churchill und seinen Anhängern bewußt. Sie stellten einen lästigen, aber keineswegs unbedeutenden Faktor dar.

Welche Achtung die Persönlichkeit Hitlers seinen Gegnern auch immer abverlangte – und ein gewisser Respekt erwuchs ihm angesichts der langen Liste seiner erstaunlichen Erfolge nahezu zwangsläufig –, außerhalb der deutschen Länder fand er wenig Begeisterung oder gar Zuneigung. Selbst diejenigen, die sich seiner Sache voll und ganz verschrieben hatten, spürten die scharfe, unbarmherzige Kälte seines Vorgehens. Dieser Mann strahlte keine Wärme aus. In seiner Kälte lag etwas Unmenschliches, sie war anders als die machiavellistische Kälte eines Napoleon. Bei aller Lobhudelei, die ihm in den deutschsprachigen Ländern millionenfach zuteil wurde, war er doch ein sehr einsamer Mann.

Auf der anderen Seite stand Churchill. Er erscheint uns als Inbegriff des John Bull, der britischen Bulldogge (und so wirkt er auf einigen Fotos ja tatsächlich). Aber jetzt, zu Beginn dieses großen Zweikampfes, fällt eine weitere Eigenschaft an ihm auf. Zu dem Eindruck der Bärbeißigkeit gesellte sich – merkwürdigerweise durchaus im Einklang damit – eine gewisse Ausgewogenheit, neben der Härte auch eine Weichheit. Diese Eigenschaft wirkte irgendwie großväterlich und altmodisch. Ich hebe diese Eigenschaft hervor, weil Churchill an jenem Abend des 10. Mai 1940 für mehr als nur für England stand. Millionen Menschen überall in Europa richteten auf ihn ihre Hoffnungen. (Selbst im entfernten Bengalen gab es zumindest einen Mann – den bewundernswert unabhängigen Schriftsteller Nirad Chaudhuri –, der am Tag darauf Churchills Fotografie an die Wand seines Zimmers hängte.)

Churchill war nun *der* Gegner Hitlers, der Inbegriff der Reaktion gegen Hitler, der Inbegriff des Widerstands, den die Alte Welt mit ihren alten Freiheitsbegriffen und alten Werten einem Mann bot, der als Verkörperung einer neuen, brutalen und furchterregend effizienten Kraft galt. Es wäre falsch, in Hitler etwa einen

»Reaktionär« zu sehen. Er war das ganze Gegenteil. Der wahre »Reaktionär« war Churchill. In jenem Augenblick der Menschheitsgeschichte verkörperte Hitler die brutale und keineswegs irrationale Effizienz einer vom Volk getragenen und präzise durchorganisierten Macht. Churchill verkörperte die Reaktion darauf. Die große Frage war nur: Würde das reichen?

Als im September 1939 der Krieg ausgebrochen war, hatte Simone Weil auf einem Stück Papier notiert: »... vor allem brauchen wir ein gutes Gewissen. Wir sollten nicht glauben, daß wir den Sieg davontragen, bloß weil wir weniger brutal, weniger gewalttätig, weniger unmenschlich sind als unsere Gegner. Brutalität, Gewalt und Unmenschlichkeit üben eine große Wirkung aus, die die Schulbücher unseren Kindern verheimlichen, die die Erwachsenen nicht eingestehen, aber vor der sich alle beugen. Wenn die gegensätzlichen Tugenden ebensoviel Wirkung ausstrahlen sollen, müssen sie aktiv und beständig ausgeübt werden. Wer einfach nur zur Brutalität, Gewalt und Unmenschlichkeit wenig befähigt ist, ohne zugleich die gegensätzlichen Tugenden aufzuweisen, ist dem Gegner zwangsläufig an innerer Kraft und an äußerer Wirkung unterlegen, und er wird einer Konfrontation nicht lange standhalten.«

Der erste Zufall
10. Mai 1940

Im Mai 1940 war Hitler einundfünfzig Jahre alt; Churchill war fünfundsechzig. Churchills Leben wies eine einheitliche Entwicklung auf. Seit seiner frühen Jugend hatte er eine politische Laufbahn verfolgt. Hitlers Leben war gespalten. Er hatte einsam und verwundet im Lazarett gelegen, als ihn im November 1918 die Nachricht von der Niederlage und dem Zusammenbruch des Zweiten Deutschen Reiches erreichte. Das war der Wendepunkt in seinem Leben: »Ich aber beschloß, Politiker zu werden.« Mit dieser Feststellung schließt er den ersten autobiographischen Teil von »Mein Kampf«. Er betonte das mehrfach, unter anderem in seiner relativ unbekannten, aber sehr aufschlußreichen langen Rede vor deutschen Offizieren im Mai 1944: »Als ich mich im Jahre 1918 entschloß, Politiker zu werden, war das bei mir eine völlige Umwandlung meines ganzen Lebens.« So war es auch. Relativ spät also, in seinem dreißigsten Lebensjahr, wurde der entscheidende Wendepunkt in seinem Leben durch eine drastische Erkenntnis hervorgerufen.

Derartige Ereignisse beeinflussen das Leben von Staatsmännern und Politikern eigentlich selten. So etwas widerfährt eher Visionären oder Heiligen, Paulus auf dem Weg nach Damaskus oder der heiligen Johanna. Im Fall Hitlers stellte dieser plötzliche Entschluß eine persönliche Reaktion auf die Niederlage und die Erniedrigung seiner Nation dar. Am 16. Mai 1940 durchfuhr jedoch auch Charles de Gaulle eine solche Erkenntnis, wie ein Pfeil, der sein Herz durchbohrte. Er beschreibt diesen Augenblick in seinen unvergleichlichen Kriegserinnerungen: »Solange ich lebe, werde ich kämpfen, wo immer ich muß, solange ich muß, bis der Feind geschlagen und die nationale Schande ausgewaschen ist.« In diesem Augenblick begann die politische Laufbahn de Gaulles. Aber hier hört die Ähnlichkeit auch schon auf. In de Gaulles Erinnerungen spürt man die tiefe, schmerzhafte Liebe für sein Land und Volk, eine Liebe, die größer war als der Haß auf seine Feinde. Für Hitler traf eher das Gegenteil zu. Niemand wird Hitlers Liebe für Deutschland in Abrede stellen; aber es war eine verborgene Liebe, sie blieb dem Haß auf seine vermeintlichen äußeren und inneren Feinde stets untergeordnet.*

Hitler stieg vom Soldaten zum Politiker auf, schließlich zum nationalen Führer und Staatsmann – um dann, am 1. September 1939, wieder Soldat zu werden. Dies waren die Kapitel seines Lebens, zeitlich genau zu umreißen, aber doch nicht völlig voneinander zu trennen, wie auch die öffentlichen und privaten Neigungen eines Menschen nicht scharf gegeneinander abzugrenzen sind.

Im November 1937 hatte er seine Generale angewiesen, sich auf einen Krieg vorzubereiten. Dann redete er sich ein, daß die Zeit gegen Deutschland und gegen ihn arbeitete. Gegen Deutschland, weil die westlichen Demokratien mit der Wiederaufrüstung begonnen hatten und somit Deutschland nach wenigen Jahren, etwa 1942/43, keine militärischen Vorteile mehr besitzen würde; so äußerte er sich wiederholt gegenüber seinen engeren Vertrauten. (Mussolini versuchte zu Recht, ihn vom Gegenteil zu überzeugen: Solange es keinen Krieg gab, würden die westeuropäischen Länder keine langen Anstrengungen unternehmen, sich darauf vorzubereiten. Aber Hitler ließ sich nicht belehren.) Gegen ihn, weil er im Winter 1937/38 das Gefühl hatte, nicht mehr lange zu leben. (Zwar sprach er mit kaum jemandem darüber: Aber

---

* In Goebbels Tagebuch des Jahres 1926, kurz nachdem er Hitler kennengelernt hatte, findet sich dafür ein früher Beleg:»Sein schönstes Wort gestern: ›Gott gab uns in unserem Kampf seine Gnade in überreichem Maße. Als schönstes Geschenk bescherte er uns den Haß unserer Feinde, die wir ebenso und aus vollem Herzen hassen.‹«

seine nähere Umgebung stellte eine Veränderung seiner Lebens- und Eßgewohnheiten fest; er wurde insgesamt ungeselliger und zog sich in sich zurück, wurde zunehmend von Medikamenten abhängig, die er in immer größeren Mengen zu sich nahm.) Während der ersten Kriegsstunden, am Morgen des 1. September 1939, erschien Hitler im Reichstag in einfacher, grauer Uniform und trug als einziges Ehrenzeichen das Eiserne Kreuz 1. Klasse, das ihm im Ersten Weltkrieg verliehen worden war. Er verkündete, daß er für die Dauer des Krieges nichts anderes als diese Uniform tragen werde; er hielt sich daran.

Zu diesem Zeitpunkt hatte sich Hitler Friedrich den Großen, nicht Bismarck, zum Vorbild erkoren: den Heerführer anstelle des Architekten eines vereinten Reiches. Im Grunde genommen war Bismarck trotz aller Bewunderung, die Hitler ihm zollte, nie dessen Vorbild gewesen. Während seiner gesamten politischen Laufbahn, in seinen langen Reden und seinen Monologen im privaten Kreis erwähnte Hitler Bismarck nur selten; seinen politischen Methoden war die gelegentliche Mäßigung des alten Bismarck völlig fremd; und Hitlers völkischer Populismus mit dem Ziel, die meisten, wenn nicht gar alle deutschsprachigen Länder Europas in einem Großdeutschland zu vereinen und den Kontinent zu beherrschen, wäre Bismarck fremd gewesen. Wichtiger noch war, daß Hitler in weniger als zwei Jahren ein Deutsches Reich geschaffen hatte, das größer und mächtiger war als das von Bismarck geschaffene Deutschland. Er, Hitler, hatte Österreich, Böhmen und Mähren eingegliedert, und zwar ohne »Blut und Eisen«, ohne Krieg. Doch nun war der Krieg ausgebrochen, und wie im Fall Friedrichs des Großen verschmolzen die Rolle des Soldaten und des Staatsmannes; die Ziele des letzteren hingen nunmehr von den Erfolgen des ersteren ab.

In seiner ersten Rede bei Kriegsausbruch bezog sich Hitler auf Friedrich. Und er bezog sich später noch häufig auf ihn, bis in die letzten Kriegstage hinein, schöpfte Kraft und Anregung aus der historischen Erinnerung daran, wie Friedrich der Große, obwohl er eigentlich schon von allen Seiten geschlagen war, doch den Sieg davontrug, indem er mit einzigartiger Entschlußkraft und

Standhaftigkeit seine Gegner teilte, als deren Allianz auseinanderbrach. Hitler war davon überzeugt, daß er sich gegenüber der Koalition aus Großbritannien, Amerika und Rußland in einer vergleichbaren Lage befand, ganz gewiß und besonders nach dem Dezember 1941. Er schmiedete das deutsche Volk noch fester zusammen; zusammen mit ihm war es nicht unterzukriegen, war es unschlagbar, würde es sich den Anforderungen eines totalen Krieges stellen, bis zum Zusammenbruch der unnatürlichen Koalition seiner Feinde. Aber das war damals noch Zukunftsmusik: Wir eilen unserer Geschichte voraus.

Wenige Tage vor jenem schicksalhaften 1. September 1939 war Hitler nahe daran gewesen, die Allianz seiner Gegner aufzuspalten. Er hatte gerade einen unglaublichen politischen Triumph erzielt, eine von niemandem vorhergesehene revolutionäre diplomatische Tat, unübertroffen in der neueren Geschichte. Großbritannien und Frankreich hatten auf eine Allianz mit der UdSSR gesetzt, mit jenem Sowjetrußland, das ein erklärter Feind Hitlers war und dessen Unterwerfung und Zerstörung Hitler in »Mein Kampf« angekündigt hatte. Aber diese westlich-russische Allianz war nicht zustandegekommen. Statt dessen hatte Hitler einen Pakt mit Stalin geschlossen und Rußland aus allen militärischen Überlegungen und Hoffnungen des Westens herausgebrochen. Mit diesem Meisterstück stellte er selbst Bismarcks diplomatisches Geschick in den Schatten. Das hatte ihm Grund zur Hoffnung gegeben, daß die neue Entwicklung Großbritannien allein davon abhalten könnte, die Sicherheitsgarantien für Polen einzulösen. Diese Hoffnung erfüllte sich jedoch nicht.

In den sechs Tagen zwischen dem 25. und dem 31. August (ursprünglich war der 26. August für den Kriegsbeginn mit Polen vorgesehen) hatte er versucht, einen »Keil« (das waren seine Worte) zwischen Polen und Großbritannien zu treiben. Fast wäre es ihm gelungen. Zumindest hatte es ein Durcheinander von Unterredungen, Mitteilungen, Vermittlungsversuchen und Intrigen gegeben. Am 27. August hatte Hitler unter anderem eine Unterredung mit dem britischen Botschafter Sir Nevile Henderson, in der nicht nur von einem Arrangement, sondern von einem

Bündnis die Rede war. Wäre dieses Bündnis zustande gekommen, hätte Hitler einen weiteren diplomatischen Coup à la Bismarck gelandet. Er hätte ein Bündnis mit Rußland und Großbritannien gehabt, aus dem er als Herr über Europa zwischen diesen beiden Flanken hervorgegangen wäre. Aber obwohl sich Chamberlains Regierung zunächst abwartend verhalten hatte, war sie auf das Angebot doch nicht eingegangen. Sechsundfünfzig Stunden nach Hitlers Einmarsch in Polen hatten England und Frankreich trotz aller Bedenken und Vorbehalte Deutschland den Krieg erklärt. Die zögerliche Phase des Zweiten Weltkriegs hatte begonnen. Sie endete acht Monate später, am 10. Mai 1940.

Ohne Frage strebte Hitler eine Allianz mit Großbritannien – oder wenigstens die britische Neutralität – an. Seit seiner frühesten Jugend hegte er eine tiefe Abneigung gegenüber Frankreich und den Franzosen. Vor den Briten hatte er Achtung. Schon in den ersten politischen Reden seiner Laufbahn – und später in »Mein Kampf« – gab er seiner Überzeugung Ausdruck, daß der Krieg gegen England einer der schweren Fehler des Kaisers und seiner Regierung gewesen sei; die deutsche Expansion im Ersten Weltkrieg hätte nach Osten gerichtet sein müssen. Nachdem er 1933 selbst Herrscher über Deutschland geworden war, hatte er mehrfach – in teilweise ungewöhnlich wortreichen öffentlichen und privaten, mündlichen und schriftlichen Bekundungen – den Engländern klarzumachen versucht, daß sein neues Deutschland keinen Streit mit dem britischen Empire suchte; daß er die britische Weltmacht bewunderte.

In diesem Zusammenhang müssen wir uns eine wichtige Beobachtung vergegenwärtigen. Es wäre falsch anzunehmen, Hitler habe nach 1940 die Weltherrschaft gewollt. Er wollte Europa beherrschen. Darin glich er mehr Napoleon als Wilhelm II. Lange Zeit begriff er nicht, daß die Briten – oder doch wenigstens ein Teil der Briten – bestenfalls verunsichert und schlimmstenfalls gegen einen solchen Handel sein würden. Wenn, wie eine alte Spruchweisheit besagt, das britische Weltreich in einem Anflug von Gedankenlosigkeit entstanden war, dann hielt eben jene Gedankenlosigkeit das britische Volk auch davon ab, sich über die

Aufteilung der Welt sonderlich zu sorgen. Wie dem auch sei, 1935 bot Hitler ein englisch-deutsches Flottenabkommen an, das die Briten akzeptierten. Darin wurde die Aufrüstung der deutschen Kriegsflotte auf 35 Prozent der britischen Gesamttonnage beschränkt. Hitler wollte Wilhelms Fehler, sich auf einen Flottenwettlauf mit den Briten einzulassen und das britische Reich damit zu bedrohen, nicht wiederholen.

Aber irgendwann im Jahre 1937 muß Hitler einen Zwiespalt in der Haltung der Briten bemerkt haben. Einerseits erkannte er durchaus das Zögern Chamberlains und seiner Anhänger sowie vieler anderer einflußreicher Engländer, Großbritannien einfach in die Linien der Gegner Deutschlands einzureihen. Er sah, wie sie seine Eroberung Österreichs und der Tschechoslowakei duldeten. Er beobachtete, daß sie der aggressiven Brutalität seines Regimes relativ gleichgültig gegenüberstanden. Auf der anderen Seite aber mußte er die wachsende Gefahr, daß England doch zu irgendeinem Zeitpunkt in den Krieg gegen Deutschland eintreten könnte, in Betracht ziehen, und zwar nicht nur wegen der unübersehbaren Aufrüstung in England. Darauf galt es sich vorzubereiten. Diese Möglichkeit gefiel ihm gar nicht. Aber er fühlte sich der Sache gewachsen. Er wußte, daß die Briten nur zögernd zu einem solchen Entschluß finden würden. Also, glaubte er – und darin hatte er wieder einmal recht –, würden sie im Ernstfall auch nur zögernd Krieg führen. Dann wäre bald der Zeitpunkt gekommen, daß er sie zum Friedensschluß mit ihm überreden könnte – wenn sie nicht mehr in der Lage wären, ihre Stellungen auf dem Kontinent zu halten, vielleicht nachdem ihr kleines Expeditionskorps vom europäischen Festland vertrieben wäre.

Am 1. September 1939 übernahm Hitler eine neue Funktion: Er war nicht nur der Führer des deutschen Staates und Volkes, sondern auch der deutschen Armee. Während des Polenfeldzugs war er voller Energie. Er besuchte die Front und starrte durch ein Scherenfernrohr über die Felder auf das brennende Warschau. (Das war das einzige Mal in diesem sechsjährigen Krieg, daß er an die Front ging; danach führte er den Krieg von seinem Hauptquartier aus.) Seine Generale und Militärstrategen hatten in Polen gute Arbeit geleistet, Hitler hatte ihnen die allgemeine Strategie weitgehend überlassen. Einige Tage nach dem Polenfeldzug bot er England und Frankreich in einer Rede den Frieden an. Er wußte, daß es in England Politiker gab, die einem Friedensangebot unter gewissen Bedingungen nicht abgeneigt waren. Allerdings hegte er auch keine übertriebenen Hoffnungen.

Schon am 12. September 1939, als der Polenfeldzug noch in vollem Gange war, hatte er vor einigen Generalen von der Notwendigkeit gesprochen, sich auf eine schnelle Westoffensive vorzubereiten. Die Zurückhaltung der Franzosen (und der Briten), seine wenigen im Westen stationierten Divisionen anzugreifen, während der überwiegende Teil seiner Armee in Polen kämpfte, überraschte ihn nicht. Dem Zögern der demokratischen westlichen Nachbarn, ihm den Krieg zu erklären, folgte ihr Zögern, ihn ernsthaft zu führen. Nun wollte Hitler ihrem Zögern noch weitere Nahrung geben: Er wollte die Briten davon überzeugen, daß ihr Krieg gegen ihn sinnlos sei. Das sollte eine schnelle Offensive bewirken, in der Deutschland Westeuropa eroberte. Den Zeitfaktor hielt er für ausschlaggebend. Daher griff er zum ersten Mal aktiv in die strategischen Planungen ein. Er drängte darauf, daß die Offensive in Westeuropa um den 12. November herum beginnen sollte. Dieses Mal konnten ihn seine Generale noch von der Undurchführbarkeit seiner Pläne überzeugen. Ein ungewöhnlich kalter Winter kam. Er mußte bis zum späten Frühjahr warten.

Doch mittlerweile hatte er die strategische Führung übernommen, keineswegs nur nominell in seiner Eigenschaft als oberster Befehlshaber, der den endgültigen Marschbefehl gibt. Besonders ein Plan General von Mansteins erregte sein Interesse. Er ging sofort darauf ein, nahm ihn sich immer wieder vor und überarbeitete ihn; er widmete sich diesem Plan mit einer solchen Hingabe, daß man ohne allzugroße Übertreibung sagen kann: Manstein lieferte die Idee und einen ersten Entwurf, Hitler aber war dessen Architekt. Der große Vorzug dieses Planes lag darin, daß er die ideale Ergänzung zu Hitlers politischer Strategie darstellte. Er war das Gegenteil des berühmten Schlieffenplans aus dem Ersten

Weltkrieg, nicht dessen Weiterentwicklung, was die westlichen Alliierten erwartet hatten. Diese waren davon ausgegangen, daß die Hitler-Version des Schlieffenplans den deutschen Einmarsch in Westeuropa lediglich über Belgien und Holland vorsehen würde; darauf gedachte das westliche Bündnis mit dem Vorrücken seiner Truppen nach Belgien und Südwestholland zu antworten, wo man sich dann den deutschen Truppen stellen wollte. (Deutsche und Alliierte hielten ernsthafte militärische Operationen an der Maginotlinie zumindest während dieser ersten entscheidenden Phase des Westfeldzugs für unmöglich; beide Seiten wußten auch, daß ein direkter deutscher Angriff auf die Maginotlinie nicht zur Debatte stand.)

Manstein und Hitler hingegen – und das war ihre Umkehrung des Schlieffenplans – entschlossen sich, nicht von rechts nach links, sondern von links nach rechts vorzustoßen: ein schneller Vorstoß motorisierter Truppen über die bewaldeten Ardennen und über die Maas direkt zu den Hafenstädten am Ärmelkanal, um so die französischen Divisionen und das kleine britische Expeditionskorps in Belgien abzuschneiden. Der Plan lief unter der treffenden Bezeichnung »Sichelschnitt«; denn um einen solchen handelte es sich. An diesem Punkt seines Lebens und seiner politischen Laufbahn muß Hitler wohl gespürt haben, daß er ausersehen und befähigt war, die Militärstrategie dieses Krieges zu bestimmen; daß großes staatsmännisches und großes militärisches Geschick ein und dasselbe waren, ihren Ursprung in derselben Veranlagung hatten.

Dann aber wurden seine Pläne durchkreuzt – jedoch auf eine Weise, die seinen militärischen Ruhm noch erhöhen sollte. Die Briten und Franzosen versuchten – wir werden sehen, wie und warum –, eine weitere Front gegen Deutschland aufzubauen, weit genug entfernt von der Westfront, im Norden, womöglich in Norwegen. Aber darauf ließ sich Hitler nicht ein. Im März 1940 rang er sich zu einem raschen und wagemutigen Plan durch, mit dem er verhindern wollte, daß die Briten sich in Norwegen festsetzten. Er kam ihnen zuvor.

Am 1. April 1940 ließ sich Hitler von 13 bis 18 Uhr, unterbrochen durch ein »Frühstück« in der Berliner Reichskanzlei, über die abgeschlossene Planung vortragen. Seine Ansprache an die Offiziere gibt einen zuverlässigen Aufschluß über seine Gedanken und sein damaliges Selbstvertrauen. In einer für das Tagebuch der Seekriegsleitung angefertigten Notiz heißt es darüber:
»Der Führer bezeichnet das Unternehmen ›Weserübung‹ nicht nur als besonders kühn, sondern als eine der ›frechsten Unternehmungen‹ der neueren Kriegsgeschichte. Gerade hierin sieht er eine der Grundlagen für den Erfolg ...

Im Hinblick auf die Gesamtlage betonte der Führer, daß Deutschland endlich gesicherte Wege in die Welt gewinnen müsse, es sei unerträglich, daß jede Generation erneut dem Druck Englands unterworfen werde. Diese Auseinandersetzung mit England sei früher oder später unvermeidlich gewesen, der Kampf müsse durchgefochten werden. Er (der Führer) sei nicht der Mann, der Entscheidungen und Kämpfen, die notwendig seien, ausweiche und sie seinen Nachfolgern überlasse.«
Er selbst besitze die Nerven, die ein solcher Kampf erfordere, er kenne auch fast alle seine Gegner persönlich und halte sie für keine bedeutenden Männer; allen fühle er sich als Persönlichkeit weit überlegen.

Sein Hauptgegner im Norwegenfeldzug war Churchill, damals Erster Lord der Admiralität. Dort trug Hitler den Sieg davon. Er hatte allen Anlaß, am 10. Mai ebenso zuversichtlich zu sein wie am 1. April. Das war wohl auch der Grund dafür, daß er an diesem Tag der Nachricht von Churchills Ernennung zum britischen Premierminister relativ geringe Aufmerksamkeit schenkte.

Wir wenden uns nun Churchills politischen Fortschritten bis zum 10. Mai zu – wenn man es denn Fortschritte nennen kann.

Noch ein Jahr vorher hatte Churchill kein politisches Amt bekleidet. Zwei Jahre vorher hatte er weithin als diskreditierter Politiker gegolten, dem seine eigene Partei ablehnend und mißtrauisch gegenüberstand. Dafür gab es allgemeine wie auch sehr persönliche Gründe. Viele in England hielten Churchill für einen impulsiven, unberechenbaren, wortgewaltigen, zungenfertigen, allzu übertrieben streitbaren Außenseiter, vielleicht auch für einen auf öffentliche Wirkung bedachten Salonlöwen – kurz: Er galt als unsicherer Kandidat. (Das war der Churchill, der einen Charlie Chaplin oder Albert Einstein zu sich nach Chartwell einlud und sich mit ihnen fotografieren ließ.) Er besaß auch damals schon Anhänger, die nicht nur seine politischen Vorstellungen unterstützten, sondern auch seine außergewöhnliche Befähigung erkannt hatten. Allerdings übten nur sehr wenige von ihnen einen Einfluß auf das politische Geschehen der dreißiger Jahre aus.

Einige Ereignisse zwischen Herbst 1936 und Frühjahr 1939 bestätigten den ungünstigen Eindruck, den Churchill bei vielen hinterlassen hatte. Anfang Dezember 1936 ergriff er öffentlich für den glücklosen König Edward VIII. Partei. Ohne Rücksicht auf die verbreitete Stimmung gegen die königliche Liaison mit der zweimal geschiedenen Mrs. Simpson unterstützte Churchill die Heirat und machte sich zum Fürsprecher dieses Königs, was, wie wir noch sehen werden, ein Fehler war. Wichtiger als jene Episode und von nachhaltigerer Auswirkung war jedoch sein offener und immer heftiger werdender Widerstand gegen den allgemeinen Kurs und die Entscheidungen der Chamberlain-Regierung. Churchill übte unablässig Kritik an der Mehrheitsmeinung seiner eigenen konservativen Partei – und das zu einer Zeit, da der von der Partei und der Regierung eingeschlagene Kurs in England und in den Kolonien breite Unterstützung fand.

Der Streitpunkt war Hitler. Churchill betrachtete ihn und den Aufstieg des von ihm geführten aggressiven, aufgerüsteten Deutschland schon seit einer Reihe von Jahren als eine tödliche Gefahr. Bis zum Frühsommer des Jahres 1939 teilten Chamberlain und seine Anhänger diese Einschätzung nicht. Wir wollen in dieser Studie nicht noch eine Analyse der Motive für die Politik des *appeasement,* für die »Beschwichtigungspolitik« Chamberlains, liefern – an sich keine üble Vokabel, die erst später durch Chamberlains gutmütiges Verhalten gegenüber Hitler einen fragwürdigen Beiklang erhielt. Der Hauptgrund für die *appeasement-*

Politik war jedoch nicht Feigheit, sondern mangelnder Weitblick. Demgegenüber entsprang Churchills Einschätzung der Lage nicht allein wichtigtuerischen Motiven, und sie war ganz und gar nicht oberflächlich. Allerdings war das seinem Ruf damals nicht förderlich, im Gegenteil: Dieser wurde eine Zeitlang gerade dadurch noch weiter gemindert.

Das Jahr 1938 war Hitlers erfolgreichstes und Churchills schlechtestes. In jenem Jahr entwickelte sich das Dritte Reich Adolf Hitlers zur stärksten europäischen Macht, ja vielleicht zur stärksten globalen Macht überhaupt. Österreich wurde dem Reich angeschlossen. Dann annektierte Hitler einen erheblichen Teil der Tschechoslowakei. Überall in Europa erkannten die Regierungen, daß ihre Existenz von guten Beziehungen zu Deutschland abhing.

Das Schlüsselereignis im Jahr 1938 fand in München statt. Die Tschechoslowakei hatte ein Bündnis mit Frankreich und der Sowjetunion. Aber die Entscheidung über Krieg und Frieden lag in London. Frankreich wollte der Tschechoslowakei nicht beistehen, wenn sich die Briten nicht engagierten; und die Russen machten ihre Entscheidung von Frankreich abhängig, besonders als sie sahen, daß Frankreich nicht in den Krieg ziehen würde. Also gaben auf der Münchner Konferenz alle nach; und viele begrüßten damals, was ihnen als ein weiser staatsmännischer Akt Chamberlains erschien. Nur Churchill war anderer Meinung. Kurz vor dem Treffen von München schrieb er an einen Freund: »Wir stehen wohl vor der traurigen Wahl zwischen Krieg und Schande. Ich fürchte, wir werden uns für die Schande entscheiden, nur um etwas später doch in einen Krieg verwickelt zu werden, dann allerdings zu sehr viel ungünstigeren Bedingungen.«

Nach den Ereignissen von München erlebte Churchill eine große Stunde, als er im Unterhaus eine eindrucksvolle Rede hielt: »Wir stehen vor einem Unglück der allergrößten Ordnung ... Davor dürfen wir unsere Augen nicht verschließen ... Glauben Sie nicht, daß es damit sein Bewenden habe. Es ist erst der Beginn der Abrechnung. Es ist nur der erste Schluck, der erste Vorgeschmack des bitteren Kelches, der uns Jahr für Jahr vorgesetzt werden wird ...« Doch 1938 hatte er nicht viele Anhänger, und fast hätten ihm auch die Wähler seines Wahlkreises Epping ein Mißtrauensvotum präsentiert.

Gesinnung und Ton dieser Rede waren großartig. Aber in anderer, praktischer Hinsicht hatte Churchill unrecht. Zwei wichtige Umstände der München-Krise sind heute allgemein bekannt – oder sollten es zumindest sein. Churchill konnte beziehungsweise wollte sie nicht wahrhaben. Zum einen hätte sich ein Kriegsbeitritt im Oktober 1938 für England als katastrophal erweisen können. Zwischen Oktober 1938 und September 1939 hingegen wurde die britische Luftwaffe wesentlich größer und schlagkräftiger. Viele Dominien Englands waren zur Zeit der Münchner Konferenz nicht bereit, sich in den Krieg verwickeln zu lassen; im September 1939 war das anders. Hitler bluffte nicht. 1938 hätte er den tschechischen Widerstand in wenigen Tagen zerschlagen. Anschließend hätte er Großbritannien und Frankreich ein Friedensangebot unterbreitet, dem gegenüber die öffentliche Meinung in diesen Ländern womöglich nicht abgeneigt gewesen wäre. Jahre später bereute Hitler es, daß er 1938 keinen Krieg begonnen hatte, daß er sich von Chamberlain dazu hatte überreden lassen.

Zum anderen täuschte sich Churchill in Rußland. Churchill war davon überzeugt – noch 1948 wiederholte er diese Überzeugung im ersten Band seiner Memoiren –, daß Rußland zum damaligen Zeitpunkt auf der Seite des Westens gegen Hitler gezogen wäre; eine Allianz, die ein Jahr später nicht mehr möglich war. Churchill irrte sich auch hier. Nach allem, was wir heute wissen, war Stalin 1938 ebensowenig wie Chamberlain bereit, sich auf einen Krieg mit Hitler um die Tschechoslowakei einzulassen.

Alles in allem war 1938 eines der dunkelsten Jahre in Churchills Leben. In seinem Land war er unbeliebt. Wirklich verlassen konnte er sich nur auf eine kleine Gruppe politischer Freunde, Journalisten und mitteleuropäischer Emigranten, von denen er bei ihren gelegentlichen Treffen seine Informationen bezog. Sie hörten ihm mit Bewunderung zu. Einige von ihnen spürten wohl, daß er einer großen historischen Aufgabe gewachsen und dafür auch bestimmt war. Aber wie würde es dazu kommen? Und wann?

Churchills Privatleben blieb von dieser Isolation nicht unberührt. Er, der sonst einen ausgezeichneten Schlaf hatte, erlebte in jenem Jahr bedrückende schlaflose Nächte. Seine finanziellen Verhältnisse hatten ihn nie sonderlich beschäftigt; aber das Einkommen aus seiner journalistischen Tätigkeit war nicht ausreichend, seine Schulden waren höher als gewöhnlich. Ende März 1938 hatte er sich bereits dazu durchgerungen, Chartwell, sein geliebtes Landhaus, zum Verkauf anzubieten, bevor ein Finanzier, Sir Henry Strakosch, einer seiner Londoner Anhänger jüdischer Abstammung, seine Schulden beglich. In London lebte er in einer für seine Verhältnisse eher bescheidenen Unterkunft, in der Nähe von Victoria Station, in Morpeth Mansions Nr. 11. Hier fanden gelegentliche Treffen mit seinen Freunden und Anhängern statt, die sich gegen die Politik Chamberlains verschworen hatten. Umgekehrt ließen Chamberlains enge Freunde Sir Joseph Ball und Sir Samuel Hoare Churchills Telefon abhören.

Mitte März 1939 verbesserten sich Churchills Aussichten. Das war Hitlers Verdienst, nicht sein eigenes. Hitler hatte eine Krise zwischen den Tschechen und Slowaken ausgenutzt, war schnell in Prag einmarschiert und hatte den Rest der »Tschechei« als Protektorat Böhmen und Mähren annektiert. Das war ein Fehler; denn das, was von der Tschechoslowakei noch übrigblieb, war nach München ohnehin faktisch ein Satellitenstaat. Jetzt hatte er mindestens eine seiner verbindlichen Zusagen von München gebrochen. Dieser Schritt rief eine zwar verspätete, aber nachhaltige Veränderung der öffentlichen Meinung in England hervor.

In der zweiten Märzhälfte des Jahres 1939 mußte Chamberlain seine Politik radikal ändern. Nun sah er die einzige Möglichkeit der Friedenssicherung in einer Erklärung, die die britische Regierung fünfundzwanzig Jahre zuvor in einer ähnlichen Situation nicht abgegeben hatte: daß nämlich die nächste Kriegshandlung Deutschlands unweigerlich den Krieg mit England bedeuten würde. Die britische Sicherheitsgarantie für Polen (das erste und letzte Mal, daß Großbritannien sich zu einer Sicherheitsgarantie für ein osteuropäisches Land bereitfand) schreckte Hitler indes nicht ab. Er wußte, daß es sich bei Chamberlains Entscheidung um einen widerwillig getroffenen Entschluß seitens der zögernden Regierung einer wohl auch zögernden Nation handelte.

Doch im März 1939 begannen Churchills Aktien zu steigen. Als Folge davon fühlte sich Chamberlain veranlaßt, Churchill als Marineminister in die Regierung, genauer, in sein Kriegskabinett, aufzunehmen. Er wurde zum Ersten Lord der Admiralität ernannt. Am ersten Kriegstag betrat Churchill wieder jenen Raum der Admiralität, den er fünfundzwanzig Jahre vorher, im August 1914, schon einmal bezogen hatte.

Im Gegensatz zu Hitler zog Churchill an diesem Tag keine Uniform an. Er trug seinen üblichen dunklen Anzug mit Weste, eine seiner gepunkteten Fliegen, am Bauch die goldene Uhrenkette: insgesamt eine stattliche Erscheinung mit einer altmodischen, fast an die Jahrhundertwende erinnernden, aber gediegenen Aura; wunderlich an seinem Erscheinungsbild war lediglich der hohe Hut. Erst im späteren Kriegsverlauf, nach 1940, gab er dem gelegentlichen Hang des Briten zur stilgerechten Kleidung nach und trug zu manchen Gelegenheiten eine Uniform und eine Marine- oder Heeresmütze.

Acht Monate und zehn Tage lang war Churchill Mitglied der Regierung Neville Chamberlains. Seine Stellung und sein Einfluß waren gewichtig und nahmen von Tag zu Tag zu. Aber er trug nicht die Verantwortung. In Charakter und Temperament unterschied er sich erheblich von Chamberlain, auch in der Einschätzung des Krieges. Daß Chamberlain den Krieg verabscheute und Churchill ihn begrüßte, wäre wohl zuviel gesagt. Aber bei aller Vereinfachung liegt in dieser Feststellung doch ein Fünkchen Wahrheit. Dafür gibt es ausreichend Belege.

Zehn Tage nach Kriegseintritt schrieb Chamberlain an seine Schwester Hilda, eine seiner engen Vertrauten. Er berichtete ihr von den Schwierigkeiten, auf die er im Unterhaus gestoßen war, als er verzweifelt versuchte, die britische Kriegserklärung so lange wie möglich hinauszuzögern: »Das Unterhaus war außer

Kontrolle geraten, Zweifel und Verdacht hatten die Oberhand gewonnen, man traute der Regierung jegliche Form von Feigheit und Verrat zu.« Sechs Wochen nach Kriegsbeginn schrieb er an Hilda, daß ihm die Versenkung deutscher U-Boote »Unbehagen bereite«; hätten sie in Friedenszeiten in britischen Häfen angelegt, »würden wir jetzt wohl Mannschaft und Offiziere als gute Kerle bezeichnen«. Hitler verabscheute er mittlerweile, nicht aber die Deutschen. Und sein Abscheu vor dem Krieg war nicht zu trennen von seinem Glauben an ein baldiges Kriegsende. Das wiederum führte dazu, daß er den Krieg gegen Deutschland hauptsächlich in Form von Wirtschaftssanktionen führen wollte. In einem Brief an Franklin D. Roosevelt vom 5. November 1939 bekundete er erneut seine Überzeugung, daß der Krieg bald beendet sein werde, nicht, weil man die Deutschen besiegen werde, sondern weil die Deutschen einsehen würden, daß auch sie den Krieg nicht gewinnen könnten »und daß ihre Aushungerung und Verarmung ein zu hoher Preis für diesen Krieg ist«.

Churchills Einschätzung der Kriegslage war völlig anders. Aber er konnte sich nicht immer Geltung verschaffen. Als Roosevelt im März 1940 Sumner Welles auf eine diplomatische Mission in die Hauptstädte der kriegführenden Länder schickte, war Welles von Churchills Alkoholkonsum negativ berührt. Bei einem Essen mit Chamberlain, Churchill und anderen Kabinettsmitgliedern am 12. März in der Downing Street hielt Welles Churchill für betrunken; er hörte auch, wie Sir Samuel Hoare bei der Verabschiedung Churchills bemerkte: »*Der* wäre bereit, hundert Jahre zu kämpfen.«

Erstaunlich ist, wie loyal Churchill in jener Zeit Chamberlain zur Seite stand. Das war nicht nur politisches Kalkül. Natürlich war er darauf angewiesen, daß Chamberlain ihn im Kriegskabinett behielt; auch wußte er, daß jegliches Anzeichen einer Unstimmigkeit zwischen ihm und Chamberlain nicht nur eine Gefahr für ihn, sondern für die Einheit der Nation und ihre Kriegführung darstellte. Aber er nahm nicht nur von jeglicher öffentlicher Kritik Abstand, sondern verhielt sich auch privat loyal. Mit dieser Haltung bekundete Churchill seine vielleicht beeindruckendste Charaktereigenschaft – zumindest erscheint sie dem Verfasser dieses Buches als eine solche: seine Großherzigkeit. Großzügigkeit ist zwar auch ein Vorzug, aber sie ist oft nicht mehr als die Bereitschaft, seinen materiellen Besitz mit anderen zu teilen. Großherzigkeit ist eine seltenere und größere Tugend: Sie bedeutet, etwas von sich selbst einzubringen. Eine derartige Großherzigkeit ist häufig die Grundlage der Loyalität.

In den Monaten der ersten Kriegsphase lernte Chamberlain diese Eigenschaft Churchills schätzen. In mancherlei Hinsicht kamen sich Churchill und er in dieser Zeit näher, und das nicht nur, weil die nationale Einheit ein Gebot der Stunde war. Möglicherweise hatte in jenen Tagen bei Chamberlain der Gedanke Raum gegriffen, daß er und Churchill sich in diesem Krieg gut ergänzten, daß für einige Probleme Churchill gebraucht würde, er selbst hingegen der richtige Mann für andere Aufgaben sei, etwa für die Führung. Das war ein Wandel in ihrem Verhältnis – gewiß nicht von Feindschaft zu Freundschaft; weniger kategorisch und doch tiefer, von Mißtrauen zu Vertrauen vielleicht. Auch handelte es sich nicht um eine völlige Veränderung: Wie wir gesehen haben, war Chamberlain selbst am 10. Mai noch nicht bereit, die Regierungsmacht an Churchill zu übergeben. Aber der Wandel zeichnete sich doch ab, und er war weitgehend auf Churchills Großherzigkeit zurückzuführen.

Der Verlauf dieser ersten Kriegsphase trug wenig dazu bei, die Entschlossenheit des britischen Volkes zu festigen. Er hat sie zwar auch nicht geschwächt (wenngleich im Oktober eine gewisse unterschwellige Bereitschaft für eine Kompromißlösung bestand), aber genährt wurde die Kampfbereitschaft gewiß nicht. Um einen Einblick in die geistige Atmosphäre einer bestimmten Zeit, in die Gedanken und Gefühle der Durchschnittsmenschen zu gewinnen, reichen die Zeugnisse von Politikern und Regierungen oft nicht aus. Die reizende E. M. Delafield (Elizabeth Monica Dashwood) hatte sich in den dreißiger Jahren mit einer Reihe von gefälligen, lustigen, selbstironischen Tagebüchern einen gewissen Namen gemacht (die Serienbände trugen den Titel »The Provincial Lady«).

Das letzte Buch vor ihrem frühen Tod, »The Provincial Lady in Wartime«, handelt vom Spätherbst 1939. Unter dem 29. September trägt sie ein: »Das Wetter ist noch immer schön, der Garten ist voller Heidekrautastern, Dahlien und Kapuzinerkresse – die Herbstrosen sind nicht gekommen, aber man kann nicht alles haben –, ich mache mit Tante Blanche lange Spaziergänge unter den Apfelbäumen und am Tennisplatz vorbei. Kann man glauben, daß sich England im Krieg befindet? fragen wir uns. Die Antwort ist leider allzu klar – aber keiner von uns nimmt sie in den Mund.« Ihr Patriotismus ist unvergleichlich; wie viele Frauen der englischen Mittelklasse mit ihr möchte sie sich im Krieg nützlich machen. Und da ist Lady Blowfield, ihre Vorgesetzte. »Informationen für die Bevölkerung, das wäre wichtig. Worüber, frage ich. Zum Beispiel Wurzelgemüse, antwortet Lady Blowfield. Die englischen Hausfrauen haben die Vorzüge von Wurzelgemüse noch nicht richtig erkannt. Ein entsprechendes Flugblatt zum Thema Wurzelgemüse könnte viel bewirken.« Später, im November, »erzählt eine ältere Dame in gekränktem Ton, wie sie sich während der Volksregistrierung zu Besuch in Schottland aufhielt und ihre Gastgeber sie ohne ihr Wissen und ihre Erlaubnis erfassen ließen. Aufgrund der Registrierung erhielt sie eine Lebensmittelkarte. Sie wollte aber keine. Sie hatte nicht darum gebeten und wollte auch keine.« Dieses Buch ist eine ebenso gute Beschreibung der Atmosphäre Ende 1939 wie Evelyn Waughs »Put Out More Flags« und »Men at Arms«.

Im Oktober bezog Churchill mit seiner Frau eine Wohnung im Haus der Admiralität. In den ersten vier Monaten erzielte die Marine unterschiedliche Resultate, im großen und ganzen schnitt sie eher gut als schlecht ab, was zu einer Steigerung seines Ansehens beitrug. Unter anderem war ein deutsches U-Boot unbemerkt durch die Verteidigungslinien von Scapa Flow gedrungen und hatte das Schlachtschiff »Royal Oak« versenkt; auf der anderen Seite wurde das deutsche Schlachtschiff »Graf Spee« gestellt, angeschossen und gezwungen, in den neutralen Hafen von Montevideo einzulaufen, wo es sich schließlich selbst versenkte.

Dann setzte eines der merkwürdigsten Kapitel dieses Krieges ein. Stalin griff Finnland an.*

Die Finnen kämpften tapfer und drängten die Russen an einigen Stellen zurück. Bei der britischen und französischen Regierung hob sich die Stimmung. Sie hatten sich von ihren Wirtschaftsexperten bereits einreden lassen, daß Hitlerdeutschland auf Gedeih und Verderb von den Eisenerzimporten aus Schweden abhing und daß besonders in den Wintermonaten dieses Eisenerz nicht nach Deutschland gebracht werden konnte, es sei denn an der norwegischen Küste entlang.

Wie gewöhnlich lagen die Wirtschaftsexperten mit ihrer Einschätzung völlig falsch. Aber Weiteres kam hinzu. Der finnische Krieg gegen Sowjetrußland fand in Paris und London große Aufmerksamkeit – auch in den Vereinigten Staaten, besonders bei Antikommunisten, Republikanern und Isolationisten. Darüber hinaus waren weder die Franzosen noch die Briten abgeneigt, weit weg von Westeuropa eine Front gegen die Deutschen zu eröffnen, wo sich Risiko und Kosten in Grenzen halten ließen und die Deutschen durch ihren beschränkten Flottenumfang benachteiligt wären. So reifte in den eiskalten Januartagen des Jahres 1940 in London und Paris der Gedanke heran, die Finnen zu unterstützen, indem man eine kleine Expeditionstruppe durch Nordnorwegen und Schweden nach Finnland entsandte und auf diesem Wege den norwegischen Hafen Narvik und die dort endende Eisenerzlinie unter Kontrolle brachte: So wollte man zwei Fliegen mit einer Klappe schlagen, auch wenn man einen Krieg mit der Sowjetunion riskierte. Das war der unbesonnenste Plan des ganzen Zweiten Weltkriegs; es war nicht ein Versuch, zwei Fliegen, sondern einen ganzen Fliegenschwarm mit einer Klappe zu schlagen.

Auch Churchill ließ sich für den Plan erwärmen. Schließlich

---

* Ein weiteres Beispiel dafür, daß der Verlauf der Geschichte nicht vorherzusagen ist: Drei Monate nach Ausbruch des Zweiten Weltkriegs zwischen Deutschland, Polen, Frankreich und Großbritannien fanden die einzigen Bodenkämpfe zwischen Finnen und Russen statt.

aber erübrigte sich dessen Ausführung, da die Finnen ein oder zwei Tage, bevor die ersten anglo-französischen Truppen irgendwo in Schottland auslaufen sollten, mit den Russen Frieden schlossen. Die Unterschätzung der Russen war der Gipfel der Dummheit. Nach Öffnung der britischen Archive 1970 stellte sich heraus, daß selbst noch im März und im April 1940 britische Aufklärungsflugzeuge über den Kaukasus flogen und beim Fotografieren von Batum und Baku mit Flakfeuer beschossen wurden – oder daß im Januar 1940 der britische Geschäftsträger in Moskau der Chamberlain-Regierung unbekümmert riet, »daß die gezielte und beständige Bombardierung Bakus ... keine großen Schwierigkeiten bereiten und allein schon ausreichend sein dürfte, Rußland innerhalb kürzester Zeit in die Knie zu zwingen«.

Aber der Finnland-Krieg war noch nicht ganz vorüber, als das Duell mit einem ersten Auftakt begann – ein Ereignis, in dessen Folge es zum schicksalhaften 10. Mai kommen sollte, dem Tag, an welchem der Zweikampf zwischen Hitler und Churchill voll entbrannte. Nicht Finnland, sondern Norwegen war der Schauplatz dieses Ereignisses; und es ging nicht um Eisenerzladungen, sondern um einen Zwischenfall auf See, die sogenannte »Altmark«-Episode.

Die »Altmark« war ein deutsches Versorgungsschiff, das britische Seeleute an Bord hatte, Kriegsgefangene, die von der »Graf Spee« bei ihren früheren Beutezügen im Südatlantik aufgefischt und dann auf die »Altmark« gebracht worden waren. Die »Altmark« wollte einen deutschen Hafen anlaufen, sie befand sich gerade in norwegischen Hoheitsgewässern. Churchill befahl einem britischen Zerstörer, die »Altmark« aufzuspüren, sie anzugreifen und zu entern. Das geschah am 16. Februar im Jössing-Fjord. (In der Folge dieses Ereignisses bezeichneten Vidkun Quisling und seine deutschfreundlichen Anhänger in Norwegen ihre pro-englischen Landsleute als »Jössinger«.) Die »Altmark« wurde schnell und erfolgreich geentert; die britischen Kriegsgefangenen hörten den Ruf ihrer Befreier: »Die Navy ist da!«

Dieses kleine Zwischenspiel kam Churchill zugute. Aber es ließ Hitler aufmerken und veranlaßte ihn, seine Pläne zu ändern. Er war jetzt überzeugt davon, daß Churchill Norwegen an sich reißen wollte. Also gut: Er würde ihm zuvorkommen. Drei Tage nach der »Altmark«-Episode rief er General Falkenhorst zu sich. Dieser General hatte 1918 die Landung einer kleinen deutschen Truppe in Finnland durchgeführt. Hitler zu Falkenhorst: »Nehmen Sie Platz und erzählen Sie mir, was Sie dort getan haben.« Der General erklärte ihm die Einzelheiten. Hitler schritt in seinem Zimmer auf und ab und nannte Falkenhorst eine ganze Reihe von Gründen, warum es dieses Mal Norwegen sein mußte; die Sicherung der Eisenerzimporte war dabei der letzte und unwichtigste Punkt dieser Aufzählung. Am 1. März, als der Finnland-Krieg noch nicht beendet war, erteilte Hitler den Befehl, daß die Invasion Dänemarks und Norwegens vor der Westoffensive stattfinden sollte.

Es ist zu beachten, daß Churchill seine ersten Pläne zur Verminung der norwegischen Küstengewässer bereits am 27. November entwickelt hatte, also vor Ausbruch des Finnland-Krieges. Die Verminung der norwegischen Küstengewässer durch die britische Marine war mithin beschlossene Sache, ob die norwegische Regierung es wollte oder nicht. Wenn dann die Deutschen kämen (und Churchill hoffte es sehr), würde die britische Marine sie entsprechend empfangen; anschließend könnten die Haupthäfen Norwegens besetzt werden. Der bislang nur zögernd geführte Krieg wäre in seine entscheidende Phase getreten und der Kriegsschauplatz auf Norwegen ausgedehnt worden, wo die britische Marine im Vorteil war.

Allerdings gingen dem Anfang April gefaßten Beschluß des britischen und französischen Kabinetts, Churchills Plänen zu folgen, komplizierte und mühselige Verhandlungen voraus. Die Verantwortung für die Vorgänge in Norwegen lag nun bei Churchill. Er war in die konkreten Planungen der Gefechtsstrategie viel stärker eingebunden als Hitler. Was ebenfalls gern von Historikern und Biographen übersehen wird, ist die Tatsache, daß das Verständnis und die Zusammenarbeit zwischen ihm und Chamberlain in diesen frühen Apriltagen kaum besser hätte sein können. Am 4. April ließ Downing Street verlautbaren, daß der Erste

Lord der Admiralität zukünftig auch den Vorsitz in der Kommission für militärische Koordination und im Führungsstab übernehmen würde. »Unter den anderen Wehrministern, die ebenfalls Mitglieder des Kriegskabinetts waren, war ich nur der *primus inter pares*«, schrieb Churchill in seinen Erinnerungen. Allerdings betonte er, er habe »keine Vollmacht besessen, Entscheidungen zu treffen«. Auch diese Kommission war eben nur eine Kommission, »von größter Loyalität und vom besten Willen beseelt«, aber ohne scharf umrissene Vorstellungen. All das traf zu: Aber dennoch lag die Verantwortung für das Norwegen-Unternehmen allein bei ihm.

Am 5. April hielt Chamberlain eine Rede im Unterhaus. Von Hitler sagte er: ». . . eines ist gewiß: er hat den Anschluß verpaßt.« Diesen unglücklichen Satz sollte er bald bereuen.*

Am Abend des 7. April begannen die Briten mit der Verminung der norwegischen Küstengewässer. Im Lauf des folgenden Tages verdichteten sich die Nachrichten, daß eine deutsche Flotte in Richtung Norden ausgelaufen war. Gleichzeitig nahm eine größere und kampfstärkere Flotte der britischen Marine trotz eines heftigen Unwetters Kurs auf Norwegen. Einige Schiffe hatten Einheiten an Bord, die, wenn nötig, in Norwegen landen konnten. Sie, nicht Hitler, verpaßten den Anschluß – oder genauer, eine ganze Serie von Anschlüssen.

Am 9. April fielen in der Morgendämmerung deutsche Truppen in Dänemark ein, besetzten Kopenhagen und nahmen die dänische Regierung und den König gefangen. Gleichzeitig – und das war die »unerhörte« Operation – besetzten sie verschiedene norwegische Häfen, darunter Narvik im hohen Norden, wo sie niemand, auch Churchill nicht, erwartet hatte.

---

* Auch Churchill war gegen Albernheiten nicht gefeit. Er stellte am 11. April im Unterhaus fest: »Nach meiner Einschätzung, die von allen meinen erfahrenen Fachleuten geteilt wird, hat Herr Hitler einen schweren strategischen Fehler begangen ... Ich jedenfalls glaube, daß Hitlers Einmarsch in Skandinavien ein ebensolcher politischer und strategischer Irrtum war wie der Entschluß Napoleons, 1807 in Spanien einzumarschieren.«

Ich muß an dieser Stelle kurz auf eine Begebenheit eingehen, die bislang nicht gebührend Aufmerksamkeit gefunden hat. In dieser Episode spielt ein Kanonenschuß eine Rolle, den niemand auf der Welt wahrnahm und der dennoch den Lauf der Geschichte beeinflußt haben dürfte.

Am Anfang des langen Fjords, an dessen Ende Oslo liegt, befindet sich auf einer kleinen Felseninsel die Festung Oskarsborg. Die Batterie auf ihrem Steinparapett bestand aus drei alten schwarzen Kanonen, die Krupp 1892 im Auftrag der schwedischen Regierung gebaut hatte; Norwegen war damals noch nicht unabhängig gewesen. Die drei Kanonen trugen die alttestamentlichen Namen »Aaron«, »Moses« und »Josua«. Der Befehlshaber von Oskarsborg war Oberst Eriksen, ein norwegischer Offizier, der kurz vor seiner Pensionierung stand.

Die norwegische Regierung wußte, daß das verhängnisvolle Wettrennen um Norwegen begonnen hatte. Sie hielt sich zurück, um den Deutschen nicht den geringsten Vorwand für einen Angriff zu bieten. Die Befehlshaber des Heeres und der an der Küste stationierten Artillerie hatten die Order, auch bei Sichtung feindlicher Objekte kein Feuer zu eröffnen und weitere Befehle abzuwarten. Noch am 8. April, als sich die Anzeichen eines deutschen Angriffs auf Norwegen mehrten, verhielt sich die norwegische Regierung abwartend. Kurz nach Mitternacht wurden ein uralter norwegischer Minenleger (Baujahr 1858) und ein mit Waffen bestückter Walfänger von den mächtigen Türmen deutscher Kriegsschiffe überrascht, die in den Oslo-Fjord einliefen. Tapfer stellten sie sich den deutschen Schiffen in den Weg und wurden in Stücke geschossen.

Kein Ton drang davon bis nach Oskarsborg vor. Als dort um drei Uhr morgens in der kalten subarktischen Nacht Oberst Eriksen seinen Wachgang über das Parapett machte, sah er, wie ein dunkler Schatten die Lichter eines drei Meilen entfernten Dorfes verdeckte. Augenblicklich erkannte er, daß es sich um die Umrisse eines großen Schiffes handelte, welches sich mit hoher Geschwindigkeit näherte. Wenige Minuten später hätte es Oskarsborg auf der Leeseite der Enge von Oskarsborg passiert. Er machte eine der drei Kanonen feuerbereit, schätzte grob die Entfernung und gab Feuer, ohne genaue Berechnung und gegen alle Befehle. Ein gelber Blitz erhellte die Nacht.

Dieser eine Kanonenschuß von Oskarsborg traf genau in die Munitionskammer des großen deutschen Kreuzers »Blücher«. Auf ihm befanden sich die deutschen Besatzungstruppen für Oslo, etwa zweitausend Mann und Offiziere, Gestapo und SS-Einheiten. Die »Blücher« schleppte sich weiter, aber durch das Feuer an Bord war sie weithin sichtbar. Als sie tiefer in den Fjord hineingefahren war, gaben ihr zwei von der Küste aus abgefeuerte Torpedos den Rest. Die anderen deutschen Schiffe drehten bei.

Später bei Tageslicht landeten deutsche Truppen an verschiedenen Stellen des Fjords, gegen Mittag hatten Luftlandetruppen Oslo besetzt; am späten Nachmittag war auch Oskarsborg eingenommen und Oberst Eriksen in den Händen der Deutschen. (Er durfte bei seiner Familie auf der anderen Seite des Fjords, in Drøbak, leben. Kurz nach dem Krieg verstarb er, erhielt jedoch noch vor seinem Tod einen hohen Orden von General de Gaulle.) Nur wenige Chronisten des Zweiten Weltkrieges kennen seinen Namen. Und dennoch hat er möglicherweise die Kriegsgeschichte nachhaltig beeinflußt. Ohne seinen Treffer hätte die »Blücher« die Enge von Oskarsborg passiert und wäre noch im Dunkeln, vor sieben Uhr morgens, in Oslo eingelaufen. Was sich am frühen Morgen in Kopenhagen ereignet hatte, wäre auch in Oslo geschehen. Die Kanone von Oskarsborg warnte König und Regierung und gab ihnen die Möglichkeit, rechtzeitig aus der Hauptstadt Richtung Norden zu fliehen, ohne den Forderungen des deutschen Gesandten oder den eindringlichen Ratschlägen eines anderen norwegischen Obersten, Vidkun Quisling, Beachtung zu schenken. Wären der König und die Regierung in Oslo gefangengenommen worden, hätte es keinen Norwegen-Feldzug gegeben, außer vielleicht einen Kampf um Narvik im hohen Norden.

Der Norwegen-Feldzug brachte Churchill endgültig an die Macht. Ohne jenen folgenreichen Schuß von Oskarsborg wäre vielleicht Churchill und nicht Chamberlain die Schuld gegeben worden.»Ein sehr großer Teil der Verantwortung für den kurzen und unglückseligen Norwegen-Feldzug lag gewiß bei mir – wenn man von einem Feldzug überhaupt reden kann«, schrieb Churchill nach dem Krieg an General Ismay. Dennoch wuchs in diesem trostlosen April nicht die Unduldsamkeit der Bevölkerung gegenüber Churchill, sondern gegenüber Chamberlain, da die Reaktion der Alliierten auf die deutsche Invasion allzu langsam, wirkungslos und geradezu entmutigend ausfiel.

Fast vierzehn Tage nach der Landung der Deutschen wurden schließlich auch britische und französische Truppen in zwei kleinen norwegischen Häfen abgesetzt. Aber deren Bewegungen waren – wie Churchill es später einmal formulierte – nicht mehr als »ein schlammiges Hin und Her«. Sie waren keine ernsthaften Gegner für die Deutschen. Sehr bald schon blieb ihnen nur noch der Rückzug. Nach dem Krieg beurteilte Churchill die Situation: »Die Deutschen legten in sieben Tagen den Weg von Namsos nach Mosjøen zurück, den die Engländer und Franzosen für unpassierbar erklärt hatten ... unsere besten Truppen ... [wurden] durch die Kraft, den Unternehmungsgeist und die Ausbildung von Hitlers jungen Leuten kaltgestellt.« Zum ersten Mal erkannte Churchill deutlich, daß die britische Armee einem Gegner gegenüberstand, der ihr nicht nur in Ausrüstung und Organisation, sondern vor allem auch in Härte, Standhaftigkeit und Einstellung überlegen war. Diese Einsicht bestimmte viele seiner Entscheidungen und strategischen Überlegungen während des Krieges.

»Es war ein Wunder«, erinnerte er sich, »daß ich das alles überstand und weiterhin die Schätzung der öffentlichen Meinung und das Vertrauen des Parlaments genoß«. Doch für dieses »Wunder« gab es einen Grund. Viele Briten und immer mehr Abgeordnete waren der Politik Chamberlains überdrüssig. Sie lasteten ihm, nicht Churchill, die Verantwortung für das Fiasko in Norwegen an. In Chamberlain sahen sie nunmehr die Unfähigkeit in Person, und sie führten diese auf Trägheit, Entschlußlosigkeit und mangelnden Kampfeswillen zurück. Churchill hingegen hatte dadurch an Glaubwürdigkeit gewonnen, daß er zumindest in seiner Einschätzung Hitlers recht behalten hatte. Daher konnten sie darüber hinwegsehen, daß Churchill die Lage in Norwegen ebenfalls falsch beurteilt hatte.

Am Mittwoch, dem 1. Mai, bat Chamberlain Churchill nach dem Abendessen zu sich in die Downing Street. Es war ein naßkalter, stürmischer Tag. »Wenn ich der 1. Mai wäre, würde ich mich schämen«, begrüßte Churchill Chamberlains Sekretär John Colville. Colville, der eine tiefe Abneigung gegen Churchill hegte (diese Einstellung allerdings sehr bald änderte), notierte in seinem Tagebuch: »Ich finde, er sollte sich schämen.« Damit wollte er andeuten, daß Churchill vermutlich gegen seinen Chef intrigierte. Dieser Eindruck trog: Das Gespräch zwischen Churchill und Chamberlain war aufrichtig und freundschaftlich. Zwei Tage später beantragte die Opposition im Unterhaus eine Debatte über den Stand des Krieges und die gegenwärtige Kriegführung. Churchill und Chamberlain hatten das vorausgesehen. Noch am 2. Mai hatte sich Churchill im Kabinett gegen eine Debatte über die Vorgänge in Norwegen im Parlament ausgesprochen, um dem Feind keinen Einblick in die strategischen Planungen zu ermöglichen. Chamberlain jedoch hielt dagegen, daß »es unmöglich sei, die öffentliche Debatte ohne schwerwiegende politische Konsequenzen zu vermeiden«.

Die politische Entwicklung am folgenden Dienstag, Mittwoch und Donnerstag, dem 7., 8. und 9. Mai, ist so häufig und minutiös beschrieben worden, daß für unsere Zwecke eine kurze Zusammenfassung genügt. Von beiden Lagern des Unterhauses hagelte es Angriffe auf Chamberlains Kriegspolitik, und die Kritik einiger Konservativer fiel dabei heftiger aus als die der Opposition. Am Mittwoch hatte die Debatte den Charakter eines Mißtrauensvotums angenommen. Churchill stand loyal zu Chamberlain. Zweimal war er aufgestanden und hatte die volle Verantwortung für die Vorgänge in Norwegen übernommen. Aber der frühere Premierminister und liberale Abgeordnete Lloyd George, der Chamberlain verachtete, sprach von einer begrenzten Verantwortung Churchills und forderte ihn auf, er solle sich nicht zum »Luftschutzbunker« für die restliche Regierung machen lassen.

Er forderte Chamberlains Rücktritt, »weil nichts wirksamer zum Sieg beitragen kann, als daß er das Amt zur Verfügung stellt«.

Die Abstimmung über das Mißtrauensvotum ergab, daß Chamberlain die Unterstützung von etwa hundert Abgeordneten seiner Konservativen Partei verloren hatte. Daraufhin bat Chamberlain Churchill zu sich und erwog ernsthaft seinen Rücktritt. Er hielt nun eine Regierung der nationalen Einheit für das Beste. Am folgenden Morgen wußte Churchill, daß er für das Amt des Premierministers in Frage kam. Es fand ein entscheidendes Treffen zwischen Chamberlain, Halifax und Churchill statt. Churchill hielt sich zurück. »Gewöhnlich pflege ich viel zu reden, diesmal aber schwieg ich.« Halifax gab zu bedenken, daß er als Adliger wegen der zu erwartenden Widerstände im Unterhaus nicht die Regierung übernehmen könne. »Chips« Channon, ein Gegner Churchills, notierte an diesem Abend in sein Tagebuch: »Noch übt Neville das Amt aus, aber es hängt am seidenen Faden.« Ein anderer Gegner Churchills, der amerikanische Botschafter Joseph Kennedy, telegrafierte nach Washington: »Niemand weiß, was zu tun ist. Chamberlain, Halifax und Churchill sind zweifellos amtsmüde.« In Churchill hatte er sich getäuscht.

Was am 10. Mai geschah, ist eingangs schon beschrieben worden. Am Abend dieses Tages trug »Chips« Channon in sein Tagebuch ein: »Vielleicht der dunkelste Tag in der englischen Geschichte ... Ich war starr vor Trauer und dachte über den Verlauf dieses unglaublichen Tages nach.« Unglaublich war er wahrhaftig gewesen. Hitler hatte an diesem Tag den Feldzug begonnen, von dem die Zukunft der westlichen Welt abhing. Aber daß dieser Meilenstein – mehr noch, dieser Wendepunkt – im Leben Hitlers und Churchills an demselben Tag stattfinden sollte, war dennoch ein Zufall. »Zufall«, hat Chesterton einmal geschrieben, ist ein »geistreiches Wortspiel«. Aber ein Zufall hat irgendwo seinen Ausgangspunkt; es handelt sich dabei um eine überraschende und unvorhersehbare Konvergenz zahlloser voneinander unabhängiger Geschehnisse. Selbst getreue Anhänger Chamberlains wie Kingsley Wood hielten es nunmehr für richtig,

Chamberlain die Gefolgschaft aufzukündigen und sich klar für Churchill auszusprechen.

Bei alledem wirft das Ergebnis dieses widerwillig geführten Machtkampfes in England ein gutes Licht auf die parlamentarische Demokratie Großbritanniens. Viele Jahre hatte es so ausgesehen, als sei der demokratische Parlamentarismus eine untaugliche, nicht wirklich repräsentative und vor allem korrupte Einrichtung, die der neuen, in mancherlei Hinsicht dem Wunsch des Volkes entsprechenden Form der zentralisierten diktatorischen Herrschaftsform nicht gewachsen war. Aber eben diese Form der parlamentarischen Demokratie verhalf Churchill zur Macht. Am 7. Mai schrieb Harold Nicolson über die Stimmung im Unterhaus: »Es herrscht mehr als nur Besorgnis, es herrscht eine gewisse Furcht; aber diese Furcht führt zu Entschlossenheit, nicht etwa zu Hysterie oder Feigheit. Selten habe ich das geistige Klima im Unterhaus so bewundert wie heute.« Derselbe Mann hatte am Neujahrstag des Jahres 1940 auf die erste Seite seines Tagebuches geschrieben: »Höchstwahrscheinlich ein verhängnisvolles Jahr.« Er zählte zu den Anhängern Churchills; aber er wußte auch, daß das Schlimmste noch bevorstand. Als er von der deutschen Westoffensive hörte, notierte er unter dem 10. Mai: »Irgendwie wird alles dadurch noch schlimmer, daß es ein wunderschöner Frühlingstag ist. Überall blühen Primeln und Hyazinthen.«

Hitlers Einschätzung Englands und des englischen Volkes war keineswegs naiv. Er hatte, wie wir gesehen haben, ein Bündnis mit den Engländern gesucht, wenn nicht gar ihre Freundschaft, zumindest aber ihre Neutralität. Aber da ihm dies ausgeschlagen wurde, wandelte sich sein Wunsch nach historischer Verständigung schließlich in Bitterkeit und Haß. Das legt die Vermutung nahe, daß hinter seinem Wunsch nach Verständigung mit England mehr stand als bloßes politisches Kalkül. Von einer Haßliebe Hitlers zu England zu sprechen, dürfte zwar überzogen sein, dennoch ist etwas Wahres daran. Zumindest bis 1940 hatte Hitler gegenüber England eine Art Minderwertigkeitsgefühl, das wohl auch von weiten Teilen der deutschen Bevölkerung geteilt wurde. Ein Minderwertigkeitsgefühl, das gleichzeitig Achtung und Ressentiments hervorrief. Zwar kannte er England kaum, aber dieser Nachteil wurde durch eine beunruhigende Eigenschaft dieses außergewöhnlichen Mannes mehr als aufgewogen: Er besaß einen untrüglichen Instinkt, mit dem er die Schwächen seiner Gegner erkannte.

Unter diesen Umständen hätte eine Episode aus dem Jahre 1932 für Hitler und Churchill möglicherweise bedeutsam werden können – zumindest für den Verlauf ihres Zweikampfes acht Jahre später. Im Sommer 1932 hätten sie Gelegenheit gehabt, sich in München kennenzulernen. Hitler war noch nicht Reichskanzler, aber ein ernstzunehmender politischer Faktor in Deutschland. Churchill war damals ein unbedeutender Politiker. Er reiste durch Deutschland und besuchte die Schlachtfelder, auf denen sein großer Vorfahre Marlborough, dessen umfangreiche Biographie er damals schrieb, gekämpft hatte.

Auf einer Abendgesellschaft in seinem Münchner Hotel lernte er Ernst Hanfstaengl kennen, einen jovialen Bayern von hünenhafter Gestalt. »Putzi« Hanfstaengl, Hitlers Auslandspressechef, sprach perfekt Englisch – seine Mutter war Amerikanerin, und er kannte von seiner Studienzeit in Harvard her Franklin D. Roosevelt persönlich. Churchill unterhielt sich mit Hanfstaengl und erwähnte, daß er an einem Treffen mit Hitler interessiert wäre. Hanfstaengl suchte am nächsten Morgen seinen Chef auf. Hitler war damals stets bereit, bisweilen sogar darauf aus, mit englischen Politikern zusammenzutreffen. Und obwohl ich in den Schriften und Reden Hitlers vor 1932 eine Erwähnung Churchills nicht gefunden habe, war ihm dessen Name zweifellos geläufig. Doch Hitler lehnte es ab, Winston Churchill zu treffen.

Über diesen Vorgang habe ich oft nachgedacht. Wie ich schon feststellte, besaß Hitler eine außerordentliche Gabe, die persönlichen Schwächen anderer Menschen zu erkennen, auch solcher, deren gesellschaftliche und nationale Herkunft sich von seiner eigenen unterschied. Es war ein ausgeprägter Sinn, vielleicht vergleichbar dem Geruchsinstinkt, den manche Tiere für menschliche Angst entwickelt haben. Auf ihn konnte Hitler sich oft verlassen. Vor allem konnte er diese Intuition in Verständnis umsetzen, ein Verständnis, das ihm einige seiner größten Erfolge einbrachte. Vielleicht hätte er Churchill besser eingeschätzt, wenn er ihn 1932 in München kennengelernt hätte. (Im Jahre 1937 hatte Ribbentrop, der damals deutscher Botschafter in London war, Churchill zweimal eingeladen, Hitler zu besuchen. Nun war es Churchill, der ablehnte.*) So aber kam es genau umgekehrt: Im Verlauf ihres Zweikampfes schätzte Churchill Hitler besser ein als dieser Churchill.

Es gibt genügend Hinweise, daß Hitler seit Ende 1937 die unterschiedlichen Tendenzen in der englischen Politik aufmerksam verfolgte. Spätestens im Sommer 1938 – also noch vor der Münchner Konferenz – wurde ihm der Konflikt zwischen Churchill und Chamberlain voll bewußt. Während und nach München wußte er genau, wo Churchill stand. Im September 1938 bemerkte er zu Goebbels, daß Churchill eines Tages Chamberlain ablösen könnte und dann in einen Krieg gegen Deutschland eintreten würde. Zehn Tage nach dem Münchner Abkommen hielt Hitler eine Rede in Saarbrücken: »Es braucht nur in England statt Chamberlain Herr Duff Cooper [ein Freund Chur-

---

* Nach dem Krieg nannte er seine Gründe: »Mit der Autorität Englands hinter mir wäre ich gerne mit Hitler zusammengekommen. Als Privatmann aber hätte ich mich selbst und mein Land in eine unvorteilhafte Lage gebracht. Wenn ich als Gast dem Diktator zugestimmt hätte, wäre das einer Irreführung gleichgekommen. Hätte ich ihm aber widersprochen, so wäre ich beschuldigt worden, daß ich die englisch-deutschen Beziehungen trübe. Ich lehnte daher beide Einladungen ab oder wich ihnen vielmehr aus. Alle Engländer, die in jenen Jahren den deutschen Führer besuchten, kamen in schwierige Lagen oder wurden kompromittiert. Keiner täuschte sich gründlicher als Lloyd George, dessen hingerissene Berichte über seine Unterredungen heute recht sonderbar anmuten. Es steht außer Zweifel, daß Hitler die Menschen faszinieren konnte, und seine Besucher ließen sich oft durch das Gefühl von Kraft und Autorität allzusehr beeindrucken. Wenn man nicht unter gleichen Voraussetzungen zusammentreffen kann, bleibt man besser weg.«

chills, der nach München seinen Posten im Kabinett Chamberlains niederlegte] oder Herr Eden oder Herr Churchill zur Macht kommen, so wissen wir genau, daß es das Ziel dieser Männer wäre, sofort einen neuen Weltkrieg zu beginnen. Sie machen gar kein Hehl daraus, sie sprechen das offen aus.« Damit wollte Hitler offensichtlich die englische Politik beeinflussen.

Goebbels bestärkte ihn darin nachhaltig. Am 28. Oktober erließ er Anweisungen an die deutsche Presse. Sie dürfe keine Gelegenheit auslassen, Churchill, Eden und Duff Cooper anzugreifen ... die deutsche Presse müsse sie [in einem solchen Licht erscheinen lassen], daß der ganzen Welt ersichtlich wird, daß es einem Affront Deutschlands gleichkäme, wenn man solchen Männern hohe Ämter übertragen würde.

Hitler betrachtete Churchill als einen arroganten und streitsüchtigen Feind Deutschlands, als einen erzreaktionären Engländer. Er kannte aber auch Churchills persönliche Verbindungen und Berater und wußte, daß sich unter ihnen deutsche und andere mitteleuropäische Emigranten, auch Juden, befanden. Am 6. November 1938 sprach er in Weimar: »Ich habe kürzlich drei dieser internationalen Kriegshetzer beim Namen genannt. Sie haben sich betroffen gefühlt, aber nicht etwa nach der grundsätzlichen Seite hin, nein, nur deshalb, weil ich es wagte, sie beim Namen zu nennen. Herr Churchill hat offen erklärt, er sei der Meinung, daß man das heutige Regime in Deutschland beseitigen müsse, unter Zuhilfenahme innerer deutscher Kräfte, die ihm dankbar dafür zur Verfügung stehen würden. Wenn Herr Churchill weniger mit Emigrantenkreisen, das heißt mit ausgehaltenen, vom Ausland bezahlten Landesverrätern verkehren würde, sondern mit Deutschen, dann würde er den ganzen Wahnsinn und die Dummheit seines Geredes einsehen.« Im Sommer 1939 ergingen sich deutsche Radiosendungen in den schlimmsten Hetztiraden über Churchill. Hans Fritzsche, der Leiter der Rundfunkabteilung des Propagandaministeriums, nannte ihn mal einen »dreckigen Lügner«, mal »Verbrecher« oder »aufgedunsenes Schwein«.

Wichtiger ist, daß Hitlers starkes Interesse an der englischen Politik auch nach Kriegsbeginn anhielt. Wir haben bereits gesehen, daß er sich irgendeine Reaktion Chamberlains auf seine Rede nach dem Überfall auf Polen erhofft hatte, in der er England ein Stillhalteabkommen unterbreitet hatte. Einige Tage später legte ihm Goebbels die Übersetzung eines Artikels von George Bernard Shaw vor, in dem sich dieser über Churchill lustig machte. Hitler war sehr angetan. »Shaw ist einer der geistreichsten Spötter der Welt«, bemerkte er dazu. Neun Tage später gab er – was sehr selten geschah – Goebbels »Anweisung zur Behandlung des Falles Churchill. Er meint auch, daß es uns vielleicht gelänge, ihn zum Sturz zu bringen.« Darauf schrieb Goebbels einen leidenschaftlichen Artikel gegen Churchill, und er ergänzte in seinem Tagebuch: »Wir machen daraus eine ganz große Sensation.« (Es wurde keine.) Am 12. Dezember aßen Goebbels und Hitler gemeinsam zu Mittag. »Er kritisierte Churchill sehr stark. [Churchill] lebt im 16. Jahrhundert und versteht in keiner Weise die wahren Bedürfnisse der Engländer.«

Während des Norwegen-Feldzugs zeigte Hitler ganz offen seine Verachtung für Churchill. Unter dem 10. Mai trug Goebbels in sein Tagebuch ein: »Churchill ist nun wirklich zum Premier ernannt. Klare Fronten! Das lieben wir.«

Churchill verstand Hitler sehr gut. Das war ungewöhnlich; denn Engländer zeigen selten wirkliches Interesse an Ausländern, wie scharfsinnig ihre Beobachtungen auch manchmal ausfallen mögen. Chamberlain hat Hitler lange Zeit überhaupt nicht begreifen können. Und mit diesem Unvermögen befand er sich in der guten Gesellschaft aller großen Männer Englands, selbst solcher Staatsmänner wie Pitt, Palmerston oder Lloyd George: Was immer ihre Vorzüge gewesen sein mögen, das Verständnis ihrer ausländischen Gegenüber oder Gegner gehörte nicht gerade dazu. Für Churchills tiefes Verständnis von Hitlers Persönlichkeit und Zielen gilt das jedoch nicht.

Bis zu einem gewissen Grad war Churchills Einschätzung Hitlers mit seiner Einschätzung Deutschlands identisch, wenn auch nur mit Einschränkungen. Schon früh in seinem Leben finden sich Anzeichen einer Frankophilie: ein kulturelles, nicht nur politisches Interesse, das sein Leben lang anhielt und auch die niederschmetternden Enttäuschungen über das Frankreich von 1940 überdauerte. In dieser Hinsicht entsprach Churchills Neigung der damals neuen, einschneidenden und beispiellosen Wende in der britischen Außenpolitik, die in den ersten Jahren dieses Jahrhunderts – genauer: zwischen 1898 und 1904 – Deutschland als den eigentlichen möglichen Gegner und Frankreich als einen möglichen Bündnispartner zu betrachten begann. Zur damaligen Zeit hatte die potentielle Gefahr in der deutschen Kriegsflotte bestanden. Churchill war ein Experte für Fragen der Marine und der Seemacht. 1914 hatte er die führende Rolle bei der Kriegsvorbereitung der britischen Marine gespielt. Er war fest von der ausschlaggebenden Bedeutung des Seekrieges überzeugt. Daher hatte er auch 1915 den Dardanellenfeldzug unterstützt, der nur um Haaresbreite fehlgeschlagen war, woran er allerdings unschuldig war, obwohl das damals zu seiner plötzlichen und scheinbar endgültigen Ablösung geführt hatte. Die wilde Entschlossenheit und Schlagkraft der Deutschen im Ersten Weltkrieg beeindruckte Churchill zutiefst. Deshalb sah er sich wohl auch veranlaßt, sein voluminöses dreibändiges Werk über den Ersten Weltkrieg, dessen letzter Band zehn Jahre nach Kriegsende erschien, mit folgenden Bemerkungen abzuschließen: »Es obliegt zweifellos nicht unserer Generation, das endgültige Verdikt über den Großen Krieg zu fällen«, schrieb er. »Das deutsche Volk hat eine bessere Erklärung verdient als die lahme Geschichte, es sei von feindlicher Propaganda zersetzt worden.... Aber eines ist sicher, im Bereich der Gewalt hat die Menschheitsgeschichte nichts aufzuweisen, was mit diesem Ausbruch des deutschen Vulkans vergleichbar wäre.«

»Deutschland kämpfte vier Jahre lang und trotzte den fünf Erdteilen zu Lande, zu Wasser und in der Luft. Die deutschen Armeen unterstützten ihre wankenden Verbündeten, intervenierten erfolgreich auf jedem Kriegsschauplatz, standen sicher auf allen eroberten Gebieten und nötigten ihren Feinden doppelt so viele Opfer ab, wie sie selbst erbringen mußten. Um ihre Kraft und Kriegstechnik zu brechen und ihre Kampfeswut zu bändigen, mußten sich die gesamten starken Nationen dieser Welt vereinen und gegen sie ins Feld ziehen. Unüberschaubare Massen, unbegrenzte Ressourcen, unsägliche Opfer und eine Seeblockade konnten fünfzig Monate lang nichts ausrichten. Kleine Länder wurden in diesem Kampf überrannt; ein mächtiges Reich in unerkennbare Stücke zerrissen; und fast zwanzig Millionen Menschen ließen ihr Leben oder vergossen ihr Blut, bevor man diesem fürchterlichen Arm das Schwert des Krieges entreißen konnte. Nun, ihr Deutschen, das ist genug für den Rest der Menschheitsgeschichte! ... Und ist das jetzt das Ende? Oder ist das nur ein Kapitel einer grausamen und sinnlosen Geschichte? Wird eine neue Generation wiederum geopfert werden, um die düsteren Rechnungen zwischen Teutonen und Galliern zu begleichen? Werden unsere Kinder erneut auf verbranntem Land bluten und ihr Leben aushauchen? Oder kann dem zerstörerischen Konflikt der drei großen Gegner eine Versöhnung entspringen, die die große geistige Tradition dieser Länder vereint und jedem dieser drei eine sichere und friedliche Rolle bei der gemeinsamen neuen Aufgabe zuweist, den alten Glanz und Ruhm Europas wieder zu erwecken?«

Um diese Hoffnung zu verwirklichen, bedurfte es eines weiteren Weltkrieges.

Churchills Hitlerbild war eine Mischung aus Altem und Neuem. Er sah ihn einerseits als die Reinkarnation des alten, tief verwurzelten Bösen in der Welt; zugleich aber erkannte er, daß Hitler etwas radikal Neues und furchterregend Modernes verkörperte. Wir wissen, daß er sich für Hitler interessierte, lange bevor Hitler einen Gedanken an ihn verschwendete. Im September 1930 erzielte Hitlers Partei bei den Reichstagswahlen einen beachtlichen Erfolg. Zu jener Zeit war Hitler selbst auf der politischen Bühne nur eine zweitrangige Figur. Niemand außer Hitler selbst zog ernsthaft in Erwägung, daß er je Reichskanzler werden könnte. Aber immerhin hielt es einen Monat später der damalige Berater der deutschen Botschaft in London, ein Nachkomme Bismarcks, für angezeigt, eine Aussage Churchills, die dieser bei einem Essen in der deutschen Botschaft in London gemacht hatte, nach Berlin weiterzuleiten: »Natürlich hat Hitler erklärt, daß er keinen Weltkrieg beginnen möchte, aber Churchill glaubt, daß Hitler und seine Gefolgsleute die erstbeste Gelegenheit wahrnehmen werden, um wieder zu den Waffen zu greifen.« Zweieinhalb Jahre später beherrschte Hitler Deutschland, war er der Führer des Dritten Reiches. Danach gab es Gelegenheit genug, sich an Churchills frühe Warnungen davor, was mit der Machtergreifung Hitlers auf die Welt zukommen würde, zu erinnern – Warnungen, die damals von britischen Politikern, Parlamentariern und der Mehrheit des Volkes überhört oder abgetan worden waren.

Die ungenügende Reaktion auf Churchills warnende Worte war zu jener Zeit nicht nur und nicht überall auf Trägheit, Unaufmerksamkeit oder Gleichgültigkeit zurückzuführen. Es gab 1933 und auch noch einige Jahre später eine Reihe von Engländern, die dem, was Hitler verkörperte – genauer: was Hitler in ihren Augen zu verkörpern schien –, wohlwollend gegenüberstanden. Ich meine damit nicht nur Oswald Mosley und die britischen Faschisten oder fanatische Bewunderer Hitlers wie Unity Mitford. Es gab durchaus andere, einflußreichere oder zumindest repräsentativere Männer und Frauen, die in Hitler etwas Neues und Positives sahen, eine belebende Kraft zum Heil Europas und der Weltordnung, vielleicht sogar zum Heil Großbritanniens. Es waren sehr unterschiedliche Persönlichkeiten, die allerdings gewisse Überzeugungen teilten. Die durch den Ersten Weltkrieg in England hervorgerufene Germanophobie schien ihnen überholt; nicht ganz ohne Grund hielten sie die rachsüchtige Haltung der Alliierten, mit der man Deutschland nach dem Krieg in die Knie gezwungen hatte, für falsch. Den ritterlichen deutschen Kämpfernaturen zollten sie Respekt. Ihnen mißfiel die schnöde Korrumpiertheit, die Heuchelei und Unlauterkeit der parlamentarischen Machenschaften, besonders in den düsteren, elenden Jahren der Depression. Ihnen erschienen der Faschismus und Nationalsozialismus als klare Alternative zur parlamentarischen Demokratie und zum Kommunismus. Andere waren gegen die Juden und gegen vermeintlich jüdische Einflüsse voreingenommen. Unter denen, die im Jahr 1933 derartige Meinungen vertraten, befanden sich neben britischen Adelsfamilien immerhin so unterschiedliche Persönlichkeiten wie der avantgardistische Schriftsteller Wyndham Lewis, die einflußreiche Dramatikerin Enid Bagnold, der Romancier Philip Gibbs sowie der Zeitungskönig Lord Rothermere. Wir werden später auf sie zurückkommen, denn manche von ihnen stellten auch noch im Mai 1940 eine gegen Churchill gerichtete Opposition dar.

Hier ist nicht der Ort, die zahlreichen Warnungen aufzuzählen oder zu kommentieren, die Churchill im Verlauf der dreißiger Jahre gegen Hitler ausgesprochen hatte. Wir wollen lediglich die wesentlichen Faktoren beschreiben, die ihn zu seiner außergewöhnlichen Einschätzung Hitlers befähigten. Churchills journalistische Tätigkeit in den dreißiger Jahren war umfangreich. Er verdiente damit seinen Lebensunterhalt. Es finden sich Artikel darunter, in denen er »die enorme Dimension« Adolf Hitlers zu verstehen und ihr gerecht zu werden versucht. 1935 entwarf er ein Porträt Hitlers: »Was für ein Mensch steht hinter dieser düsteren Gestalt, die solch große Leistungen vollbracht [gemeint ist der Wiederaufbau Deutschlands] und dieses entsetzliche Unheil [gemeint sind die Verfolgungen und der Terror] angerichtet hat?« Im November 1935 schrieb er: »Diejenigen, die mit Herrn Hitler öffentlich oder privat zu tun gehabt haben, beschreiben ihn als kompetenten, sachlichen, gut unterrichteten Funktionsträger mit einem angenehmen Auftreten und einem entwaffnenden Lächeln, und nur wenige haben sich seiner persönlichen Ausstrahlung entziehen können.« Noch im September 1937 ergänzte er: »Wenn unser Land jemals so am Boden zerstört wäre, wünschte ich, wir würden eine ebensolche unbezwingbare Führergestalt finden, die uns neue Zuversicht gäbe und unser Land an seinen alten Platz unter den anderen Nationen zurückführen würde.« An diesen Sätzen war nichts geheuchelt. Sie entsprangen nicht der in England üblichen rhetorischen Fairneß. Auch waren es keine Höflichkeitsformeln, hinter denen sich Haß verbarg. Der Haß – wenn man davon überhaupt reden kann –, der Churchill im Zweikampf gegen Hitler antrieb, setzte viel später ein. Und auch dann war es nicht so sehr Haß gegen den Menschen Hitler als Haß gegen das, was dieser hervorgebracht hatte. Selbst als sich Churchill nach dem Krieg über Hitler äußerte, betonte er, daß diesen die niederschmetternden Erlebnisse von 1918 »nicht in die Reihen der Kommunisten brachten... *In ehrenhafter Umkehr* entwickelte er um so mehr übertriebenen Sinn für Rassentreue und eine glühende und mystische Verehrung Deutschlands und des deutschen Volkes.« (Hervorhebungen des Autors.)

Churchills Hitlerbild blieb durch die Jahre hindurch konstant. Auch in dem Porträt, das er nach dem Krieg in seinen Memoiren von Hitler entwirft, findet sich eine um Verständnis bemühte menschliche Dimension. Ein Kapitel des ersten Bandes ist Hitler gewidmet. Auf der ersten Seite dieses kurzen Kapitels, das er diktierte, während er in seinem Arbeitszimmer in Chartwell auf und ab ging, beschreibt er Hitlers Laufbahn und Persönlichkeit erstaunlich scharfsichtig. Die bemerkenswerte Qualität dieser Passagen ist nicht nur auf Churchills rhetorische und literarische Begabung zurückzuführen, sondern entspringt seinem tiefen inneren Verständnis des Gegenstandes. So erkennt er zum Beispiel zutreffend, daß die Ausformung von Hitlers Weltsicht – und nicht nur seine Laufbahn – den entscheidenden Anstoß in den Jahren 1918–1919, und nicht etwa schon vor dem Krieg erfahren hatte – in München, nicht in Wien. Im Gegensatz dazu hatte Hitler in »Mein Kampf« betont, daß sich seine politische Weltanschauung bereits in den Wiener Jahren herausgebildet und sich nur seine äußeren Lebensumstände im Winter 1918 und später in München schlagartig verändert hätten. Die meisten Historiker sind dieser Darstellung gefolgt. Berufshistoriker, die sich nur mit Fachkollegen auseinandersetzen wollen, nehmen oft Churchill als Historiker entweder gar nicht oder nur unzureichend zur Kenntnis. Doch auf diesen Seiten seiner Memoiren beweist er ein phänomenales Verständnis Hitlers.

Churchill hatte Hitlers zahlreiche Respektbezeugungen für England natürlich zur Kenntnis genommen. Doch wußte er auch, daß diese Achtung nicht unkompliziert war, denn sie verriet auch ein unruhiges Ressentiment. Als Hitler nur wenige Tage nach

München in Saarbrücken eine scharfe Rede hielt und Churchill erstmals namentlich angriff, bemerkte Churchill das wohl; aber er bemerkte noch etwas anderes, einen Satz, der ihm sehr aufschlußreich vorkam. In jener Rede hieß es: »Es wäre gut, wenn man in Großbritannien allmählich gewisse Allüren ... ablegen würde. *Gouvernantenhafte Bevormundung* vertragen wir nicht mehr!« Nur Churchill verstand, was dieser Satz bedeutete – und er hob ihn in seinen Memoiren entsprechend hervor. Im gleichen Zusammenhang warnte Hitler auch die westlichen Gegner vor einer hochmütigen oder herablassenden Haltung gegenüber Deutschland. Er selbst kenne keinerlei Minderwertigkeitskomplexe! Die Hervorhebungen stammen von Churchill; das Ausrufezeichen aber hatte Hitler gesetzt. Beides ist aufschlußreich.

Daß Churchill 1940 Hitlers Hauptgegner wurde, ist vielleicht eine schicksalhafte Fügung. Mir ist kein anderer Staatsmann, kein anderer Volksführer in der neueren Geschichte bekannt, der einen ausländischen Feind so gut durchschaute wie Churchill Hitler. Das hatte ihm in England zur Macht verholfen. Aber Verständnis und Kenntnis sind nur die Diener der Macht. Churchill wußte zur damaligen Zeit noch mehr: nämlich, daß Hitler die Energien des deutschen Volkes auf noch nie dagewesene Höhen gebracht hatte. Diese Erkenntnis stellte sich ein, noch bevor Churchill erleben mußte, wie genial und erfolgreich Hitlers Strategie in Westeuropa war, während die militärischen Operationen der Briten und Franzosen (die er selbst ja noch unterstützt hatte) kraftlos und katastrophal verliefen. Seit dieser Zeit war sein einsichtiges Verständnis von Hitlers Persönlichkeit stets begleitet von zunehmendem Respekt für das, was die deutschen Streitkräfte in diesem Krieg zu vollbringen imstande waren. Niemals hat er Hitler oder die deutschen Soldaten unterschätzt. Er glaubte allerdings, Schwachstellen in Hitlers Weltsicht zu erkennen – etwa zur selben Zeit, als Hitler seine Aufmerksamkeit immer mehr auf vermeintliche Schwächen in Churchills Charakter richtete.

Aus jener Weltsicht – der jeweiligen Weltsicht beider Duellanten – ergab sich auch die Strategie und Taktik ihres achtzigtägigen Zweikampfes. Ebensosehr bot sie auch die Grundlage für die Entwicklung ihres jeweiligen Charakters.

Hitlers Kindheit, sein Verhältnis zu den Eltern, war schwierig und schmerzhaft. Das galt auch für Churchills Kindheit. Aber beide wurden auf unterschiedliche Weise damit fertig. Hitler, der oft geschlagen wurde, mochte seinen Vater nicht, vielleicht haßte er ihn sogar; aber das hat er niemals öffentlich bekundet; in »Mein Kampf« schreibt er von seinem Vater achtungsvoll, bisweilen sentimental. Nur bei seltenen Gelegenheiten, in persönlichen Gesprächen mit engen Vertrauten, verriet er seine Abneigung vor der gesellschaftlichen Stellung, dem Beruf, den Werten, ja, der Persönlichkeit des Vaters. Das persönliche Verhältnis zwischen Lord Randolph Churchill und seinem Sohn fiel ebenfalls nicht gerade zufriedenstellend aus – zumindest aus der Sicht eines Sohnes, der von seinem Vater mehr Liebe und Zuwendung erwartete; aber schon früh in seinem Leben verstand es der junge Winston, seine Enttäuschung darüber zu unterdrücken, seinen Vater zu achten und zu bewundern und in die Fußstapfen seiner politischen Laufbahn zu treten. Beide, Hitler und Churchill, verehrten ihre Mütter. Ein neutraler Beobachter könnte meinen, daß Hitlers Mutter, eine schwer arbeitende, leidgeprüfte, warmherzige Frau mit traurigen Augen, mehr Achtung verdient hätte als Lady Randolph Churchill, die ihren Sohn in dessen frühen Kindheitsjahren vernachlässigte und deren Schönheit und Intelligenz mit einer spürbaren Sinnlichkeit gepaart waren, die einige Charakterschwächen verriet. Aber der Sohn liebte sie und stand ihr auch bei allen persönlichen Schicksalsschlägen zur Seite. Außerdem akzeptierte er stolz die amerikanische Abstammung seiner Mutter, verschrieb sich von klein an dem Anglo-Amerikanismus, den diese verkörperte.

Hitler war viel weniger gefühlsbestimmt als Churchill. Er war kalt, Churchills Persönlichkeit war warm. Niemand hat je eine Träne in Hitlers Gesicht gesehen, wohingegen Churchills Augen bei mancher Gelegenheit feucht wurden, was ihn offenbar wenig gestört oder gar beschämt hat.

Es ist sicherlich bemerkenswert, daß Hitler, der seine Mutter liebte und von ihr geliebt und behütet wurde, alle Anzeichen einer unglücklichen Kindheit aufwies, während Churchill, der oft von beiden Elternteilen vernachlässigt wurde, nichts dergleichen verriet. Das mag mit seiner aristokratischen Erziehung zusammenhängen, läßt sich aber nicht allein daraus erklären. Er muß sich einfach sehr früh in seinem Leben zu der Überzeugung durchgerungen haben, daß seine Kindheit nicht unglücklich war – und damit war die Angelegenheit erledigt. Ein solcher Entschluß verrät einen frühzeitig ausgeprägten festen Charakter – vielleicht der frühe Keim seiner Großherzigkeit –, der eine Verdrängung unglücklicher Erinnerungen ermöglicht. Das ist eine positive Eigenschaft, deren Wirksamkeit all dem widerspricht, was uns Psychoanalytiker über »Verdrängung« und ihre Folgen erzählen wollen.

Auf jeden Fall haben die Mütter in Hitlers und Churchills Leben eine wichtige Rolle gespielt. Damit kommen wir zu ihrem Verhältnis zu Frauen, das wir hier kurz abhandeln wollen. Für beide gilt, daß ihre Sexualität und Triebhaftigkeit offenbar schwach ausgeprägt war. Über Hitlers Sexualität und sein Verhältnis zu Frauen ist viel Unsinn gesagt und geschrieben worden. Hinweise für diesen Lebensbereich sind spärlich, nicht authentisch und schwer zu beurteilen. Meiner wohlbedachten Meinung nach, die nicht auf Spekulationen, sondern auf meinem Studium Hitlers beruht, war sein Verhältnis zu Frauen normal. Das gleiche gilt für Churchill, dessen Ehe, vielleicht bis auf eine flüchtige Ausnahme, ein Musterbeispiel für Loyalität und gegenseitige Achtung war, die die Grundlage und Zuflucht jeder guten Ehe bilden.

Es gibt allerdings einen ungewöhnlichen Zug in Hitlers Verhältnis zu Frauen, den ich für bemerkenswert halte. Die weitgehend unbeachtet gebliebenen Memoiren seiner loyalen Privatsekretärin enthalten einen Hinweis darauf. Ihren Beobachtungen nach gab Hitler sich durchaus mit dem Gefühl zufrieden, daß ihn viele schöne Frauen bewunderten und mit ihm ins Bett wollten.

Er *könnte* also, als er auf die Fünfzig zuging, Angst vor sexuellem Versagen gehabt haben. Diese Annahme wird nach meinem Dafürhalten durch Frau Schröders Beobachtungen (aber auch durch andere Quellen) bestärkt, denen zufolge Hitlers Privatleben und seine öffentlichen Auftritte besonders von der Sorge bestimmt waren, er könnte lächerlich wirken. »Die Angst, sich lächerlich zu machen, war bei Hitler krankhaft.« So duldete er es zum Beispiel unter keinen Umständen, daß ein Bediensteter ihn in Unterhosen sah. (Auch achtete er streng darauf, daß er auf Fotografien niemals eine Brille trug.) Churchill hingegen war nicht besorgt, lächerlich zu wirken. Dieser Gegensatz ist auch auf ihren unterschiedlichen Sinn für Humor zurückzuführen. Hitlers Humor war primitiv und derb, er lachte selten. Churchill hatte einen ausgeprägten Sinn für Humor; dieser bestimmte seinen Charakter und brach selbst noch in düstersten Zeiten unvermittelt hervor.

Hitler hatte vielleicht weniger auffällige Schwächen; aber wir haben gesehen, daß sich kurz vor Kriegsbeginn bereits erste Zeichen von Hypochondrie einstellten. Unter dem Eindruck, daß er nicht mehr lange zu leben habe, nahm er große Mengen von Medikamenten zu sich und veränderte seine Eßgewohnheiten. Seine einzige kulinarische Schwäche war eine Vorliebe für süße Sahnetorten. Churchill rauchte Zigarren, aß gut und trank viel. Über seinen Alkoholkonsum gibt es widersprüchliche Angaben. 1940 stellte sein Sekretär John Colville gelassen fest, daß das Gerede über Churchills Trinkgewohnheiten völlig übertrieben sei; zwar halte er gern ein volles Glas in der Hand, dessen Whiskygehalt sei aber stets gering (wie er auch die Havannazigarren, von denen er sich offenbar niemals trennte, selten bis zum Ende rauchte.) Auf der anderen Seite gab es genügend Leute, die ihn betrunken erlebt hatten. Im April 1939 bot ihm Lord Rothermere sechshundert Pfund für den Fall, daß er ein Jahr lang auf Cognac verzichten würde. Wir wissen nicht, ob er darauf einging. Zum Abendessen trank er fast immer Champagner. Es gibt allerdings keinerlei Anzeichen dafür, daß er in der Zeit des Zweikampfes mit Hitler übermäßig getrunken hätte. Indes wissen wir, daß sich Hitler bald nach dem Beginn dieses Zweikampfes – im Mai 1940 –

für Churchills Trinkgewohnheiten zu interessieren begann, obwohl er ansonsten nur geringes Interesse an derartigen Informationen zeigte. In diesem Fall aber verlangte er minutiösen Bericht. Immer häufiger sprach er von Churchill als dem »Trinker«; und offensichtlich suchte er verbissen nach einer persönlichen Charakterschwäche, nach einer ungeschützten Stelle in der Rüstung des Gegners.

Schon allein das ist interessant, denn es stand im Gegensatz zu ihren sonstigen Denk- und Arbeitsgewohnheiten. Normalerweise war es Churchill, der seine Augen für allerlei kleine, für ihn aber bedeutsame Einzelheiten offenhielt; wohingegen Hitler ungeachtet seines hervorragenden Gedächtnisses für manche Einzelheiten kaum politische oder geheimdienstliche Berichte las und sich lieber auf seine Eingebung verließ. Aber während ihres Zweikampfes war es umgekehrt: Hitler verlangte möglichst viele Informationen über Churchill und die politische Entwicklung in England, während Churchills Aufmerksamkeit für Hitler nicht in die kleinsten Einzelheiten ging.

Der größte charakterliche Unterschied zwischen beiden lag jedoch in einem oben schon erwähnten Bereich: Hitler wurde von Abneigung und Haß getrieben, Churchill nicht. Ich will damit nicht sagen, daß Großherzigkeit *die* bestimmende Charaktereigenschaft Churchills war, aber sie machte doch einen selten zu findenden und daher um so wertvolleren Teil seines Charakters aus, wohingegen sie Hitler vollkommen fremd war. Gewiß führt Abneigung viel eher zu Wahnvorstellungen als Großherzigkeit. Hitler war ja besonders von einer alles beherrschenden, stets gegenwärtigen und übermächtigen Wahnvorstellung besessen: von seinem Haß auf die Juden. Dabei ist zu betonen, daß dieser Haß nicht (wie so oft) aus seiner rassistischen Ideologie resultierte; er war vielmehr dessen Grundlage. Nach Hitlers Überzeugung waren die Juden, nicht so sehr die Rassenfrage als solche, der Schlüssel zur Geschichte. Sein Rassismus war nicht immer konsequent: Er erwog und begrüßte durchaus Bündnisse mit den Chinesen, Japanern, Afghanen und Arabern, hatte aber andererseits keinerlei Hemmungen, nordische Nationen zu erobern und zu unterdrücken. Seine rassistisch geprägten Vorstellungen und politischen Maßnahmen waren nicht ohne Widersprüche, doch in seinem Judenhaß blieb er bis zum Ende furchtbar konsequent. Churchill wiederum war bei aller gelegentlichen Abhängigkeit von jüdischen Freunden und Helfern und trotz seines frühen Eintretens für die Juden in Palästina weder aus ideologischen Gründen noch aus Kalkül semitophil. Aber er war von Anfang an nicht nur abgestoßen von Hitlers Judenhaß; er sah darin schon früh ein Anzeichen des Bösen in Hitlers Charakter.

Die Besessenheit, mit der Hitler sein Weltbild umsetzte, drückte sich in seinem Gebrauch des Wortes »fanatisch« aus. Er forderte eine »fanatische« Treue zur Partei, zu Deutschland, zum Dritten Reich. Soldaten und Offiziere, so befand er, mußten davon durchdrungen sein. In seinen Augen und im Sprachgebrauch seiner Propagandisten war es ein positiv besetztes Adjektiv. Ich brauche nicht sonderlich zu betonen, daß »fanatisch« im Englischen nur pejorativ gebraucht wird; das gilt übrigens auch für die meisten europäischen Sprachen lateinischer Herkunft einschließlich des Italienischen, was ein kleiner Hinweis auf den Unterschied zwischen Hitler und Mussolini sowie zwischen dem deutschen Nationalsozialismus und dem italienischen Faschismus sein mag. Hitler und Churchill waren eines loyalen Verhaltens gegenüber Freunden, Helfern und Mitarbeitern fähig. Hitler wußte Treuebeweise oder Hilfeleistungen aus früheren Zeiten zu würdigen und zu lohnen. Er war durchaus imstande, Freundschaften zu schließen. Ritterlichkeit war seinem Charakter jedoch fremd. Churchill hingegen empfand bisweilen für manche seiner Gegner nicht nur eine über den bloßen Respekt hinausgehende Wertschätzung, er wollte diese auch zum Ausdruck bringen. Daß Churchill bei der schon erwähnten »Altmark«-Episode englischen Marinesoldaten befahl, das Schiff zu entern, kam einem Piratenstück gleich; als er jedoch erfuhr, daß dabei persönliche Habseligkeiten des deutschen Kapitäns entwendet worden waren, gab er zornig Anweisung, diese sofort zurückzuerstatten. (Bezeichnend ist auch, daß Churchill das entsprechende Dokument in einen der Anhänge seiner Memoiren aufnahm.)

In ihrer Arbeitsweise unterschieden sich Hitler und Churchill ebenfalls – bis auf eine Ausnahme: Beide standen spät auf und gingen spät zu Bett. Doch auch hier gab es Gegensätze. Hitler verließ sein Schlafzimmer oder seine Privaträume stets vollständig angekleidet und machte sich gewöhnlich nach elf Uhr vormittags an die Arbeit. Churchill wachte früh auf und begann im Bett mit der Arbeit; nach dem Mittagessen zog er sich in der Regel zu einem tiefen und erholsamen Schlaf zurück. Hitler verlangte seinen Hilfskräften weniger ab als Churchill. Er war rücksichtsvoll und manchmal geradezu zuvorkommend, besonders gegenüber dem weiblichen Schreibpersonal. Churchills Schroffheit und seine gelegentliche Grobheit entsprangen seiner Ungeduld. Er war ungeduldiger als der fanatische Hitler. Dieser Unterschied ist bemerkenswert, besonders im Hinblick auf Hitler als verhinderten Künstler. Sicher ist, daß er nicht nur in der Architektur und in der Musik beschlagen war, sondern daß es sich dabei um geistige Interessen handelte, aus denen er Anregung und Kraft schöpfte. In gewisser Weise war Churchill jedoch genauso künstlerisch veranlagt wie Hitler. Wiederum ist festzuhalten, daß Hitler in seiner Jugend ein nicht unbegabter Maler war, sein Interesse an der Malerei aber (an der eigenen wie an der Kunstgeschichte überhaupt) nach dem großen Wendepunkt in seinem Leben stark abnahm. Churchill hingegen entdeckte und genoß die Befriedigung, die ihm die Malerei zu geben vermochte, erst in seinem fünften Lebensjahrzehnt. Für Musik hatte er kein Ohr, aber er besaß außerordentliches Feingefühl und starke Empfänglichkeit für jegliche Art von Dichtung. Wenn wir dann noch den jeweiligen Umgang mit der Sprache berücksichtigen, war Churchill der größere Künstler von beiden.

Die sprachlichen Fertigkeiten waren wichtig, denn ein großer Teil ihres Zweikampfes wurde mit Worten ausgetragen. Die beiden Kombattanten waren außerordentlich belesen – Hitler wesentlich mehr, als gemeinhin angenommen wird. Sein Interesse galt jedoch nicht so sehr dem geschriebenen Wort. Von »Mein Kampf« sagte er einmal, den Inhalt des Buches müsse man vortragen, nicht lesen. Die rhetorische Begabung der beiden läßt sich in diesem Zusammenhang nicht vergleichen; vor allem englischsprachigen Lesern, auch solchen, denen Churchills Stil gelegentlich geschraubt vorkommt, würde Hitlers Sprache erschreckend fremdartig erscheinen. Bemerkenswert ist, daß Hitler bei seinem ansonsten erstaunlichen Gedächtnis für gewisse Einzelheiten sehr wenig schrieb – besonders während ihres Zweikampfes, aber eigentlich während des gesamten Krieges. Auch machte er auf den Berichten, die man ihm vorlegte, auffällig wenig Randbemerkungen. Ferner las er, von militärischen Vorgängen abgesehen, nur selten Dokumente, während Churchill Unmengen von Berichten und Analysen durchackerte und geradezu verschlang. Für Churchill war es unabdingbar, Wünsche jedweder Art zu Papier zu bringen. Sein sprachlicher Ausdruck in der Öffentlichkeit wie im Privatleben besaß eine besondere literarische Qualität, deren er sich durchaus bewußt war. Wie in manch anderer Hinsicht, war er auch dabei nicht so heimlichtuerisch wie Hitler, der seine Sekretärinnen immer wieder einmal anwies, eben Gesagtes nicht zu notieren. Kurz: Hitler war kein Mann des geschriebenen Wortes, Churchill hingegen war ein Schriftsteller.

In dieser Veranlagung steckte allerdings auch ein Nachteil, der sich freilich erst im weiteren Verlauf des Krieges auswirken sollte, insbesondere in der Beziehung zwischen Churchill und Roosevelt. Churchill verfiel in eine Angewohnheit, die den meisten Schriftstellern zu eigen ist: Hatte er sich einmal zu einem Problem in schriftlicher Form klar und umfassend geäußert, hielt er die Angelegenheit für geklärt und somit für weitgehend erledigt. Er kannte allerdings die hinderlichen bürokratischen Abläufe und wußte, daß man Druck ausüben mußte. Kurz nachdem er Premierminister geworden war, ließ er deshalb bestimmte Akten mit dem Etikett versehen: »Noch heute zu erledigen.« Bisweilen erwies sich die schriftstellerische Veranlagung dennoch als nachteilig. Nicht immer waren die Probleme wirklich erledigt. Aber es ist eine Binsenwahrheit, daß Churchills meisterliche Beherrschung der englischen Sprache insbesondere während des Zweikampfes ein unschätzbarer, wenn auch nicht exakt definierbarer Vorteil war.

Beide, Churchill und Hitler, hatten eine rasche und genaue Auffassungsgabe. Hitlers Geschichtskenntnisse und sein Verständnis bestimmter historischer Kräfte waren beträchtlich. Churchills historische Kenntnisse waren profunder, nicht nur aufgrund seiner Herkunft und seiner Erziehung; sie waren in jeder Hinsicht umfassender. In Hitlers Weltsicht spielte Intuition eine größere Rolle als bei Churchill. Insofern diese aber von seiner Besessenheit bestimmt war, gereichte sie ihm nicht immer zum Vorteil. Insgesamt war Churchill von einer größeren Achtung vor der Geschichte erfüllt, wie es bei einem Reaktionär, der er im Vergleich zum Revolutionär Hitler war, nicht verwunderlich ist. »Das Schicksal ist ungehalten mit denen, die mit den Gebräuchen der Vergangenheit brechen«, schrieb Churchill einmal. Er behielt vollkommen recht. Im Gegensatz zu Churchill fühlte sich Hitler keiner Tradition verpflichtet. Er war vor allem davon überzeugt, daß viele traditionelle Gebräuche und Einrichtungen überflüssig seien, ja, daß die Zeit reif sei, zu seinem und Deutschlands Vorteil mit ihnen zu brechen.

Im Vergleich dazu ist es schon erstaunlich, wie sehr Churchill bei seiner halbamerikanischen Herkunft und seinem festen Glauben an die Vereinigten Staaten doch ein altmodischer Europäer war. Das konnte man von kaum einem anderen großen englischen Staatsmann sagen, gewiß von kaum einem im zwanzigsten Jahrhundert, schon gar nicht von den Konservativen um Chamberlain. Neben einigen anderen Dingen wird das wohl auch der wesentliche Unterschied zwischen ihnen und Churchill gewesen sein: Im Jahr 1935 zeigte ihm Rothermere, der damals zu den Bewunderern Hitlers zählte, Churchills Fähigkeiten aber durchaus zu würdigen wußte, einmal einen Brief, den Hitler ihm geschrieben hatte. Churchill antwortete: »Wenn er [Hitler] damit vorschlagen will, daß wir uns gemeinsam mit Deutschland über eine Vorherrschaft über ganz Europa verständigen sollen, stünde das im Widerspruch zu unserer ganzen historischen Entwicklung.« Wiederum im Gegensatz zu den meisten Engländern beruhte Churchills Europabild, einschließlich der Überzeugung, daß das Geschick Europas vom Schicksal Englands nicht zu trennen sei, nicht nur auf strategischen oder politischen, sondern auch auf kulturellen Überlegungen. Im Jahr 1940, schon während ihres Zweikampfes, sprachen Hitler und sein Propagandastab offen von einem »neuen Europa«, und sie meinten damit ein von den Deutschen beherrschtes nationalsozialistisches Europa. Aber das war damals nicht mehr als bloße Propaganda. Noch gegen Ende des Krieges behauptete Hitler, er sei Europas letzte Hoffnung. Glaubte er wirklich, was er sagte? Auf jeden Fall täuschte er sich.

In einem Punkt allerdings war Hitler weitsichtiger als Churchill. Churchill glaubte noch immer an die entscheidende Rolle der Seemacht. Das galt übrigens, wenngleich auf andere Weise, auch für Roosevelt, wie noch zu sehen sein wird. Immerhin hatte die britische Seemacht Großbritannien und dem Empire zur Weltgeltung verholfen. Wir wissen auch, wie erfahren Churchill in Fragen der Seestrategie, der Taktik, der Flottenausrüstung und Marineplanung war. Hitler seinerseits erkannte bereits in jungen Jahren die neuen und ungeheuren Möglichkeiten des Verbrennungsmotors und damit des Automobils. Er interessierte sich sein Leben lang für Autos, nicht zufällig ließ er die ersten Autobahnen bauen, und nicht zufällig kam ihm die Idee eines Autos für jeden Bürger, eines »Volkswagens«. Auch sah er klar, was Churchill wiederum erst allmählich dämmerte: daß nämlich das schreckliche Aufeinanderlosschlagen von Massenarmeen in den Schützengräben des Ersten Weltkriegs eine militärische Fehlentwicklung war und sich nicht wiederholen würde. Hitler erkannte ferner, daß die neue und entscheidende Form der Kriegführung darin lag, mit motorisierten Einheiten schnell vorzustoßen. Damit aber hatte er als erster eine entscheidende und radikale Veränderung der Kriegführung und strategischen Planung erkannt. Nach fünf Jahrhunderten war der Vorrang der Seemacht durch die Landstreitkräfte abgelöst worden – zum Teil einfach deshalb, weil Truppenbewegungen zu Lande jetzt schneller abliefen als auf See. In beiden Weltkriegen hatte Churchill Erinnerungen nachgehangen, wie die Briten aufgrund ihrer Übermacht auf hoher See das von Napoleon eroberte Europa nach Belieben umsegeln und ungestraft fast überall landen konnten. Doch nun hatten sich die Voraussetzungen verändert. Auch aus diesem Grund – nicht etwa weil er sich mit den Briten arrangieren wollte – hatte sich Hitler 1935 entschlossen, den Umfang der deutschen Kriegsflotte zu begrenzen – mit dem Ergebnis, daß 1939 die französische Flotte zum ersten Mal seit vielen Jahrzehnten größer als die deutsche war. Bald wurde allen deutlich, daß sich Hitlers Strategie auszahlte. Churchill sah das bereits während des Fiaskos in Norwegen. »Wir, die wir die Herrschaft zur See hatten und an jedem Punkt einer unverteidigten Küste zuschlagen konnten, wurden vom Feind verdrängt, der auf dem Landweg gegen alle nur denkbaren Hindernisse riesige Entfernungen zurücklegen mußte.«

Es gibt eine historische Parallele zwischen Napoleon und Hitler, wie beide am Ufer des Ärmelkanals stehen und eine Invasion Englands erwägen, vor der beide schließlich zurückschrecken. Zu Napoleons Zeit lag der Grund dafür in der Übermacht der britischen Kriegsflotte; im Jahr 1940 hätte diese eine Landung Hitlers in England allein nicht verhindern können. Natürlich konnte das 1940 niemand wirklich klar vorhersehen – weder Hitler noch Churchill. Und es gab als weiteres neues Element noch die Luftwaffe, deren Wirksamkeit zunächst Hitler und später Churchill überschätzte. Aber das wirkte sich erst nach ihrem achtzigtägigen Zweikampf aus.

Hitler und Churchill waren je auf ihre Weise Idealisten. Bei allem Bedürfnis nach persönlichem Komfort und Luxus, bei allem Interesse an materiellen Dingen und technischen Neuerungen war Churchill kein Materialist. Der historische Kern seiner Weltsicht war so tief verwurzelt, daß er eine gelungene Mischung aus Idealismus und Realismus ermöglichte – denn die wirkliche Kluft besteht nicht zwischen Idealismus und Realismus, sondern zwischen Idealismus und Materialismus. Hitlers Idealismus gründete in der deutschen Tradition, die Geschichte als Ergebnis von Ideen zu betrachten. Bei vielen Deutschen führte diese wertvolle und keineswegs unzutreffende Überzeugung jedoch oft – wie bei Hitler – zu einem kategorisch verfochtenen idealistischen Determinismus. Diesem zufolge werden die Menschen von Ideen geprägt; dabei wird nicht bedacht, daß es Menschen sind, die die Ideen hervorbringen. Diese Überzeugung hatte Hitler auch in seinen am tiefsten verwurzelten Wahnvorstellungen durchdrungen. Ein Beweis dafür ist die Bemerkung, die Hitler gegen Ende seines Lebens über die Juden machte: sie seien weniger eine physisch als eine »geistig« definierte Rasse. Im Jahr 1940 glaubte Hitler, daß der Krieg einfach in größerem Maßstab Geschehnisse wiederhole, die ihn in Deutschland an die Macht gebracht hatten: Er und seine Nationalsozialisten waren damals für den Sieg bestimmt gewesen, weil ihre Ideen stärker waren als die ihrer Gegner. Die Tatsache, daß es mancher SA-Mann bei den Straßenkämpfen der Weimarer Republik mit zwei oder drei Kommunisten oder Sozialisten aufgenommen hatte, wurde als Folge eben dieser Überlegenheit gewertet. Also durfte Hitler auch im Jahr 1940 davon ausgehen, daß es ein deutscher Soldat genauso mit zwei oder drei polnischen oder französischen (oder eben britischen) Soldaten aufnehmen könnte, nicht nur wegen der besseren deutschen Ausrüstung, sondern weil ein Soldat des Deutschen Reiches eine nationale Ideologie verkörperte, die stärker und besser war als die seiner Feinde.

Daran war wohl etwas Wahres, aber es reichte nicht aus. Einer der wesentlichen Unterschiede zwischen Hitler und Churchill war, daß Hitler Nationalist, Churchill Patriot war. In den vergangenen hundert Jahren sind diese beiden Begriffe bedauerlicherweise austauschbar und gleichbedeutend geworden, besonders in Amerika, wo wir von einem Erzpatrioten sprechen, wenn wir eigentlich einen Erznationalisten meinen.*

---

* Wenn Dr. Johnson sagte, daß der Patriotismus für Schurken die letzte Zuflucht sei, dann meinte er den Nationalismus – ein Wort, das in der englischen Sprache erstmals sechzig Jahre nach dem Tod Dr. Johnsons nachgewiesen ist. Wir können hier keine ausführliche philosophische und philologische Diskussion über die Bedeutungsunterschiede dieser Begriffe führen; es möge der Hinweis reichen, daß Patriotismus im wesentlichen defensiv, Nationalismus hingegen aggressiv orientiert ist und daß der Patriotismus eine ältere und tiefer verwurzelte Größe ist. Patriotismus stellt keinen Glaubensersatz dar, Nationalismus hingegen

Und es gab zwischen beiden einen weiteren Unterschied, der damit zusammenhing. Hitler hatte – das war vielleicht auch typisch deutsch – eine Philosophie der Geschichte. Churchill dagegen verfügte über etwas anderes: über eine historisch begründete Weltanschauung. Eine Philosophie der Geschichte verfährt kategorisch und systematisch; eine historisch begründete Weltanschauung aufgrund des ihr eigenen Charakters nicht. Viele haben das bis heute nicht verstanden. Zwei britische Historiker, die Professoren Rowse und Carr, haben in einem unsinnigen Artikel (und später noch einmal in einem unbedeutenden Buch) Churchill mit Trotzki verglichen, wobei Churchill bei diesem Vergleich schlecht wegkam, da er im Gegensatz zu Trotzki nach Meinung der Autoren keine grundlegende Philosophie der Geschichte besaß. Beide Autoren haben völlig übersehen, daß eben aus diesem Grunde Trotzki, nicht Churchill, scheiterte. Der große Historiker Jacob Burckhardt schrieb einmal, eine Philosophie der Geschichte sei ein Zwitterwesen, ein Paradoxon: denn Geschichtsbewußtsein koordiniere und sei daher unphilosophisch, wohingegen die Philosophie subordiniere und daher unhistorisch vorgehe.

Wir können sogar noch weiter gehen. Man darf sagen, daß sich Hitler von Ideen, Churchill aber von Grundsätzen leiten ließ. (Eine kategorische Idee, schrieb der alte Metternich einmal in einem Brief, sei wie eine feststehende Kanone. ... Sie werde denen gefährlich, die in der Flugbahn des Geschosses stehen oder

---

durchaus. Letzterer erfüllt oft die geistigen und emotionalen Bedürfnisse von Menschen ohne wirklichen religiösen Glaubensrückhalt. Oft ist er aus Haß geboren; und, wie Chesterton zu Recht betonte, es ist nicht so sehr Liebe (welche immer persönlich und an einen einmaligen Gegenstand gebunden ist), sondern der Haß, der Menschen verbindet – etwas, was Hitler instinktiv begriffen hatte. »Der demagogische Nationalist«, schrieb einmal Alfred Duff Cooper, ein Anhänger Churchills, »ist immer dabei, wenn es darum geht, Landsleute als Verräter zu beschimpfen« – eine Haltung, mit der wir gut und gern die Art und Weise beschreiben können, in der Hitler und seine Partei ihre innenpolitischen Gegner beurteilten und behandelten.

sie kreuzen. Grundsätze hingegen glichen einer drehbaren Kanone, die in jeder Richtung das Feuer gegen die Unwahrheit eröffnen kann.) Während des gesamten Krieges hat Churchill seine Überzeugungen und Gedanken immer wieder verändert, viel öfter als Hitler, der seine Gedanken mit Grundsätzen verwechselte, was man von Churchill nicht sagen kann.

Als ihr Zweikampf begann, war das alles noch nicht offensichtlich. Offensichtlich war lediglich, daß Hitler und das nationalsozialistische Deutschland mehr als nur eine riesige, schlagkräftige Armee darstellten. Sie verkörperten ebenso ein gut gerüstetes Ideensystem, der Bewegung der französischen Revolution eineinhalb Jahrhunderte zuvor nicht unähnlich. Nevile Henderson, der letzte britische Botschafter in Berlin, verfaßte Ende 1939, kurz nachdem er Berlin verlassen hatte, seine Memoiren. Ein großer Teil seines Buches klang erklärend und zumindest indirekt apologetisch, da dieser britische Botschafter ein Hauptvertreter der Beschwichtigungspolitik Chamberlains mit ausgeprägten deutschfreundlichen Zügen war. Aber es ging ihm nicht um seine eigene Rechtfertigung, als er in dem »Failure of a Mission« betitelten Buch behauptete, daß der deutsche Nationalsozialismus ganz wie die französische Revolution eine neue und mächtige Komponente in der Geschichte Europas und der Welt darstelle. Hitler glaubte das natürlich; und in gewisser Weise wohl auch Churchill. Der Unterschied zwischen Henderson und Churchill – ganz gewiß vor dem September 1939 – lag darin, daß Churchill keinen Augenblick lang daran dachte, Großbritannien müßte sich aus diesem Grunde mit Deutschland arrangieren.

Das ist besonders deshalb erwähnenswert, weil Churchill unter dem Eindruck so manch einer Niederlage der parlamentarischen Demokratie gestanden und in den zwanziger Jahren mehrfach Verständnis für Mussolini geäußert hatte; auch sehr viel später noch war er willens, diesem zumindest mit wohlwollendem Zweifel zu begegnen. (Hitler hingegen, bei all seiner aufrichtigen Achtung, Loyalität und Wertschätzung gegenüber Mussolini, soll einmal gesagt haben, der Faschismus sei nur die halbe Arbeit.) Im Jahre 1930, demselben Jahr, in dem wir bei Churchill erste Anzeichen einer Aufmerksamkeit für Hitler verzeichnet haben, schrieb Churchill das Vorwort zu einem damals aktuellen und interessanten Buch des österreichischen Autors Otto Forst de Battaglia, das in der englischen Übersetzung den Titel »Dictatorship in Trial« trug. Diesem Buch war ein Motto Mussolinis vorangestellt; in seinem Vorwort schrieb Churchill, daß autoritäre Volksführer (so wie Mussolini in Italien, Kemal in der Türkei und Pilsudski in Polen) vielleicht eine neue und heilbringende Alternative zu den zunehmend macht- und wirkungsloser werdenden und den Volkswillen immer weniger repräsentierenden parlamentarischen Systemen in vielen europäischen Ländern darstellen könnten.

Was Churchill voll und ganz begriffen hatte, war die Tatsache, daß Worte nicht nur Bezeichnungen für Gegenstände, sondern Symbole für Bedeutungen sind. Das bringt uns zum letzten Punkt dieses Kapitels, mit dem wir die Beschreibung des Zweikampfes einleiteten. Manchmal gilt die symbolische Bedeutung von Wörtern auch für die Namen bestimmter Personen. Wie Honoré de Balzac und Edgar Allan Poe hat der Verfasser dieses Buches eine Schwäche für Nomologie, also für die rätselhafte Weise, auf die der Name einer Person symbolisch für deren Charakter wird. Mindestens einmal hat Hitler gesagt, daß er für seinen Namen dankbar sei. Eigentlich hätte er seinem Vater dankbar sein müssen, der dreizehn Jahre vor der Geburt Adolfs seinen Nachnamen von Schicklgruber (und Hiedler: beides Familiennamen) zu Hitler geändert hatte. In seiner frühen Jugend hatte Hitler seinem Freund August Kubizek erklärt, Schicklgruber sei ihm zu unfein gewesen, zu bäurisch und darüber hinaus zu umständlich und unpraktisch. Hiedler war ihm zu langweilig und zu weich. Ein bayrisch-österreichischer Name wie Schicklgruber wäre für einen Politiker mit großdeutschen Ambitionen sicherlich von Nachteil gewesen. Aber es kam noch etwas hinzu: Der Name Hitler klang hart, direkt, entschlossen und kalt. Das Wort hatte einen schneidenden und fröstelnden Klang; und das, wie ich glaube, nicht nur im nachhinein, weil wir all die schrecklichen Erfahrungen mit diesem Namen verbinden.

Auch zu Churchill paßte der Klangkörper seines Namens. Das

beschäftigte mich, als ich 1965 über Churchills Begräbnis in vielleicht etwas übertriebenen Bildern schrieb: »Aufgeworfen, aristokratisch, sonnendurchflutet ... Das Schmollend-Aufgeworfene gibt ihm einen menschlichen und humorvollen, weniger kirchlichen *(church)* Klang. Es geht wohltuend in die zweite Silbe über. Es liegt nichts Kaltes *(chilly)* in dieser Endsilbe *(chill)*. Sie ist kurz, strahlend hell, der frühlingshafte Klang eines Rinnsals. Der Name klingt ernst und lustig zugleich: Mit seinem männlichen Charme wirkt er wie die Barockfontänen im Garten von Blenheim. Auch ist die Form des Namens wie die Form seines Körpers: kompakt, korpulent, aber versehen mit dem Glanz eines einzigen Juwels, vornehm. Die flötenartige, zylindrische zweite Silbe verleiht den Rundungen der ersten eine klare Form. Mit seinem schwarzen Hut von 1940 sah er aus wie die Kathedrale von St. Paul's im Jahr 1940. Churchill.« Ich weiß sehr wohl, daß das für einige Leser zuviel des Guten ist, nicht nur für Historiker, die vor poetischen Phantasieausdrücken zurückscheuen. Aber ich bitte den Leser für einen Augenblick zu erwägen, daß es sich auch hier um »Zufälle« handeln könnte, um eine Form der oben schon erwähnten »geistigen Wortspiele«.

Auf jeden Fall drangen im Jahr 1940 die Namen Hitler und Churchill in das Bewußtsein fast der gesamten Menschheit. Während des Ersten Weltkriegs hat es wohl Millionen von Menschen in Europa und Rußland (vom Rest der Welt ganz zu schweigen) gegeben, denen die Namen Clemenceau, Lloyd George oder Hindenburg überhaupt nichts sagten. Im Mai 1940 gab es in Europa, Amerika und Asien wohl nur wenige, die mit den Namen Hitler und Churchill nichts verbanden. In den darauffolgenden Wochen sollten sie begreifen, daß diese beiden Männer nicht nur die führenden Gestalten in den beiden kriegführenden Ländern waren, sondern die beiden eigentlichen Protagonisten des Zweiten Weltkriegs, der zu diesem historischen Moment entflammte und dann zu lodern und wüten begann.

In gefährlichem Gelände

11.–31. Mai 1940

Im Morgengrauen des 10. Mai rückten die deutschen und britischen Truppen aufeinander zu. Mit jeder Stunde kamen sie sich näher. Irgendwo in Belgien stand der erste Zusammenprall bevor. Mehr als acht Monate waren seit der Kriegserklärung vergangen, aber bis auf einige Feuerproben auf See und in der Luft sowie einige Scharmützel in den Bergen Norwegens waren die britischen und deutschen Truppen nicht ernsthaft aufeinandergetroffen. Doch nun stand beiden Völkern die Prüfung, vielleicht die alles entscheidende Prüfung, unmittelbar bevor.

Ausrüstung und Organisation der deutschen Truppen waren ausgezeichnet – besser als die der britischen und französischen Truppen, vielleicht so gut wie nirgends auf der Welt. Das erlaubt Schlußfolgerungen über den Zustand Deutschlands im Jahr 1940, die mehr sind als Aussagen über Rüstungsstand oder technische Wehrkraft. Napoleon hat einmal gesagt, daß die Moral einer Armee zwei Drittel, deren Ausrüstung ein Drittel ihrer Schlagkraft ausmache. Die Truppe sei Spiegelbild des Volkes. Das galt 1940 noch genauso wie einhundertvierzig Jahre vorher.

Das deutsche Volk stand hinter Hitler. Diese einfache Feststellung ist im wesentlichen zutreffend, sie ist nicht falsch. Aber die Geschichte des Menschen und die menschliche Natur sind viel zu komplex, als daß sie von exakt definierten mathematischen Kategorien oder von jener Logik, die nur eine Art sprachlicher Mathematik darstellt, erfaßt werden könnten. Schon die Bedeutung des Wortes »Volk« legt nahe – genauer gesagt, sollte dem Historiker nahelegen –, daß es sich bei diesem Konzept um eine Vielheit unterschiedlicher und strittiger Phänomene handelt.

Die Deutschen waren gesund. Physisch gesehen waren sie wohl gesünder und kräftiger als ihre Gegner. Sie hatten sich vom Blutbad des Ersten Weltkriegs besser und schneller erholt als die Franzosen und Engländer. 1939 gebaren deutsche Frauen fast doppelt so viele Kinder wie ihre französischen Geschlechtsgenossinnen. Das Durchschnittsalter der deutschen Bevölkerung lag unter dem Durchschnittsalter aller anderen westeuropäischen Länder. Die meisten dieser Entwicklungen waren langfristig: Der demographische Aufschwung der Deutschen und der relative Rückgang der französischen Bevölkerung hatte mehr als hundert Jahre vorher begonnen. Darüber hinaus hatten die ersten sechs Jahre des Dritten Reiches die Deutschen mit Zuversicht erfüllt; diese allgemeine Stimmung spiegelte sich zum Beispiel in einem starken Ansteigen der Zahl der Eheschließungen, der erhöhten Geburtenrate, auch in dem deutlichen Rückgang der Selbstmordrate.

Auch waren die Deutschen wohl das am besten ausgebildete Volk der Welt. Ihre Schulen waren ausgezeichnet, das Schulsystem und die Lehrpläne Vorbilder für viele andere europäische Länder. Das wissenschaftliche Niveau an einigen Fakultäten hatte darunter gelitten, daß eine Anzahl von Professoren nach Hitlers Machtergreifung entlassen worden war, aber die weiterbildenden Schulen blieben davon weitgehend unbetroffen. Ernest Renan hatte schon 1871 geschrieben, daß der Sieg der Preußen bei Sedan ein Sieg der deutschen Schulmeister gewesen sei – er meinte damit, daß die jungen deutschen Soldaten besser ausgebildet waren als die französischen: für einen Franzosen damals ein ungewöhnliches Eingeständnis. 1918 waren die britischen Soldaten von ihren Generälen oftmals enttäuscht, jedoch von manchen Eigenschaften ihrer Gegner stark beeindruckt. Im Verlauf der mörderischen Schlacht an der Somme erwies sich, daß nicht nur die Taktik der Deutschen sowie die Organisation ihrer Verteidigungslinien besser war; auch die deutschen Schützengräben waren besser eingerichtet als die britischen. Kurz: Es zeigte sich, daß für Soldaten einer repressiven militaristischen Autokratie besser gesorgt wurde als für diejenigen einer fortschrittlichen und freien Weltmacht, welche man oft ein »Volk von Krämern« nannte. Zehn Jahre nach Ende des Ersten Weltkrieges waren nahezu alle britischen Vorbehalte gegenüber den Deutschen ausgeräumt. In den dreißiger Jahren bereisten zahlreiche Engländer Deutschland; viele waren von der Gesundheit, Kraft, Sauberkeit und dem Betragen der jungen Generation tief beeindruckt. Diese Eindrücke waren nachhaltiger als die negativen Eindrücke, die von den Erscheinungsformen der Hitlerdiktatur herrührten und die ohnehin nur denen auffielen, die bewußt nach ihnen suchten.

Einige weniger überzeugende Eigenschaften der Deutschen blieben dennoch bestehen. Das deutsche Volk hatte zwar durchweg eine gute Schulbildung genossen, aber trotz allem stellt sich eine Frage: Waren die Deutschen auch wirklich intelligent? Gemeint ist hier die wörtliche Bedeutung des Wortes *intelligent,* die Fähigkeit und die Bereitschaft, zwischen den Zeilen zu lesen. Natürlich ist diese Fähigkeit zwischen den Menschen und gesellschaftlichen Klassen unterschiedlich verteilt, aber als auffällige Eigenschaft der Deutschen drängte sie sich dem Beobachter nicht gerade auf. Die jahrhundertealte deutsche Gewohnheit, Autoritäten, auch die Autorität der Regierung, weitgehend bedingungslos zu akzeptieren, bestand nach wie vor. Das war das Erbe der Vergangenheit. Die Disziplin und Korrektheit der Deutschen, so beeindruckend sie auf den ersten Blick waren, hatten auch negative Seiten. Jene kritische und skeptische Haltung gegenüber jeglicher Form institutionalisierter Autorität, die die wahre Individualität des einzelnen ausmacht und die Grundlage bürgerlicher Freiheit und geistiger Integrität darstellt, gehörte nicht zu den deutschen Haupttugenden. Viele Deutsche übten Gehorsam, weil ihnen die Tugend der Individualität zu ungewiß erschien. Im großen und ganzen waren sie auch humorlos. Natürlich gab es viele Ausnahmen. Aber jener Sinn für Humor, der über das bloß Komische, über das allgemein menschliche Bedürfnis nach befreiendem Lachen hinausgeht (die Deutschen konnten wie alle anderen Völker lachen), jener Sinn für Humor also, der ein angemessenes Verständnis für die menschliche Natur mit all ihren Schwächen verrät, war unter den Deutschen nicht sehr verbreitet. In seinem Werk »Deutsche Geschichte im 19. Jahrhundert« hatte der große deutsche Historiker Heinrich von Treitschke die denkwürdige Feststellung getroffen, daß der Deutsche nur mit Mühe scherze. Weder er noch seine Leser hielten einen solchen Satz für komisch (oder gar seltsam).

Solche allgemeinen Charaktereigenschaften haben sich wie alle typischen Merkmale eines Volkscharakters allmählich herausgebildet; sie sind beständig. Doch in den dreißiger Jahren verlieh die Herrschaft Hitlers dem Charakter und Auftreten der Deutschen eine neue Dimension. Seine Errungenschaften erfüllten das deutsche Volk mit einem seit langem nicht mehr gekannten Selbstvertrauen. Es resultierte nicht nur aus den außenpolitischen Erfolgen und der Ausdehnung der Grenzen, wenngleich diese Entwicklungen den weitverbreiteten Eindruck bestärkten, die Deutschen hätten wieder etwas zu sagen auf der Welt – und vielleicht mehr als je zuvor. Schon vor 1938, schon bevor Hitler damit begann, die Expansionsbestrebungen des Dritten Reiches zu verwirklichen, standen die dreißiger Jahre für die meisten Deutschen unter einem glücklichen Stern. Hitlers Geringschätzung für Wirtschaftstheorie (die sich aus seiner Verachtung für das Konzept des *homo oeconomicus* ableitete) hatte Deutschland nach der verzweifelten wirtschaftlichen Lage in den letzten Jahren der Weimarer Republik einen neuen Wohlstand beschert. Das war in der Geschichte der modernen Diktaturen fast einmalig und stellte zugleich den wesentlichen Unterschied zum Kommunismus dar: Dieser Erfolg war substantiell und greifbar. Vor allem erfaßte der neue Wohlstand alle gesellschaftlichen Klassen, was einer der Gründe dafür war, daß so viele vorbehaltlose und treue Anhänger Hitlers aus der deutschen Arbeiterklasse stammten. Ein weiterer Grund für die bedingungslose Gefolgschaft lag in einem Merkmal des Hitlerregimes, das auch heute noch von vielen Historikern geleugnet oder in seiner Bedeutung heruntergespielt wird. Das Regime war demokratisch, und es war modern. Es war demokratisch in dem Sinn, daß Hitler und die Nazis eine klassenlose Gesellschaft anstrebten: einen Staat, der von einem homogenen *Volk* getragen wurde; einen einheitlichen Wohlfahrtsstaat, der in jeglicher Wortbedeutung nichttraditionalistisch war. Innerhalb Deutschlands traten die Nazis brutal und unbeschwert zugleich auf. Der pedantische Ernst, die unbewegliche Miene der Beamten alten Stils war ihnen fremd; statt dessen zeigten sie einen verächtlichen (bisweilen verachtungswürdigen) Humor – natürlich immer auf Kosten anderer.

Modern war dieses Regime, weil Hitler und die Nazis an die unbegrenzten Möglichkeiten deutscher Technik glaubten; und auch ihre rassistische Ideologie entsprang weniger alten völkischen Vorurteilen als vielmehr gewissen Erkenntnissen und Entdeckungen der »modernen« Biologie. Die systematische Erziehung der deutschen Kinder wurde nicht etwa aus familienpolitischen, sondern aus *volks*politischen Gründen propagiert. Der ideale deutsche Jugendliche liebte ein Leben in Wald und Flur, war gesund und athletisch und eben auch motorisiert. Die vergangenen fünfzig Jahre haben eine Unmenge von Büchern über die Ära Hitler hervorgebracht, darunter wertvolle historische Analysen. Eine der aufschlußreichsten und intelligentesten Beobachtungen fand ich in den Aufzeichnungen des Schriftstellers Robert Byron, der den Nürnberger Parteitag im September 1938 aus allernächster Nähe erlebte:

»Gewiß, denkt man sich, das ist zweifellos Demokratie. Aber es ist eine Form der Demokratie, die nicht den Menschen als vernunftbegabtes Wesen postuliert, der sich selbständig sein Urteil bildet, sondern die emotionale Kreatur, die ihr Urteil dem Masseninstinkt unterwirft. Es gibt beide. Dieses System reduziert die Würde des Menschen. ... die Zeremonie ist bemerkenswert. Ihre Abläufe entspringen einer demokratischen Ordnung, nicht einer tyrannischen – keine Kniefälle und Verbeugungen, die Umgebung des Führers war durch eine allgemeine Zwanglosigkeit gekennzeichnet. Auch sind die zeremoniellen Abläufe insofern völlig neu, als sie die neuesten technischen Errungenschaften unseres Zeitalters nutzen, ja, geradezu auf ihnen aufbauen – Scheinwerfer, Lautsprecherübertragungen, motorisierte Fahrzeuge. Und da diese Mittel ihre Funktion erfüllen, wirkt nichts unecht. Ich habe nicht ein einziges Pferd gesehen. Liegt das daran, daß der Führer nicht reitet?«

Bei einer anderen Gelegenheit soll jemand aus dem Stab Hitlers vorgeschlagen haben, daß Hitler ein Pferd besteigt. Hitler lehnte das als albern ab. Er zog sein Automobil vor.

Daß das Phänomen Hitler gefährlich gegen die Tradition gerichtet war und ein zutiefst radikales Prinzip verkörperte, war nicht vielen der ansonsten doch so traditionsbewußten Deutschen klar, auch nicht sehr vielen von denen, die es eigentlich hätten besser wissen müssen. Das meinte ich, als ich feststellte, daß es den Deutschen an einer gewissen differenzierenden Intelligenz gemangelt habe, die dann auch – wie sich manchmal zeigen sollte – von einem Mangel an Rückgrat und Charakterfestigkeit begleitet war. Die meisten deutschen Konservativen folgten Hitler. Bisweilen tuschelten sie zwar hinter vorgehaltener Hand über einige seiner Auswüchse; aber im allgemeinen fehlte die Überzeugung oder die nötige Courage zur Opposition gegen Hitler. Von allen traditionellen Institutionen in Deutschland hatte die katholische Kirche noch die vergleichsweise respektabelste (oder besser: die am wenigsten kompromittierende) Rolle während der Hitlerzeit gespielt. Aber Hitler, der den Einfluß der katholischen Kirche auf die große Zahl der Gläubigen richtig einschätzte, wußte auch, wie er die katholischen Kirchenführer zu behandeln hatte. Noch zwanzig Tage vor seiner Invasion in Westeuropa schickte ihm die Deutsche Katholische Bischofskonferenz in Fulda unter dem Vorsitz des Breslauer Erzbischofs Bertram ein überschwengliches Glückwunschtelegramm zu seinem einundfünfzigsten Geburtstag. Hitler nutzte in seinem Dankesschreiben die Gelegenheit zu einer politischen Feststellung: Er sei, so heißt es da, besonders erfreut darüber, daß die katholische Kirche zwischen ihren Bemühungen um die Erhaltung der christlichen Grundlagen des deutschen Volkes und dem Programm der NSDAP keinen Widerspruch sehe.

Man könnte vielleicht sagen – und dafür wohl auch Belege anführen –, daß selbst 1940 nur eine Minderheit der Deutschen überzeugte Hitleranhänger waren. Das bedeutet nicht, daß die Mehrheit dagegen war. Auch kann man ebensogut argumentieren, daß, obwohl es nur eine verschwindend kleine Gruppe von überzeugten Gegnern Hitlers gab, dennoch nicht die Mehrheit der Deutschen überzeugte Nazis waren. Es handelt sich hier um Phänomene, die die mathematische Formelsprache der öffentlichen Meinungsforschung nur schwer auszudrücken vermag. So einfach ist der Mensch nun einmal nicht.

Der elementare Haß, der Hitler trieb, wurde jedenfalls nur von wenigen Deutschen geteilt. Die Deutschen waren im September 1939 viel weniger kriegsbegeistert, als sie und ihre Väter es im August 1914 gewesen waren. Aber sie akzeptierten, was Hitler ihnen sagte: daß dieser Krieg ein unvermeidlicher Kampf gegen Deutschlands Feinde von außen sei. Und diese fraglose Zustimmung bewirkte jenen Guß und jene Disziplin, die 1940 aus der deutschen Armee die stärkste Armee der neueren Geschichte und das schlagkräftigste, oft fast unbesiegbare Instrument für die Ziele ihres Volksführers machten.

Hitler verfolgte von seinem Hauptquartier aus den Vormarsch der deutschen Truppen. Er war zuversichtlich, aber auch besorgt. Seine Zuversicht war begründet. Der holländische Widerstand im Norden war schnell gebrochen, schneller sogar, als der Zeitplan es vorgesehen hatte. Wichtiger aber waren die nach Norden gerichteten Bewegungen der französischen und britischen Truppen in Belgien. Bis auf ein paar Einzelfälle waren sie noch nicht auf die vorstürmenden deutschen Einheiten getroffen; aber sie würden ihnen in die Falle gehen: Der Sichelschnitt würde sie abschneiden und in die Enge treiben. Aber wann und wie genau? In einem hervorragend geplanten und wagemutigen Vorstoß hatten die deutschen Truppen den belgischen Hauptstützpunkt im Osten des Landes eingenommen. Durch die hügeligen Ardennen drangen die deutschen motorisierten Truppen nun nach Westen vor. Aber noch waren sie nicht aus den dichten Wäldern und

Hügelketten hervorgebrochen. Nicht vor Montag, vielleicht sogar Dienstag, würden sie auf die französischen Truppen treffen. Hitler rechnete natürlich mit dem Durchbruch seiner Armee; aber sicher konnte er nicht sein. Während jener ersten Tage der Westoffensive sprach er relativ wenig. Er war von seinen Generälen abhängig; er mußte ihnen vertrauen, so wie er ihnen acht Monate zuvor in Polen vertraut hatte.

Am 10. Mai änderte die britische Regierung den Einsatz- und Terminplan für die Pfingstfeiertage. Dennoch konnte dieses verlängerte Wochenende etwas von seinem Feiertagscharakter bewahren. Sie blieb nach außen hin vom Sturm der Ereignisse jenseits des Kanals noch unberührt. Am späten Pfingstsonntagabend verebbte das Verkehrsgeräusch in den Londoner Straßen und ging wie der Abklang einer großen Bourdon-Glocke in eine normale nächtliche Ruhe über. Erst ab dem frühen Montagmorgen, dem 13. Mai, gingen nach und nach die ersten dramatischen Meldungen ein. Um 5 Uhr morgens wurde König George VI. vom Läuten des Telefons geweckt. Königin Wilhelmina von Holland bat ihn eindringlich um Hilfe. Sie forderte zusätzliche britische Flugzeuge an. Doch der König konnte ihre Botschaft nur an seine Regierung weiterleiten. Noch am selben Tag mußte die holländische Königsfamilie mitsamt der holländischen Regierung nach London fliehen. Es dauerte fünf Jahre, bis sie in ihr Land zurückkehren konnten.

Im holländischen Exil befand sich auch der deutsche Kaiser, Wilhelm II. An diesem Tag bot Churchill auch ihm Zuflucht in London an. Aber Wilhelm lehnte ab. Im Hof seines Domizils salutierte ihm eine deutsche Einheit. Er erlebte schließlich noch, wie das Paris, das er nicht hatte erobern können, von Hitlers Truppen eingenommen wurde. Für die Drangsale, die seine holländischen Gastgeber nun unter der deutschen Herrschaft zu erleiden hatten, zeigte er kein Verständnis.

Drei Tage waren seit Churchills Ernennung zum britischen Premierminister verstrichen. An diesem Montag sprach er in seiner neuen Eigenschaft vor dem Unterhaus. Es war eine seiner kürzesten Reden, in der der berühmt gewordene Satz vorkam: »Ich habe nichts anzubieten als Blut, Mühsal, Tränen und Schweiß.« (Es gibt Hinweise darauf, daß er diese Formulierung schon gegenüber den Ministern seines Kabinetts gebraucht hatte, die er an diesem Morgen zu sich in die Admiralität gerufen hatte.) Der Historiker A. J. P. Taylor hat diese Rede einmal als »eine Mischung aus Garibaldi und Clemenceau« bezeichnet. Das ist falsch. Tatsächlich erinnerten diese Worte vom 13. Mai 1940 an den damals noch unbekannten George Orwell, der wenige Wochen zuvor in einer kleinen und unbedeutenden Zeitschrift einen Artikel über Hitler und »Mein Kampf« veröffentlicht hatte. Darin heißt es: »Während der Sozialismus – und sogar der Kapitalismus, wenn auch mit etwas mehr Widerwillen – den Leuten gesagt hat: ›Ich biete euch ein schönes Leben‹, hat ihnen Hitler gesagt: ›Ich biete euch Kampf, Gefahr und Tod‹, und die Folge davon ist, daß sich eine ganze Nation ihm zu Füßen wirft.« Es ist jedoch unsicher, ob Churchill diesen Artikel kannte.

Daß er allerdings die allgemeine Stimmung und die typische Einstellung des englischen Volkes gut einschätzte, ist gewiß. (Monate später, im Oktober, bemerkte er: »Ich zögere immer, irgend etwas Optimistisches von mir zu geben, denn unser Volk ist gewohnt, das Schlimmste zu hören.«) Aber er konnte auch noch etwas anderes einschätzen, und das war in jenen Tagen (und, wie wir sehen werden, noch lange danach) ebenso wichtig, vielleicht wichtiger als alles andere. Er konnte an den Gesichtern der meisten konservativen Abgeordneten ablesen, als er an jenem Nachmittag im Unterhaus erschien: Sie mochten ihn nicht. Die Abgeordneten der Labour Party applaudierten ihm, die meisten Konservativen verhielten sich zurückhaltend. Man bereitete Churchill keinen großen Empfang. Anders bei Chamberlain: Als er kurz nach Churchill eintrat, »legten die Abgeordneten jegliche Zurückhaltung ab; sie riefen und jubelten ihm zu; winkten mit ihren Tagesordnungen; es war eine regelrechte Ovation«. Selbst bei einigen von denen, die sich noch fünf Tage vorher von der Stimmungslage des Unterhauses hatten leiten lassen und nicht für Chamberlain gestimmt hatten, stieß Churchill auf Mißtrauen. Einige fühlten sich nicht ganz wohl in ihrer Haut; sie wollten ihre Loyalität zum ehemaligen Premierminister und zu ihrem Parteivorsitzenden bekunden. Ihre Distanz zu Churchill war zumindest ebenso groß wie ihre Zustimmung für Chamberlain.

Es wäre falsch, dieses Verhalten einfach einigen verbohrten Parlamentsabgeordneten aus einer ohnehin schwerfälligen Partei zuzuschreiben, die bereits 1935 ins Unterhaus gewählt worden waren, zu einer Zeit, die im Jahr 1940 weit zurückzuliegen schien, in welcher das politische Klima und die Stimmung im Volk ganz anders gewesen waren. In den Kreisen der administrativen, politischen und gesellschaftlichen Elite Großbritanniens hatte man noch weniger Zutrauen zu Churchill. Diese Einstellung reichte von einem vagen Unbehagen bis zu offener Ablehnung, und sie wurde von Personen unterschiedlichsten Ranges geteilt. Das Außenministerium hatte im allgemeinen die von den Deutschen ausgehende Gefahr zutreffender eingeschätzt als die anderen Ministerien, aber selbst dort gab es Vorbehalte. Der unbewegliche Alexander Cadogan, der Hauptberater des Außenministers (er entstammte einer aristokratischen Familie, deren erster Graf an der Seite Marlboroughs, des großen Vorfahren Churchills, bei Blenheim und Ramillies gekämpft hatte), trug unter dem 9. Mai in sein Tagebuch ein, daß er sich keinen besseren Premierminister als Chamberlain vorstellen könne; und am 11. Mai fügte er hinzu: »Ich fürchte, daß Winston in [Downing Street] Nr. 10 eine Gartenstadt mit den unmöglichsten Leuten einrichten wird.« R. A. (»Rab«) Butler, der Staatssekretär im Außenministerium, der 1939 gegenüber Chamberlains Sekretär John Colville Churchill als »vulgär« bezeichnet hatte, ging nun noch weiter; Churchill sei »eine Katastrophe... Man hat sich leichtfertig einem Halb-Amerikaner überantwortet, der Rat und Unterstützung bei unfähigen, redseligen Leuten gleichen Schlages sucht.« Auch im Marineministerium, wo Churchill eigentlich beliebt war, bekundete ein gewisser Captain Edwards, stellvertretender Direktor der Einsatzabteilung der *Home Fleet:* »Jetzt ist Winston Premierminister.... Ich traue dem Mann nicht und halte es für eine Tragödie.« Maurice Hankey schließlich, ein Minister ohne besonderen Geschäftsbereich in

Chamberlains Kabinett, sagte noch am Sonntag zu Samuel Hoare, Churchill sei ein »bösartiger Einzelgänger«, schwer zu zügeln. Churchill behielt John Colville als Sekretär. Dieser freundliche und wohlerzogene junge Mann änderte bald seine Meinung über Churchill, aber nicht sofort. Ein Satz in seinem Tagebuch vom 13. Mai ist aufschlußreich. Der neue Premierminister habe »eine brillante kleine Rede gehalten«. Aber dann: »Ich habe den ganzen Tag über einen hellblauen Anzug von der Stange getragen, billig und auffällig. Ich hatte das Gefühl, daß er der neuen Regierung angemessen war.«

Die abwehrende Haltung gegenüber Churchill entsprang meist persönlichen Gründen und wurde von Personen gepflegt, die Churchill und seine Umgebung nicht mochten. Vieles war auf das frühere Mißtrauen gegen die vermeintliche Großsprecherei und Unzuverlässigkeit Churchills zurückzuführen. Glücklicherweise gingen nur wenige Gegner Churchills so weit, neben seinen Führungsqualitäten auch die Notwendigkeit des Krieges gegen Deutschland in Frage zu stellen. Zu diesen wenigen gehörte David Lloyd George, dem Churchill das Landwirtschaftsministerium anbot, welches dieser aber ablehnte. Churchills Versuch war erstaunlich, denn er wußte, daß Lloyd George gegen diesen Krieg war. Nach dem Krieg bekannte Churchills Frau, daß sie über Lloyd Georges Entschluß sehr erleichtert gewesen war. Vermutlich ist Churchills Angebot – das er später wiederholte – als ein Akt der Loyalität zu werten: Erinnerung an seine Zusammenarbeit mit Lloyd George im Ersten Weltkrieg und politisches Kalkül zugleich.

Churchills Kabinettsliste war ebenfalls eine Mischung aus Großherzigkeit und Kalkül. Er behandelte Chamberlain weiterhin rücksichtsvoll und großzügig. Chamberlain blieb eine wichtige Figur in Churchills Kriegskabinett – »Ich bin weitgehend in Ihrer Hand«, schrieb Churchill ihm noch spät in der Nacht zum 11. Mai. Auch bot er Chamberlain und seiner Frau an, für mindestens einen weiteren Monat in Downing Street Nr. 10 wohnen zu bleiben – eine große Geste, zu der Churchill sich entschlossen hatte, noch bevor er erfuhr, daß Chamberlain krank war. Churchill brauchte einige Tage für die Bildung seines neuen Kabinetts, in dem schließlich einundzwanzig der sechsunddreißig Posten mit Mitgliedern des alten Kabinetts Chamberlain besetzt wurden. Churchill wollte keine politische Rache nehmen – teils aus Rücksicht auf die nationale Einheit, teils aus aufrichtiger Überzeugung. Nur wenige warf er hinaus. Darunter befand sich Chamberlains graue Eminenz, der deutschfreundliche »Beschwichtiger« Horace Wilson. Diese aalglatte Figur zeigte sich noch bis zum 11. Mai in Downing Street Nr. 10, bis ihm Churchill mitteilte, daß seine Gegenwart nicht länger erwünscht sei. Einige behaupteten, daß Churchill Wilson gedroht habe, ihn als Gesandten nach Island zu schicken. Er hatte in der Tat einige seiner Gegner sehr diplomatisch ins Ausland versetzt: So mußte zum Beispiel der große Opportunist und Intrigant Samuel Hoare als britischer Botschafter nach Spanien gehen, wo er sich im übrigen seiner Aufgaben höchst respektierlich entledigte. Aber Churchill wußte, wie dünn die Reihen seiner zuverlässigen Anhänger waren. »Wenn man sich nur auf die hätte verlassen müssen, die in den vorangegangenen Jahren recht gehabt hatten, hätte man seine zuverlässigen Mitarbeiter an einer Hand abzählen können«, hat er später einmal gesagt. Churchill übernahm das Verteidigungsministerium persönlich. Von diesem neuen Posten aus hielt er die Fäden für die Kriegführung in der Hand.

Außerhalb der politischen Kreise hatte Churchill immer enthusiastische Anhänger in der Londoner Gesellschaft gefunden. Daß sich darunter aber so schillernde Persönlichkeiten wie Noël Coward, Ivor Novello oder Philip Guedalla befanden, die im Ruf oberflächlicher und bisweilen frivoler Gewandtheit standen, wurde Churchill wiederum von jenen vorgehalten, die ihn für substanzarm und allzu theatralisch hielten. Einige bedeutende Intellektuelle unterstützten Churchill nachdrücklich, doch machte ihnen die drohende Niederlage mehr zu schaffen als den meisten anderen Leuten. Einer von ihnen war Harold Nicolson, der am 15. Mai in sein Tagebuch eintrug: »Am schlimmsten ist es morgens. Ich wache im Morgengrauen auf und bin ganz allein mit all meinen Ängsten. Ich bin in einem Ausmaß niedergeschlagen, das ich noch nie in meinem Leben gekannt habe. Ist das Angst um meine eigene Person? Zum Teil schon. Aber hauptsächlich ist es die Angst vor einer Niederlage.« Am 14. Mai schrieb Arnold Toynbee an einen guten Bekannten, den Abt Columba: »Hitler hat alles aufs Spiel gesetzt, und wir müssen die Möglichkeit in Betracht ziehen, daß er gewinnt und daß Religion und Freiheit in ganz Europa unterdrückt werden – nur für eine bestimmte Zeit, aber diese Zeit könnte einige Hundert Jahre andauern. Wenn wir uns ihm jetzt erfolgreich entgegenstemmen können, dann bin ich allerdings sicher, daß Deutschland noch vor dem Ende dieses Winters zusammenbricht.« Bezüglich der »Möglichkeit« mag er richtig oder falsch gelegen haben; seine »Sicherheit« jedoch war bekanntlich trügerisch.

Churchill wußte, daß er das Vertrauen der einfachen Leute besaß – zumindest für eine Weile. Er wußte auch, daß er – und sie – sich auf einen langen Kampf einstellen mußten. Am 11. Mai gab es eine Ansammlung von Menschen vor Downing Street Nr. 10. »Viel Glück, Winnie«, riefen sie, »Gott schütze dich!« »Arme Teufel«, sagte Churchill leise zu seinem Begleiter Lord Ismay, »für lange Zeit werde ich ihnen nichts anderes als Katastrophen bieten können.« Als er das Gebäude betrat, hatte er Tränen in den Augen.

In fünf Tagen eroberten die Deutschen Holland. Nach sechs Tagen hatten sie die Hälfte von Belgien überrollt. In der gleichen Zeit hatten sie auch die französischen Linien überrannt und waren aus den Ausläufern der Ardennen hervorgebrochen. Der zweiten französischen Armee gelang es nicht, sie am Überqueren der breiten Maas bei Dinant und Sedan zu hindern. Nur eine Woche vorher hatte der Befehlshaber eben dieser französischen Armee, General Huntziger, dem Bürgermeister von Sedan versichert, daß die Deutschen »niemals im Gebiet von Sedan angreifen würden«. Einige Jahre vorher hatte Feldmarschall Pétain geschrieben, die Ardennen seien »unüberwindlich«. Nun fegten die Deutschen die Franzosen einfach zur Seite. Sechs Tage nach dem 10. Mai hatten sie die Maas hinter sich im Osten gelassen, mehr als die Hälfte der Strecke zum Ärmelkanal bewältigt und stießen schnell weiter vor. Gelegentlich hatten die motorisierten Truppeneinheiten nicht einmal Zeit, die französischen Kriegsgefangenen aufzusammeln; sie wurden einfach weggeschickt. Solche erniedrigenden Szenen bewirkten, daß Charles de Gaulle sich »von einer grenzenlosen Wut angetrieben« fühlte. In diesem Augenblick veränderte sich sein Lebensziel schlagartig. »Alles, was ich zuwege gebracht habe, geht auf jenen Tag zurück.« Aber noch war er Lichtjahre davon entfernt, entscheidend in die historischen Abläufe einzugreifen.

Es war ein Krieg neuer Art. Der letzte Krieg war von einer enormen Zahl von Soldaten geführt worden, die um wenige Quadratkilometer Boden kämpften. Im Ersten Weltkrieg glichen die vorrückenden Truppen bewaffneten Siedlern, die ihr Land absteckten; sie rissen die Grenzpfähle aus dem Boden und versuchten, diese etwas weiter nach vorn zu bringen. Im Zweiten Weltkrieg stürmten sie los, als wären sie bewaffnete Touristen. Im Ersten Weltkrieg waren die Angriffsspitzen (sofern es sie überhaupt gab) stumpfe kleine Stacheln, die nicht weit aus der massiven Hauptarmee herausragten. Im Zweiten Weltkrieg waren die Angriffsspitzen wirkliche Sturmtruppen, nach vorn gerichtet und den Eindruck erweckend, daß *sie* die eigentlichen Armeen seien, die massierten Kräfte, was sie in vielen Fällen ja auch tatsächlich waren. Oft genug operierten sie erfolgreich und schüchterten nicht nur die verängstigte Zivilbevölkerung, sondern Massen von verwirrten Feindtruppen ein. Soldaten streckten die Waffen, weil sie sich von vorstoßenden motorisierten Einheiten eingekreist glaubten; so kam es zu einer unglaublich hohen Zahl von Kriegsgefangenen. In den vierzig Tagen nach dem 10. Mai nahmen die Deutschen 1,9 Millionen französische Soldaten gefangen.

Hitler wußte, daß es ein Krieg gänzlich neuer Art war, Churchill nicht. Schon 1932 soll Hitler gesagt haben, daß der nächste Krieg sich grundsätzlich von den vorangegangenen unterscheiden werde und daß vor allem Infanterieangriffe und massive Truppenaufmärsche überholt seien. Jahrelange verbissene Kämpfe an verhärteten und unüberwindlichen Frontlinien erschienen ihm schon damals als eine völlig überholte und sinnlose Form der Kriegführung. Nach dem Krieg gestand Churchill seine anfängliche Fehleinschätzung ein: »Die Vorstellung einer durchbrochenen Front, selbst auf einem breiten Abschnitt, erweckte in mir nicht den Gedanken an die entsetzlichen Folgen, die sich jetzt daraus ergaben. ... Ich erfaßte die Gewalt der Umwälzung nicht, die sich seit dem letzten Krieg durch das Auftauchen einer Masse schnellbeweglicher, schwerer Panzerwagen vollzogen hatte. Ich wußte wohl davon, aber es hatte meine Überlegungen nicht in dem Grade beeinflußt, wie das nötig gewesen wäre.« Noch etwas anderes verhinderte eine weitsichtige Analyse der Situation. Seine Liebe zu Frankreich machte ihn blind, die sentimentale Seite seines Charakters brachte Fehleinschätzungen mit sich. Im August 1939 gab er in Paris nach einer Besichtigung der Maginotlinie ein Interview. Die Maginotlinie, sagte er, sei ein Garant für absolute Sicherheit »gegen die Schrecken einer Invasion, nicht nur durch unüberwindbares Festungswerk, sondern auch wegen der tapferen und fähigen Soldaten, die sie bemannen. Besonders beeindruckt war ich von der Kampfbereitschaft und Intelligenz der französischen Soldaten.« Die Erinnerung an derartige Äußerungen sollte ihn bald heimsuchen. Sein Gegner Hitler mochte die Franzosen nicht, haßte sie geradezu, seit er in seiner frühen Jugend von ihnen gelesen hatte. Später im Krieg unterschätzte er ihre Fähigkeit, sich wieder aufzubäumen; aber 1940 fand seine Geringschätzung ausreichend Nahrung.

Am Mittwoch, dem 14. Mai, erhielten Churchill und sein Kriegskabinett immer neue unheilvolle Nachrichten aus Nordfrankreich. Holland war schon gefallen, und die linke Flanke der französischen Armee, die dorthin verlegt worden war, wich schnell zurück. Diesen düsteren Nachrichten folgten weitere bedrückende Meldungen: Die Deutschen hatten die französischen Linien an der Maas durchbrochen. Das Kriegskabinett trat an diesem Tag mehrfach zusammen. Die langsamen Bomber der britischen Luftwaffe hatten den Auftrag bekommen, die deutschen Pontons und andere Brücken über die Maas zu zerstören; aber das mißlang. Am Ende des Tages war die Hälfte aller in Frankreich befindlichen britischen Flugzeuge abgeschossen. Um 19 Uhr telefonierte der französische Premierminister Paul Reynaud mit Churchill und übermittelte neue schlechte Nachrichten. Reynaud, ein kleiner, lebhafter, energischer anglophiler Politiker, setzte großes Vertrauen in die Briten und hegte eine besonders große Bewunderung für Churchill. Seine Bitten um zusätzliche britische Flugzeuge brachten Churchill in ein Dilemma. Er wußte, daß er die britischen Flugzeuge sehr bald zur Verteidigung Großbritanniens benötigen würde. Auch hatte er den Eindruck, daß ein unbegrenzter Einsatz der Luftwaffe bei den großen Landkämpfen in Frankreich ein untaugliches Mittel war, besonders angesichts der Tatsache, daß die Franzosen immer mehr an Boden verloren und den Rückzug antraten. Auf der anderen Seite konnte es sich die britische Regierung nicht leisten, sich den ständigen drängenden Hilferufen der französischen Regierung zu verschließen. Was würde geschehen, wenn nicht nur ein oder zwei französische Armeen auseinanderbrechen würden, sondern auch die französische Regierung? Es lag im britischen Interesse, daß die Franzosen weiterkämpften.

Kurz nach 7 Uhr am nächsten Morgen klingelte das Telefon neben Churchills Bett. Reynaud meldete sich zu dieser ungewöhnlichen Stunde erneut. Er sprach hastig, auf englisch. Sein erster Satz war: »Wir sind geschlagen.« Churchill, der noch gar nicht richtig wach war, schwieg zunächst. Reynaud fuhr fort: »Wir sind besiegt; wir haben die Schlacht verloren.« Churchills Antwort versuchte Reynaud zu beruhigen. Aber der französische Premierminister wiederholte: »Geschlagen«, »Schlacht verloren.« Er war nicht nur sehr mitgenommen; er mußte Churchill klarmachen, mit welcher Unmittelbarkeit sich vor Paris ein Abgrund geöffnet hatte. Churchill kündigte seinen Besuch in Paris an.

Am frühen Nachmittag des folgenden Tages flog er nach Paris. In dem Augenblick, in dem er landete, wußte er, daß die Lage viel schlimmer war, als er gedacht hatte; Reynauds Sätze waren nicht nur auf die leichte Erregbarkeit eines Franzosen zurückzuführen gewesen. Zwei Dinge erregten Churchills besondere Aufmerksamkeit. Er hat sie später immer wieder erwähnt. Das eine war die schwarze Rauchwolke, die aus dem Hof des französischen Außenministeriums am Quai d'Orsay emporstieg. Es war ein schöner, klarer Tag; ein wolkenloser Himmel strahlte über den sonnendurchfluteten Straßen von Paris; doch in jenem Hof verbrannten Beamte riesige Haufen von Dokumenten; verkohlte Papierfetzen wirbelten über die Seine. Und das bedeutete, daß die französische Regierung Paris verlassen wollte. Der französische Oberbefehlshaber General Gamelin, dessen schlaues Gesicht unbeweglich geworden war, bestätigte Churchill die Pläne der Regierung. Zwischen Paris und den herannahenden Deutschen gebe es nichts, sagte Gamelin. Und die Masse des französischen Heeres? Die Ersatzarmee? fragte Churchill. Wo sind die? Es gebe keine, antwortete Gamelin. Churchill saß, redete, stand auf, ging herum, »wie ein Vulkan vom Rauch seiner Zigarren eingehüllt«. Immer wieder versicherte er seinen französischen Bündnispartnern – an diesem Tage nicht zum letzten Mal –, daß eine Lage niemals so schlimm sei, wie sie auf den ersten Blick erscheine, daß England weiterkämpfen werde, was immer auch geschehe. Dafür war Reynaud dankbar. Er bat um mehr britische Jagdgeschwader. Ursprünglich hatte Churchill vier zugesagt, jetzt erhöhte er auf zehn. Er wußte damals genau, daß er nicht mehr anbieten konnte. Im Gegensatz zu den französischen Militärs hatte er begriffen, daß diese neue Form der motorisierten Kriegführung nicht aus der Luft gestoppt werden konnte. Vor allem wußte er, daß er unmöglich noch mehr Einheiten der britischen Luftwaffe außerhalb Großbritanniens einsetzen durfte. Am Morgen dieses Tages hatte er einen Brief des Generalleutnants der Luftwaffe Hugh Dowding gelesen. Dowding betonte, daß eine angemessene Luftstreitmacht die einzige Möglichkeit für Großbritannien darstelle, »den Krieg eine Zeitlang, vielleicht auch unbegrenzt, allein zu führen. ... aber wenn diese durch verzweifelte Versuche, die Lage in Frankreich zu verbessern, geschwächt würde, dann würde die Niederlage Frankreichs unweigerlich auch zur endgültigen, vollständigen und *unwiderruflichen* Niederlage dieses Landes führen«. (Das entscheidende Wort »unwiderruflich« war in dem Brief falsch getippt *[irremideable* statt *irremediable]* und von Dowding eigenhändig korrigiert worden.) Es war ein entscheidendes Dokument, das sich für den weiteren Verlauf der Ereignisse als außerordentlich wichtig erweisen sollte.

An jenem Unglückstag wahrte Churchill die Fassung. In diesen düsteren Stunden zeigte er sich sogar recht gut gelaunt. Er ging spät schlafen, um 2 Uhr morgens. Seine Reisebegleiter wies er an, sich um 6 Uhr für den Rückflug bereitzuhalten, aber er ließ sie bis 7 Uhr warten. Er hatte gut geschlafen. Nun flog er zurück nach London. Er rief sein Kriegskabinett zu ungewohnt früher Stunde um 10 Uhr morgens zusammen und unterrichtete die Minister über die Gespräche in Paris. Er hatte schnell begriffen. Er erklärte dem Kabinett: »Jetzt ist klar, warum die alliierten Truppen bei ihrem Vormarsch nach Belgien nicht bombardiert worden sind; die Deutschen wollten, daß wir vorankamen, damit sie einen Durchbruch starten und unsere Flanken von hinten angreifen konnten.« Eben das war das Ziel des »Sichelschnitt«-Planes gewesen. Allmählich stellte sich Churchill auf die neue Art der Kriegführung ein. Er begriff den Zuschnitt der Pläne Hitlers besser als alle französischen Generäle, deren ganzes Streben darauf hätte ausgerichtet sein sollen. Das war so weit recht und gut. Aber der neue Einblick in die Stärke seines Gegners, so sehr er auch seine Gedanken ordnete, dämpfte seine Zuversicht. Nach der Kabinettssitzung ging er zu einem Mittagessen in der japanischen Botschaft. Am Ende dieses anstrengenden Tages fühlte er sich niedergeschlagen. Im Kreis seiner engsten Mitarbeiter bekannte er sich offen zu seiner Sorge, daß die einst so hoch gelobte französische Armee ebenso zermalmt und niedergeschmettert werden könnte wie die polnische.

Das war das Ende jenes schicksalsschweren Freitags, des 17. Mai. Heute wissen wir, daß es im wesentlichen das Ende der entscheidenden Phase des Feldzugs in Westeuropa war. Alles spielte sich in weniger als einer Woche ab. Die Franzosen waren geschlagen und würden sich nicht wieder erholen. Churchill spürte das ganz genau. Hitler noch nicht. Der unglaubliche Erfolg des deutschen Vormarsches überraschte ihn. Es war zu schön, um wahr zu sein – seinen Plan und sein Vertrauen in die Schlagkraft der deutschen Truppen und Geschütze mit eingeschlossen. Er wurde unruhig. Zum ersten Mal seit Beginn dieses Feldzugs entschloß er sich, seine Generäle zusammenzurufen. Mittags um 1 Uhr ließ er sich vom »Felsennest« zu einem kleinen Flughafen bringen und flog zum Hauptquartier General Rundstedts (Heeresgruppe A), das damals in Bastogne lag, jenem Dorf, dessen Name viereinhalb Jahre später in die amerikanische Geschichte einging. Einige seiner Generäle zeigten sich beeindruckt, andere überrascht. Er erklärte, daß der schnelle Vorstoß zum Kanal jetzt nicht das Wichtigste sei. Vielleicht müsse das Tempo des Vorstoßes zeitweilig sogar gedrosselt werden. Wichtiger sei zunächst die Sicherung der südlichen Flanke des Keils, den die Deutschen über die Maas nach Frankreich getrieben hatten. Er müsse »mit absolut zuverlässigen Defensivmaßnahmen abgesichert« werden. Einen erfolgreichen alliierten Gegenangriff dürfe es unter gar keinen Umständen geben. Das sei nicht nur aus militärischen Überlegungen heraus wichtig, sondern politisch und psychologisch von größter Bedeutung. Unter keinen Umständen dürfe jetzt irgendein Rückschlag eintreten; denn der würde die Stimmung des Gegners heben, in militärischen wie in politischen Führungskreisen. Wenn indes ein solcher Rückfall vermieden werden könne, würden die Briten begreifen, daß sie den Kontinent verlassen müßten. Dann könnte er mit ihnen einen Friedensvertrag abschließen. Er sprach kurz, unterband eine längere Aussprache und kehrte noch vor dem Abendessen zum »Felsennest« zurück. An diesem Abend schrieb General Halder, Generalstabschef des Heeres, in sein Tagebuch: »Der Führer ist ungeheuer nervös. Er hat Angst vor dem eigenen Erfolg, möchte nichts riskieren und uns daher am liebsten anhalten.«

Er hätte sich keine Sorgen zu machen brauchen. Am selben Tag zogen sich die Briten kampflos aus Brüssel zurück. Die belgische Hauptstadt fiel an die Deutschen. Ein spanischer Diplomat führte die Übergabeverhandlungen. Eine Woche war vergangen: Die britische Armee hatte noch keinen nennenswerten Kontakt mit dem Feind gehabt.

Viele Leute (auch Historiker) haben sich ein festes Bild vom Zweikampf zwischen Hitler und Churchill gemacht, das weitgehend unverändert geblieben ist: Auf der einen Seite ein ungeduldiger Hitler, der von seinen Erfolgen und seinem Ehrgeiz angetrieben wurde, auf der anderen Seite ein beherzter, gefaßter und entschlossener Churchill, der seine Kräfte schonte und sich auf eine lange Auseinandersetzung und die bevorstehenden großen Prüfungen vorbereitete. Dieser Eindruck ist nicht vollkommen falsch: Aber für jenen schicksalhaften Mai 1940 ist er auch nicht ganz zutreffend. Lange vor 1940 hatten einige Freunde Churchills festgestellt, daß Ungeduld einer seiner Hauptfehler sei. Dem können wir hinzufügen, daß es eine Ungeduld war, die seiner geistigen Beweglichkeit und raschen Auffassungsgabe entsprang: und die zeichneten ihn nun einmal im Gegensatz zu vielen seiner Landsleute aus. Aber eine derartige Gabe kann für einen Politiker durchaus nachteilig sein, für einen Staatsmann ist sie nicht immer ein Vorzug, und nur selten ist sie es für einen Diplomaten. Erinnern wir uns an Talleyrands berühmte Mahnung: »Surtout pas trop de zèle« – vor allem, keine übertriebene Begeisterung, bitte, keine Eile.

Tatsächlich war Churchill nicht gerade der geborene Diplomat. Gegen Ende des Krieges wurden einige seiner Schwächen offenkundig, als er sich mit seinen Wünschen weder gegen Stalin noch gegen Roosevelt durchsetzen konnte: seine schwindende körperliche Kraft, seine gelegentliche Ungeduld und der bereits erwähnte tief verwurzelte Hang des Schriftstellers, sich mit einer überzeugenden und luziden Darlegung seines Anliegens zufriedenzugeben und sich dann nur widerwillig zu langen und mühsamen Verhandlungen dieser Frage bereitzufinden. Aber noch befinden wir uns am Anfang des Krieges. Jetzt waren die dynamischen Ausbrüche seiner ungeduldigen Kraft oft vorteilhaft. Sie waren es schon deshalb, weil Churchill seine Energie und Ungeduld auf alle nur erdenklichen Probleme richten konnte, wenn auch manchmal nur sehr kurzfristig. Nicht nur widmete er sich der Vorbereitung und der Organisation der Verteidigungsanstrengungen sowie der damit verbundenen moralischen Aufrichtung des Volkes. Zwangsläufig mußte er sich auch um die großen außenpolitischen Probleme kümmern: so um das Verhältnis der Großmächte zu einem England, das immer schneller einer großen, beispiellosen Niederlage entgegenzugehen schien. Weniger als eine Woche nach dem Beginn der deutschen Westoffensive hatte sich dieser Eindruck von einer bevorstehenden französisch-britischen Niederlage in den großen Hauptstädten der Welt festgesetzt, zuallererst bei Mussolini in Rom. In Washington bedurfte es einer längeren und komplexeren Analyse, bis auch Roosevelt zu dieser Einschätzung fand.

Das Erkennen ist Teil der Wirklichkeit, keine später vollzogene Abstrahierung von ihr; sie gehört zum Wesentlichen, nicht zum Beiwerk. So merkwürdig dies im Rückblick erscheinen mag: Mussolinis Italien war während der dreißiger Jahre eine Großmacht, wichtiger noch als die Sowjetunion, weil es damals so eingeschätzt wurde – auch von den führenden Staatsmännern der Welt. Als zum Beispiel Frankreich in den Jahren 1935 und 1936 die Hoffnung auf italienische Unterstützung gegenüber Deutschland aufgeben mußte und statt dessen ein Bündnis mit der Sowjetunion einging, bedeutete dies einen entscheidenden Verlust im Kräfteverhältnis der Großmächte, nicht etwa einen Gewinn. Eine französisch-italienische Allianz hätte die Annektierung Österreichs durch Hitler und damit den entscheidenden Schritt in Hitlers Plänen der territorialen Expansion verhindern können; wohingegen die französisch-sowjetische Allianz, wie sich später zeigen sollte, völlig wirkungslos blieb, schon lange bevor Stalin sich 1939 zu einem Pakt mit Hitler entschloß. Churchill hatte sich 1935 nicht den Plänen Italiens widersetzt, seinen Machtbereich in Ostafrika auszudehnen und Äthiopien einzunehmen, weil er sich von einer Billigung dieser Politik Italiens erhoffte, Mussolini werde von einem Zusammengehen mit Hitler absehen.

Dafür gab es noch weitere Gründe. Churchill achtete Mussolini, in gewisser Hinsicht mochte er ihn sogar. In den zwanziger Jahren hatte er Mussolini zweimal getroffen, sie verstanden sich gut. In seinen journalistischen Beiträgen schrieb Churchill mehrfach beifällig über ihn. Selbst nach dem Zweiten Weltkrieg, als er allen Grund hatte, Mussolini in ein schlechtes Licht zu setzen, versagten diese Erinnerungen nicht ihre Wirkung. So erinnerte er sich daran, wie er sich Anfang der zwanziger Jahre »mit Mühe der höchsten [italienischen] Auszeichnung«, die ihm Mussolini verleihen wollte, »entziehen konnte«. Er hielt Mussolinis faschistische Diktatur nicht mit derjenigen Hitlers für vergleichbar und erblickte in ihr sogar den Ansatz für einige heilsame Reformen. Auch stellte er in seinen Erinnerungen unmißverständlich fest: »Überdies gab es in dem Konflikt zwischen Faschismus und Bolschewismus für mich keinen Zweifel, wo meine Sympathien und Überzeugungen standen.«

Um 1936 herum war Mussolini jedoch zu der Einsicht gelangt, daß er besser mit Hitler als mit England und Frankreich paktieren sollte. Schließlich hatte er auch mehr mit Hitlers neuer, moderner nationalistischer Diktatur gemein als mit den korrupten und antiquierten parlamentarischen Regierungen. Außerdem hielt er die Briten für verwundbar und schwach. Chamberlains bemühte und manchmal unpassende Versuche, ihn zu gewinnen, hatten diesen Eindruck eher noch verstärkt. Seinem Schwiegersohn Ciano, den er zum Außenminister gemacht hatte, sagte er einmal, daß dies nicht mehr die Briten seien, die das britische Weltreich aufgebaut hatten: Es seien nur noch die letzten Abkömmlinge in einer Ahnenreihe von müden alten Männern, deren Lebenssaft unwiederbringlich ausgetrocknet sei. Im Mai 1939 entwickelte sich die Rom-Berlin-Achse, so Mussolinis Begriff, zu einem Militärbündnis mit Deutschland, dem »Stahlpakt«.

Das war ein großes Wort, aber zumindest für eine gewisse Zeit war es nicht ungerechtfertigt. Wir haben oben schon gesehen, daß Mussolini Hitler ausreden wollte, wegen Polen in den Krieg zu ziehen. 1939 war Italien jedenfalls nicht kriegführend. Mussolini teilte Hitler jedoch im März 1940 mit, daß Italien bereit sei, an seiner Seite in den Krieg zu ziehen. Aber noch acht Tage vor Beginn der deutschen Westoffensive, am 2. Mai 1940, nahm das britische Kabinett erleichtert zur Kenntnis, daß der britische Gesandte in Rom ein »freundliches Gespräch« mit Graf Ciano geführt hatte; auch erfuhren die Minister, daß Ciano gegenüber dem französischen Botschafter erklärt hatte, »die Alliierten hätten im Falle eines für sie günstigen Verlaufs des Kriegs nicht mit einem Eintritt Italiens in den Krieg zu rechnen«. Wenn jedoch Deutschland größere Erfolge erzielen sollte, »könne er nichts versprechen«. Den ganzen Mai hindurch versicherten namhafte Mitglieder der römischen Gesellschaft, die dem Westen freundlich gesonnen waren, ihren ausländischen Gästen und Freunden, daß die Alliierten nur einen kleinen militärischen Erfolg vorzuweisen brauchten, »una piccola vittoria«: das würde vieles entscheidend beeinflussen, auch Mussolinis Lagebeurteilung. Diese konnte sich allerdings ebenso schnell formen wie die Churchills – wenn auch, anders als bei Churchill, letztendlich nicht immer zu seinem Vorteil. Drei Tage nach dem Beginn der deutschen Offensive in Westeuropa hatte Mussolini sich entschieden. Er sah genau, was passierte: Die Franzosen und Briten würden binnen kürzester Zeit geschlagen sein; sie waren es eigentlich schon. Es war ein Gebot der Stunde, daß sich Italien dem deutschen Bündnispartner an die Seite stellte, bevor es zu spät war.

Churchill sah diese Entwicklung voraus. Wie positiv auch immer seine einstige Beziehung zu Mussolini gewesen sein mag, jetzt war sie wertlos. In diesem Zusammenhang ist es wichtig festzuhalten, daß der bedeutsame Brief, den Churchill am 16. Mai verfaßt und an Mussolini geschickt hat, nicht einer Augenblickslaune entsprungen ist: Sein Außenminister Halifax hatte ihm zwei Tage vorher zu einem solchen Schreiben geraten. Dieser Brief ist eine merkwürdige Mischung aus Festigkeit und Romantik. »Was auch auf dem Kontinent geschehen mag, England wird bis ans Ende gehen, selbst ganz allein, wie wir es schon früher getan haben ... Durch alle Zeiten, alles andere übertönend, hallt der Ruf, daß die Erben lateinischer und christlicher Kultur nicht gegeneinander zu tödlichem Streit antreten dürfen« – ein Mahnruf des Europäers Churchill. Nach dem Krieg schrieb Churchill: »Die Antwort war scharf. Sie hatte zum mindesten den Vorzug der Aufrichtigkeit.« Die Antwort Mussolinis kam unverzüglich. »Wenn Ihre Regierung Deutschland den Krieg erklärt hat, um die

Ehre Ihrer Unterschrift zu wahren, so werden Sie begreifen, daß der gleiche Sinn für Ehre und Achtung vor den im deutsch-italienischen Vertrag eingegangenen Verpflichtungen das italienische Verhalten heute und morgen angesichts aller denkbaren Ereignisse leitet.«

Blickt man einmal über das Pathos dieser Worte hinweg, machte Churchill dieser Satz deutlich, daß Italiens Eintritt in den Krieg auf der Seite Deutschlands unvermeidlich war und unmittelbar bevorstand. Auch verriet er, was in Mussolini vorging. Er wußte, daß die deutsche Bevölkerung kein großes Vertrauen in die militärischen Fähigkeiten der Italiener besaß und daß Erinnerung an die ehemalige italienische Vertragsuntreue noch fortlebte, als Italien im Ersten Weltkrieg sich gegen den einstmaligen Bündnispartner wandte; hinzu kam, daß das italienische Volk zum Krieg noch nicht bereit war. Mussolini mußte beweisen, daß sein neues Italien nicht mehr nur ein listig taktierender Partner zweiten Ranges, sondern ein starker und standhafter Verbündeter war. Hierin könnte ein Historiker eine mehr oder weniger subtile, zum ersten Mal sich andeutende Veränderung im Verhältnis zwischen Mussolini und Hitler entdecken. Vor dieser Zeit war Hitlers Achtung für Mussolini größer gewesen als Mussolinis Bewunderung für Hitler. Nun mußte Mussolini beweisen, daß er ein gleichwertiger und nicht ein untergeordneter Bündnispartner war.

Hitler hatte Mussolini bewundert, seit dieser 1922 die Macht in Italien an sich gerissen hatte, zu einer Zeit, als er selbst am Beginn seiner politischen Laufbahn stand. Um die Freundschaft mit Mussolini nicht aufs Spiel zu setzen, war Hitler sogar bereit, eine Sache aufzugeben, die den Deutschen und Österreichern sehr am Herzen lag: Bei aller Betonung der deutschen Volkseinheit versagte er der deutschsprechenden Bevölkerung in Südtirol, das 1919 Italien zugeschlagen worden war, seine Unterstützung. 1938 gab Mussolini sein stillschweigendes Einverständnis, als Hitler Österreich annektierte, und seine aktive Unterstützung in München, als Hitler die Tschechoslowakei zerstörte. Bei all seinen Fehlern (wenn dies das passende Wort ist, was ich nicht recht glaube) war Hitler nicht illoyal. Als Mussolini die Besetzung von Österreich durch Hitler akzeptierte, schrieb ihm dieser: »Mussolini, das werde ich nie vergessen.« Dieses Wort hielt er. 1943 ordnete er eine waghalsige Operation zur Befreiung Mussolinis an, der in einem italienischen Berghotel interniert war. Aber schon lange vor 1943 hatte Hitler einen sehr schlechten Eindruck von der Leistungsfähigkeit seines italienischen Bündnispartners. Mussolini achtete er; die Italiener schätzte er gering. Das war eigentlich schon im Mai 1940 offenkundig geworden, noch bevor sich die armselige Kampfkraft des italienischen Militärs in ihrem Frankreichfeldzug zeigte. Als Mussolini ihm am 29. Mai mitteilte, daß Italien Frankreich und Großbritannien am 5. Juni den Krieg erklären werde, zeigte Hitler sich zwar befriedigt; aber im Grunde bedeutete es ihm wenig. Er brauchte die Italiener nicht, um den Krieg zu gewinnen.

Hitler brauchte keine Verbündeten, um diesen Krieg zu führen; aber Churchill hatte sie nötig. Für einen zukünftigen Sieg brauchte er einen Verbündeten. Doch im Mai 1940 war diese Zukunft plötzlich in sehr weite Ferne gerückt. Im Gegensatz zu Hitler brauchte Churchill einen Verbündeten, um zu überleben: für das Überleben eines Großbritannien, dessen Schicksal, wenigstens zu jenem Zeitpunkt, untrennbar mit seinem persönlichen Schicksal verknüpft war. Jetzt war der geeignete Verbündete nicht mehr Frankreich. Es waren die Vereinigten Staaten von Amerika. Ohne Frankreich konnte Großbritannien vielleicht eine Zeitlang durchhalten; aber ohne die Vereinigten Staaten war ein Überleben nicht möglich, zumindest nicht auf lange Sicht.

Vieles davon wußte Hitler, wenn auch nicht alles. Es ist ein weit verbreiteter Irrtum zu glauben, daß Hitler nichts über die Vereinigten Staaten wußte und an ihnen nicht interessiert war. Zwar hielt er nicht viel vom politischen System der Vereinigten Staaten, aber deren potentielle Macht und geopolitische Lage waren ihm bewußt. In seiner Jugend hatte er Geschichten über den Wilden Westen verschlungen. Es gibt (wenn auch unzuverlässige) Anzeichen dafür, daß er bereits 1931 mehr über die amerikanische Politik wußte, als man ihm noch heute zubilligt. Zuverlässig wissen wir, daß er über gewisse Ereignisse in Washington gut informiert war und daß er sich sehr dafür interessierte, hauptsächlich für einflußreiche Persönlichkeiten aus den Kreisen solcher Isolationisten, die sein neues Deutschland achteten. Er las häufig die Berichte des deutschen Militärattachés in Washington, General Friedrich von Bötticher, der ausgezeichnete Beziehungen zu einigen Generälen des Generalstabs des amerikanischen Heeres unterhielt.

Gleichzeitig wußte Hitler, daß er nur wenig Einfluß auf die politische Führung der Vereinigten Staaten ausüben konnte. Spätestens im Januar 1939 war er davon überzeugt, daß Präsident Roosevelt zu seinen erklärten Gegnern zählte. Diese Einschätzung war zutreffend. Während der Wintermonate 1938/1939 interessierte sich Roosevelt zunehmend für die politische Situation in Europa. Vorsichtig, geradezu im Geheimen, ließ er durch einige vertraute Botschafter (vornehmlich durch William C. Bullitt in Paris) andeuten, daß er willig sei, diejenigen Politiker in Paris und London zu unterstützen, die sich Hitler entgegenzustellen wagten. Hitler wußte das. Nach Ausbruch des Krieges waren ihm auch die Kontakte zwischen Churchill und Roosevelt bekannt, die er auf den Einfluß amerikanischer Juden auf Roosevelt zurückführte. Während des Krieges wuchs sein Haß auf den Präsidenten. Was er allerdings nicht ganz begriff – wenigstens noch nicht im Mai 1940 –, war das Ausmaß der britischen Abhängigkeit von den Vereinigten Staaten. Noch ging es nicht so sehr um materielle oder militärische Unterstützung; wichtiger war die Wirkung, die eine amerikanische Verpflichtung, sich in absehbarer Zeit eindeutig und aktiv auf die Seite des Briten zu stellen, auf die Welt haben würde.

Roosevelts Neigung, die Briten im Kampf gegen Hitler zu unterstützen, hatte sich entwickelt, noch bevor er seine besondere Beziehung zu Churchill einging. Schon im Juni 1939, im Zusammenhang mit dem Staatsbesuch König Georges VI. und Königin Elisabeths in den Vereinigten Staaten, schlug er eine enge und geheime Zusammenarbeit der Marine vor. Als Gegenleistung sollten die Briten amerikanische Marinestützpunkte auf zwei ihrer karibischen Inseln und den Bermudas zulassen. Sein Vorschlag überraschte die Briten. Weder das britische noch das amerikanische Außenministerium wußten von diesen geheimen Absprachen. Aber während der ersten Phase des Krieges übermittelten amerikanische Marinepatrouillen im Westatlantik Nachrichten über deutsche Schiffsbewegungen an die Briten. Chamberlain hatte davon Kenntnis. Seine ursprüngliche Zurückhaltung gegenüber den Vereinigten Staaten und besonders gegenüber Roosevelt war seit dem Beginn des Krieges völlig gewichen. Auch in diesen düsteren Monaten bewährte sich jener oftmals verborgene Instinkt, der schon immer britische Politiker und Beamte (und manchmal auch das britische Volk) auf allen Ebenen ausgezeichnet hat: ein instinktives Verständnis für die vitalen Interessen ihres Landes.

Ein Beispiel dafür findet sich in einem Memorandum des britischen Generalstabes vom Oktober 1939, also kurz vor dem sowjetischen Angriff auf Finnland. Darin heißt es, daß die Alliierten Finnland nicht wirklich helfen könnten: Aber »ein entscheidendes Argument dafür, doch noch tätig zu werden, war die Erwartung, daß man auf diese Weise die Sympathie ... der Vereinigten Staaten gewinnen könnte, [die] eine Feindschaft mit Rußland überwiegen würde«. Die Stabschefs waren sich der Bande einer antikommunistischen Ideologie, die viele Isolationisten, Republikaner und die Hearst-Presse vereinte, sehr wohl bewußt. Ende 1939 erkannte auch Churchill, daß die Isolationisten in den Vereinigten Staaten »unerwartete Stärke erlangten«. Zu dieser Zeit hatte seine besondere Beziehung zu Roosevelt, die sich in einer geheimen Korrespondenz niederschlug, bereits begonnen. Bei aller Geheimhaltung wußte Chamberlain von dieser Beziehung, und mit ihm einige hohe Beamte des Außenministeriums. Im Gegensatz zu seiner früheren Einstellung störte ihn das jetzt überhaupt nicht.

Roosevelt und Churchill hatten sich 1918 in London kennengelernt, als Roosevelt Unterstaatssekretär der Marine war. Roosevelt erinnerte 1939 und 1940 an dieses Treffen (Churchill schien es vergessen zu haben, was Roosevelts Eitelkeit zumindest zeitweilig verletzte). Als im Juni 1939 das britische Königspaar den Vereinigten Staaten einen Staatsbesuch abstattete, hielt sich Roosevelts – selbsternannter – Ratgeber, Richter Felix Frankfurter, in England auf und besuchte Churchill. Er war beeindruckt von Churchills Entschlossenheit, Hitler, wenn nötig, zu bekämpfen. Frankfurters Berichte an Roosevelt waren für dessen Entschluß nicht ausschlaggebend, im September 1939 eine private Korrespondenz mit Churchill aufzunehmen, kurz nachdem dieser in Chamberlains Kriegskabinett Erster Lord der Admiralität geworden war. Es war gewiß ein ungewöhnlicher Vorgang, daß ein Staatsoberhaupt mit einem Kabinettsmitglied einer anderen Regierung direkt und geheim korrespondierte. Auf der englischen Seite gab es diesbezüglich wenig Probleme, denn diese etwas außergewöhnliche Korrespondenz geschah mit Wissen, ja mit stillschweigender Billigung von Chamberlain und Halifax. Es *gab* allerdings Probleme auf der amerikanischen Seite, auf die ich noch eingehen werde.

Vorher müssen wir uns jedoch vergegenwärtigen, daß Roosevelts Einschätzung der Persönlichkeit Churchills noch nicht unzweideutig war. Wir haben bereits gesehen, daß Sumner Welles, ein enger Vertrauter Roosevelts, im März 1940 über Churchills Unstetigkeit und Alkoholkonsum nachteilig berichtet hatte. Fünf Tage vor dem 10. Mai führte Welles ein Gespräch mit Adolf Berle, einem Unterstaatssekretär im amerikanischen Außenministerium. Berle befürchtete, daß Churchill schon zu alt und »müde« sein könnte; Welles wiederholte seinen Eindruck, daß er Churchill die Fähigkeit zur Regierungsführung nicht zutraue. Am Tag nach der Ernennung Churchills zum Premierminister wurde die neue Lage im Weißen Haus erörtert. Innenminister Harold Ickes schrieb in sein Tagebuch: »Offensichtlich ist Churchill unter Alkoholeinfluß sehr unzuverlässig...« Roosevelt aber glaubte: »Vielleicht ist Churchill der beste Mann, den England hat.« Die Arbeitsministerin Frances Perkins hingegen glaubte sich zu erinnern, daß Roosevelt sich über Churchill »nicht sicher« gewesen sei und seine Kabinettsmitglieder nach ihrer Meinung über ihn gefragt habe. Ickes hielt Churchill für »zu alt«. Wichtig ist auch die

Meinung von Roosevelts Gattin, die Churchill für zu konservativ, ja für »reaktionär« hielt. Sie ging sogar so weit, einen gemeinsamen Freund zu bitten, diesbezüglich auf ihren Mann einzuwirken.

Zu jener Zeit war sich Roosevelt des Einflusses der amerikanischen Isolationisten sehr wohl bewußt. Er mußte – besonders im Hinblick auf die außergewöhnliche Nominierung für eine dritte Amtsperiode, welche bald bevorstand – die antibritische Stimmung bei vielen Isolationisten in Rechnung stellen. Eng verbunden mit dieser Sache war die problematische Persönlichkeit des damaligen amerikanischen Botschafters in London, Joseph P. Kennedy. Roosevelt hatte Kennedy 1938 zum Botschafter ernannt. Er war Kennedy für dessen politische Unterstützung innerhalb der demokratischen Partei noch etwas schuldig gewesen und hatte diesen Posten für eine glückliche Lösung gehalten. In Wirklichkeit war die Ernennung Kennedys sehr kurzsichtig; sie erwies sich 1940 beinahe als katastrophal. Kennedy war ein neureicher Millionär mit vulgären Zügen in Charakter und Denkart, er hegte Ressentiments gegen die ältere angelsächsische Elite der amerikanischen Ostküste. Das spielte in London keine sonderliche Rolle, solange sich die Aufgaben eines amerikanischen Botschafters in London auf den repräsentativen Bereich beschränkten. Was eine größere Rolle spielte, waren Kennedys politische Ansichten, seine Ideologie. Er glaubte, daß der Kommunismus die größte Gefahr für die Welt (besonders für seine Welt) darstellte: eine drohende Gefahr, die viel größer als Hitlerdeutschland sei. Letzteres sei immerhin ein Bollwerk gegen den Kommunismus, mithin wäre ein britischer Krieg gegen Deutschland katastrophal, ein amerikanischer Krieg gegen Deutschland aber geradezu kriminell. Das war der Kerngedanke von Kennedys sogenanntem Isolationismus – genaugenommen handelte es sich nicht um »Isolationismus«, sondern um eine selektive Ideologie: Wie die Laufbahn der meisten amerikanischen »Isolationisten« nach dem Krieg zeigte, gefielen sie sich darin, den »internationalen Kommunismus« überall auf der Welt zu bekämpfen.

1938 entsprach Kennedys Antikommunismus und seine daraus resultierende Ablehnung einer deutschfeindlichen Politik der

Überzeugung manch eines britischen Konservativen. Nach den Ereignissen von München sprach (und schrieb) Kennedy im privaten Kreis wiederholt von »den Juden, die jetzt alles versauen...« und von »jüdischer Propaganda nach München«. Nach März 1939 fand er weniger britische Zuhörer. Wichtiger aber war, daß er Churchill haßte. Er mochte Chamberlain – in dem Maße, in dem Chamberlains Gedanken und Überzeugungen mit seinen eigenen übereinstimmten. Noch am 20. Juli 1939 soll Chamberlain in einem Gespräch mit Kennedy Churchill abfällig beurteilt haben; er sagte, daß er ihn nicht in seinem Kabinett haben wolle, daß Churchill »ein starker Trinker« sei und sich »sein Urteil noch niemals als zutreffend erwiesen« habe; wenn man Churchill die Macht anvertraut hätte, »wäre England schon im Krieg«. (Vergessen wir aber nicht, daß diese Zitate von Kennedy selbst stammen, also seine Version dessen, was Chamberlain angeblich zu ihm gesagt hat, und daher bestenfalls eine ungenaue Zusammenfassung darstellen.)

Selbst als der Krieg angefangen hatte, sprach Kennedy noch von einem schweren Fehler (zum Beispiel im Oktober gegenüber Leopold Amery); eine Niederlage Deutschlands würde die »Bolschewisierung« von ganz Europa bedeuten. Im November schrieb er Ähnliches an Roosevelt und fügte hinzu: »Wir sollten keinen Fehler begehen. In diesem Land [Großbritannien] gibt es einen starken unterschwelligen Hang zum Frieden.« Im Dezember kehrte er für einige Monate nach Washington (und Palm Beach) zurück. Er sagte Roosevelt, Churchill sei im Kabinett unbeliebt, er sei »skrupellos und hinterhältig« und wolle die Vereinigten Staaten in den Krieg verwickeln. Darüber hinaus pflege er besondere Kontakte »zu gewissen einflußreichen jüdischen Persönlichkeiten«. Seinem Kollegen Bullitt erklärte Kennedy im März 1940, Deutschland werde den Krieg gewinnen, und Großbritannien werde »zur Hölle gehen«. Aber zu diesem Zeitpunkt hatten die Briten Kennedy durchschaut. Im Februar 1940 fingen sie ein Telegramm Kennedys aus Washington an die amerikanische Botschaft in London ab, in dem Kennedy um »pazifistische Literatur in England« bat. Kurz darauf fertigte Vansittart im britischen

Außenministerium eine Aktennotiz an: »Mr. Kennedy ist ein unerträglicher Lügner und Defaitist.« Ein anderer Beamter des Außenministeriums verlangte, Kennedy nicht länger wie ein »Ehrenmitglied des Kabinetts« zu behandeln. Und Halifax bemerkte dazu: »Ich glaube, diese Versuchung ist nicht mehr sehr groß.« Ein Problem war, daß die geheime Churchill-Roosevelt-Korrespondenz durch die Kanäle der amerikanischen Botschaft lief. Dem Außenministerium mißfiel das, aber Churchill wollte es aus verschiedenen Gründen nicht ändern.

Bedeutsam ist, daß es während der gesamten Regierungskrise, die Churchill schließlich Anfang Mai auf den Stuhl des Premierministers brachte, keinerlei Gedankenaustausch zwischen Churchill und Roosevelt gab – ein wichtiges Argument gegen diejenigen, die (wie Hitler) glaubten, daß es damals zwischen diesen beiden eine große geheime Verschwörung gegeben habe. Die Mitteilungen, die aus der amerikanischen Botschaft in London kamen, klangen unbeteiligt und unwichtig. Die entscheidende Phase der Beziehung zwischen Churchill und Roosevelt war noch nicht herangereift. Sie waren von einer tiefen, vertrauensvollen Freundschaft noch weit entfernt. Wir haben gesehen, wie unsicher sich Roosevelt bezüglich der Person Churchills war. Aber nun nahmen die Dinge einen schnelleren Lauf. Das müssen wir bedenken, wenn wir die alarmierende Botschaft betrachten, die Churchill am 15. Mai abfaßte und an Roosevelt schickte. Diese Botschaft war ein Wendepunkt in der Entwicklung ihrer Korrespondenz und in der Ausgestaltung ihrer Beziehung. Doch darin liegt nicht ihre eigentliche Bedeutung. Es ist das erste Mal, daß Churchill nach vorn schaut, allerdings in einen Abgrund: Er begreift, daß er gehen müßte, wenn Großbritannien gezwungen wäre, um Frieden nachzusuchen. »Wie Sie zweifellos bemerkt haben, hat sich die Szene rasch verdüstert«, schrieb er. »Wenn nötig, werden wir den Krieg allein fortsetzen, und das schreckt uns nicht. Aber Sie, Herr Präsident, erkennen gewiß, daß Stimme und Kraft der Vereinigten Staaten ihr Gewicht verlieren könnten, wenn sie allzulange zurückgehalten werden. Vielleicht sehen Sie sich schon morgen einem vollkommen unterworfenen nazifizierten Europa gegenüber, und *das Gewicht könnte schwerer sein, als wir ertragen können.*« (Hervorhebungen des Autors.) Es ist auch bemerkenswert, daß diese Botschaft am 15. Mai um 18 Uhr in London aufgegeben wurde, also einen ganzen Tag, bevor Churchill sich in Paris nicht nur mit der Aussicht auf eine verlorene Schlacht einer französischen Armee, sondern auch mit der Aussicht auf den Zusammenbruch und die Kapitulation Frankreichs vertraut machen mußte.

In dieser Botschaft, die er in den Abendstunden dieses Tages nach Washington schickte, sprach Churchill sechs konkrete Punkte an, darunter die zeitweilige Überlassung von »vierzig oder fünfzig Ihrer älteren Zerstörer«. Damit erwähnte Churchill erstmals einen Vorgang, dessen symbolische und politische Bedeutung schließlich größer wurde als der tatsächliche militärische Nutzen. Glaubte Churchill wirklich, daß die bloße Anwesenheit von amerikanischen Zerstörern in britischen Gewässern so entscheidend sein würde, zumal selbst bei bestem Willen und größter Anstrengung die Verwirklichung dieses Plans Wochen, wenn nicht Monate, gedauert hätte? Der Ton und die Wortwahl seines Schreibens könnten vermuten lassen, daß er es tatsächlich glaubte; aber sicher ist das nicht. Im übrigen kam die Idee ursprünglich nicht von ihm. Am 14. erwähnte er zwar die Zerstörer gegenüber Kennedy; aber schon vorher am selben Tag hatte William C. Bullitt dem Präsidenten, seinem damaligen Freund, telegrafiert, Roosevelt könne den Verkauf »von zwölf alten Zerstörern an Frankreich« rechtlich vertreten, »wenn man sie für veraltet erklärte«; es gebe noch viel mehr davon, wenn dieser Verkauf durchgehe; und er habe gegenüber der britischen Regierung, falls diese auch interessiert sei, eine Größenordnung von fünfzig oder gar hundert erwähnt. Im Kriegskabinett wurde diese Information diskutiert, bevor Churchill sein Hilfeersuchen an Roosevelt abfaßte.

Roosevelt antwortete auf Churchills Schreiben zwölf Stunden nach dessen Erhalt. Der Ton war verbindlich, aber die Substanz war eher mager. Wegen der Zerstörer glaubte er »zu diesem Zeitpunkt« nicht vor den Kongreß gehen zu können. Auch wies er (zutreffend) darauf hin, daß die Verlagerung der Zerstörer Wochen dauern würde. Zwei Tage später bestätigte Churchill den Empfang von Roosevelts Antwort in einem kurzen, fünf Sätze langen Brief, dessen drei letzte lauteten: »Wir sind entschlossen, bis zum Ende durchzuhalten, wie auch das Ergebnis der großen Schlacht sein mag, die in Frankreich tobt. Wir müssen in jedem Fall darauf gefaßt sein, in nicht allzu ferner Zeit hier nach holländischem Muster angegriffen zu werden, und wir hoffen, uns gut zu bewähren. Wenn aber die amerikanische Hilfe eine Rolle spielen soll, müßte sie bald greifbar werden.« Zwei Tage vergingen; Roosevelt sprach mit dem britischen Botschafter in Washington, Lord Lothian; dann entschloß sich Churchill, eine weitere direkte Botschaft an den Präsidenten zu schicken. Er entwarf sie. Dann zögerte er, sie abzuschicken. Schließlich tat er es doch. Er fühlte sich genötigt, Roosevelt die erschreckenden Aussichten eindringlich vor Augen zu führen. Vielleicht würden er und seine Regierung im Kampf untergehen, »doch unter gar keinen Umständen werden wir bereit sein, uns zu ergeben«. Aber:

»Wenn Mitglieder der jetzigen Regierung verschwinden und andere auftreten sollten, um unter den Trümmern zu verhandeln, so dürfen Sie die Augen nicht vor der Tatsache verschließen, daß als einziges Aktivum bei Verhandlungen mit Deutschland die Flotte übrig wäre, und wenn die Vereinigten Staaten unser Land seinem Schicksal überlassen sollten, so hätte kein Mensch das Recht, den in jener Stunde Verantwortlichen einen Vorwurf daraus zu machen, wenn sie versuchen würden, für die überlebenden Bewohner die bestmöglichen Bedingungen herauszuschlagen. Verzeihen Sie, Herr Präsident, daß ich diesen Alptraum so rückhaltlos ausmale. Ich kann selbstverständlich nicht für meine Nachfolger bürgen, die sich vielleicht in äußerster Verzweiflung und Hilflosigkeit dem deutschen Willen fügen müßten.«

Und er schloß: »Immerhin ist es zum Glück noch nicht notwendig, bei solchen Vorstellungen zu verweilen.« Zum Glück noch nicht notwendig? Vielleicht war es unvorstellbar, sich je damit befassen zu müssen; aber manchmal muß man auch über das Unvorstellbare nachdenken. Jetzt war der Augenblick gekommen, wenigstens einige Gedanken daran zu verschwenden. Roosevelt und seine Mitarbeiter haben das Problem nicht in seinem ganzen Umfang und seiner vollen Bedeutung erfaßt. Seine vertrauensvolle Freundschaft zu Churchill war noch nicht stark genug. Noch trennten sie ihre unterschiedlichen Denkweisen. Fast einen ganzen Monat lang wurden keine erwähnenswerten Depeschen zwischen ihnen ausgetauscht.

In der Zwischenzeit gab es in London einen Skandal. Ein Angestellter der amerikanischen Botschaft in London, der Dechiffrierer Tyler Kent, war ein überzeugter Isolationist. Wie bei vielen (wenngleich nicht allen) amerikanischen Isolationisten und Republikanern entsprach seine tiefe Abneigung gegen Franklin D. Roosevelt seiner deutschfreundlichen und antikommunistischen Ideologie und Weltsicht. Er hatte Hunderte von Geheimdokumenten aus der Botschaft in seine Wohnung in der Nähe der Baker Street mitgenommen, einschließlich der geheimen Korrespondenz zwischen Churchill und Roosevelt. Einige dieser Dokumente reichte er an einen kleinen Kreis von Personen weiter, die Churchill haßten und mit Deutschland sympathisierten. Die Dokumente wurden schließlich auch britischen Faschisten und italienischen Agenten zugespielt. Am 20. Mai drang britische Sicherheitspolizei in die Wohnung dieses Baker Street-Partisanen ein. Seine Immunität wurde aufgehoben, und er wurde zu sieben Jahren Gefängnis verurteilt. (Am Ende des Krieges wurde er freigelassen und in die Vereinigten Staaten abgeschoben.) Wir müssen festhalten, daß die Churchill-Roosevelt-Korrespondenz nichts Verfassungsfeindliches beinhaltete. Glücklicherweise hielt sich Kennedy, der ja sehr ähnliche politische Vorstellungen wie Kent verfolgte, aus der Affäre heraus und bestand nicht auf dessen diplomatischer Immunität. Als Politiker brach Kennedy mit Roosevelt erst nach der Wahlkampagne von 1940. Weder dieser Zwischenfall noch der Zeitpunkt schienen ihm angemessen, Roosevelt Probleme zu bereiten.

An jenem 20. Mai wußte Churchill, daß Probleme auf ihn zukamen, die sich nur unterschwellig abzeichneten. Sie waren wichtiger als die sehr schlechten Nachrichten aus Frankreich. In Frankreich hatten die deutschen Panzergeneräle an diesem Tag den Ärmelkanal erreicht. Sie standen auf den französischen Klippen und blickten nach England.

Vier Tage vorher hatte Bullitt von Paris aus das eigentliche Problem angesprochen. Es waren nicht die amerikanischen Zerstörer. Es ging um die Möglichkeit nicht nur einer französischen, sondern auch einer britischen Kapitulation. »Man muß die Möglichkeit in Betracht ziehen«, schrieb er seinem großen Freund in Washington, »daß die Briten eine Regierung unter Oswald Mosley einsetzen könnten.« Vor einer solchen Maßnahme solle Roosevelt die Briten dazu bewegen, ihre Kriegsflotte nach Kanada zu verlegen.

Am 21. ging Churchill gegen Mosley vor. Er mußte dessen Einfluß einschränken. Im Kriegskabinett wurde ausführlich beraten, und Chamberlain sprach sich für drastische Maßnahmen gegen Tyler Kent und einen seiner Verbündeten, den konservativen Unterhausabgeordneten Captain Archibald Ramsay, aus, der als Anhänger und Bewunderer des Dritten Reiches galt. Die Regierung ging die sogenannten 18B-Verordnungen durch. (Am selben Tag stellte sich ein Anhänger Mosleys aus dem Kreis der britischen Faschisten einer Nachwahl zum Unterhaus, aber er erreichte nur ein Prozent der Stimmen.) Am Morgen des 23. wurde Mosley verhaftet und in das Gefängnis in Brixton eingeliefert, weitere 1847 Frauen und Männer nahm die Polizei an diesem und dem folgenden Tag fest. Fünf Wochen später wurde auch seine Ehefrau Diana verhaftet und zusammen mit ihm in Gewahrsam gehalten.

Sir Oswald Mosley war eine äußerlich attraktive, intelligente und energische politische Persönlichkeit. Manche Politiker (und später auch Historiker) waren überzeugt, daß er auch das Zeug zu einem guten Premierminister gehabt hätte. Tief enttäuscht von der Unbeweglichkeit und dem politischen Opportunismus der Labour Party trat er 1931 aus dieser Partei aus und gründete eine

»Neue Partei«, die zunächst einige intelligente Frauen und Männer anzog (unter ihnen Harold Nicolson und James Lees-Milne). 1933 bekannte sich Mosley offen zum Faschismus und führte seine Partei fortan unter diesem Namen. Es ist hier nicht der Ort, auf seine politische Laufbahn im einzelnen einzugehen; nur so viel sei gesagt: daß sich bis in die Mitte der dreißiger Jahre seine Partei einer erheblichen Zustimmung erfreute. Roosevelt hatte Mosley 1926 in Amerika kennen- und damals durchaus zu schätzen gelernt. Noch 1933, also nachdem sich Mosley zum Faschismus bekannt hatte, korrespondierten sie miteinander. Vor 1939 hatte Roosevelt demnach mehr Kontakt zu Mosley als zu Churchill gehabt.

Das wurde bald bedeutungslos. Um 1940 gab es kaum noch Engländer, die Mosley ihr Vertrauen schenkten. Der relativ geringe politische Einfluß Mosleys ist übrigens eines der Argumente, die man gegen Churchill wegen der Verhaftung Mosleys im Mai 1940 vorbrachte (aus dem anderen Lager mußte er sich später Kritik gefallen lassen, als er die Mosleys noch Jahre vor Kriegsende wieder freiließ). Im englischen Recht ist der bloße Vorsatz zu einer kriminellen Handlung nicht strafbar (»Vorsätze müssen an Taten gemessen werden«, wie Dr. Johnson einmal gesagt hatte): Mosley hatte immerhin erklärt, daß er im Falle einer Invasion als britischer Patriot gegen den Feind kämpfen werde. Einigen Briten erschien seine Verhaftung nicht nur illegal, sondern vollkommen überflüssig, im Rückblick vielleicht sogar überängstlich. Aber der Rückblick ist nicht notwendigerweise die richtige Perspektive. Wir dürfen nicht vergessen, daß Mosley und andere Politiker mit ähnlichen Zielen nicht einfach nur potentielle Gegner des Kriegskabinetts waren. Es handelte sich bei ihnen nicht um eine weitere Spielart des Pazifismus. Ihre Propaganda und politischen Aktionen waren gegen diesen Krieg mit Deutschland gerichtet. Es gab ausreichend Beweise, daß sie das politische System und die gesamteuropäischen Machtansprüche des Dritten Reiches unterstützten. Mosley und seine Freunde waren zwar keine deutschen Agenten im geläufigen Sinne des Wortes; aber zumindest einer Wortbedeutung nach (Oxford English Dictionary) ist derjenige ein Agent, »der erfolgreich auf ein bestimmtes Ziel hinarbeitet«. Im Mai 1940 stellten dieses Ziel und die darauf gerichteten Tätigkeiten eine Gefahr für die Fortdauer und Stabilität der Kriegsbereitschaft in England dar. Auch Churchill wurden sie gefährlich, da seine Position weder sicher noch stabil war.

Es gab nicht nur Mosley. Wir haben gesehen, daß vor 1939 eine breite Übereinstimmung bezüglich der Einschätzung Churchills bestand: brillant, aber unzuverlässig; nicht vernünftig genug. Am 10. Mai war das weitgehend vergessen – oder vom Druck der Ereignisse verdeckt. Aber zehn Tage später? Einige Briten – nicht nur Anhänger Mosleys – erinnerten sich wieder an die Dardanellen; an Norwegen; und jetzt dachten sie an Frankreich. Eine Katastrophe nach der anderen: und jetzt die schlimmste. Churchill als Kriegstreiber – jetzt hatte er seine Chance; wie würde das alles enden? Manch einer dachte so, aber nicht viele. Hier erwies sich die typisch britische Langsamkeit, wenn es darum geht, eine einmal gefaßte Meinung zu ändern, als hilfreich. Aber die Möglichkeit bestand immerhin; und sie war wichtiger und weitreichender als die potentielle Gefahr eines Landesverrats, die von den Mosley-Anhängern ausging.

Schon am 17. hatte Alfred Duff Cooper, der gerade zum Informationsminister ernannt worden war, dem Kabinett vorgeschlagen, »daß man mehr tun müsse, um die Öffentlichkeit über den Ernst der Lage aufzuklären, dessen sich die meisten Menschen überhaupt nicht bewußt sind«. Der Gesellschaftsfotograf Cecil Beaton schrieb an diesem Tag auf der Überfahrt nach Amerika: »Mein persönlicher Mut war ziemlich angeschlagen, und jeder neue Gesprächspartner war pessimistischer als der vorherige.« In seiner Geschichte Englands während des Krieges stellt Alexander Calder fest: »Die höheren Gesellschaftskreise wurden von einer Panikstimmung erfaßt.« Am 18. notierte »Chips« Channon in seinem Tagebuch, daß Lloyd George »über die Wende, die die politischen Ereignisse nahmen, frohlockte«. Fünf Tage später vergrub er seine Tagebücher im Garten.

Keine Frage: Ein Gefühl des Defaitismus hatte sich allenthalben festgesetzt, in politisch gutinformierten Kreisen und (was nicht sonderlich überraschend ist) unter den Intellektuellen, auch der ehedem linksgerichteten Avantgarde. Dennoch fand Anthony Edens am Abend des 14. vom Rundfunk verbreiteter Aufruf nach Freiwilligen für eine Ortswehr (Churchill taufte sie bald in *Home Guard,* »Bürgerwehr«, um) einen ermutigenden Zuspruch. Noch während der Rundfunkansprache Edens meldeten sich Tausende bei den zuständigen Polizeidienststellen.

Dies wertete George Orwell als Anzeichen dafür, daß der Patriotismus der Mittelklasse eine zuverlässige Stütze war. Er war besorgt angesichts der Unwissenheit in breiten Bevölkerungskreisen: Aber es gab wenigstens kein unzufriedenes Murren. Am 20. Mai aß Harold Nicolson im Balliol College, Oxford, zu Abend. »Der Kommunismus ist in Oxford ausgestorben, es ist praktisch kein Pazifist mehr zu sehen. Alle sind ungeduldig, in die Uniform zu kommen.«

Hitler hoffte auf politische Spaltungen in England. Daß Churchill Mosley verhaften ließ, überraschte ihn nicht. Später einmal äußerte er sich im engsten Kreis ausführlich über Mosley. Als »Persönlichkeit« hielt er nicht viel von ihm; aber er war ein möglicher Führer, der einzige Engländer, der den »deutsch-europäischen Gedanken« begriffen hatte. Hitler stand dabei noch immer unter dem Eindruck dessen, was ihm Unity Mitford im Juli 1939 über Mosley und die mangelnde englische Bereitschaft zum Kriegsbeitritt gesagt hatte – dieselbe Unity Mitford übrigens, die in München gegenüber Robert Byron erklärt haben soll, daß England »unweigerlich eine zweitklassige Kraft werde, wenn es nicht die angebotene Allianz [mit Deutschland] annehme. Ein englisch-deutsches Bündnis könne die Welt beherrschen; ohne ein solches werde England untergehen«.

Aber am 20. Mai 1940 bestand diese Option eines englisch-deutschen Bündnisses längst nicht mehr. Die Frage war lediglich, ob England gegen Deutschland weiterkämpfen sollte, oder besser: könnte, oder ob es sich nicht mit Hitler arrangieren sollte, zur Not auch zu dessen Bedingungen – und es war nicht mehr nur Unity Mitford (die zu Kriegsbeginn in München einen Selbstmordversuch unternahm und schwer verwundet mit Hitlers Hilfe nach England gebracht wurde), die über solche Bedingungen nachdachte. Das Kriegstagebuch General Halders gibt Aufschluß über einige Überlegungen, die Hitler am 21. Mai, also noch Tage vor Dünkirchen, anstellte: »Wir suchen Fühlung mit England auf der Basis der Teilung der Welt.« Auch fünfzig Jahre später ist unbekannt, worin diese Kontakte bestanden haben und ob es sie überhaupt gegeben hat. Aber Hitlers Überlegungen waren klar. Früher oder später würden die Engländer klarsehen, und dann wäre Churchill erledigt.

Als die deutschen Truppen den Ärmelkanal erreicht hatten, war Hitlers Nervosität verflogen. Sein enger Vertrauter General Jodl schrieb in seinem Tagebuch, der Führer sei »außer sich« vor Freude gewesen. Sofort hatte er von Friedensverhandlungen gesprochen. »England könne jederzeit einen Sonderfrieden haben«, sagte er, fügte allerdings hinzu, »nach Rückgabe der deutschen Kolonien.« Das war nicht einfach nur ein plötzlicher Sinneswandel. Auch nicht einfach nur wohlverdiente Zufriedenheit über den Erfolg seines »Sichelschnitt«-Plans, nun, da die britischen Expeditionstruppen von den Franzosen im Süden abgeschnitten waren. Er dachte nicht nur an militärische Ergebnisse, sondern auch an politische Folgen. Bereits am 8. September 1939, nur knapp eine Woche nach Beginn des Krieges, hatte er zu Jodl und Halder gesagt, daß er England einen Friedensvertrag anbieten werde, sobald die Polen ausgeschaltet seien. Damals erwartete er nicht ernsthaft eine Antwort, war aber davon überzeugt, daß die Engländer ihre Meinung ändern würden, »wenn wir erst einmal am Kanal sind«.

Der Kanal war der Schlüssel. 1914 hätten der Kaiser und seine Regierung keinen Krieg gegen England führen dürfen; und die deutschen Generäle hatten nicht nur an der Marne, sondern auch im Wettrennen um die Kanalküste ihr Ziel verfehlt. Jetzt war die Lage anders. Am 20. Mai 1940 war sich Hitler seiner Sache sicher genug, er erwähnte erstmals, daß er die Franzosen die Kapitulation in der Waldlichtung bei Compiègne unterzeichnen lassen wolle, an genau jener Stelle, an der sie die Deutschen im November 1918 den Waffenstillstand hatten unterzeichnen lassen. Aber zu diesem Zeitpunkt war Hitler mehr mit England als mit Frankreich beschäftigt.

Sein Gegner Churchill hatte einen sehr schweren Tag hinter sich bringen müssen. Natürlich hielt auch er den Kanal für den Schlüssel, aber zunächst einmal beschäftigten ihn militärische Probleme. Er befand sich plötzlich in einem Dilemma. Sonntag, den 19. Mai, hatte er eigentlich zu Hause verbringen wollen, zum ersten Mal seit seiner Ernennung zum Premierminister. Aber es war ihm nicht vergönnt. Nach einer Sitzung des Kriegskabinetts am Morgen fuhr er nach Chartwell. Dort waren einige seiner Schwäne von Füchsen totgebissen worden, aber sein schwarzer Lieblingsschwan lebte noch, zog auf dem Wasser ruhig seine Kreise und pickte und angelte nach allem, was Churchill ihm zuwarf.

Dann erhielt Churchill einen dringenden Anruf vom Kontinent. General Gort teilte ihm mit, daß die französische Armee im Westen am Zerfallen war und die Deutschen rasch vorrückten. Es mußte schnell eine Entscheidung darüber getroffen werden, was mit den britischen Truppen auf dem Kontinent geschehen sollte. Die Ansichten und Pläne von General Gort und General Ironside (dem Chef des *Imperial General Staff*) gingen auseinander. Gort schlug vor, die britischen Streitkräfte nach Westen zu den Kanalhäfen zurückzuziehen; in diesem Zusammenhang fiel der Name Dünkirchen zum ersten Mal. Ironside hingegen wollte die britischen Truppen nach Süden verlegen, wo sie sich hinter der Somme mit französischen Truppen zusammenschließen sollten. Churchill tendierte eher zu den Plänen Ironsides, hauptsächlich weil er glaubte, den Franzosen auch nach außen hin mehr Unterstützung gewähren zu müssen, und zwar in Taten, nicht nur in Worten. Er kehrte sofort nach London zurück und berief das Kriegskabinett für 16.30 Uhr ein. Am Ende der Kabinettssitzung erhob er sich und kündigte an, daß er nach Frankreich fliegen werde, um General Gort persönlich zu sprechen. Aber das hielt man dann für unnötig. Statt dessen sollte Churchill ein bis zwei Tage später nach Paris fliegen, wo die Franzosen soeben mit

General Weygand einen neuen Oberbefehlshaber eingesetzt hatten. Wenigstens für einen Tag war die schwere Entscheidung zwischen den Gort- und den Ironside-Plänen vertagt.

In dieser Nacht hielt Churchill seine erste Rundfunkansprache als Premierminister an das englische Volk – seine »Blut, Mühsal, Tränen und Schweiß-Rede« hatte er ja im Unterhaus gehalten. Politiker aller Parteien, darunter so unterschiedliche wie Eden und Chamberlain, griffen zur Feder, um ihm zu gratulieren. Geist und Ton dieser Rede hatten ihre Zweifel wenigstens für eine Zeitlang beseitigt. Auch Churchills Sekretär John Colville, der, wie wir gesehen haben, Churchills Fähigkeiten und Persönlichkeit ursprünglich sehr zurückhaltend beurteilt hatte, revidierte jetzt seine Meinung. Er bewunderte zwar nicht speziell diese Rede, schrieb aber in seinem Tagebuch, daß er von Churchill tief beeindruckt war: »Sein Geist ist unbeugsam.« Nun machte es ihm und einigen anderen gar nichts mehr aus, daß Churchill fest im Sattel saß. Aber hinter dem Reiter saß die düstere Sorge. In dieser Nacht schrieb Churchill seinen berühmten Brief an Roosevelt. Zuerst zögerte er, ihn abzuschicken, aber schließlich konnte er sich doch dazu durchringen. In dieser Nacht schlief er nicht gut – und das war für ihn etwas ganz Außergewöhnliches. Morgens um 2.30 Uhr rief er seinen Sekretär an und bat ihn, den Text aus der amerikanischen Botschaft zurückzuholen. Er wollte ihn überarbeiten. Aber dann beließ er ihn doch in der ursprünglichen Fassung.

Mit der Auflösung der französischen Armee löste sich auch das Dilemma, in dem er sich befunden hatte. Die britischen Truppen mußten sich zum Kanal zurückziehen. Die ersten Befehle, Seefahrzeuge aller Art in den der flandrischen Küste gegenüberliegenden englischen Häfen zusammenzuziehen, waren bereits ergangen. Auch war sich die Regierung der Gefahren bewußt, die jetzt für London unmittelbar drohten – daher die Verhaftung Mosleys und seiner Leute und die ersten Vorbereitungen auf einen möglichen Angriff deutscher Fallschirmspringereinheiten: Um acht Regierungsgebäude in London wurden kleine Barrikaden aus Sandsäcken errichtet und mit Soldaten bemannt, die

Kampfanzüge trugen und mit Maschinengewehren ausgerüstet waren. Churchill befürchtete überdies, daß die Deutschen einige Tausend Soldaten in Motorbooten und anderen kleinen Schiffen an Land bringen könnten. Die Energie und Umsicht, die sich in seiner Aufmerksamkeit für jedes noch so kleine Detail äußerte, war erstaunlich.

Aber am Dienstag, dem 21. Mai, wurde er im Verlauf des Tages immer niedergeschlagener. Die chaotischen Kommunikationsverbindungen zwischen England und dem Kontinent zogen seine Nerven, seine Gedanken, ja sogar seine äußere Erscheinung in Mitleidenschaft. Er wußte nicht mehr, was in Flandern geschah. Er hatte sogar Schwierigkeiten, nach Paris durchzukommen. Den Telefonhörer in der Hand beklagte er sich bei Colville: »So eine Stümperei hat es in der ganzen Kriegsgeschichte noch nicht gegeben.« »Ich habe Winston noch nie so niedergeschlagen erlebt«, schrieb Colville in sein Tagebuch. Dann faßte sich Churchill wieder. Gegen den Rat seiner Freunde entschloß er sich, zum zweiten Mal innerhalb einer Woche nach Paris zu fliegen und General Weygand und die anderen zu treffen. Als er morgens um 1.30 Uhr endlich ins Bett gehen wollte, erreichte ihn die Depesche, daß der französische General Billotte, den Churchill gut gekannt hatte, bei einem Autounfall ums Leben gekommen war. Als sein Sekretär an die Schlafzimmertür klopfte, fand er Churchill halb nackt: »Armer Mann. Armer Mann«, war alles, was er sagen konnte. Dann stieg er ins Bett.

Am nächsten Morgen flog er nach Paris. Es war wieder ein schöner Tag: Unbarmherzig strahlte die Sonne über Frankreich und England. Er sprach mit Weygand und ließ sich vom Willen und der Entschlossenheit dieses alten Haudegens beeindrucken – zu Unrecht, wie sich bald zeigen sollte. Churchill und Weygand besprachen einen Plan, demzufolge ein gemeinsamer Angriff französischer und britischer Truppen den deutschen Korridor in der Nähe von Abbeville, Arras und Amiens durchbrechen und die deutschen Einkreiser zu Eingekreisten machen sollte. Churchill schickte einen hochfliegenden und völlig unrealisierbaren Plan für eine solche Gegenoffensive an seine Generäle in London. Aber all das löste sich schnell in Luft auf; die Franzosen waren verloren. Als Churchill am nächsten Tag nach London zurückkehrte, war klar, daß dieser ehrgeizige und unausgegorene Plan zu nichts führen würde. An diesem Tag trat das Kriegskabinett zweimal zusammen. Spät am Abend – es war Donnerstag, der 23. Mai – erstattete Churchill dem König Bericht. Er sagte ihm, daß er, falls sich der Weygand-Plan nicht umsetzen ließe, die britische Armee nach England zurückbeordern würde; er sehe sich gezwungen, den König auf diese schlimme Möglichkeit vorzubereiten. Er teilte dem Monarchen allerdings nicht mit, was er längst wußte: daß der Weygand-Plan nicht angewandt worden war und nicht durchgeführt werden konnte.

An diesem Abend hatte Hitler beschlossen, seinen Kommandoposten vorzuverlegen. Sein Rüstungsminister hatte bereits mit dem Bau eines neuen, aus drei Stabsgebäuden bestehenden Hauptquartiers begonnen. In zehn Tagen sollte es fertig sein. In diesen Tagen kam es zu den Ereignissen von Dünkirchen.

Die Ereignisse von Dünkirchen: Gemeint ist die Rettung der britischen Armee. Historiker »dürfen ihre Bedeutung nicht überbewerten«, schrieb der bedeutendste deutsche Historiograph des Zweiten Weltkriegs, der jüngst verstorbene Professor Andreas Hillgruber. Er hatte unrecht: aber nicht, weil wir uns mit einem heroisch-mythischen Bild von den Ereignissen von Dünkirchen zufrieden geben wollen. Die militärische Bedeutung der – oft, aber nicht immer – beispielhaften und mutigen Rettung von dreihundertvierzigtausend britischen und französischen Soldaten war weniger entscheidend als ihre politische Wirkung auf den Zweikampf zwischen Hitler und Churchill.

Zwei Tage vor der Evakuierung der britischen Truppen aus Dünkirchen traf Hitler eine Entscheidung, deren Bedeutung wir nicht unterschätzen dürfen. Auch nach fünfzig Jahren geben die zur Verfügung stehenden Quellen keinen zuverlässigen Aufschluß darüber, was Hitler zu dieser Entscheidung veranlaßt hatte. Daher muß ich mich diesem Ereignis etwas ausführlicher zuwenden. Am Freitag, dem 24. Mai, achtzehn Minuten vor

12 Uhr mittags, befahl Hitler General Rundstedt, den Vormarsch seines Stoßtrupps auf Dünkirchen anzuhalten.

Boulogne, Calais, Dünkirchen, Ostende: Das waren die vier Kontinentalhäfen an der Enge des Ärmelkanals, die noch nicht in deutsche Hände gefallen waren. Ostende spielte keine Rolle, denn es war zu weit von der englischen Küste entfernt, als daß man von dort aus größere Truppentransporte hätte vornehmen können. Blieben Boulogne, Calais und Dünkirchen: englische Brückenköpfe auf dem europäischen Kontinent. Diesem Zweck hatten sie jahrhundertelang gedient (und im Dezember 1941 gab Stalin Anthony Eden in Moskau den Rat, die Briten sollten nach dem Krieg versuchen, ein oder zwei davon in ihren Besitz zu bekommen). Aber Boulogne und Calais waren keine wirklichen Brückenköpfe mehr. Es waren Enklaven, die kurz vor dem Zusammenbruch standen. Die deutschen Truppen waren an ihnen vorbeigezogen und belagerten sie jetzt. Sie waren eingekreist, angeschlagen, ihre Widerstandskraft sank mit jeder Stunde. Am Morgen des 24. Mai war Boulogne bereits gefallen. Es war die kleinere der beiden Städte. Nach weniger als zwei Tagen Widerstand wurde die Garnison, die aus französischen und britischen Soldaten bestand, auf acht Zerstörern abtransportiert. Es war ein kleiner Vorgeschmack auf das, was bei Dünkirchen passieren sollte. Niemand, nicht einmal Churchill, konnte das voraussehen. Aber er »bedauerte diese Entscheidung«. Denn plötzlich hatte er eine furchtbare Erkenntnis. Nicht nur die Franzosen brachen unter dem deutschen Ansturm zusammen. Die Kampfmoral und die Führungsstärke der britischen Armee erwiesen sich nun, da sie zum ersten Mal auf die deutschen Truppen traf, als nicht viel besser. Trotz der relativen Nähe der französischen Kanalhäfen zu England herrschte ein unbeschreibliches – auch unbegreifliches – Durcheinander.

Dünkirchen liegt ungefähr 40 Kilometer von Calais entfernt. Die deutschen Stoßtruppen standen 24 Kilometer vor Dünkirchen, als Hitlers Befehl am 24. Mai um 11.42 Uhr den weiteren Vormarsch unterband. Er wurde unverschlüsselt weitergegeben. Die Briten fingen ihn ab. Hatten sie ihn abfangen sollen? Vielleicht, doch glaube ich es nicht. Auch war er dem Kabinett in London nicht bekannt, das sich zur selben Stunde zu einer Sitzung zusammenfand. Neben den fünf Mitgliedern des Kriegskabinetts war dabei auch General Percival, der stellvertretende Chef des *Imperial General Staff,* anwesend, der das Kriegskabinett über die laufenden militärischen Ereignisse informieren sollte – derselbe General, der dann 1942 Singapur vor einer relativ kleinen japanischen Armee erbärmlich kapitulieren ließ.

Während also Churchill nicht genau wußte, was Hitler weiter vorhatte, glaubte Hitler recht genau zu wissen, was die Briten tun würden. Er war fest davon überzeugt, daß sie sich vom Kontinent zurückziehen würden. In der Nacht vorher waren die letzten Truppen von Boulogne nach England ausgelaufen. Ihr Rückzug wurde nicht von deutschen Geschützen gestört. Noch vor Morgengrauen, am 24. Mai um 2 Uhr, kam aus London auch der Befehl, Calais zu räumen. Als die helle Morgensonne gegen 9 Uhr am Himmel strahlte, legte die »City of Canterbury« mit einer großen Zahl britischer Soldaten an Bord von den zerbombten Docks von Calais in Richtung Dover ab. Ein zweites Schiff, die »Kohistan«, lief von Calais um halb zwölf aus. Auf den Kais zerstörten die Briten einige ihrer Panzer. Vieles davon geschah unter den Augen der Deutschen, die auch einige Signale aus dem *War Office* entzifferten.

Noch vor Mittag erging Hitlers Anhaltebefehl, den Vormarsch zu stoppen, an die Truppe. Es mag sein, daß sich nun der gesamte Folgeplan für den Krieg in seinen Vorstellungen zu einem festen Bild fügte. Die Briten verließen den Kontinent. Sollten sie doch. Hat Hitler das wirklich gedacht? Vielleicht, sogar höchstwahrscheinlich; aber genau wissen wir es nicht. Die Anzeichen, auf denen wir eine Interpretation seiner Handlungen gründen können, sind zweierlei Art: seine tatsächlichen Handlungen und die dafür gelieferten Begründungen.

In der Nacht zum 24. Mai hatte General Rundstedt den Vormarsch schon etwas gedrosselt. Er meldete, daß die Hälfte seiner Stoßtruppe verbraucht sei. Noch immer befürchtete er einen britisch-französischen Gegenangriff weiter im Osten, hinter seinen vordersten Linien – eben die Ausführung des Weygand-Planes, zu der es bekanntlich nicht kam. In den frühen Morgenstunden des 24., zu einer für ihn ungewöhnlichen Zeit, flog Hitler in Rundstedts neues Hauptquartier bei Charleville, etwa 160 Kilometer östlich der Kanalküste. Er war mit Rundstedt einer Meinung: Die Panzer sollten geschont werden. Später sagte man, daß Hitlers lebhafte Erinnerungen an den Ersten Weltkrieg, an den Schlamm und das verzweigte Netz der niederländischen Kanäle, diese Entscheidung beeinflußt hätten. Aber andererseits hatte eben dieser Hitler wiederholt betont, daß dieser Krieg völlig anders als der vorangegangene sein werde, was er ja auch war.

Einige seiner Generäle waren jedenfalls verblüfft oder geradezu entsetzt. Da lag Dünkirchen, der letzte Hafen; man brauchte nur zuzuschlagen, denn der Großteil der britischen Truppen befand sich noch ein Stück östlich davon. General Rundstedt und offenbar auch die Generäle von Kleist und von Kluge plädierten eher dafür, den Vormarsch zu stoppen, die Truppen neu zu formieren und sich auf einen möglichen Gegenangriff vorzubereiten; andere, unter ihnen Guderian und der Oberbefehlshaber des Heeres, von Brauchitsch, waren überrascht und enttäuscht. Aus dem Befehl Hitlers schlossen sie, daß Dünkirchen der Luftwaffe überlassen werden sollte. Am nächsten Tag legte von Brauchitsch Rundstedt nahe, einfach vorzurücken. Rundstedt weigerte sich. Die Entscheidung, wieder auf Dünkirchen vorzurücken, kam einen Tag später. Aber auch jetzt befahl Rundstedt, daß sich der Vormarsch vorsichtig vollziehen sollte. Nach wie vor galt als Hauptziel, die alliierten Truppen nach Westen in Richtung Dünkirchen zurückzudrängen, nicht ein unmittelbarer Angriff auf Dünkirchen selbst.

Rundstedt gehörte damals zu den deutschen Generälen, die Hitler am nächsten standen. Nach dem Krieg behauptete er, daß er nur den Anweisungen Hitlers gefolgt war und er für Hitlers Entscheidung, die Briten ziehen zu lassen, Verständnis hatte; Dünkirchen sollte »ihre goldene Brücke« sein, über die sie den Kontinent verlassen konnten. So rechtfertigte Rundstedt später seine Entscheidungen, aufgrund derer die Deutschen ihre vielleicht größten Möglichkeiten während des gesamten Krieges versäumt hatten. Unsere Aufmerksamkeit sollte jedoch Hitlers Erklärungen, weniger denen Rundstedts gelten. Davon gab es eine ganze Anzahl. Bald nach Dünkirchen sprach Hitler zu einem kleinen Kreis engster Mitarbeiter: »Die Armee ist das Rückgrat Englands und des Empires. Zerschlagen wir das Invasionskorps, geht das Empire zugrunde. Da wir sein Erbe weder antreten wollen noch können, müssen wir ihm die Chance lassen. Meine Generale haben das ja nicht kapiert.«

Haben sie es wirklich nicht verstanden? Zu gleicher Zeit, am 25. Mai 1940, soll General Jeschonnek (ein enger Freund Görings) gesagt haben, daß »der Führer den Briten eine erniedrigende Niederlage ersparen möchte«. Vielleicht hat Hitler zuviel zu erklären versucht. Aber auf das Argument der goldenen Brücke griff er mehrfach zurück, zum letzten Mal gegen Ende des Krieges, gegen Ende seines Lebens. »Churchill«, sagte er im Februar 1945 zu seinen engsten Vertrauten, »hat die Großzügigkeit und Ritterlichkeit nicht zu schätzen gewußt, die ich durch Vermeidung des Äußersten England gegenüber hundertfach bewiesen habe. Absichtlich habe ich die flüchtenden Briten bei Dünkirchen geschont. Wenn ihnen nur einer hätte begreiflich machen können, daß die Anerkennung unserer Führung auf dem Kontinent, die ich eben schmerzlos vollzogen hatte, der sie sich aber eigensinnig widersetzten, für sie selbst nichts als Vorteile bringen konnte.«

»Großzügigkeit und Ritterlichkeit«, »geschont«, »nichts als Vorteile« sind zuviel des Guten. Churchill jedenfalls war nicht willens, Hitler einen »guten Willen«, »Ritterlichkeit« oder das Angebot einer »goldenen Brücke« zu bescheinigen. In seinen Memoiren, die er acht Jahre nach 1940 schrieb, bemühte er sich sichtlich, den Anhaltebefehl auf Rundstedts und nicht auf Hitlers Zögern zurückzuführen. Ganz unrecht hatte er nicht. »Goldene Brücke« war auf jeden Fall eine Übertreibung. Aber eine Übertreibung, so ungenau sie einen Sachverhalt trifft, ist nicht zwangsläufig ohne jeglichen Wahrheitsgehalt. Hitlers Absichten waren vielfältig. Ihm gefiel die Aussicht, daß die britische Armee den europäischen Kontinent verlassen würde. Da hätte er sehr gerne nachgeholfen.

Aber sein Anhaltebefehl und alles, was sich daran anschloß, war nicht als Geste für die Briten gedacht. Auch wollte er ihnen die Evakuierung aus Dünkirchen nicht schmerzlos gestatten.

In seiner Taktik spielte ein wichtiges Element eine Rolle, dem vielleicht noch nicht genügend Aufmerksamkeit geschenkt wurde. Es war seine Bereitschaft, auf Göring einzugehen, der ihn drei Tage vor dem Anhaltebefehl davon zu überzeugen versucht hatte, daß er, Göring, die Briten bei Dünkirchen mit einem Luftangriff erledigen könne. Als er sich am 21. Mai mit Hitler unterredete, zogen sie sich zurück. Selbst die Generäle in Hitlers Hauptquartier, Keitel und Jodl, blieben von dem Gespräch ausgeschlossen. Zwei Tage später notierte Hitlers Adjutant General Engel in seinem Tagebuch, daß der Führer erneut mit Göring telefoniert habe. Der Feldmarschall glaube, daß jetzt die große Aufgabe der Luftwaffe gekommen sei: die Vernichtung der Briten in Nordfrankreich. Das Heer müsse nur das Land besetzen. »Wir sind wütend, der Führer ist begeistert.«

Es gilt festzustellen, daß sich all das vor Rundstedts Entschluß, den Vormarsch zu drosseln, und vor Hitlers Anhaltebefehl abspielte. Andere hohe deutsche Amtsträger waren sich der geplanten Ereignisse sehr genau bewußt. »Ob die Briten jetzt einlenken oder wir sie durch Bombardierung zum Frieden zwingen ...«, schrieb Staatssekretär Ernst von Weizsäcker am 23. Mai in sein Tagebuch. Noch am 27. notierte Engel, daß Göring große Lufterfolge im Hafen von Dünkirchen meldete: Nur ein paar Fischerboote kämen noch durch. Göring konnte Hitler davon überzeugen, daß die Luftwaffe Dünkirchen erledigen würde. Hitler wollte sich davon gern überzeugen lassen – zum Teil wohl deshalb, weil dieser Plan seinen eigenen Vorhaben und Plänen entgegenkam. Ein Jahr später, als er sich mitten im Rußlandfeldzug befand, sagte Hitler einer anderen Gruppe enger Vertrauter, Göring habe ihm zwar versichert, die Luftwaffe würde das Problem allein lösen, doch seit Dünkirchen sei er skeptischer geworden. Dies widerspricht der These von der »goldenen Brücke«; es legt die Vermutung nahe, daß Hitler damals wünschte, bei Dünkirchen wären mehr Briten getötet oder gefangengenommen worden.

Bis heute, fünfzig Jahre danach, hat sich die allgemeine Einschätzung der damaligen Ereignisse nicht wesentlich geändert: Die Franzosen haben versagt, die Briten erreichten bei Dünkirchen unter der Führung Churchills ihr Ziel. Diese Interpretation unterschätzt oder übersieht eine ganze Reihe von Tatsachen: zum Beispiel, daß die Franzosen bei Boulogne, Calais und Dünkirchen genauso gut gekämpft haben wie die Briten. Auch unterschätzt man die tödliche Gefahr, in der sich die Briten befunden haben; wie unvorstellbar nahe Hitler nicht nur der Gefangennahme des gesamten britischen Expeditionskorps, sondern dem endgültigen Sieg gekommen war; wie sehr sich Churchill in gefährlichem Gelände bewegte – seine eigenen Worte, wie wir gleich sehen werden.

Wir wissen heute, was man im Mai 1940 nicht wissen konnte – daß Hitler, wie schon Napoleon, eine Invasion Englands schließlich doch nicht riskieren wollte. Sonst hatte Hitler keinerlei Ähnlichkeit mit Napoleon, auch war die gesamte Lage grundlegend anders. Wellington soll einmal eingeräumt haben, daß die Schlacht von Waterloo nur um Haaresbreite gewonnen wurde. Doch selbst wenn Wellington bei Waterloo verloren und Napoleon gewonnen hätte, wäre die Unabhängigkeit Großbritanniens nicht bedroht gewesen, geschweige denn seine Existenz. Wie anders war die Lage einhundertfünfundzwanzig Jahre danach: Es bestand nicht nur – nur! – die Gefahr, daß der Kontinent von einem Diktator beherrscht würde; oder daß er das flandrische und französische Küstengebiet, das England gegenüberlag, kontrollierte. Es ging nicht nur um die Eroberung Westeuropas, sondern auch um die Eroberung Englands.

Am 21. Mai sprach Admiral Raeder mit Hitler über eine mögliche Invasion. Zu diesem Zeitpunkt war Hitler noch nicht daran interessiert. Er glaubte, daß sich die Briten auch ohne Invasion mit ihm arrangieren müßten. Gleichzeitig aber sprach Kesselring, einer der härtesten und überzeugtesten Nazis unter den deutschen Generälen, mit Göring. Er hielt die Zeit für gekommen, noch vor Ende des Kampfes um Dünkirchen über einen Angriff auf England nachzudenken, vielleicht mit Segelflugzeugen und

Fallschirmtruppen. Churchill war sich dieser großen Gefahr sehr wohl bewußt. Wir haben bereits erwähnt, daß er in London acht befestigte Stellungen errichten ließ. Ohne hier in Einzelheiten gehen zu wollen, ist eines doch klar: daß er und andere einen solchen Angriff nicht völlig ausschlossen. Schließlich hatten die Deutschen einen unglaublichen militärischen Erfolg nach dem anderen verbuchen können. Jetzt, da sie den Kanal erreicht hatten, stellte sich die Frage, ob sie den nächsten Schlag nach Süden gegen den Rest der französischen oder nach Nordwesten gegen die britische Armee führen würden. Die zweite Möglichkeit wurde immer wahrscheinlicher.

Vom Innehalten der deutschen Panzerspitzen an der Aa, etwa fünfundzwanzig Kilometer vor Dünkirchen, war Churchill nicht sonderlich beeindruckt. Er war mit der drängenderen und unmittelbaren Notlage von Calais beschäftigt. Das Heeresministerium ordnete am 24. um 2 Uhr morgens die Räumung von Calais an; es ist nicht unmöglich, daß Hitler von diesem Befehl Kenntnis erhielt. Später am Tag widerrief Churchill den Befehl. Er wies den britischen Kommandeur in Calais an, bis zum Ende durchzuhalten; die Verteidigung von Calais sei »jetzt für unser Land und unsere Armee von allergrößter Bedeutung«. Am 25. sprach Churchill dann von »Angstmacherei im Generalstab«. Auch in Calais war die Stimmung nicht sonderlich gut. Einige der britischen Hafenarbeiter, die dort bei der Beladung der Schiffe helfen sollten, schlichen sich davon und weigerten sich, unter dem sporadischen Artilleriebeschuß der Deutschen zu arbeiten; britische Offiziere mußten sie mit gezogener Waffe zwingen, wieder zur Arbeit an die Docks zurückzukehren. Brigadekommandeur Claude Nicholson, der die britischen Truppen in Calais befehligte, war ein tapferer Soldat. Seine Antwort auf die (zweite und letzte) deutsche Aufforderung zur Kapitulation lautete: »Die Antwort ist nein; denn es ist die Pflicht der britischen Armee, genau wie die der deutschen, zu kämpfen.« Diese Worte wurden im Kriegstagebuch der 10. deutschen Panzerdivision, die vor Calais stand, festgehalten. Nicholson starb drei Jahre später in deutscher Gefangenschaft.

Die Kanonen in Calais verstummten am Nachmittag des 26. Mai. Churchill behauptete später, daß der zweitägige Verteidigungskampf in Calais von größter Bedeutung für die Rettung Dünkirchens gewesen sei. Das läßt sich durchaus bestreiten. Die Entscheidung Hitlers und seiner Generäle, den Vormarsch auf Dünkirchen am 24. zu stoppen und am 26. fortzusetzen, hatte vielleicht etwas, aber nicht sehr viel, mit dem Ablauf der Calais-Episode zu tun. Die »Operation Dynamo«, der Befehl, mit der Evakuierung der britischen Expeditionsstreitkräfte von Dünkirchen zu beginnen, wurde von General Gort am 26. um 7 Uhr abends erteilt. Vierundzwanzig Stunden später waren weniger als achttausend britische Soldaten von den insgesamt fast vierhunderttausend eingeschlossenen britischen und französischen Soldaten aus Dünkirchen herausgekommen. Niemand, auch nicht Churchill, wußte, wie viele man schließlich nach Großbritannien bringen würde.

Und nun stand die größte Krise in der neunhundertjährigen Geschichte Englands bevor – wegen der Ereignisse in Dünkirchen; mehr aber noch deshalb, weil nun auf der höchsten Führungsebene, innerhalb seines eigenen, gerade erst gebildeten Kabinetts, Zweifel an Churchills Führungsrolle aufkamen. Diese wurden besonders von seinem Außenminister geäußert, der zu der Überzeugung gelangt war, daß zur Rettung Englands Erkundigungen über Hitlers Friedensbedingungen eingezogen werden müßten.

Das sind starke Worte. Lord Halifax war kein Defaitist und auch kein Intrigant. Er war ein erfahrener Beobachter der wechselnden Ereignisse und der schwankenden öffentlichen Meinung in Großbritannien. Ein typischer Engländer, einer von dem Schlag, der weiß, wie man sich den Ereignissen anpaßt, statt krampfhaft zu versuchen, die Ereignisse an seine Vorstellungen anzupassen. Das heißt nicht, daß er ein Heuchler oder Opportunist war – es war die angelsächsische Haltung, die nicht eigentlich machiavellistisch zu nennen ist, denn der eigentliche Zweck jener Heuchelei dient nicht individuellem Nutzen oder Ansehen, sondern höheren Zielen – deshalb ist auch der von Animosität gekennzeichnete

Ausdruck »perfides Albion« falsch. Während dieser drei kritischen Tage (Sonntag, Montag und Dienstag, dem 26., 27. und 28. Mai) hielt Halifax lediglich die Zeit für gekommen – es erschien ihm geradezu zwingend notwendig –, seinen Widerspruch zu Churchill innerhalb des Kriegskabinetts zum Ausdruck zu bringen.

Bemerkenswert daran ist, daß dieser Gegensatz zutage trat, wenngleich er nicht an die britische Öffentlichkeit gelangte. Die Erörterungen im Kabinett waren geheim, die Protokolle blieben gut dreißig Jahre lang unter Verschluß und sind, wie wir noch sehen werden, selbst heute noch ganz unvollständig. Halifax war jedoch ein Mann, der zu wissen glaubte, wann eine neue Lage eingetreten war. Er wollte nicht gegen den Strom schwimmen. Im Gegenteil: Er hielt es für seine Pflicht als Amtsträger und Patriot, die neue Lage zu erkennen und einen entsprechenden Rat zu erteilen – es sei wiederholt: nicht zu seinem eigenen Vorteil. Er hatte schon mehrfach eine solche Haltung an den Tag gelegt, und vielleicht wurde er deshalb auch »Holy Fox« (»Heiliger Fuchs«) genannt. Beim Münchner Abkommen hatte er Chamberlain unterstützt; er hatte Chamberlain auch geraten, nach dem Abkommen Neuwahlen abzuhalten, um aus seiner damaligen Popularität politischen Nutzen zu ziehen. Wäre Chamberlain diesem Rat gefolgt, dann wäre das Unterhaus mit seinen Anhängern voll gewesen, und Churchill wäre vielleicht niemals an die Macht gekommen.

Halifax war aber auch der erste und der wichtigste Politiker, der Chamberlain im März 1939 riet, die Beschwichtigungspolitik aufzugeben und unmißverständlich zu erklären, daß Großbritannien auf jede weitere Aggression Hitlers antworten würde, nötigenfalls mit Krieg. Und nun, vierzehn Tage nachdem Churchill Premierminister geworden war und ihn als Außenminister im Amt gelassen hatte, entschloß sich Halifax, gegen Churchill zu opponieren, dessen zielstrebiger Kampfeswille ihm katastrophal erschien. Auch wußte er, daß er mit dieser Einschätzung nicht allein stand. Es gibt keinerlei Anzeichen dafür, daß Halifax der Rädelsführer irgendeiner Kabale war, die Churchill unter allen Umständen stürzen wollte. Aber er war fest davon überzeugt, daß Churchill gezügelt, genauer: von einem gefährlichen Kurs abgebracht werden mußte. (Auch räumlich näherte sich Halifax mehr dem Zentrum der Ereignisse; er war zeitweilig in das damals supermoderne Hotel Dorchester in Mayfair gezogen, das, weit entfernt von den klaren Flüssen und Mooren seiner Heimat, für einen Adligen aus Yorkshire ein ungewöhnliches Zuhause darstellte.)

Am Donnerstagabend, dem 23. Mai, traf er Kennedy. Kennedy sah für England das Schlimmste voraus und machte zahlreiche kritische Anmerkungen zu Churchill. Er schickte einen ähnlich gestimmten Bericht an Roosevelt. Kennedy wußte auch, was Bullitt am selben Tag an Roosevelt telegrafiert hatte: einen Vorschlag, den sich Roosevelt am nächsten Tag zu eigen machte. Über seinen Außenminister nahm Roosevelt Kontakt zum kanadischen Premierminister Mackenzie King auf und bat ihn, einen Vertreter in geheimer Mission nach Washington zu senden, mit dem Roosevelt »über gewisse Eventualitäten, die man keinesfalls laut aussprechen durfte«, reden konnte. Am Telefon wurde von Mackenzie King als »Mr. Kick«, von Roosevelt als »Mr. Roberts« gesprochen. King glaubte, daß die Vereinigten Staaten sich »auf Kosten Großbritanniens zu retten versuchten« und ließ Roosevelt mitteilen, er solle sich doch direkt an Churchill wenden. Roosevelt schlug vor, daß Kanada und die anderen Mitglieder des britischen Staatenbundes Churchill dazu bewegen sollten, die britische Flotte über den Atlantik zu schicken, je eher, desto besser – bevor Hitlers Friedensbedingungen die Übergabe der Flotte an die Deutschen erzwingen konnten. Roosevelt fügte noch hinzu, Churchill dürfe nicht erfahren, daß dieser Vorschlag von den Vereinigten Staaten stammte. Dieser Vorgang war aus zwei Gründen bemerkenswert: Er zeigte zum einen, daß man nun auch in Washington die Möglichkeit in Betracht zog, Großbritannien könnte sich zu einem Friedensgesuch (das heißt: zur Kapitulation) genötigt sehen; zum anderen, daß Roosevelts Vertrauen in Churchill selbst zu diesem Zeitpunkt noch geringer war als später allgemein angenommen.

Wichtiger aber für den tatsächlichen Verlauf der Ereignisse

wurde ein Gespräch, das Halifax am folgenden Tag, dem 25., mit dem italienischen Botschafter Giuseppe Bastianini führte. Halifax wußte, daß Mussolinis Entschluß, Hitler im Krieg zu unterstützen, bereits gefaßt war. Aber er erinnerte sich noch, daß Mussolini achtzehn Monate vorher, als man am Rand eines anderen Abgrundes stand, eine wichtige vermittelnde Rolle dabei gespielt hatte, Hitler in letzter Minute zu der Zusammenkunft in München zu bewegen. Könnte Mussolini jetzt seine Bedingungen nennen? Könnte sich die britische Regierung zu einer derartigen Bitte an Mussolini durchringen? Die Zeit dafür war reif, nicht nur wegen der katastrophalen Situation, in der sich das britische Expeditionskorps jenseits des Kanals befand, sondern auch, weil die Franzosen – wie Halifax wußte – bei Mussolini um Bedingungen anhalten wollten, die erhebliche Veränderungen im Mittelmeerraum vorsahen, unter anderem den Abtritt einiger französischer Gebiete an Italien. Halifax und Bastianini wußten, daß es dabei um sehr viel mehr ging: um Mussolinis Vorstellungen von einer gesamteuropäischen Lösung und um die mögliche Rolle Mussolinis als Mittelsmann, als einflußreicher Makler zwischen den Westmächten und Hitler. Halifax und Bastianini verabredeten für den kommenden Tag ein weiteres Treffen.

An jenem Tag, am Sonntag, dem 26. Mai, flog der französische Premierminister früh am Morgen nach London. Tags zuvor hatte eine bedeutsame Zusammenkunft stattgefunden. Hauptsächlich wegen der Einlassungen von General Weygand und Marschall Pétain (letzterer war einige Tage zuvor ebenfalls in die französische Regierung aufgenommen worden) war das *Comité de Guerre* zu der Auffassung gelangt, Frankreich könne nicht länger durchhalten. Oberst Paul de Villelume, der Militäradjutant Reynauds, faßte es in einem Satz zusammen: »Wir müssen Frieden schließen, solange wir noch eine Armee haben.« Der deutsche Druck auf das französische Heer hatte seit einer Weile nachgelassen: Er richtete sich hauptsächlich gegen die britischen Truppen sowie gegen jene französischen Einheiten, die an der Seite der Briten in Flandern und Westbelgien kämpften. Als das Kriegskabinett zu ungewohnter Stunde morgens um 9 Uhr zusammentrat, sagte Churchill zu seinen Ministern, sie sollten die Möglichkeit ins Auge fassen, daß die Franzosen den Kampf einstellten.

Das entsprach weitgehend den Tatsachen. Reynaud war ein Freund Englands. Er bewunderte und achtete Churchill. Er und Churchill wußten jedoch, daß er jetzt keine freie Hand hatte: Weygand, Pétain und die hinter ihnen stehenden Gruppen einflußreicher französischer Politiker schätzten weder England noch das Bündnis mit England. Sie glaubten, daß die Zeit gekommen sei, die Bande zwischen Frankreich und Großbritannien zu lockern. Gleichzeitig betonten sie ihre Sympathien für Italien; sie waren überzeugt, daß man den Kontakt zu Mussolini suchen müsse. Bei der Lagebeurteilung gab es überdies Unstimmigkeiten zwischen Churchill und Reynaud. Der französische Premierminister glaubte, daß die Deutschen bald nach Süden vorrücken würden, gegen Paris. Churchill hingegen war fest überzeugt, das gegenwärtige Hauptziel der Deutschen bestehe darin, nach Dünkirchen vorzurücken, also gegen die britischen Truppen. Er hatte recht, doch in diesem kritischen Moment half ihm das wenig.

Nach dem Mittagessen mit Reynaud berief Churchill um 2 Uhr erneut sein Kabinett ein. Nun machte sich zum ersten Mal der Bruch zwischen ihm und Halifax bemerkbar. Im Gegensatz zu Churchill hatte Halifax niemals viel von der französischen Armee gehalten. Bereits im Dezember 1939 – in jenen plötzlich so weit zurückliegenden ruhigeren Tagen der ersten Kriegsphase – hatte er im Kabinett festgestellt, daß im Falle eines Ausfalls der Franzosen die Briten »nicht in der Lage wären, den Krieg allein fortzuführen«. Jetzt schrieb er in sein Tagebuch, wie furchtbar der Zusammenbruch der französischen Armee sei: »... der letzte starke Felsen, auf den jeder in den vergangenen zwei Jahren zu bauen gewillt war.« Und er wandte sich jetzt offen gegen Churchill. Die unausgesprochene Frage mußte endlich gestellt werden: »Wir mußten der Tatsache ins Auge sehen, daß nicht mehr die Niederringung Deutschlands zur Debatte stand, sondern die Absicherung der Unabhängigkeit unseres Reiches ... Wir sollten selbstverständlich bereit sein, alle Vorschläge zu prüfen, die diesem Ziel dienen, solange dabei unsere Freiheit und Unabhängigkeit gesichert bleibt.« Wäre der Premierminister, wenn er »davon überzeugt werden könnte, daß solche lebenswichtigen Angelegenheiten wie die Unabhängigkeit unseres Landes unberührt bleiben, bereit, solche Bedingungen zu besprechen«?

Churchill wußte genau, daß er in diesem Augenblick nicht mit einem kategorischen Nein antworten konnte. Er sagte vielmehr, er sei »für Angebote dankbar, die uns aus unseren gegenwärtigen Schwierigkeiten heraushelfen, *selbst wenn es einige unserer Territorien kosten würde;* Voraussetzung ist, daß die wesentlichen Elemente unserer Lebenskraft unberührt blieben«. (Hervorhebungen des Autors.) Er fügte allerdings hinzu, daß er nicht an die Möglichkeit eines solchen Handels glaube. Chamberlain verhielt sich neutral. Das Kabinett entsandte Halifax zu einem Gespräch mit Reynaud, der in der französischen Botschaft wartete. Um halb fünf unterbreitete Reynaud Halifax die französischen Vorstellungen. Sie sollten sich an Mussolini wenden. Die Einzelheiten dieses Plans sahen mehr vor als nur die Klärung des britisch-französischen Verhältnisses zu Italien. Mussolini sollte gebeten werden, zwischen ihnen und Hitler zu vermitteln.

Nach diesem Gespräch wußte die französische Delegation, daß das britische Kabinett gespalten war. Am selben Abend schrieb Oberst Villelume in sein Tagebuch: »Halifax ... zeigt Verständnis; Churchill, noch immer ein Gefangener seiner eigenen Prahlerei *[son attitude de matamore],* blieb entschieden ablehnend.«*

---

* Auch die Franzosen waren untereinander zerstritten: Alexis Léger, der Generalsekretär des Außenministeriums, neigte eher zur Haltung Churchills. Das spielte zwar keine große Rolle, aber irgendwie muß es der Erzbeschwichtiger Horace Wilson, den Churchill vierzehn Tage vorher aus dem Regierungssitz in Downing Street Nr. 10 hinausgeworfen hatte, erfahren haben. Denn er schrieb damals, daß Léger ein »heftiger Gegner Deutschlands und ein ebenso heftiger Gegner Italiens ist. Er muß einen großen Teil der Verantwortung dafür übernehmen, daß die Möglichkeiten einer Annäherung, die Hitler und Mussolini immer wieder einmal angedeutet haben, nicht genutzt wurden.« Churchill erfuhr von dieser Notiz im Oktober 1941, als ein anderer möglicher Zusammenbruch drohte, nämlich der des damaligen russischen Heeres.

Nach seinem Gespräch mit Reynaud brachte Halifax dessen Vorschläge zu Papier. Jetzt hatte er sich festgebissen. Die dritte Sitzung des Kriegskabinetts an diesem Tage, das informell im Haus der Admiralität zusammentrat, fand unter Geheimhaltungsbedingungen statt, die in der neueren Geschichte Englands einmalig waren. Die streng vertraulichen Aufzeichnungen beginnen mit der Bemerkung, das Protokoll gebe »die erste Viertelstunde der Diskussion, in welcher der Protokollant [Sir Edward Bridges] nicht anwesend war, nicht wieder.« Halifax sagte, er halte es für sinnvoll, sich an Italien zu wenden. Churchill entgegnete: »Wenn Frankreich sich nicht länger verteidigen kann, wäre es besser, es würde aus dem Krieg aussteigen, als auch noch uns in ein Abkommen hineinzuziehen, das unannehmbare Bedingungen enthält. Wenn man Deutschland gewähren läßt, werden den deutschen Forderungen keine Grenzen gesetzt sein. . . . Wir müssen sehr aufpassen, daß wir nicht in eine schwache Position gedrängt werden, in der wir dann zu Signor Mussolini gehen und ihn auffordern, zu Herrn Hitler zu gehen mit der Bitte, er möge nett zu uns sein. In eine derartige Position dürfen wir uns nicht bringen lassen, bevor wir überhaupt ernsthaft gekämpft haben.« Halifax antwortete, er sei nicht völlig anderer Meinung, »hielte es aber mehr als der Premierminister für wünschenswert, daß man Frankreich die Möglichkeiten eines europäischen Ausgleichs sondieren ließe.« Er sei von der Analyse des Premierministers nicht völlig überzeugt und glaube auch nicht, »daß Herr Hitler wirklich auf unverschämten Bedingungen insistieren würde«. Chamberlain, eigentlich unentschlossen, neigte jetzt eher zur Position von Halifax: »Wenn Mussolini wirklich bereit ist, für uns annehmbare Bedingungen zu erreichen, dann wären wir bereit, mit ihm über italienische Vorstellungen zu verhandeln.«

Churchill wollte keine Entscheidung treffen, bevor man wußte, wie viele Soldaten des britischen Expeditionskorps gerettet werden könnten. Chamberlain warnte die Regierung davor, die Franzosen durch eine »offene« Ablehnung ihrer Pläne zu brüskieren. Da Chamberlain die Franzosen niemals sonderlich gemocht hatte, mag dieser Rat unaufrichtig gewesen sein.

(Cadogan, der eine Stunde lang an dieser Unterredung teilnahm, schrieb am selben Abend in sein Tagebuch: »Nicht viel geklärt. [Churchill] viel zu weitschweifig, romantisch, sentimental und erregbar. Old Neville noch immer der beste.«) Dann gab Churchill ein wenig nach. Man müsse Hitler zeigen, daß er Großbritannien nicht erobern konnte. Andererseits könne man Annäherungsversuche an Mussolini unternehmen. Arthur Greenwood, einer der beiden Labour-Minister im Kabinett, hielt das für gefährlich. Aber dieses Mal behielt Halifax das letzte Wort: »Wenn wir je dahinkommen, daß wir die Bedingungen einer allgemeinen Regelung besprechen, und wenn sich dann herausstellt, daß dies Bedingungen beinhaltet, die unsere Freiheit und unsere Unabhängigkeit nicht bedrohen, dann wären wir töricht, sie nicht zu akzeptieren.«

Die Sitzung wurde nach 18 Uhr abgebrochen und auf den nächsten Morgen vertagt, an dem auch Sir Archibald Sinclair, der Führer der Liberalen, erwartet wurde. Churchill blieb im Haus der Admiralität. Bei aller Arbeit, die an diesem Tag anfiel, mußte er sich auch mit Narvik befassen, dem nordnorwegischen Hafen, den die Briten und Franzosen als einzigen von den Deutschen hatten zurückgewinnen können und den sie nun doch wieder abgeben mußten. In dieser Nacht drangen auch die ersten Meldungen nach London durch, daß eine belgische Kapitulation kurz bevorstand. Um 19 Uhr kam das Signal zur »Operation Dynamo«, der von Dover aus befehligten Evakuierung der britischen Truppen aus Dünkirchen. Eine Stunde später aß Churchill mit Eden, Ironside und Ismay zu Abend. Er hatte Calais aufgeben müssen: Alle verfügbaren Schiffe wurden jetzt für Dünkirchen gebraucht. Aber dennoch hatte er Brigadier Nicholson auffordern müssen, bis zum Ende zu kämpfen. Er wußte möglicherweise noch nicht, daß die letzten Stellungen in Calais drei Stunden vorher gefallen waren. Dieses eine Mal war Churchill der Appetit vergangen. Er aß und trank fast gar nichts. Er saß nur schweigend da. Nach dem Essen fühlte er sich »körperlich krank«. Er erwähnte das sogar in seinen Kriegserinnerungen. Lord Ismay erinnerte sich, daß Churchill sehr niedergeschlagen aussah. Sein Wille war nicht gebrochen; aber ihn beschlich die Ahnung, Großbritannien könnte eine Götterdämmerung bevorstehen.*

Als das Kriegskabinett am folgenden Vormittag um 11.30 Uhr zusammentrat, fühlte sich Churchill seiner Position etwas sicherer. Zum einen fand er einen Rückhalt in der Person Sinclairs, eines alten Freundes mit einer ausgeprägten und vielfach bekundeten Gegnerschaft zur Appeasement-Politik. Zum anderen präsentierte Churchill dem Kabinett ein Dokument, dessen wesentlicher Kern seine Position erheblich stärkte. Unter dem Titel »Britische Strategie in einem bestimmten Eventualfall« – gemeint war der Eventualfall, daß Frankreich aus dem Krieg ausscheiden könnte – hatten die Stabschefs eine ziemlich umfangreiche Schrift erstellt über die Aussicht Großbritanniens, allein weiterzukämpfen. Schon am 10. Mai, einen Tag nach seinem wichtigen Besuch in Paris, hatten Churchill und Chamberlain um einen entsprechenden schriftlichen Bericht des Generalstabs gebeten. Churchill hatte ihn am 25. gelesen und legte ihn nun seinen Kabinettskollegen vor. Das wesentliche Ergebnis lautete, daß Großbritannien auch allein, ohne französische Hilfe, standhalten könne, sofern sich die britische Überlegenheit in der Luft beibehalten ließe. Ohne Frankreich, aber nicht ohne die Vereinigten Staaten. Die Stabschefs gingen davon aus, daß die Vereinigten Staaten bereitwillig »volle wirtschaftliche und finanzielle Unter-

---

* Ich kann an dieser Stelle nicht davon absehen, aus Martin Gilberts Churchill-Biographie eine Passage zu zitieren, die sich mit dem 26. Mai befaßt: »Zu Zeiten großer Belastung erinnerte sich Churchill oft an irgendwelche Zitate, die seinen Gefühlen Ausdruck verliehen. Am 26. Mai bat er John Martin [einen seiner Sekretäre], eine Stelle aus George Borrows Englandgebet auf Gibraltar herauszusuchen. [George Borrow schrieb in der ersten Hälfte des 19. Jahrhunderts ausgefallene Reiseerzählungen; sein bekanntestes Buch ist »The Bible in Spain«.] Martin gab ihm darauf die gewünschte Stelle und fand, wie er sich später erinnerte, ›daß sie seiner Stimmung entsprach‹. Die Stelle lautet folgendermaßen: ›Fürchte den Ausgang nicht; denn entweder wirst Du ein majestätisches und ruhmvolles Ende finden, oder Gott wird Dir dazu verhelfen, Deine Herrschaft auf den Meeren fortzuführen.‹«

stützung gewähren würden, *ohne welche wir den Krieg nicht mit Aussicht auf Erfolg glauben fortführen zu können*«.

Dieser letzte Satz war in der Originalversion unterstrichen, wenngleich Churchill ihn möglicherweise unterschlagen wollte; denn er legte dem Kabinett am 27. eine gekürzte Version vor. Der Grund dafür war wohl, daß er zum damaligen Zeitpunkt keine ernsthafte Unterstützung von den Amerikanern erwartete. Er stellte fest, daß die Amerikaner »uns praktisch keine Hilfe gewährt haben und daß es nun, als sie sahen, wie groß die Gefahr tatsächlich war, ihr Bestreben war, all das, was uns helfen könnte, für ihre eigene Verteidigung zurückzuhalten«. Aber Churchill fand sich durch seine Stabschefs bestärkt; sie gingen davon aus, daß die Zeit gegen die Deutschen arbeitete, da die materiellen und wirtschaftlichen Ressourcen der Deutschen im folgenden Winter erheblich reduziert werden würden. Diese Überzeugung wurde weitgehend von Chamberlain geteilt. Die Tatsache, daß die Voraussage (wie alle Voraussagen des Ministeriums für Wirtschaftliche Kriegführung) ganz falsch war, spielte zum damaligen Zeitpunkt keine Rolle.

Nach einer längeren Aussprache machte sich das Kabinett die Stellungnahme der Stabschefs zu eigen. Aber die Situation hatte sich noch weiter verschlimmert. Der belgische König hatte erkannt, daß der Krieg verloren war, und suchte bei Hitler um einen Separatfrieden nach. »Die Stimmung im Kabinett war so düster wie immer – nirgendwo Licht zu sehen«, notierte Cadogan. Das Kriegskabinett trat um 16.30 Uhr zu einer weiteren Sitzung zusammen; Chamberlain griff sein Argument vom Vortag auf. Die Annäherung an Mussolini könnte tatsächlich notwendig werden, wenn auch nur, um die Franzosen nicht weiter zu entmutigen: »Wir sollten nicht mit einer totalen Ablehnung antworten.« Greenwood war um die Ehre Großbritanniens besorgt: »Wenn jemals herauskäme, daß wir Bedingungen ausgehandelt haben, die auf Kosten britischer Territorien gingen, wären die Folgen verheerend.« *Wenn herauskäme* ... Ihm ging es offensichtlich um die Moral der britischen Bevölkerung. Churchill war ganz seiner Meinung. Den Franzosen mußte klar gemacht werden, daß die

Briten bis zum Ende weiterkämpfen würden, zur Not auch ohne sie.»Im Augenblick genießen wir in Europa sehr geringes Ansehen. Die einzige Möglichkeit, es wiederzugewinnen, ist, der Welt zu zeigen, daß Deutschland uns nicht geschlagen hat. Wenn wir nach zwei oder drei Monaten immer noch ungeschlagen wären, würde unser Ansehen wiederkehren. Doch selbst, wenn wir geschlagen werden würden, ständen wir nicht schlechter da als bei einer Aufgabe zum jetzigen Zeitpunkt.«

»Wir müssen daher darauf achten, daß wir nicht zusammen mit Frankreich auf den gefährlichen Weg geraten. Das ganze Manöver zielte doch darauf ab, uns so tief in die Verhandlungen hineinzuziehen, daß es unmöglich geworden wäre, wieder zum Ausgangspunkt zurückzukehren. . . . Die vorgeschlagene Annäherung war nicht nur sinnlos, sie bedeutet eine tödliche Gefahr für uns.«

Chamberlain kam zwar auf sein ursprüngliches Argument zurück; aber er räumte ein, daß man Zeit gewinnen und abwarten sollte, bis bekannt wurde, wie Mussolinis Antwort an den amerikanischen Präsidenten ausgefallen war. (Roosevelt hatte Mussolini aufgefordert, sich aus dem Krieg herauszuhalten. Seine Intervention war wirkungslos.) Doch jetzt ging Halifax der Sache auf den Grund. Er versuchte Churchill in die Enge zu treiben – oder ihn zumindest beim Wort zu nehmen. Es hätten sich »einige grundlegende Differenzen in der Einschätzung der Lage ergeben«, auf die er nachdrücklich hinweisen wolle. »Grundlegend« war das Schlüsselwort: Es ging nicht mehr nur um Nuancen, wiewohl die Unstimmigkeiten zwischen Churchill und Halifax sehr häufig in Nuancen der Formulierung zum Ausdruck kamen. Oftmals wird die Geschichte durchaus mit Worten beeinflußt, nicht nur mit Worten geschrieben. Halifax fragte, ob Churchill denn nicht am Vortag gesagt habe, er sei »bereit, solche Bedingungen zu besprechen«, wenn er davon überzeugt werden könnte, »daß lebenswichtige Angelegenheiten wie die Unabhängigkeit unseres Landes unberührt bleiben«. Und er fügte hinzu: »Jetzt aber erweckt der Premierminister den Eindruck, daß wir unter gar keinen Umständen irgendwelche Alternativen zum Kampf bis ans Ende erwägen wollen.«

Churchill entgegnete, es sei »ganz unrealistisch«, über Dinge zu reden, die gar nicht eintreten würden. »Sollte Herr Hitler bereit sein, ein Friedensangebot zu machen, das die Rückgabe der deutschen Kolonien und seine Oberherrschaft über Mitteleuropa vorsieht«, dann sei das eine erwägenswerte Sache. Aber es sei höchst unwahrscheinlich, daß er ein solches Angebot mache. Halifax drängte weiter: Wenn Hitler den Franzosen ein Friedensangebot unterbreiten sollte, die Franzosen sich aber zunächst mit ihren Alliierten absprechen wollten – wäre Churchill dann bereit, ein entsprechendes Angebot an Frankreich und England zu erörtern? Churchill antwortete, er würde »niemals gemeinsam mit Frankreich um die Unterbreitung eines Friedensangebots bitten«. Wenn man ihn aber von irgendwelchen Friedensbedingungen in Kenntnis setzen würde, wäre er bereit, sie zu überdenken.

Weiter ging er nicht. Um 16.30 Uhr wurde die Sitzung beendet. Halifax sagte zu Cadogan, der einem Teil der Sitzung beigewohnt hatte: »Ich kann mit Winston nicht länger zusammenarbeiten.« Cadogan riet ihm, die Ruhe zu bewahren und sich von Churchills »Großsprecherei« nicht ungebührlich irritieren zu lassen; vor allem sollte er nichts unternehmen, ohne vorher mit Chamberlain gesprochen zu haben. Darauf bat Halifax Churchill um ein Gespräch unter vier Augen, das sie bei einem Spaziergang im Garten führten. Den Inhalt dieses Gesprächs kennen wir nicht. Offenbar gelang es Churchill, Halifax zu beeinflussen, aber überzeugen konnte er ihn nicht. Halifax war nahe daran zurückzutreten. An diesem Abend schrieb er in sein Tagebuch: »Winston redete den unglaublichsten Mist. Greenwood war nicht besser; nachdem ich mir das eine Zeitlang angehört hatte, sagte ich rundheraus, was ich von ihnen hielt. Und ich fügte hinzu, daß sich unsere Wege trennen müßten, wenn sie ihre Meinung tatsächlich mit aller Macht durchzusetzen versuchten.... Ich bin entsetzt, wenn ich sehe, wie sehr [Churchill sich] in leidenschaftliche Gefühlszustände hineinsteigern kann, wenn er eigentlich einen klaren Kopf brauchte und seinen Verstand benutzen sollte...«

Obwohl die Sitzungen des Kriegskabinetts unter größter Vertraulichkeit standen, drang doch einiges von dem, was sich im Kabinett abspielte, in Londoner Kreise durch. John Colville schrieb in seinem Tagebuch: »... es gibt Anzeichen dafür, daß Halifax eine defaitistische Politik betreibt. Er glaubt, daß unser Ziel nicht mehr der Sieg über Deutschland, sondern nur noch die Wahrung unserer Sicherheit und Unabhängigkeit sein kann.« Stanley Bruce, der australische Hochkommissar in London, war ebenfalls, wie er Chamberlain mitteilte, fest davon überzeugt, daß es an der Zeit war, mit Mussolini und Hitler Gespräche aufzunehmen – Chamberlain hielt es immerhin für angezeigt, dieses Gespräch im Kabinett zu erwähnen. Kennedy, der offenbar gut informiert war, sandte nachts einen Bericht an Roosevelt: »Ich glaube, daß die Deutschen zum Frieden mit den Franzosen und den Engländern bereit sind – natürlich zu ihren Bedingungen, aber diese Bedingungen wären allemal besser als diejenigen, die man nach einer Fortführung des Krieges zu erwarten hätte...« Das war dem, was Churchill dachte und verfolgte, genau entgegengesetzt. Um 22 Uhr fand eine weitere Sitzung des Kriegskabinetts statt, die dritte an diesem Tag. Auf der Tagesordnung standen die Folgen der belgischen Kapitulation. Die Meldungen aus Dünkirchen waren bedrückend. Noch hatte die Rettung der britischen Truppen nicht wirklich begonnen. Aber Churchills Stimmung war besser als am Abend zuvor. Er zog sich um Mitternacht zurück und ließ sich einen »sehr leichten« Whisky-Soda kommen. Doch seine Position war noch nicht gesichert. Nach zweitägiger anhaltender und erschöpfender Debatte hatte er seinen Willen noch immer nicht gänzlich durchgesetzt.

Am nächsten Morgen ging er in die Westminster-Abtei. Es gibt Augenblicke im Leben, in denen der Kontrast zwischen der klaren Schönheit des Tages und der düsteren Stimmung der eigenen bedrückenden Gedanken besonders augenfällig wird. Für Churchill muß das ein solcher Augenblick gewesen sein. In der Westminster-Abtei »wurde ein kleiner Bittgottesdienst ... abgehalten. Den Engländern widerstrebt es, ihre Gefühle zur Schau zu tragen, aber in meinem Sitz im Chor konnte ich die verhaltene, leidenschaftliche Bewegung der Gemeinde spüren, und auch ihre Angst – nicht vor Tod und Wunden und materiellen Einbußen, sondern vor der Niederlage und dem Zusammenbruch Englands«, schrieb Churchill. Dann ging er ins Unterhaus, zum ersten Mal seit einer Woche. Er faßte die »schlimmen, schweren Nachrichten« über die Ereignisse in Dünkirchen und über die Kapitulation der Belgier zusammen, ohne den belgischen König allzuscharf zu kritisieren.

Nachmittags um 16 Uhr trafen sich die fünf Mitglieder des Kriegskabinetts erneut, dieses Mal unter strengster Geheimhaltung in einem der Parlamentsräume. Churchill gebrauchte erneut den Begriff »gefährliches Gelände«. Die Antwort der Regierung an die Franzosen stand noch aus. Churchill stellte fest: »Monsieur Reynaud möchte uns an einen Tisch mit Herrn Hitler bringen.« (Das galt zwar sicherlich für einige Mitglieder der französischen Regierung, war aber bezüglich Reynauds nicht ganz zutreffend.) Halifax änderte seine Argumentationslinie. Vielleicht bestand wirklich kein Anlaß, mit den Franzosen zusammenzugehen. »Wir könnten möglicherweise bessere Bedingungen bekommen, bevor die Franzosen aus dem Krieg ausscheiden.« Aber noch immer konnte er nicht verstehen, warum es in den Augen des Premierministers so falsch sein sollte, »die Möglichkeiten einer Vermittlung zu sondieren«.

Chamberlain schwankte. Für ihn war nicht ersichtlich, »was wir verlieren würden, wenn wir offen feststellten, daß wir einerseits bis ans Ende kämpfen werden, um unsere nationale Unabhängigkeit zu verteidigen, andererseits aber bereit wären, vernünftige Bedingungen zu erwägen, sofern man sie uns anbietet«. Und er fuhr fort: »Bei nüchterner Abwägung kommt man zu Recht zu dem Schluß, daß auch die Alternative zum Weiterkämpfen ein beträchtliches Risiko in sich birgt.« Einerseits, ergänzte Chamberlain, »teile er die Meinung des Außenministers, daß es richtig wäre, Friedensbedingungen zu erwägen, sofern sie bei aller Härte unsere nationale Unabhängigkeit nicht in Frage stellen«. Auf der anderen Seite müsse man erkennen, »daß bei einer realistischen Einschätzung der Lage solche Bedingungen wohl nicht zu erwarten wären«. Auf jeden Fall war dies nicht mehr der starrköpfige, unbewegliche Chamberlain vergangener Tage. Vielleicht hatte die einsetzende schwere Krankheit bereits seine Kräfte in Mitleidenschaft gezogen. Vielleicht aber lag es auch einfach daran, daß Churchills großmütige Haltung ihm gegenüber nun ihre Wirkungen zeigte. Zwischen Churchill und Halifax nahm er eine Mittlerposition ein; aber es war nicht mehr unbedingt so, daß er eher zu Halifax neigte. In diesem Zusammenhang sprach dann Churchill sein denkwürdiges Wort: »Völker, die im Kampf untergegangen sind, sind auch wieder zu voller Stärke erstanden; aber die, die sich mutlos ergeben haben, waren am Ende.« Die beiden Labour-Minister Attlee und Greenwood unterstützten ihn mit Argumenten, die ihre Wirkung nicht verfehlten. Beide äußerten sich besorgt über die Moral in der Bevölkerung, besonders unter der Arbeiterklasse. Die bloße Nachricht von Verhandlungen könnte zu einer Katastrophe führen.

Noch immer war keine endgültige Entscheidung gefallen. Das Kriegskabinett ging um 18 Uhr auseinander. Nach einer Stunde wollte man wieder zusammentreffen. Churchill sah müde aus. Aber dann entschloß er sich zu einem ungewöhnlichen Schritt. Wir wissen nicht, ob er ihn lange im voraus geplant hatte. Vielleicht war es so. Aber vielleicht war auch die Tatsache ausschlaggebend, daß das Kabinett im Parlamentsgebäude zusammengetreten war. Auf jeden Fall bat Churchill nun, da die fünf Mitglieder des Kriegskabinetts den Raum verlassen hatten, die anderen Minister im Kabinettsrang, ungefähr fünfundzwanzig, zu sich. Er schilderte ihnen die Situation bei Dünkirchen. Dann wies er darauf hin, daß die Italiener und die Deutschen ein Angebot unterbreiten könnten, das abgelehnt werden müßte. Er fuhr fort:

»Ich habe in den vergangenen Tagen ausführlich darüber nachgedacht, ob es meine Pflicht ist, mit diesem Mann in

Verhandlungen zu treten. Aber es wäre dumm zu glauben, daß, wenn wir jetzt Frieden schließen, die Bedingungen besser wären als im Falle eines Kampfes bis zum Ende. Die Deutschen würden unsere Flotte verlangen – und es ›Abrüstung‹ nennen –, unsere Marinestützpunkte und vieles mehr. Aus England würde ein Sklavenstaat werden, auch wenn eine britische Regierung unter Mosley oder irgendeiner ähnlichen Figur als Marionettenregierung Hitlers eingesetzt würde. Und wo würden wir zu guter Letzt landen?«

Er berichtete in seinen Kriegsmemoiren, wie er dann noch »gewissermaßen nebenbei und ohne diesen Punkt besonders hervorzuheben« sagte:»Natürlich werden wir weiterkämpfen, was immer in Dünkirchen geschehen mag.« Diese Worte riefen Jubel und begeisterte Zustimmung hervor. Die Minister liefen zu Churchills Stuhl, einige klopften ihm auf die Schulter. Sie mußten etwas von den Spannungen im Kriegskabinett erfahren haben; mehr noch, von bevorstehenden Verhandlungen auf höchster Ebene. Nun waren ihre geheimen Sorgen gegenstandslos.

Es ist möglich, daß Churchill diese Sitzung einkalkuliert hatte, um seine Position im Kriegskabinett zu stärken. Auf jeden Fall war er ermutigt. Seine Müdigkeit war schlagartig verschwunden. Die ganze Sitzung dauerte nicht länger als eine halbe Stunde. Um 19 Uhr trat das Kriegskabinett wieder zusammen. Chamberlain und Halifax hatten einen Antwortentwurf für Reynaud vorbereitet. Churchill hatte dazu keine weiteren Fragen. Auch hielt er ein Ersuchen an die Vereinigten Staaten zum gegenwärtigen Zeitpunkt für verfrüht.»Wenn wir uns jetzt mutig gegen Deutschland aufbäumen, würde das ihre Hochachtung und Bewunderung hervorrufen; aber ein unterwürfiges Gesuch hätte zum jetzigen Zeitpunkt die schlimmste Wirkung.« Offensichtlich war Chamberlain jetzt auf Churchills Seite. Von Verhandlungen war keine Rede mehr.

Er hatte sich durchgesetzt. Halifax war ausgeschaltet. Am Abend schrieb Chips Channon in sein Tagebuch:»Ich glaube, es gibt eine regelrechte Verschwörung, um Halifax und mit ihm alle aufrechten englischen Gentlemen aus der Regierung und sogar aus dem Unterhaus zu vertreiben. Sam Hoare hat Rab [Butler] erst gestern davor gewarnt, bevor er heute als neuer spanischer Botschafter nach Madrid abgereist ist.« Es gab keine Verschwörung; und Halifax gehörte sehr bald zu den loyalen Mitarbeitern Churchills. Gleichzeitig traf eine andere Meldung ein, die, wenn auch noch nicht endgültig gut, so doch wenigstens ermutigend war. Mehr als fünfundzwanzigtausend Soldaten waren während dieses Tages von Dünkirchen abgezogen und nach England geschifft worden. Kurz vor Mitternacht diktierte Churchill eine weitere Botschaft an Reynaud: »Meiner Meinung nach können wir uns vor dem Schicksal Dänemarks und Polens bewahren, wenn wir gemeinsam durchhalten. Unser Erfolg muß vornehmlich auf unserer Einheit basieren, sodann auf unserem Mut und unserer Ausdauer.« Auch Reynaud in Paris fühlte sich durch Churchills Entschluß ermutigt; aber im Gegensatz zu Churchill sah er sich nach wie vor einem zunehmend gespaltenen Kabinett gegenüber.

»Unser Mut und unsere Ausdauer«, gewiß: aber verbarg sich hinter dem Plural nicht eher der Singular? Das eigentliche Problem war die Moral der britischen Bevölkerung, mehr noch als die Moral der britischen Truppen in und um Dünkirchen. Die Kabinettssitzungen an jenen drei Tagen, in »gefährlichem Gelände«, am 26., 27. und 28. Mai, waren entscheidend. Ich kann es nicht besser in Worte fassen, als es Philip Bell in seiner abwägenden und beeindruckenden Zusammenfassung getan hat, in einem Buch, in dem es allerdings weniger um die Moral der Briten, als um die britisch-französischen Beziehungen zu jener Zeit geht. Es heißt da: »Wenn das Kriegskabinett auf die französischen Vorschläge eingegangen wäre und Mussolini um eine Vermittlerrolle gebeten hätte, wäre eine Rücknahme dieses Schrittes zweifellos nicht mehr möglich gewesen. Wenn die Möglichkeit von Verhandlungen erst einmal eröffnet worden wäre, hätte man sie nicht mehr einfach beenden können, und die Regierung hätte ihr Volk nicht mehr in den offenen Widerstand gegen die deutsche Macht führen können.« Churchill war nicht nur ein Patriot, eine Kämfernatur mit einer guten Kenntnis Hitlers: Er hatte auch ein Gespür dafür, wie unendlich wichtig die Moral der Bevölkerung war. Auf der einen Seite forderte er sein Kabinett auf, sich auf das Schlimmste vorzubereiten: »Öffentlich darf niemand zugeben, daß wir den Zusammenbruch Frankreichs für möglich halten; aber kein Ereignis darf uns unvorbereitet treffen.« Auf der anderen Seite nahm er sich an diesem vollgepackten Tag die Zeit, eine allgemeine, streng vertrauliche Weisung zu erlassen: »In diesen dunklen Tagen wäre der Premierminister dankbar, wenn alle seine Kollegen in der Regierung sowie die hohen Beamten in ihren Kreisen für die Aufrechterhaltung einer hohen Moral sorgen würden; nicht durch Bagatellisierung des Ernstes der Ereignisse, sondern indem Vertrauen in unsere Fähigkeit und in den unbeugsamen Entschluß gezeigt wird, den Krieg fortzusetzen, bis wir den Willen des Feindes, ganz Europa unter seine Herrschaft zu bringen, gebrochen haben . . .«

Um unsere detaillierte Beschreibung dieser drei entscheidenden Tage beenden zu können, fehlt noch eine kleine Episode – wenn man es denn eine solche nennen kann. Am 28. Mai schrieb Churchill zum zweiten Mal an Lloyd George und bot ihm einen Kabinettsposten an. Auch dafür fand er an diesem qualvollen, dramatischen und ungewöhnlich ereignisreichen Tag noch Zeit. Die Abfassung des Briefes kann ihm nicht leicht gefallen sein. Churchill stellte nur eine Bedingung: Das Kriegskabinett einschließlich Chamberlains müßten einstimmig hinter dem Angebot zum Eintritt ins Kabinett stehen. Warum machte er dieses Angebot? Es war schließlich Lloyd George gewesen, der, nachdem er Hitler im September 1936 kennengelernt hatte, diesen als den »größten lebenden Deutschen« bezeichnet hatte. Im Oktober 1939 hatte Lloyd George im Unterhaus offen gefordert, Hitlers Friedensangebote ernst zu nehmen.

Es gibt zwei denkbare Gründe, die Churchill zu seinem Schritt bewogen haben könnten. Er schuldete Lloyd George gar nichts – außer, daß er sich gern an die Zeit zurückerinnerte, in der sie zusammengearbeitet und sich gegenseitig geschätzt hatten, besonders nachdem er, Churchill, 1915 in der Folge des Dardanellen-

Fiaskos aus der Regierung entlassen worden war. Die Einbindung Lloyd Georges in die Regierung konnte das Bild einer von allen getragenen nationalen Einheit zusätzlich bekräftigen. Der zweite Grund könnte sein, daß Churchill – insgeheim, nicht öffentlich – doch noch die Möglichkeit in Betracht zog, daß eine militärische Katastrophe (eine solche war bei Dünkirchen immer noch denkbar) eine zweite nach sich ziehen könnte und daß er doch irgendwann gezwungen wäre, den Kampf aufzugeben und die Regierung Nachfolgern zu übertragen, die mit Hitler Verhandlungen aufnehmen müßten – und für diesen Fall hätte Churchill sicher lieber Lloyd George als jemanden wie Mosley an der Spitze der Regierung gesehen.

Genau wissen wir es nicht. Lloyd George lehnte am folgenden Tag das Angebot ab. Er wollte nicht mit Chamberlain zusammenarbeiten, für den er nur Verachtung übrig hatte. Später, im Juni des Jahres, sagte er zu seinem Sekretär, daß er »mit dieser Bande nicht gemeinsame Sache machen [würde]. Es wird eine Veränderung geben. Unser Land hat die Gefahr, in der es sich befindet, noch nicht erkannt.«

An diesem Tag, dem 29. Mai, trafen ermutigende Meldungen über den verstärkten Abzug der Truppen aus Dünkirchen ein. Auch erhielt Churchill Rückhalt in einem Brief Kardinal Hinsleys, des römisch-katholischen Primas von England. »Der Kardinal ist energisch und tatkräftig, und ich wüßte nicht, was es schaden sollte, wenn er seinen Brüdern jenseits des Kanals klipp und klar sagen würde, daß wir, was immer auch geschehe, bis ans Ende gehen.« Die politische Krise war überwunden, wenigstens zunächst einmal. Am 31. Mai flog er erneut nach Paris. Er hinterließ einen tiefen Eindruck, wenigstens bei einigen. Die Nachrichten aus Dünkirchen waren nicht gerade schlecht. Am 1. Juni meldete der italienische Botschafter in London, derselbe, mit dem Halifax seine Gespräche geführt hatte, nach Rom, daß »während der vergangenen zwei Tage die allgemeine Zuversicht in London deutlich gestiegen« sei. Am selben Tag ordnete Churchill an, keine Pläne für eine mögliche Evakuierung der königlichen Familie oder von Gemälden aus der Nationalgalerie nach Kanada zu entwerfen. »Nein. Versteckt sie in Höhlen und Kellern. Niemand und nichts wird gehen müssen. Wir werden sie schlagen.« Nach seiner Rückkehr aus Paris fand er zum ersten Mal seit seiner Ernennung zum Premierminister die Zeit, wenigstens einen Teil des Wochenendes auf Chartwell zu verbringen.

Noch immer waren einige wegen Halifax besorgt. In der Pariser Botschaft notierte Oliver Harvey am 31. Mai in seinem Tagebuch: »Es sieht so aus, als hätte Halifax einen Plan für eine Vermittlerrolle Italiens entworfen.... So etwas traue ich ihm durchaus zu. Es wäre fatal.« Und drei Tage später: »Wie ich vermutete, hat Halifax intensiv Friedensvorschläge durchgespielt ... Aber der Premierminister hat sie rundweg abgelehnt.« Zu diesem Zeitpunkt waren derartige Sorgen unbegründet. Es ist interessant und vielleicht belustigend festzustellen, daß Halifax zwei Wochen später bewußt oder unbewußt Churchills eigene Formulierungen gebrauchte: Am 13. Juni sagte Halifax im Kabinett, daß die Franzosen sich, wenn sie um einen Waffenstillstand bitten würden, »in gefährliches Gelände begeben, der sie ihre Flotte und schließlich ihre Freiheit kosten wird.« Churchill hatte Ende Mai den gefährlichen Weg hinter sich gelassen. Aber der Krieg verlief für ihn und sein Volk noch immer auf einer abschüssigen Bahn.

Weniges von dem, was in diesen kritischen Tagen in London geschah, erregte Hitlers Aufmerksamkeit. Die Meinungsverschiedenheiten in Paris kannten er und Mussolini besser. Vierzehn Tage später zeigte Hitler für das, was um Churchill herum geschah, größeres Interesse. Ende Mai war möglicherweise jene entscheidende Phase erreicht, in der Churchill die zukünftigen Kriegsentwicklungen besser überschaute als Hitler. Was immer in Dünkirchen geschehen sollte, sagte Churchill zum wiederholten Male, die Briten würden weiterkämpfen. Was immer in Dünkirchen geschehen sollte, dachte Hitler und äußerte es auch gelegentlich, die Briten würden sich zu einem Abkommen mit ihm gezwungen sehen. Er begriff nicht, was die Evakuierung von zweihundertfünfzigtausend britischen Soldaten für die britische Moral und für Churchills Ansehen bedeutete.

Nach Dünkirchen stellte Churchill zutreffend und aufrichtig fest: »Kriege werden nicht durch Evakuierungen gewonnen.« Hitler hätte uneingeschränkt zugestimmt. Es vergingen Monate, bis ihm aufging, daß Dünkirchen in größerem Ausmaß, als er damals gedacht hatte, ein Wendepunkt gewesen war. Zum damaligen Zeitpunkt betrachtete er es nur als einen weiteren Meilenstein auf dem mit Niederlagen gepflasterten Weg der alliierten und britischen Truppen in den Untergang. Und wenn es überhaupt ein historischer Meilenstein war, dann, weil es die endgültige Vertreibung der Briten vom europäischen Festland bedeutete. Ihm war es fast gleich, ob es sich um eine Vertreibung oder einen Rückzug handelte. Bei all dem Gerede darüber, wer aus welchen Gründen und auf welche Art für den Anhaltebefehl am 24. Mai verantwortlich war, vergißt man, daß Hitler die Briten einfach falsch eingeschätzt hatte. Während der Ereignisse in Dünkirchen sagte er einmal, daß der Anblick einer geschlagenen Armee oft den Willen eines ganzen Volkes brechen könne. Das trifft oft zu. Aber die Briten betrachteten die heimkehrenden Soldaten nicht als Soldaten einer geschlagenen Armee. Hitler sah sie nicht, diese Männer und Frauen auf den sonnendurchfluteten Bahnsteigen der kleinen Bahnhöfe in Kent, die den auf ihrem Weg von Dover nach London aus den schmalen Fenstern der Southern Railway sich herauslehnenden Soldaten zujubelten, ihnen Tee und Limonade reichten.

Auch *nach* dem 26. Mai, als Rundstedt seinen Vormarsch auf Dünkirchen wieder aufgenommen hatte, drängte Hitler (im Gegensatz zu vielen anderen Gelegenheiten) seine Generäle nicht, den Druck zu verstärken. Am 31. Mai erklärte General Fedor von Bock, einer jener wenigen preußischen Generale vom alten Schlag, die bis zum Ende zu Hitler standen, in seinem Tagebuch: »Wenn wir endlich in Dünkirchen ankommen werden, sind [die Engländer] verschwunden.« Rundstedt hatte ihn angewiesen, seine Truppen nicht im Nahkampf um den Brückenkopf zu verschleißen. Bock hielt von diesem Argument nicht viel. Er befürchtete, Rundstedt habe Hitler beeinflußt. Aber der Einfluß war gegenseitiger Art. Hitler und Rundstedt fühlten sich 1940 sehr eng verbunden: Damals war Rundstedt Hitlers bevorzugter General, und er sollte es auch noch für einige Zeit bleiben; ihm war der Oberbefehl über die wichtigsten Teile der Front anvertraut worden.

In den letzten Maitagen, zu einer Zeit also, in der Churchill in London das Schlimmste überstanden und sich die Situation in Dünkirchen spürbar verbessert hatte, war auch Hitlers Optimismus besonders ausgeprägt. Dieser wurde noch durch die Vorgänge in Narvik genährt, das von französischen, britischen und polnischen Truppen besetzt worden war, ohne daß jedoch die deutschen Gebirgstruppen unter der Führung des sehr fähigen Generals Eduard Dietl ernsthafte Verluste erlitten hatten; denn nun mußten die Alliierten unter dem Druck der Ereignisse in der Heimat Narvik und damit den Anspruch auf ganz Nordnorwegen wieder aufgeben. Hitler hatte vor diesem Rückzug einmal gesagt, daß ihm an Churchills Stelle Narvik ein ganzer Feldzug wert gewesen wäre. Zwischenzeitlich tauchte ein neuer Vermittler auf. Der Schwede Birger Dahlerus, der schon 1939 als privater Vermittler zwischen Berlin und London gewirkt hatte, schlug in Absprache mit der schwedischen Regierung vor, Nordnorwegen von britischen und deutschen Truppen unbesetzt zu lassen. Aber weder Hitler noch Churchill waren jetzt an einem solchen Vorschlag interessiert.

Am 28. Mai erwähnte Hitler erstmals seine Pläne, die deutsche Armee nach dem Krieg auf eine Größe von hundertzwanzig Divisionen zu reduzieren, von denen allerdings nicht weniger als dreißig motorisiert sein sollten. Am nächsten Tag wollte er eine Fahrt durch Nordwestfrankreich und Flandern unternehmen. Auch schrieb er einen Brief an Mussolini, in dem er diesen bat, seinen Beitritt zum Krieg noch etwa eine Woche zu verschieben. Er verfiel dabei auf militärische Argumente, die keineswegs überzeugend waren. Hoffte er doch noch auf irgendein Signal aus London, bevor Mussolini den entscheidenden Schritt zur Ausweitung des Krieges gehen würde? Wir wissen es nicht.

Mussolini kündigte in seiner Antwort den italienischen Kriegsbeitritt für den 11. Juni an. Hitler erhielt die Antwort, als er von seiner Fahrt ins Hauptquartier zurückkehrte – es war eine sonderbare Reise, die relativ wenig mit anstehenden militärischen Entscheidungen zu tun hatte, obwohl sie zu eben jener Zeit stattfand, als die Evakuierungszahlen aus Dünkirchen einen absoluten Höhepunkt erreicht hatten und man neben britischen auch französische Truppen zu evakuieren begann. Am 1. Juni flog Hitler morgens nach Brüssel. Dort traf er drei seiner Generäle. Anschließend ließ er sich nach Westen fahren, um einige der Orte aufzusuchen, an denen er im Ersten Weltkrieg gekämpft hatte. Die Nacht verbrachte er in einem Schloß nahe bei Lille. Er stattete der Front keinen Besuch ab und verbrachte nur weniger als eine Stunde bei seinen Truppen, die er am folgenden Tag zum Mittagessen in einer Feldküche besuchte. Anschließend fuhr er in Rundstedts Hauptquartier und hatte eine einstündige Unterredung mit ihm.

Zu diesem Zeitpunkt hatten die meisten britischen Truppen Dünkirchen bereits verlassen; aber das schien keinen von beiden sonderlich zu interessieren. Hitler machte lediglich eine seltsame Bemerkung, die am folgenden Tag von General Halder (genauer, von seinem Vertreter in Rundstedts Hauptquartier, General Hasso von Etzdorf) aufgezeichnet wurde. Er sagte, daß »zwischen Italien und Deutschland ein kleiner Gegensatz [bestehe]. Italiens Hauptfeind ist jetzt England. Deutschlands Hauptfeind ist Frankreich«. Er fügte hinzu, daß die Briten zu einem »vernünftigen Friedensschluß« bald bereit sein würden. Man darf wohl annehmen, daß diese Bemerkung neun Tage nach dem Erteilen des Anhaltebefehls bei Dünkirchen den ersten Versuch Hitlers darstellte, diesen Befehl gegenüber seinen Generälen zu begründen und dessen Folgen zu rechtfertigen. Daß aber aus Hitlers Sicht diese Angebote »ernst gemeint« und »subjektiv ehrlich« gewesen seien, erscheint mir als eine Übertreibung. Sie findet sich in dem immer noch als unentbehrlich geltenden Standardwerk über Hitlers Strategie in den Jahren 1940 und 1941 aus der Feder des bedeutendsten deutschen Historikers des Zweiten Weltkriegs.

Hitler fuhr am Abend des 2. Juni in sein Hauptquartier bei

Münstereifel zurück. Es war noch hell. Man hatte dort bereits mit dem Packen begonnen. Das Hauptquartier wurde in ein Schloß in Bruly-la-Pêche, in der Nähe von Rocroi kurz hinter der belgischen Grenze, verlegt. Rundstedt hatte es für ihn ausgewählt. Churchill war gerade von Chequers nach London zurückgekehrt.

Allein?
31. Mai–30. Juni 1940

In den ersten Junitagen veränderte sich der Charakter des Zweikampfs zwischen Churchill und Hitler unmerklich. Hitler erkannte, daß die Eroberung Westeuropas schneller ablaufen würde, als er und seine Generäle es geplant hatten. Er glaubte auch, daß nach dem Rückzug der letzten britischen Truppen aus Dünkirchen ein entscheidender Abschnitt des Krieges erreicht worden war. Das glaubte auch Churchill: Aber die Schlußfolgerungen und die Stimmungslage der beiden Duellanten waren unterschiedlich. Hitler war nun davon überzeugt (und seine Erfolge legten diese Überzeugung nahe), daß nicht nur der Rest des Frankreich-Feldzuges, sondern der gesamte Krieg kurz sein würde; denn das war jetzt einmal der Charakter der Kriege. Churchill, der ursprünglich ebenfalls von einem kurzen Krieg ausgegangen war und daher geglaubt hatte, daß die Zeit wegen der Last auf der deutschen Kriegswirtschaft gegen Hitler arbeitete, begann nun seine Meinung zu ändern: Aus mancherlei Gründen, besonders auch aufgrund der deutschen Besetzung von Westeuropa, würde der Krieg lange dauern. Nachdem er einen ernsthaften Angriff auf seine Führungsrolle überstanden und eine britische Katastrophe bei Dünkirchen abgewendet hatte, war seine Entschlossenheit (vielleicht mehr als seine Zuversicht) genauso stark wie früher, möglicherweise sogar noch stärker.

Bei Hitler wiederum war die Zuversicht stärker als seine Entschlossenheit. Er rätselte noch immer, was die Briten tun würden. Auch hier können wir eine allmähliche Veränderung seiner Interessen verzeichnen. Als er im Mai gelegentlich darüber sprach, daß er die Briten zum Frieden zwingen würde, blieb er sehr allgemein und war eigentlich nur an militärischen Nachrichten interessiert. Nach dem 2. Juni begann er sich zunehmend auch für das politische Geheimdienstmaterial zu interessieren, daß man ihm unterbreitete. Sein Außenminister von Ribbentrop hatte einen persönlichen Vertreter in Hitlers Hauptquartier, Walther Hewel, der bei fast allen Stabssitzungen anwesend war. Hitler las jetzt die »Braunen Blätter«, die so hießen wegen der Farbe des Papiers, auf dem die Nachrichten getippt oder vervielfältigt waren. Bei diesen handelte es sich um Berichte eines besonderen Dienstes, der vertrauliche Informationen und Geheimdienstmaterial einschließlich der geheimen Abhörprotokolle von Telefongesprächen aufarbeitete. (Zeitweilig oblag diese Aufgabe dem »Forschungsamt«, das der Luftwaffe unterstellt war, und nicht dem Sicherheitsdienst Himmlers.) Im Mai war Hitlers Verachtung für Churchill noch so ausgeprägt gewesen, daß er seiner Person wenig Aufmerksamkeit geschenkt hatte. Im Juni war die Verachtung in Haß übergegangen und hatte dementsprechend Hitlers Interesse erregt. Er wollte jetzt mehr über Churchill wissen – genauer: über seine politischen und persönlichen Schwächen.

Hitler war von Natur aus nicht gerade ein Optimist. Er war von den Schwächen seiner Gegner fest überzeugt und hatte dafür einen scharfen und zuverlässigen Blick; daher empfand er während seiner politischen Laufbahn für die meisten von ihnen Verachtung. Aber ein Mann, der zu solch abgrundtiefem Haß befähigt ist wie Hitler, kann kein Optimist sein; denn Haß bedeutet, das Schlimmste von seinen Feinden zu erwarten. Doch er glaubte so fest an seine politischen Visionen, daß sie in Zweifelsfällen und kurzzeitig immer von genügend Optimismus begleitet waren – so auch dieses Mal. Selbst bevor die große nach Süden gerichtete Offensive am 5. Juni begann, zweifelte er nicht daran, daß die Eroberung Frankreichs in wenigen Wochen abgeschlossen sein würde. Im Juni betrachtete Hitler den Krieg in Europa etwa mit denselben Augen, mit denen er die politischen Auseinandersetzungen 1930 bis 1933 in Deutschland, bevor er an die Macht gekommen war, betrachtet hatte.

Es ist erstaunlich, wie Hitler, der in mehrfacher Hinsicht ein politischer Außenseiter und der Führer einer damals relativ kleinen und extremistischen Partei war, niemals Zweifel daran hegte, daß er eines Tages, und zwar eher früher als später, an die Macht kommen würde – darüber geben Goebbels Tagebücher den zuverlässigsten Aufschluß. Und so war es dann auch. Er überlistete nicht nur seine Gegner, sondern konnte auch die deutschen Konservativen von seiner Popularität und auch von seiner Respektabilität überzeugen. 1940 also betrachtete Hitler den Zusammenbruch der Demokratien Westeuropas und besonders der schwachen und korrupten französischen Republik ähnlich wie den Zusammenbruch seiner sozialistischen und demokratischen Gegner in Deutschland acht Jahre zuvor. Und die Briten übernahmen dabei in seinen Augen in etwa die Rolle, die die deutschen Konservativen gespielt hatten: Sie würden nach anfänglicher Zurückhaltung begreifen, daß sie sich mit ihm arrangieren müßten, weitgehend zu seinen Bedingungen.

Er bezog sein neues Hauptquartier Bruly-la-Pêche (ein Schloß mit Nebengebäuden, von denen einige kein fließendes Wasser hatten und für das er den Namen »Wolfsschanze« anstelle des ursprünglichen »Waldwiese« wählte) am 5. Juni, einen Tag, nachdem die letzten Schiffe von Dünkirchen ausgelaufen waren. Er ordnete landesweite Feierlichkeiten im Reich an: Alle öffentlichen Gebäude sollten beflaggt sein, alle Kirchenglocken läuten. Der Heeresbericht war ungewöhnlich hochtrabend; er beschrieb den Sieg bei Dünkirchen in übertriebenen Formulierungen und nannte ihn eine der größten je ausgetragenen und gewonnenen Schlachten. Wir haben indes gesehen, daß Hitler im Gegensatz dazu den Vorgängen in Dünkirchen relativ wenig Beachtung geschenkt hatte.

Wie schon erwähnt, machte Hitler am 1. Juni die Bemerkung, der Hauptfeind Deutschlands sei Frankreich, derjenige Italiens England. Und noch bevor die Generäle vollständig in Rundstedts Hauptquartier versammelt waren, machte er eine weitere überraschende Bemerkung. Als er mit einigen Generälen in einem zwanglosen Gespräch auf und ab ging, sagte er, daß er einen

»vernünftigen Friedensschluß« mit England erwarte und dann endlich die Hände frei habe für seine große und eigentliche Aufgabe: die Auseinandersetzung mit dem bolschewistischen Rußland. (»Das Problem ist nur: ›Wie sage ich es meinem Volk‹.«) Diese Äußerung ist in mancherlei Hinsicht merkwürdig. Es kann durchaus sein, daß sie nicht authentisch ist. Nur eine einzige Person erinnerte sich daran, Rundstedts Stabschef General Georg von Sodenstern; er zitierte sie erst 1954, zunächst gegenüber einem deutschen, später gegenüber einem amerikanischen Historiker. Kein anderer der anwesenden Generäle berichtet in seinen Memoiren von einer entsprechenden Äußerung Hitlers. Dabei müssen wir auch den Hang einiger deutscher Generäle in den frühen fünfziger Jahren in Rechnung stellen, die Amerikaner glauben zu machen, das Hauptziel des Dritten Reiches sei der Krieg gegen das kommunistische Rußland und nicht gegen England gewesen.

Wie auch immer, Hitlers Feststellung stand im Widerspruch zu der Andeutung, die er einige Tage vorher gemacht hatte: daß man im Hinblick auf den bevorstehenden Sieg Pläne für die Verringerung des Heeres verfolgen solle. Vielleicht hat er diese Bemerkung (sofern er sie am 2. Juni überhaupt gemacht hat) als Teil seiner Begründung für das Vorgehen bei Dünkirchen gemacht. Hitler, der seine ganze Laufbahn hindurch davon profitierte, seine Entscheidungen durch den Hinweis auf das allseits bestimmende Motiv des Antikommunismus zu rechtfertigen, wollte auch hier seine Generäle mit seiner politischen Weitsichtigkeit beeindrukken. Den Engländern werde ein Licht aufgehen; dann könnte er mit der Eroberung Rußlands beginnen. (Wir werden noch sehen, daß seine Prioritäten zwei Monate später genau umgekehrt waren: Nun erklärte er seinen Generälen, daß man vielleicht erst einmal Rußland erobern müßte, um die Briten – und mit ihnen die Amerikaner – zur Einsicht zu bringen.) Die Generäle jedenfalls glaubten, daß mit der Niederlage Frankreichs der Krieg im Westen beendet war. Noch gab es keine Pläne für eine Invasion Englands. Einige Tage später bat zwar ein General aus Rundstedts Hauptquartier einen Offizier des Nachrichtendienstes, den

Leutnant (und späteren General) Alfred Philippi, mögliche Pläne für eine Landung in England von Calais aus zusammenzustellen. Aber diese Übersicht wurde weder Hitler noch seinem ersten militärischen Berater, General Jodl, vorgelegt.

Auch in einem weiteren Bereich änderte Hitler seine Argumentation. Am 23. Januar hatte Rudolf Hess geschrieben, der Führer habe beschlossen, die Rückgewinnung der [ehemaligen deutschen] Kolonien zu betreiben. Am 20. Mai hatte Hitler zu General Jodl gesagt, nach der Rückgabe einiger Kolonien sei er zum Frieden mit England bereit. Am 2. Juni hingegen notierte General Wilhelm Ritter von Leeb einige Äußerungen Hitlers, die er mit angehört hatte: Da Deutschland keine mit England vergleichbare Flotte habe, könne man seine Kolonien wohl auch nicht besetzen. Daher sollte es nicht schwerfallen, eine Grundlage für Friedensverhandlungen mit England zu finden. Hitler dachte dabei aber nicht nur an England, sondern auch an die Vereinigten Staaten. Er war sich zunehmend der besonderen Beziehung zwischen Churchill und Roosevelt bewußt geworden. Aus diesem Grund schenkte er auch den Berichten des deutschen Militärattachés in Washington größere Aufmerksamkeit: Boetticher »kann hinter die Kulissen schauen«. Hitler und Goebbels hatten beschlossen, die antiamerikanische Propaganda in Presse und Rundfunk abzuschwächen. Als Hitler am 21. Mai erfuhr, daß das französische Flottenkommando in den Antillen die unter holländischer Herrschaft stehende Insel Aruba besetzt hatte, wies Hitler die deutschen Unterseeboote an, die Ölanlagen auf Aruba »aus Rücksicht auf amerikanische Interessen« vorerst nicht unter Beschuß zu nehmen. Offenbar wollte er die Amerikaner damit beeindrucken, daß er die Monroe-Doktrin respektierte.

Insgesamt wollte Hitler nicht nur sich, nicht nur seine Generäle, sondern – wenigstens indirekt – die ganze Welt glauben machen, daß der Frieden bevorstehe. Das deutsche Außenministerium verstand den Wink. Das ist aus zwei Gründen interessant: Einmal, weil dessen Chef von Ribbentrop Hitlers ergebenster Anhänger, ja sein Speichellecker war; zum anderen, weil Ribbentrop (teilweise aus persönlichen Gründen, die auf seine unerfreulichen Erfahrungen in London zurückgingen) die Engländer haßte. Aber nun wollte er Verbindungen zu ihnen herstellen. Prinz Max zu Hohenlohe, ein Mitglied jener großen und weit verzweigten Adelsfamilie, hatte dem Dritten Reich vor der München-Krise gute Dienste erwiesen, als er Lord Runciman (und anderen Anhängern Chamberlains) die deutsche Position in der tschechoslowakischen Frage nahebrachte (die Güter des Prinzen lagen im Sudetenland). Am 3. Juni traf sich Hohenlohe mit Ribbentrop in Berlin. Einige Tage vorher hatte er an Hewel geschrieben. Am 6. Juni reiste er in die Schweiz (wo er auch schon einige Wochen vorher gewesen war), von dort aus nach Spanien. Er hoffte, in der Schweiz entweder bestimmte englische Diplomaten oder andere einflußreiche Persönlichkeiten, etwa Carl Jacob Burckhardt, zu treffen.

Am 31. Mai gab der ungarische Premierminister Graf Teleki vor Journalisten, die er ins ungarische Parlamentsgebäude hatte rufen lassen, eine ungewöhnliche Erklärung ab. Er sagte, bis vor kurzem habe man allgemein mit einem langen Krieg gerechnet, doch die beeindruckenden deutschen Erfolge, die Freund und Feind gleichermaßen überraschten, machten es wahrscheinlich, daß der Krieg nicht lange dauern werde, ja, daß er viel schneller vorbei sein könnte, als man es für möglich gehalten hatte. Teleki war konservativ, aber durchaus kein Sympathisant der Nazis. Er wollte seine Kontakte zu Großbritannien und den Vereinigten Staaten erhalten. Den Deutschen war das bekannt. Möglicherweise war diese etwas ungewöhnliche Äußerung Telekis auf ein Gespräch mit dem deutschen Gesandten in Budapest, Otto von Erdmannsdorff, zurückzuführen. Erdmannsdorff kannte die guten Beziehungen des britischen Gesandten in Budapest, Owen O'Malley, zu konservativen Kreisen in Großbritannien. (Erdmannsdorff wußte allerdings nicht, daß O'Malley dreizehn Jahre vorher als Churchills privater Forschungsassistent in enger Beziehung zu Churchill gestanden hatte.) In November 1940 sprach auch Hitler persönlich mit Teleki über Rußland, offenbar weil er diese Nachricht über O'Malley nach Großbritannien durchsickern lassen wollte.

Die Aussicht auf ein baldiges Kriegsende hatte die gesamte Naziführung erfaßt. Ein frühes Anzeichen dafür ist ein Entwurf über die geplante Deportation der europäischen Juden nach Afrika, den Himmler bereits am 25. Mai Hitler vorlegte und der Hitlers Zustimmung fand. Am 3. Juni stellte Rademacher, der als »Judenreferent« in Ribbentrops Außenministerium wirkte, erstmals den Madagaskar-Plan vor: Danach sollte auf Madagaskar ein jüdischer Staat gegründet werden, in den nach der Kapitulation Frankreichs alle in Europa lebenden Juden unter deutscher Oberaufsicht deportiert werden sollten.

Hitlers Gedankengänge waren komplizierter als diejenigen Churchills. Auf den ersten Blick mag eine solche Feststellung merkwürdig erscheinen, denn Hitler war zielstrebig: Aber sein Selbstvertrauen und sein ideologisches Denken konnten seine Konzentration bisweilen ablenken. Churchills Gedanken indessen sprangen ohnehin mit erstaunlicher Schnelligkeit von einem Gegenstand zum anderen; doch 1940 konnte er kaum zielstrebiger sein. Eines Abends im Juni, nach einem der für ihn schlimmsten Tage jener Zeit, war er zu seinem neuen Sekretär, John Martin, ungewöhnlich grob gewesen. »Schließlich erhob er sich müde, um nach oben ins Bett zu gehen. Aber vorher legte er mir freundlich die Hand auf die Schulter und bedauerte, daß er in der Hektik jener Tage keine Zeit gefunden habe, mich näher kennenzulernen. ›Wissen Sie‹, fügte er hinzu, ›ich wirke vielleicht sehr grob, aber wirklich grob bin ich nur mit einem Mann – mit Hitler‹.«

In mehr als einer Hinsicht war der plebejische Hitler komplizierter als der aristokratische Churchill. Abgesehen von der unterschiedlichen Qualität ihrer jeweiligen Rhetorik setzten sie ihre Sprache auch für unterschiedliche Zwecke ein – was wiederum etwas über ihre unterschiedlichen Charaktere verrät. Engländer und englische Aristokraten gelten gemeinhin als zurückhaltend; aber Hitler war viel verschlossener als Churchill. Wenn Hitler öffentliche Ansprachen hielt, war er sehr wortreich, sprach manchmal stundenlang und erging sich in scharfen Formulierungen, um sein Publikum mit seinem Selbstvertrauen zu erfüllen. Auch wenn er mit seinem Mitarbeiterstab, mit ausländischen Besuchern oder mit seinen Generälen sprach, zeigte er sich redselig und wechselte häufig das Thema, um seine Zuhörer mit seinem Einblick und Weitblick zu beeindrucken. Und dennoch war er sehr verschlossen. Manche wichtige Überlegung behielt er für sich. General Jodl wußte das. So schrieb er dann auch in seiner Nürnberger Zelle, daß Hitler selbstverständlich vor den meisten anderen gewußt habe, daß der Krieg nicht mehr zu gewinnen war; aber wie hätte man ernsthaft erwarten können, daß er das dem deutschen Volk eingestand? Es gab zahlreiche Angelegenheiten (darunter der Verlauf der Judenvernichtung oder gewisse Kontakte mit dem Feind), über die Hitler nichts lesen, nichts hören und nichts sagen wollte. Nur selten benutzte Hitler die Sprache in ihrer hauptsächlichen Funktion als Verständigungsmittel. Ihm diente sie vornehmlich dazu, andere zu beeinflussen, zu begeistern oder zu überreden.

Churchill war weniger verschlossen. Auch er hielt öffentliche Reden, in denen er andere aufmuntern und überzeugen wollte und in denen er seine Sorgen und Ängste verschwieg (obwohl er – wie wir gesehen haben – wußte, daß das britische Volk durchaus willens und bereit war, auch schlechte Nachrichten aufzunehmen). Auch war er Staatsmann und Politiker genug, um zu wissen, daß man manche delikate oder wichtige Angelegenheiten besser geheimhielt.

Natürlich gab es einen Unterschied zwischen Churchill als Persönlichkeit des öffentlichen Lebens und Churchill als Privatmann: Aber dieser Unterschied war nicht so kraß wie bei Hitler. Alles in allem war die Persönlichkeit dieses epikureischen und heldenhaften, zügellosen und unbezähmbaren, sentimentalen und nüchternen, kosmopolitischen und patriotischen Halbamerikaners viel einheitlicher als die des fanatischen Österreichers vom Innviertel. Churchills Persönlichkeit war oft widersprüchlich; aber sie war nicht gespalten. Er war viel launenhafter als Hitler; aber zwischen Churchills öffentlich bekundeten und privaten Meinungen oder Einstellungen gab es keine großen Unterschiede. Als Politiker wie als Privatmann benutzte (und genoß) er das Instrument der Sprache für dieselben Zwecke. Er war gewiß wortgewandt und wortreich; aber weniger wortreich als Hitler. Die meisten seiner berühmten Reden fielen kürzer aus als Hitlers Ansprachen. Der Sekretär des Kriegskabinetts, Sir Edward Bridges, erinnerte sich daran, wie bemerkenswert »die Freiheit und Offenheit war, in der er Probleme mit uns oder in unserer Gegenwart besprach. Wenn er mit irgendeiner wichtigen Angelegenheit befaßt war, besprach er sie zwei, drei Tage lang immer wieder mit allen, die er aus irgendwelchen Anlässen zu sich in sein Dienstzimmer bestellt hatte. . . . Bei derartigen Gesprächen hielt er mit nichts zurück. Er äußerte die freimütigsten Ansichten über vermeintliche öffentliche Reaktionen und die Meinungen wichtigster Persönlichkeiten oder aber über die verschiedenen Richtungen, in die sich eine gegebene Situation entwickeln könnte. Und solche Vertraulichkeiten leitete er nicht einmal mit ›Das müssen Sie aber für sich behalten‹ ein«. Hitler hingegen sagte manchmal zu seinen Sekretärinnen: »Schreiben Sie das nicht auf.«

Daß Churchill ein angenehmeres Wesen hatte als Hitler, ist offenkundig. Aber reichten Churchills Vorzüge aus, um Hitler zu besiegen oder doch wenigstens seine Pläne zu vereiteln? Als der Juni begann, hatte Churchill eine ernsthafte Herausforderung im eigenen Lager überstanden. Zumindest zeitweilig hatte er freie Hand. Aber sein eigentlicher Gegner war ja nicht Halifax, sondern Hitler. Was nützte es, freie Hand zu haben, wenn der Arm nicht stark genug war für die bevorstehende Aufgabe? Das wußte Churchill in den ersten Junitagen nur zu gut. Die zähen und langwierigen Auseinandersetzungen mit Halifax waren nun vorbei, doch sie hatten, wie wir noch sehen werden, bei Churchill Spuren hinterlassen. Nun galt es, einem Hitler entgegenzutreten, der über Frankreich und dann über Großbritannien triumphieren könnte. Churchill mußte beide Möglichkeiten und ihre Folgen in Betracht ziehen. Daß er selbst zu jener Zeit, als Großbritannien nicht gerade vom Glück begünstigt war, Hitlers Strategie zu durchschauen vermochte, sollte sich als überaus wertvoll erweisen.

Am 2. Juni schloß Churchill ein langes Memorandum an General Ismay mit dieser »allgemeinen Bemerkung«: »Da ich persönlich weniger einen deutschen Invasionsversuch als den Zusammenbruch des französischen Widerstandes an der Somme oder Aisne oder den Fall von Paris befürchte, nahm ich an, die Deutschen würden ihre Angriffe zunächst gegen die Franzosen richten.« Churchill glaubte demnach, daß die Deutschen vor der Niederlage Frankreichs keinen direkten Angriff auf England unternehmen würden. Dennoch ordnete er eine Reihe von Maßnahmen für den Fall einer plötzlichen deutschen Invasion an. Er wies darauf hin, daß der lange Küstenstrich Englands vor einem möglichen Überraschungsangriff nicht völlig sicher wäre (und es auch nie gewesen war).

Aber hauptsächlich beschäftigten ihn die Vorgänge in Frankreich. In den Grundzügen lag er richtig – gleichzeitig irrte er, als er glaubte und hoffte, daß die französische Armee die Deutschen an der Somme oder irgendwoanders in Frankreich aufhalten könnte. Während der Evakuierung des britischen Expeditionskorps aus Dünkirchen und selbst noch danach hielt er daran fest, daß die Briten ihre militärische Verpflichtung, gemeinsam mit den Franzosen *in* Frankreich zu kämpfen, weder einschränken noch völlig aufgeben dürften. Neben seiner allgemeinen Großherzigkeit war es vor allem diese Verpflichtung, die ihn darauf bestehen ließ, daß das britische Heer und die Marine so lange in Dünkirchen auszuharren hätten, bis neben den letzten britischen auch noch die letzten französischen Truppen gerettet waren. »Die englische Armee muß durchhalten, solange es geht, damit die Evakuierung der Franzosen fortdauern kann.« Es ist sicher auch interessant, daß er diese Versicherung am 30. Mai abgab, also bevor er nach Paris flog, um die Franzosen moralisch zu stützen.

An jenem Tag in Paris überraschte er dann die Franzosen mit seinen Zahlen über die aus Dünkirchen evakuierten Truppen. Zumindest Reynaud ließ sich erneut von der Konsequenz und Entschlossenheit Churchills beeindrucken. Aber gegen Ende ihrer Unterredung ergänzte Churchill sein glühendes Bekenntnis zum unbeugsamen Willen der Briten durch einen nüchternen Ausblick auf eine *Götterdämmerung* (oder nennen wir es *Unter-*

gang des Abendlandes): »Wenn Deutschland einen der Verbündeten *oder* beide zu besiegen vermöge, würde es kein Erbarmen kennen; wir wären *für immer* zu Vasallen und Sklaven erniedrigt. Weit besser wäre es, wenn die Kultur Westeuropas mit allen ihren Errungenschaften ein tragisches, aber ruhmreiches Ende fände, als daß die zwei großen Demokratien dahinschmachten würden, alles dessen beraubt, was das Leben lebenswert macht.« (Hervorhebungen des Autors.) Man beachte das »für immer«. Es entsprach Churchills Stimmungslage. Man beachte auch das »oder«. Das war nicht nur Rhetorik. Zu diesem Zeitpunkt glaubte Churchill noch, daß der Ausgang des Krieges möglicherweise untrennbar mit dem fortdauernden Widerstand Frankreichs verknüpft sei. Diese Überzeugung behielt er noch für eine Zeitlang bei. Am 2. Juni setzte er sich im Kriegskabinett dafür ein, zusätzliche britische Truppenverbände nach Frankreich zu schicken, da die Franzosen sonst »den Krieg nicht fortsetzen werden«. In diesem Zusammenhang entwickelte er auch erstmals seinen Plan, in der Bretagne einen britischen Brückenkopf zu bilden und diese Stellung selbst dann zu halten, wenn Paris fallen sollte – eine völlig unrealistische Vorstellung.

Am 4. Juni hielt er eine seiner großen Reden im Unterhaus. Es war keine lange Rede; sie dauerte kaum länger als eine halbe Stunde. Einige Sätze dieser Rede wurden weltberühmt. »Man sagt uns, daß Herr Hitler einen Plan zur Invasion der britischen Inseln hat. Die hat man früher schon oft geplant.« Es war seine »Wir-werden-uns-niemals-ergeben«-Rede, die mit einer Anrufung Amerikas endete. »Wir werden an den Küsten kämpfen, wir werden auf den Landungsplätzen kämpfen, wir werden auf den Feldern und in den Straßen kämpfen, wir werden auf den Hügeln kämpfen; wir werden uns niemals ergeben; und selbst wenn, was ich keinen Augenblick glaube, diese Insel oder ein großer Teil von ihr unterjocht und ausgehungert werden sollte, dann würde unser überseeisches Reich, bewaffnet und beschützt von der britischen Flotte, den Kampf fortsetzen, bis zur gottgewollten Stunde die Neue Welt mit all ihrer Macht und Kraft zur Hilfe und Befreiung der Alten Welt auftritt.« Die Rede wurde ein großer Erfolg; sie begeisterte selbst jene, die ihm vorher weder Zuneigung noch Vertrauen entgegengebracht hatten, wie zum Beispiel »Chips« Channon. Noch am selben Tag wurde diese Rede im Rundfunk gesendet.

Dennoch war Churchill tief besorgt – nicht nur wegen eines möglichen Zusammenbruchs Frankreichs, sondern auch wegen der mangelnden Schlagkraft der britischen Armee und wegen der britischen Moral. Mit Bedacht betonte er in der ansonsten so begeisternden Rede, daß trotz des Enthusiasmus, den die Vorgänge um Dünkirchen ausgelöst hatten, »Kriege nicht durch Evakuierungen gewonnen werden«.

Er war sich der Bitterkeit wohl bewußt, die manche britische Soldaten in Dünkirchen empfunden hatten, als ihnen die britische Luftwaffe zu wenig Schutz gegen die unaufhörlich angreifenden deutschen Flugzeuge bot. »Viele unserer heimkehrenden Soldaten haben die Luftwaffe nicht im Kampf gesehen; sie sahen nur die [feindlichen] Bomber, die ihrem schützenden Angriff entrannen. Sie unterschätzen die Leistungen unserer Flieger. Ich habe viel davon reden gehört; und darum schweife ich hier von meinem Thema ab, um dies zu sagen ...«

Zu jener Zeit traf Churchill zum ersten Mal mit General Montgomery zusammen, dem später berühmten. Montgomery drückte sein Befremden darüber aus, daß viele Leute Dünkirchen als Sieg werteten. Er kritisierte, daß man den Soldaten Schulterbänder mit der Aufschrift »Dünkirchen« verlieh. Das seien keine »Helden«. Wenn man nicht begreifen könne, daß die britische Armee bei Dünkirchen eine Niederlage erlitten hatte, dann »befindet sich diese unsere Insel in ernster Gefahr.«

Der Sekretär des Kriegskabinetts sagte, daß »Evakuierung jetzt unsere bedeutendste nationale Anstrengung wird«. In seinem Schreiben an die Stabschefs vom 2. Juni schien Churchill selbst erkannt zu haben, daß Hitler vor Dünkirchen in gewisser Hinsicht gezögert hatte; Churchill sprach von heimkehrenden Soldaten, »deren Kraft die Deutschen zu spüren bekommen hatten und vor denen sie sich zurückgezogen hatten, ohne deren Abzug ernsthaft zu stören.« An eben jenem 4. Juni, an dem er seine große Rede hielt, schickte er ein Memorandum an Ismay: »Wir müssen endlich die geistige und moralische Unterwerfung unter den Willen und die Initiative des Feindes überwinden, die uns so lange gelähmt hat.« Diesen ernsthaften Ermahnungen ging ein Satz voraus, in dem Churchill erstmals – und zwar bereits einen Tag, nachdem die britischen Truppen den Kontinent verlassen hatten – die Stabschefs aufforderte, über eine Rückkehr auf den Kontinent nachzudenken, etwa in Form von Angriffen auf die Deutschen an verschiedenen Punkten der Kontinentalküste. Am 6. Juni schrieb er an Eden: »Wir sind die Opfer eines zaghaften und schwerfälligen Bürokratismus.« Im Gegensatz zum Ersten Weltkrieg sei jetzt allenthalben »Schwäche, Zaudern und ein Mangel an Biß und Schwung« zu beklagen; unter anderem erschien es ihm dringend erforderlich, »unsere Angelegenheiten im Mittleren Osten aus der Lähmung herauszulösen, in der sie sich momentan befinden«. In einer anderen Notiz heißt es: »Wir sind offenbar zu *Taten* völlig unfähig.« Er unterstrich »Taten«.

Churchill machte sich über die Moral der britischen Bevölkerung Gedanken. Er wußte genau, daß seine Position zum gegenwärtigen Zeitpunkt stärker war, als sie es noch einige Tage vor Dünkirchen gewesen war, und daß das gleiche für die Moral der britischen Bevölkerung galt. Was ihn besorgt stimmte, war das Gefühl, daß die Bevölkerung die unmittelbar drohenden Gefahren nicht recht wahrhaben wollte. Sie reagierte sehr langsam. Auch andere bemerkten das. George Orwell war befremdet darüber, daß viele Kneipenbesucher selbst während der schlimmsten Tage von Dünkirchen nicht das geringste Interesse an den Neun-Uhr-Nachrichten des Rundfunks zeigten. In manchen Intellektuellenzirkeln gab es defätistische Äußerungen, aber diese drangen offenbar nicht in viele Bevölkerungsschichten durch.

Churchills Hauptziel bestand damals nicht nur in der Stärkung des landesweiten Vertrauens, sondern auch in der Festigung der nationalen Einheit. Am 6. Juni griff er erneut seinen Gedanken auf, Lloyd George zur Mitarbeit im Kabinett aufzufordern. Er sprach darüber mit Halifax. Am selben Abend schrieb Halifax in sein Tagebuch: »Wir werden sehen, ob er annimmt. Winston sagte mir, daß er ihn erst einer eingehenden Befragung unterziehen will. Darunter verstand er, wie er erklärte, *die Festlegung auf eine Formulierung, die ich ihm vorgeschlagen hatte* (Hervorhebungen des Autors): daß jegliche Friedensbedingungen, jetzt und für alle Zeit, unsere Unabhängigkeit unberührt lassen müßten.« Jetzt war die ganze Angelegenheit mit dem gefährlichen Weg ins Gegenteil gewendet: Jetzt griff Churchill eine Formulierung auf, die früher einmal in einer kritischen Situation von Halifax geäußert worden war. Churchill hatte sich bereits an Chamberlain gewandt und ihn gebeten, persönliche Vorbehalte zurückzustellen und der nationalen Einheit zuliebe einer Aufnahme Lloyd Georges ins Kabinett zuzustimmen. Wenn Lloyd George ein »Außenseiter« bliebe, würde er leicht zum »Kristallisationspunkt wiedererwachender Unzufriedenheit« mit dem Krieg werden.

Chamberlains Antwort (Churchill hatte mit ihm gesprochen, bevor er sich offiziell schriftlich an ihn wandte) klang vernünftig. Unter zwei Bedingungen stimmte er zu. Die erste war, daß Lloyd George »seine persönliche Fehde und die Vorurteile gegen mich« fallen lasse, damit eine Zusammenarbeit im Kriegskabinett möglich sei. Die zweite war, daß die in einigen Teilen der britischen Presse gestarteten Angriffe auf Chamberlain unterbunden werden müßten, bevor die Aufnahme Lloyd Georges ins Kabinett bekanntgegeben würde. Damit wollte Chamberlain vermeiden, daß diese Maßnahme »als Teil einer Abmachung zwischen Ihnen und mir [mißverstanden würde], in der Sie mich als Gegenleistung zu schützen versprachen«.

Bemerkenswert an diesem Vorgang ist nicht nur die bedingungslose Loyalität und Zusammenarbeit, die nun zwischen Churchill und Chamberlain bestand (und die für sich ebenfalls einen Stützpfeiler der nationalen Einheit darstellte), sondern mehr noch Churchills Ziel, im Fall einer nationalen Krise auch auf Lloyd George zählen zu können. Er wußte, daß Lloyd George ein möglicher Fürsprecher für einen Kompromißfrieden mit Hitler war. Aber Lloyd George lehnte erneut ab. Dennoch schickte Churchill sich sofort an, Chamberlains zweite Bedingung zu erfüllen. Nach Dünkirchen hatten einige Zeitungen Chamberlain und seine Anhänger angegriffen und sie gelegentlich sogar als »die Schuldigen« bezeichnet. Churchill war absolut gegen diese Kampagne. Am 7. Juni sprach er mit den Herausgebern einiger Zeitungen und forderte die Einstellung derartiger Angriffe. Er wies darauf hin, daß die meisten Mitglieder des Unterhauses Chamberlains Politik nachdrücklich unterstützt hatten. Diese seien vielleicht nicht mehr Repräsentanten der Meinung und Stimmung der Bevölkerung, aber noch wurde das Land vom Unterhaus regiert. »Hätte [er] auf ihnen herumgetrampelt, hätte er sie sich zu seinen Gegnern gemacht, und solch ein innerer Zwist wäre die beste Chance für einen deutschen Sieg.«

Also sah Churchill »die beste Chance für einen deutschen Sieg« in einer Spaltung der nationalen Einheit Englands. Aber noch als er das sagte, an eben diesem 7. Juni, hatte die deutsche Armee einen weiteren entscheidenden Vorstoß gemacht. Als das deutsche Volk am 5. Juni den großen Sieg in Flandern feierte, setzte sich das Heer erneut in Bewegung und überschritt am selben Tag die Somme; zwei Tage später hatte es die wenigen noch verbliebenen französischen und britischen Stellungen durchbrochen, und die französischen (und britischen) Truppen befanden sich im vollen Rückzug. General von Bock, der wegen Rundstedts Vorgehen bei Dünkirchen so ungehalten gewesen war, stürmte nun an der Küstenflanke vor, trieb die verbliebenen britischen Einheiten in Richtung Rouen und Le Havre zurück und nahm schließlich die meisten von ihnen in Gefangenschaft.

Und nun galten Churchills Überlegungen nicht nur Frankreich, sondern auch den Vereinigten Staaten. Am Schluß seiner Rede vom 4. Juni hatte er die »Neue Welt« angerufen. Das waren nicht nur schöne Worte. Er hatte von einer neuen Tendenz in der öffentlichen Meinung der Vereinigten Staaten gehört und wußte, daß die amerikanische Bevölkerung – insbesondere ihre gesellschaftliche und politische Führungsschicht – auf die unglaublichen Vorgänge zu reagieren begann, die sich jenseits des Atlantiks in Frankreich abspielten. Aber viel war es nicht, worauf Churchill sich stützen konnte. Er war enttäuscht von der Langsamkeit der amerikanischen Entscheidungen und von den seiner

Meinung nach fatalen Überlegungen, die Roosevelt bezüglich der britischen Flotte anstellte. Churchill wußte auch bereits, daß Roosevelt sich an den kanadischen Premierminister gewandt hatte. Am Tag seiner großen Rede, die mit dem Anruf der Neuen Welt endete, hatte Churchill auch erfahren, daß erste amerikanische Nachschublieferungen unterwegs waren, daß Roosevelt jedoch keinen seiner Zerstörer »erübrigen« könne. Am folgenden Tag, der sehr anstrengend werden sollte, schrieb Churchill eine Botschaft an Mackenzie King. »Ich weiß nicht, ob es möglich sein wird, Frankreich im Krieg zu halten. Hoffentlich wird es, selbst im schlimmsten Fall, einen gigantischen Guerillakrieg weiterführen«, schrieb er. (Die Vorstellung von einem großen französischen Guerillakrieg griff Churchill in den folgenden Tagen immer wieder auf, doch dann verblaßte sie rasch.) Folgendes hob er hervor:
»Wir müssen darauf bedacht sein, daß die Amerikaner die Aussicht auf einen Zusammenbruch Großbritanniens nicht allzu wohlgefällig betrachten. Sie dürfen sich nicht mit dem Gedanken trösten, daß ihnen nach einem solchen Zusammenbruch die englische Flotte und das Protektorat über das Britische Reich ohne Großbritannien zufallen würde ...

Bliebe Amerika aber neutral, und wir würden überwältigt werden, so kann ich nicht sagen, welche Politik eine pro-deutsche Regierung verfolgen würde, die dann unzweifelhaft an die Macht käme.

Obgleich der Präsident unser bester Freund ist, haben wir bis jetzt noch keine praktische Hilfe von den Vereinigten Staaten erhalten.«

Vier Tage später fand Churchill gegenüber Lord Lothian, dem britischen Botschafter in Washington, noch deutlichere Worte. Eine pro-deutsche Regierung könnte die Flotte den Deutschen übergeben. »Die gegenwärtigen Berater Seiner Majestät würden sich zu solch einer erbärmlichen Tat nicht bereitfinden; aber wenn Mosley Premierminister wäre oder andere Kollaborateure an die Macht kämen, würden sie genau das machen, und es bliebe ihnen auch gar keine Wahl; dieser Tatsache sollte sich der Präsident voll und ganz bewußt sein.« (Vergessen wir nicht, daß Mosley zu dieser Zeit in Brixton im Gefängnis saß.) Lothian solle »jeglicher selbstgefälligen Hoffnung« in Washington entgegentreten, daß Amerika dank seiner gegenwärtigen Politik die »Trümmer des Britischen Reiches« aufsammeln könne. »Wenn wir untergehen, hat Hitler eine sehr gute Chance, die Welt zu erobern.« Interessanterweise strich Churchill im letzten Augenblick die Passage »wenn Mosley Premierminister wäre«.

Kennedy, der Churchill noch immer mit Mißtrauen verfolgte, telegrafierte an den amerikanischen Außenminister, in London seien die Gerüchte, man werde nach Kanada reisen, verstummt, und das finde er verdächtig. Auch Bullitt, der über die britische Entscheidung, keine weiteren Flugzeuge nach Frankreich zu schicken, kurzzeitig erbost war, teilte seinem Freund Roosevelt von Paris aus seine Befürchtung mit, daß die Briten möglicherweise Verhandlungen mit Hitler erwägen könnten: Sie »schonen vielleicht ihre Luftwaffe und ihre Flotte, um sie als Verhandlungsgegenstand in die Gespräche mit Hitler einbringen zu können«. In seinen Memoiren beteuerte Cordell Hull, daß er und Roosevelt das niemals angenommen hatten, da sie von Churchills Reden beeindruckt waren. Ob das stimmte, sei dahingestellt: Auf jeden Fall gab Roosevelt am 10. Juni erstmals eine eindeutig nichtneutrale Stellungnahme ab. Das war der Tag, an dem Mussolini Frankreich und England den Krieg erklärte. Roosevelt hatte an diesem Tag eine Rede bei einer akademischen Feierstunde an der Universität Virginia in Charlottesville zu halten. Auf seinem Weg dorthin ergänzte er das Vortragsmanuskript, das im Auswärtigen Amt vorbereitet worden war, um eine deutliche Aussage:

»Tatsächlich halten heute noch immer einige an einem Standpunkt fest, der sich längst als irrig erwiesen hat: nämlich, daß wir es uns hier leisten könnten, aus den Vereinigten Staaten eine einsame Insel in einer Welt zu machen, die von dem Glauben an die Gewalt beherrscht wird. Solch eine Insel mag im Traum jener existieren, die noch immer für eine isolationistische Politik votieren. In meinen Augen und in denen der überwältigenden Mehrheit der Amerikaner ist eine solche Vorstellung heutzutage ein hilfloser Alptraum, der hilflose Alptraum von einem Volk, das eingekerkert ist, in Handschellen gefesselt, hungrig und gefüttert von den verächtlichen, gefühllosen Herrschern anderer Kontinente ... Wir dürfen nicht zögern – keiner von uns –, bestimmte unverbrüchliche Wahrheiten zu verkünden. Als Nation – und das gilt auch für alle anderen amerikanischen Nationen – sind wir unerschütterlich davon überzeugt, daß ein Land- und Seesieg für die Götter der Gewalt und des Hasses alle demokratischen Institutionen der westlichen Welt gefährden würde und daß daher unser ganzes Mitgefühl jenen Nationen gelten muß, die ihr Lebensblut im Kampf gegen diese Mächte opfern ...

An diesem zehnten Tag im Juni 1940 hat die Hand, die den Dolch hielt, diesen hinterrücks in den Rücken des Nachbarn gebohrt ...«

Churchill war den ganzen Tag über bei schlechter Laune gewesen. Als er am Abend diese Rede Roosevelts hörte, empfand er mit seinen Kollegen »große Genugtuung« darüber. Am nächsten Morgen schrieb er umgehend eine Botschaft an Roosevelt. Erneut bat er um die Zerstörer. Aber der zentrale Satz seiner Botschaft lautete: »Es muß alles getan werden, daß Frankreich weiterkämpft, und es muß unter allen Umständen der Eindruck vermieden werden, daß der Fall von Paris, sollte er denn eintreten, ein Anlaß für irgendwelche Verhandlungen wäre.«

Der Fall von Paris ... Als Churchill dies schrieb, hatte die französische Regierung Paris bereits verlassen und befand sich auf dem Weg zu einem zeitweiligen Sitz im Loire-Tal. Noch eine weitere Katastrophenmeldung hatte Churchill an diesem Tag zu verarbeiten. Auf dem Höhepunkt der Evakuierungsmaßnahmen aus den wenigen in britischer Hand verbliebenen Gebieten in Nordnorwegen hatte das deutsche Schlachtschiff »Scharnhorst« den britischen Flugzeugträger »Glorious« sowie zwei Zerstörer versenkt. In dieser Woche, in der sich die Unglücksmeldungen häuften, war Churchills Stimmung heftigen Schwankungen unterworfen. Am 4. Juni schloß er einen Brief an den König mit zuversichtlichen Worten: »Es werden bessere Tage kommen – wenn auch nicht sofort«; und dem früheren Premierminister Stanley Baldwin vertraute er an: »Noch lastet das Amt nicht allzu schwer auf mir, aber ich kann auch nicht gerade behaupten, daß mir das Amt des Premierministers bislang besondere Freude gemacht hat.« Fünf Tage später schrieb er seinem Freund in Südafrika, General Jan Christiaan Smuts: »Wie mir scheint, kann allein dann eine Wende eintreten, wenn Hitler unser Land angreift und dabei seine Luftwaffe zerbricht.« Und er fügte hinzu, daß der Eintritt der Vereinigten Staaten in den Krieg nunmehr »überlebenswichtig« geworden sei. Aber dieser lag noch in weiter Ferne. Eine Woche später sollte Großbritannien ganz allein dastehen. Die Franzosen würden aus dem Krieg ausscheiden; und die Amerikaner würden ihm vorerst noch nicht beitreten.

Zu diesem Zeitpunkt – nach Roosevelts Rede in Charlottesville – war auch Hitler klar, wie wichtig die Rolle der Vereinigten Staaten geworden war. Er hatte einen europäischen Krieg geplant, nicht einen Weltkrieg. Neben der veränderten Kriegführung war das der große Unterschied zum Ersten Weltkrieg. Sein Ziel war stets ein großes kontinentales deutsches Reich, das den größten Teil Europas, besonders im Osten, beherrschte. Nun sprach man in Amerika davon, daß er die Welt beherrschen wollte. Das traf nicht zu. Daß Roosevelt zu seinen Hauptgegnern zählte, hatte er schon eineinhalb Jahre vorher erkannt. Am 30. Januar 1939 hielt Hitler anläßlich des sechsten Jahrestages der Machtergreifung eine Rede, deren volle Bedeutung sich erst im Rückblick erschließt. Zum ersten Mal drohte er den Juden Drastischeres an als deren Vertreibung aus dem Reich. In dieser Rede nahm er zum ersten Mal auch Bezug auf die feindliche Haltung Amerikas gegenüber dem Dritten Reich. Er warnte die Juden »Europas und außerhalb Europas«, das Resultat wäre »die Vernichtung« der jüdischen Rasse in ganz Europa, wenn es den Juden »gelingen« sollte, einen weiteren Weltkrieg vom Zaun zu brechen. Er könne seine Hand nicht an amerikanische Juden legen. Aber sie sollten nur gut acht geben: Je nachdem, wie sie sich verhalten würden, könnte er die europäischen Juden als Geiseln ins Spiel bringen; sollten ihre Brüder in Amerika die Vereinigten Staaten gegen ihn aufhetzen, ginge es ihnen an den Kragen. Im Juni etwa sah er dieses Problem unter seinem Blickwinkel ganz deutlich: Hinter Churchill stand Roosevelt, und hinter Roosevelt standen die amerikanischen Juden. Nun war es an der Zeit, den Amerikanern und besonders Roosevelts Gegnern zu zeigen, was ein Krieg bedeuten würde. Dabei reichte es nicht, ihnen klarzumachen, daß Deutschland den Krieg gewinnen würde, ja, daß sein Deutschland unbesiegbar sei. Sie mußten begreifen, daß die Fortsetzung des Krieges vollkommen sinnlos war. Er war an Amerika oder am Atlantik überhaupt nicht interessiert, nicht einmal an den britischen Dominien. Das war es, was Roosevelts isolationistische Gegner hören wollten. Jetzt lieferte er ihnen Zündstoff für ihre Argumente.

Am 13. Juni traf der amerikanische Journalist Karl von Wiegand in der »Wolfsschanze« ein. Das war ein ungewöhnlicher Vorgang. Während des gesamten Krieges gab Hitler Journalisten keine Interviews, schon gar nicht in einem seiner militärischen Hauptquartiere. Hitler hatte dem Deutsch-Amerikaner von Wiegand in den dreißiger Jahren drei Interviews gewährt. Dieser war europäischer Chefkorrespondent des *New York Journal – American,* des Hauptsprachrohrs der Isolationisten innerhalb der Hearst-Presse; und Hearst selbst hatte sich von einem Anhänger Roosevelts zu dessen überzeugtem Gegner gewandelt. Hearst war ein Isolationist. Das wußte Hitler. Er wußte auch, daß von Wiegand Ende Mai mit einem deutschen General gesprochen und dabei angeregt hatte, daß die Deutschen ein »weitsichtiges« und »großzügiges« Friedensabkommen vorschlagen sollten. Die Bedeutung des Interviews, das Hitler von Wiegand gab, wird auch daraus ersichtlich, daß Ribbentrop deswegen aus Berlin angereist kam.

Es war mehr als ein Propaganda-Schachzug (Hitlers Propagandaminister Goebbels blieb in Berlin). Noch ungewöhnlicher war ein weiterer Begleitumstand dieses Gesprächs: Nach dem offiziellen Interview sprach er mit Wiegand »ins Unreine«. Anschließend wurde der gesamte Text des Interviews durchgesehen und erst am nächsten Tag zur Veröffentlichung freigegeben. Im inoffiziellen Gespräch hatte Hitler, wie Ribbentrop sich erinnerte, erklärt, daß er eine Verlängerung des Krieges durch eine amerikanische Intervention nicht gern sähe. Er fügte noch hinzu, er habe sich darüber gefreut, daß Roosevelt in seiner Rede in Charlottesville eine amerikanische Kriegsteilnahme nicht erwähnt hatte. Er, Hitler, wolle die öffentliche Meinung in Amerika beruhigen. Wie in der Vergangenheit habe Deutschland auch jetzt keine Interessen in Nord- oder Südamerika (er erwähnte ausdrücklich Südamerika, denn Roosevelt und andere hatten bereits Besorgnis über die dortigen Aktivitäten der »fünften Kolonne« geäußert). Hitler lobte die Monroe-Doktrin und Washingtons Außenpolitik der Nichteinmischung in europäische Angelegenheiten. »Deshalb sage ich: Amerika den Amerikanern, Europa den Europäern!« Er selbst setzte das Ausrufezeichen in der getippten endgültigen Version.

Das amerikanische Wiederaufrüstungsprogramm beunruhigte ihn weniger. In keinem Fall – so lautete seine Antwort auf Wiegands diesbezügliche Frage – könnte amerikanischer Nachschub an Kriegsmaterial für England etwas am Ausgang des Krieges ändern. Er sprach sehr lange und machte sich besonders über das amerikanische Gerede über die »fünfte Kolonne« lustig. Dabei handele es sich lediglich um ein unehrliches Instrument gewisser Politiker, die sich gegen ihre Gegner nicht mit ehrlichen Mitteln durchsetzen könnten. Mit den Gegnern meinte Hitler die Isolationisten. Es ist interessant, daß Hitler sie an einer Stelle recht zutreffend als »radikale [amerikanische] Nationalisten« bezeichnete.

Hitler fuhr fort:

»Unsere Gegner werden diesen Krieg verlieren, nicht weil sie eine fünfte Kolonne, sondern weil sie korrupte, gewissenlose oder geistig beschränkte Politiker haben. Sie werden ihn verlieren, weil ihre militärische Organisation schlecht, ihre Kriegsführung wahrhaft miserabel ist. Deutschland wird diesen Krieg gewinnen, weil das deutsche Volk weiß, daß seine Sache gerecht ist, weil die deutsche militärische Organisation und Führung die bessere ist und weil wir die beste Armee und die beste Ausrüstung haben.«

Hitler ergänzte, daß die Zerstörung des Britischen Reichs niemals sein Ziel gewesen sei. »Aber als England Schlacht um Schlacht verlor, flehten die Machthaber in England mit Tränen in den Augen Amerika an und erklärten, daß Deutschland das britische Weltreich bedrohe und zu zerschlagen suche. In diesem Krieg wird allerdings etwas vernichtet werden, nämlich eine kapitalistische Clique, die für ihre niederträchtigen persönlichen Interessen bereit war und ist, Millionen von Menschen vernichten zu lassen. Aber dies wird – davon bin ich überzeugt – gar nicht von uns, sondern von ihren eigenen Völkern getan werden.«

Wichtiger noch als ihre Wirkung in Amerika sind diese Feststellungen für das, was sie uns über Hitlers Gedanken zu jener Zeit verraten. Sie belegen unter anderem, daß Hitler über die verschiedenen oppositionellen Strömungen gegen Roosevelt, die sich nun in der sogenannten Isolationismus-Politik zusammengefunden hatten, recht gut informiert war. Hitler wollte aus den verschiedenen Spannungen in Großbritannien und den Vereinigten Staaten seinen Nutzen ziehen. Der Text verfehlte in den isolationistischen Kreisen Amerikas seine Wirkung nicht, aber die gewünschte öffentliche Resonanz wurde durch einen viel dramatischeren Vorgang am selben Tag, den Fall von Paris, erheblich geschmälert.

Auch für Paris hatte Hitler Order erteilt, den dortigen amerikanischen Botschafter besonders zuvorkommend zu behandeln. Bullitt folgte seinen historischen Vorgängern (Washburn 1870/71 und Herrick 1914) und blieb in Paris. Die deutschen Truppen verhielten sich der amerikanischen Botschaft gegenüber ausgesucht höflich. Bullitt antwortete darauf mit dem Takt und der Zurückhaltung eines großen Gesandten klassischer Prägung.

Der Fall von Paris war mindestens eine Woche vorher absehbar gewesen. Hitler fand ihn an diesem Tag keiner besonderen Erwähnung wert. Insgeheim brachte er wenig Verständnis für Mussolini auf, der am 10. Juni eine förmliche Kriegserklärung für nötig befunden hatte. Kriegserklärungen waren in seinen Augen eine überholte und heuchlerische Praxis: »Das ist die letzte Kriegserklärung auf dieser Welt.... [Im Altertum] wurde überfallen und marschiert! Das ist an sich auch die richtige, gesunde Methode. Ich werde in meinem Leben jedenfalls niemals eine Kriegserklärung unterschreiben, sondern handeln.« Er sah voraus, daß die Franzosen den Italienern einen harten Kampf liefern würden, was auch tatsächlich eintrat.

Bereits am 15. Juni – einen Tag nach dem Fall von Paris und zwei Tage, bevor die französische Bitte um Waffenstillstand vorlag – berief Hitler Oberst Boehme in seinen Mitarbeiterstab und ließ ihn einen Vertragstext für den Waffenstillstand ausarbeiten. Noch zehn Tage vorher war Hitler davon ausgegangen, daß der Krieg in Frankreich weitere fünf oder sechs Wochen dauern würde. Doch jetzt waren die Franzosen in seiner Hand. Und dieses Mal bewies er diplomatisches Geschick. Seine Bedingungen waren hart, aber nicht unerträglich. (Der britische Botschafter in Frankreich nannte sie »teuflisch geschickt«.) Der Boehme-Entwurf sah die völlige Besetzung des französischen Mutterlandes vor. Hitler wollte zwei Fünftel Frankreichs unbesetzt lassen, aber die gesamte Atlantikküste sollte in deutscher Hand sein. Die französische Flotte brauchte dem Sieger nicht übergeben zu werden, sondern blieb unter der Aufsicht der Deutschen und Italiener in französischen Häfen stillgelegt. Die Briten jedenfalls würden die französische Flotte nicht bekommen. Hitler wußte, daß das ihr Hauptanliegen war.

Somit hatte Hitler Churchill zum zweiten Mal (das erste Mal in Norwegen) übertroffen. Er hatte die Franzosen nicht nur geschlagen; er hatte auch einen Keil zwischen sie und die Briten getrieben. Nun bot er den Franzosen eine »goldene Brücke« als Ausweg. Was Hitler als eine goldene Brücke bezeichnete, war in Wirklichkeit eine Sackgasse, ein schmutziger Weg, der an einem Mauerdurchbruch seinen Anfang nahm. Die Franzosen wollten sich nicht an die Wand drücken lassen; einige ihrer Politiker akzeptierten den vermeintlichen Ausweg.

Hitler wartete auf britische Reaktionen. Neben den »Braunen Blättern« legte ihm Hewel nun täglich eine Nachrichtenübersicht über Vorgänge in Großbritannien vor, die auf Hitlers Spezialschreibmaschine mit extra großen Buchstabentypen getippt wurde. (Hitler war weitsichtig geworden, aber er wollte so selten wie möglich eine Brille tragen oder gar damit gesehen werden.) Er wurde unruhig. Sobald die französische Bitte um Waffenstillstand vorlag, verabredete er sich mit Mussolini zu einem Treffen in München.

Das deutsche Volk war verblüfft. Für ausländische Beobachter in Berlin drückte das Verhalten der Masse eher Erstaunen als Begeisterung aus. Die meisten Deutschen hofften, daß der Krieg nun enden würde. Es dauerte einige Zeit, bis die Freude über die großen Siege ihrer Armeen gemeinsam mit dem weniger reizvollen Wunsch, England für die Fortführung des Krieges zu bestrafen, eine einzige feste Kontur gewann. Am 17. Juni schickte der ehemalige deutsche Kaiser Wilhelm II. Hitler ein langes Glückwunschtelegramm aus seinem holländischen Exil; Hitler dankte ihm eine Woche später in sachlichem Ton. In den Worten des Kaisers klang die bombastische preußisch-deutsche Militärrhetorik von 1870 und 1914 nach. Aber er gehörte schließlich auch jener Generation an.

Die Woche vom 10. bis zum 17. Juni war für Churchill die schlimmste Woche während des gesamten Zweikampfes mit Hitler. Seine Hartnäckigkeit war diesmal keine große Hilfe für ihn. Sie war nicht zu Starrsinn verhärtet: denn Starrsinn macht oft blind, und blind war Churchill nicht. Aber er hoffte noch immer, daß die Franzosen weiterkämpfen würden, und er versuchte alles, um sie zu ermutigen und zu unterstützen. Er übersah dabei allerdings, daß er ihnen fast nichts zu bieten hatte.

Am Dienstag, dem 11. Juni, flog er nachmittags um 14.30 Uhr erneut zu einem Treffen mit den französischen Führern. Der Flug dauerte dieses Mal länger. Der Pilot mußte eine weite südliche Schleife fliegen, um auf dem Flug ins Loiretal die vorrückenden Deutschen zu umgehen. Dort hatte die französische Regierung in einem Schloß bei Briare eine Zuflucht gefunden. Gegenüber seinen Begleitern zeigte sich Churchill während des Fluges nachdenklich und schweigsam. Schon ihre Ankunft verlief bedrückend. Die Sitzung begann erst um sieben Uhr, in einem Château, das nach einer Blume Muguet, »Maililie«, benannt war. Unpassender konnte der Name nicht sein. (Auch in manch anderer Hinsicht war die Zuflucht unpassend: Das einzige Telefon befand sich in der Toilette.)

General Weygand und Marschall Pétain waren anwesend und zeigten sich wenig reumütig, sondern eher anglophob und feindselig. Churchill wußte, wie wenig jetzt Ermutigungsfloskeln und Beteuerungen, daß die Briten weiterkämpfen würden, helfen würden. Alle seine Versprechungen, die er den Franzosen bezüglich weiterer britischer Unterstützung machen konnte, blieben naturgemäß ungenau, sogar sehr vage. Weygand erklärte, der entscheidende Augenblick sei nun gekommen: Die Briten sollten jetzt nicht ihre Fliegerstaffeln in England zurückbehalten. Churchill widersprach. Sein Begleiterstab, der die sentimentale Seite von Churchills Charakter kannte und auch wußte, wie sehr der Premierminister darunter litt, daß er den Franzosen nicht mehr Unterstützung hatte gewähren können, fürchtete schon ein Einlenken Churchills. Seine Begleiter waren erleichtert, als Churchill keine weiteren Flugzeuge für das Ende der Schlacht um Frankreich anbot.

Churchill schlug immer in die gleiche Kerbe und wiederholte sein Lieblingsthema. Auch bei einem Fall Frankreichs würde England weiterkämpfen und Hitlers Macht einmal brechen. Einige seiner Beteuerungen besaßen ausreichend Überzeugungskraft, wenigstens für einige der anwesenden Franzosen. Sie waren so etwas wie Lichter in der Dunkelheit; aber sie reichten nicht aus, um in den Franzosen das Feuer des Widerstandes neu zu entfachen. »Von den Kronleuchtern, die jetzt angemacht wurden, ging mehr Dunkelheit als Licht aus«, schrieb General Edward Spears. »Eine allgemeine Verzagtheit griff um sich und legte sich wie ein Nebel auf die Konferenz. Niemand schien zu wissen, wo es lang ging.«

Churchill blieb sich treu. Als ein Essen auf dem Konferenztisch aufgetragen werden sollte, zog er es vor, zunächst ein Bad zu nehmen und sich zum Essen umzuziehen. Beim Essen gab es dann einen »dramatischen Augenblick«. »Als wir Platz nehmen wollten«, erinnerte sich Anthony Eden, »schritt eine großgewachsene und etwas eckige Figur in Uniform an meiner Seite des Tisches vorbei. Es war General Charles de Gaulle, der Unterstaatssekretär der Verteidigung, den ich nur einmal vorher gesehen hatte. Weygand lud ihn freundlich ein, zu seiner Linken Platz zu nehmen. Doch de Gaulle erwiderte etwas schroff, er habe Anweisung, neben dem britischen Premierminister zu sitzen. Weygand errötete, gab keinen Kommentar, und das Essen begann.«

Dem Premierminister war de Gaulle schon vorher aufgefallen. Das Essen verlief ohne gegenseitige Beschuldigungen. Churchill blieb fest, aber nicht verletzend. Diese ganze schreckliche Woche hindurch bekundete er seine Sorge und sein Mitgefühl für die Franzosen. Nach dem Essen – es war schon sehr spät – eröffnete Reynaud Churchill, daß Marschall Pétain bei den Deutschen um einen Waffenstillstand nachsuchen wolle. Pétain hatte bereits ein Schriftstück entworfen; aber er zögerte noch – oder »schämte sich«, wie Reynaud es ausdrückte –, es vorzulegen. (Acht Jahre später kommentierte Churchill diesen Vorgang in seinen Memoiren: »Er hätte sich auch schämen müssen, Weygands Forderungen nach unseren letzten fünfundzwanzig Staffeln auch nur schweigend zu unterstützen, wenn er sich bereits darüber schlüssig war, daß alles verloren sei und Frankreich den Kampf aufgeben müsse.«)

Churchill schlief lange. Am nächsten Morgen erschien er gegen acht Uhr in einem rotseidenen Kimono; er verlangte nach einem Bad. Anschließend gab es ein gemeinsames Arbeitsfrühstück. Churchill beendete das Treffen mit einer formellen Erklärung. Er bat die Franzosen, ihn sofort nach Frankreich zurückzurufen, wenn sie sich endgültig dazu entschließen sollten, um einen Waffenstillstand nachzusuchen. Beim allgemeinen Aufbruch wechselte er mit Admiral Darlan noch ein paar Worte unter vier Augen. »Darlan, Sie dürfen ihnen niemals die französische Flotte überlassen.« Darlan sicherte es ihm fest zu.

Auf dem Rückflug nach London sah er Le Havre in Flammen. In London erstattete er dem Kriegskabinett Bericht. Er erwähnte auch de Gaulle und seine Pläne für einen Brückenkopf in der Bretagne. Aber das war nur ein dünner Strohhalm. Nach Mitternacht rief Reynaud erneut an. Die Verbindung war gestört und brach schließlich ab. Die Regierung hatte ihren Sitz nach Tours verlegt. Er bat Churchill, noch einmal herüberzukommen. Am 13. Juni 1940 flog Churchill zum fünften Mal innerhalb eines Monats nach Frankreich, es war sein sechstes Treffen mit Reynaud. Es sollte vier Jahre dauern, bis er Frankreich wiedersehen würde. Aber das wußte er damals noch nicht. Das Wetter war schlecht. Sie landeten bei strömendem Regen auf dem Flugplatz von Tours. Niemand hatte sich zu ihrer Begrüßung eingefunden. Das Mittagessen mußten sie allein und in aller Eile zu sich nehmen. Erst gegen 15.30 Uhr trafen die britischen und französischen Staatsmänner in einem nicht sonderlich einladenden Raum in der Präfektur von Tours zusammen.

Die Besprechung dauerte nicht lange. Reynaud hatte an Präsident Roosevelt telegrafiert und um eine definitive Stellungnahme gebeten, in der die Vereinigten Staaten für Frankreich Partei ergreifen sollten. Churchill sagte, er werde ebenfalls an Roosevelt telegrafieren. Die britische Delegation bat um eine Unterbrechung und verließ den Raum. Man ging dann im regennassen Garten des provinziellen Regierungssitzes auf und ab. Auf Drängen Beaverbrooks entschloß sich Churchill, ihre Zeit nicht länger zu vergeuden. Er meinte, daß man mit den Franzosen erst weiter argumentieren sollte, wenn Roosevelts Antwort vorlag.

Vielleicht war das ein Fehler. Das gesamte französische Kabinett hielt sich in einem anderen Schloß auf, im etwa dreißig Kilometer entfernten Cangé. Hätte sich Churchill unmittelbar an das Kabinett gewandt, hätte das vielleicht eine gegenteilige Entwicklung bewirkt. Viele Mitglieder waren dafür, weiterzukämpfen. So aber oblag es Reynaud, Churchills dringenden Wunsch zum Weiterkämpfen und die Nachricht von Churchills Botschaften an Roosevelt dem Kabinett vorzutragen, und das war nicht überzeugend genug.

Um 17.30 Uhr flogen Churchill und seine Begleiter nach England zurück. Er hatte weniger als zwei Stunden mit den Franzosen konferiert. Es war eine »abscheuliche Konferenz«, wie de Gaulle später schrieb. Nichts wurde erreicht. Man hatte lediglich versucht, die Entwicklung aufzuhalten und Roosevelt die Verantwortung zuzuschieben.

Am späten Abend landete Churchill nach einem anstrengenden Flug, der fast drei Stunden gedauert hatte, in London. Er berief das Kriegskabinett für 22.30 Uhr ein. Zwischenzeitlich lag der Text von Roosevelts Antwort auf Reynauds erste Botschaft (vom 10. Juni) vor. Sie klang positiv – positiver, als sie in Wirklichkeit war. Beaverbrook meinte sogar, es sei nun unvermeidlich, daß die Vereinigten Staaten »den Krieg erklärten«. Auch Churchill ließ sich für einen Augenblick von einer Welle des Optimismus tragen. Vor dem Kabinett sagte er, Hitler werde »zweifellos ... den Franzosen sehr großzügige Bedingungen unterbreiten, aber wir dürfen nicht zulassen, daß sie sie akzeptieren. Hat Hitler erst einmal herausgefunden, daß er auf diese Weise keinen Frieden bekommt, bleibt ihm nichts anderes übrig, als zu versuchen, unser Land zu schlagen. Diesen Versuch wird er wohl unternehmen, und zwar sehr bald, vielleicht innerhalb der nächsten vierzehn Tage; aber die Vereinigten Staaten von Amerika würden vorher auf unserer Seite in den Krieg eintreten.«

Es ist bemerkenswert, wie genau Churchill, schon drei Tage bevor Hitler seine Waffenstillstandsbedingungen formulierte, dessen Behandlung der Franzosen voraussah. Gleichzeitig allerdings schätzte er den Willen oder die Möglichkeiten Roosevelts falsch ein. Innerhalb weniger Minuten wurde das deutlich. Der amerikanische Außenminister hatte sich dagegen ausgesprochen, Roosevelts Antwort an Reynaud zu veröffentlichen. Also schrieb Churchill jetzt seine eigene Botschaft an den Präsidenten. Er arbeitete an den Formulierungen bis zwei Uhr morgens. »Unbedingt lebenswichtig« sei es, daß Roosevelts Botschaft an Reynaud sofort bekanntgemacht werde, »denn sie kann entscheidend dazu beitragen, einen Wendepunkt der Weltgeschichte herbeizuführen. Sie wird, dessen bin ich gewiß, die Franzosen veranlassen, Hitler den Abschluß eines Friedens zu verweigern, der doch nur von kurzer Dauer sein kann. Hitler braucht diesen Frieden, um uns zu vernichten und einen weiteren großen Schritt in Richtung auf die Weltherrschaft zu tun ...«

Aber dazu sollte es nicht kommen. Roosevelt stimmte der Veröffentlichung seiner Antwort an Reynaud nicht zu. Seine Zurückhaltung war natürlich politisch begründet. Er hatte die Opposition im eigenen Lande zu berücksichtigen: die Isolationisten in der Republikanischen Partei wie auch den Widerstand im eigenen Lager, auf den er wegen der bevorstehenden Nominierung seiner Person für eine bis dahin in der amerikanischen Geschichte einmalige dritte Amtsperiode Rücksicht nehmen mußte. Es gab einen weiteren Grund für sein Zögern, die Vereinigten Staaten schon jetzt festzulegen. Roosevelt glaubte, daß »in der Weltpolitik ... die Seemacht noch immer ausschlaggebend ist«. Außerdem vertrat er die Ansicht, daß die Franzosen selbst bei einer Kapitulation ihre Flotte nicht in die Verhandlungen einbringen würden – was nicht zutraf.

An diesem Tag, am Freitag, dem 14. Juni, marschierte die deutsche Armee in Paris ein. Am Tag darauf entwarf Churchill eine weitere wichtige Botschaft an Roosevelt, in der er die schlimmste aller Möglichkeiten in Erwägung zog. »Ich begreife alle die Schwierigkeiten, die Sie mit der amerikanischen öffentlichen Meinung und dem Kongreß haben, aber die Ereignisse überstürzen sich mit einer solchen Geschwindigkeit, daß es zu spät sein wird, wenn endlich die amerikanische öffentliche Meinung erwacht ist. Haben Sie bedacht, zu welchen Druckmitteln Hitler Frankreich gegenüber greifen kann? ... Eine Erklärung, daß die Vereinigten Staaten, wenn nötig, in den Krieg eintreten würden, könnte Frankreich retten.« Das war Hoffnung wider besseren Wissens. Churchill wußte, daß Roosevelt seinem Wunsch nicht folgen würde. Aber er sah sich genötigt, Roosevelt auf das Schlimmste hinzuweisen:

»Obgleich die jetzige Regierung und ich persönlich die Flotte unter allen Umständen über den Atlantik schicken würden, wenn unser Widerstand zusammenbrechen sollte, so kann es doch in diesem Kampf so weit kommen, daß den jetzigen Ministern die Dinge entgleiten und Großbritannien sehr leichte

Friedensbedingungen erreichen könnte, wenn es bereit wäre, ein Vasallenstaat des Hitler-Reichs zu werden. Ohne Zweifel würde eine pro-deutsche Regierung berufen werden, um Frieden zu schließen, und sie könnte einer gebrochenen und hungernden Nation die völlige Unterwerfung unter das Nazi-Joch als einzig möglichen Ausweg nahelegen. Das Schicksal der englischen Flotte wäre, wie ich das Ihnen gegenüber bereits erwähnt habe, für die Zukunft der Vereinigten Staaten entscheidend; denn fiele sie in deutsche Hände, so würde Hitler zusammen mit den Flotten Japans, Frankreichs und Italiens und dem mächtigen deutschen Industriepotential über eine überwältigende Seemacht verfügen. Es kann natürlich sein, daß er sich in der Verwendung dieser Machtmittel milder Mäßigung befleißigen würde. Andererseits ist auch das Gegenteil denkbar. Diese Umwälzung in den Machtverhältnissen zur See könnte schon sehr bald eintreten, jedenfalls lange bevor die Vereinigten Staaten imstande wären, sich dagegen zu wappnen.«

Es war eine ungewöhnlich lange Botschaft, und sie endete mit einer Bitte um die amerikanischen Zerstörer. Neunzig Minuten später schickte Churchill eine zweite, kürzere Botschaft hinterher, in der er Roosevelt über den unmittelbar bevorstehenden Waffenstillstand informierte. Doch Churchill wußte mittlerweile, daß direkte Botschaften an den Präsidenten keine maßgebliche Veränderung mehr bewirken würden. Er wollte den Kontakt über den britischen Botschafter in Washington aufrechterhalten. In den folgenden zwanzig Tagen schrieb er keine persönliche Botschaft mehr an Roosevelt – und einen Brief, den er zwanzig Tage später schrieb, hielt er schließlich zurück. Es verging fast ein Monat, bis Churchill sich wieder direkt an Roosevelt wandte.

An dem Tag, an dem Paris fiel, zog Churchill vom Haus der Admiralität in die Downing Street. Chamberlain war mit seiner Frau schließlich doch zurück in sein altes Haus gezogen. Im Mai hatte Churchill an allen drei Wochenenden in London bleiben müssen. Jetzt konnte er auch nach Chequers fahren, in die Wochenendresidenz des Premierministers mit ihrer großen Terrasse und einem Rosengarten auf einem tausend Morgen großen Landgut. Er fuhr zunächst entweder in einem Daimler oder einem kleineren Humber dorthin; später benutzte er einen gepanzerten Lanchester. Es dauerte einige Zeit, bis Churchills später berühmt gewordenes »Kriegszimmer« *(War Room)* nach seinen Vorstellungen hergerichtet war. Ansonsten gab es in seinen Arbeitsgewohnheiten kaum Veränderungen: Aktenstudium im Bett, regelmäßige Bäder (manchmal zweimal täglich), langer Mittagsschlaf, Arbeit bis tief in die Nacht. Am besten konnte er nach dem Aufwachen am Morgen bzw. nach der Mittagspause und vor und während des Abendessens denken und arbeiten. Er schlief gut und tief und erwachte morgens gestärkt und frisch. In jenen Tagen aber kam es häufiger vor, daß er – wie er Eden später gestand – »mit Furcht im Herzen erwachte«.

Das galt mit Sicherheit für den 16. Juni, dem schrecklichsten Tag in dieser schrecklichen Woche, dem schrecklichsten vielleicht in Churchills gesamter Laufbahn. Er befand sich auf Chequers; es war ein dunkler, grauer Morgen; draußen fiel heftiger Regen. Die ganze Nacht hindurch waren Telegramme höchster Dringlichkeitsstufe auf der länger gewordenen Distanz, nämlich zwischen London und Bordeaux, hin- und hergeschickt worden. Dorthin hatte sich die zerrüttete, verzagte französische Regierung zurückgezogen, und eine immer feindseliger werdende Beamtenschaft versuchte, den britischen Botschafter auf Distanz zu halten. In der Nacht zuvor hatte sich die französische Regierung in Bordeaux einen gewundenen Kompromißvorschlag von Chautemps, einem aalglatten und erfahrenen Politiker, zu eigen gemacht: erst einmal die deutschen Bedingungen für einen Waffenstillstand sondieren und sie ablehnen, wenn sie sich als unvereinbar mit der verbliebenen Souveränität und der Ehre Frankreichs erweisen sollten. (Acht Jahre später erinnerte Churchill sich wieder an die bekannte Formulierung: Es sei natürlich ganz unmöglich, sich auf so gefährliches Gelände zu begeben und dann wieder anzuhalten.) Am 16. Juni morgens um sieben Uhr erreichte Churchill Reynauds Telegramm mit der Nachricht, daß Frankreich um einen Waffenstillstand gebeten habe. Sofort berief er das Kriegskabinett ein. Im Regen fuhr er nach London. Alles war düster: die Nachrichten, die Aussichten, der Himmel, sein Gesichtsausdruck. Aber die ganze Fahrt über diktierte er eine Anordnung nach der anderen zu den verschiedenartigsten Problemen.

Die nächsten Stunden dieses schicksalhaften Tages brachten so viele dramatische Einzelheiten, daß sich die Historiker auch heute, nach fünfzig Jahren, über die genaue Reihenfolge und den Verbleib einiger wichtiger Telegramme im unklaren sind. Vorrangig war die Frage, was mit der französischen Flotte geschehen würde: einer Flotte aus modernsten Kriegsschiffen, die 1940 größer und schlagkräftiger war als die Kriegsflotte des Dritten Reiches. Die erste Reaktion des Kriegskabinetts war relativ einfach. Bis zu diesem Morgen war man von der Lösung ausgegangen, die Churchill einmal als »holländische Lösung« bezeichnet hatte: daß also wie einst in Holland die französische Armee zwar kapitulierte, die Regierung und die Kriegsmarine aber weiterkämpfen und sich entweder nach Großbritannien oder auf französisches Territorium in Nordafrika oder beide Ziele zurückziehen würde. Wegen des wachsenden Gewichts derer, die im französischen Kabinett den Waffenstillstand befürworteten, bestand diese Lösungsmöglichkeit nun nicht mehr – wenn sie überhaupt jemals bestanden hatte. Daher war die britische Regierung bereit, die französische Regierung aus den Verpflichtungen zu entlassen, die im März im englisch-französischen Vertrag festgehalten worden waren, »unter der Voraussetzung, aber auch nur unter der Voraussetzung, daß die französische Flotte vor etwaigen Verhandlungen sogleich nach englischen Häfen ausläuft«.

Gut durchdacht war diese Botschaft an die Franzosen nicht. Die Klausel, die ihnen Friedensverhandlungen gestattete, sofern sie ihre Flotte den Engländern überließen, war nicht dazu angetan, Pétain und seine Anhänger zu überzeugen. Ob Churchill wußte, wie weit die französische Regierung den gefährlichen Weg hinabgeglitten war, ist ungewiß. Er ahnte jedenfalls nicht, wie sehr die Entbindung aus der Vertragspflicht den Waffenstillstandsbefürwortern innerhalb der Regierung in die Hände spielen würde. Offenbar war er sich auch nicht bewußt, daß bei einem solchen Flottenabzug die französischen Kriegsschiffe aus dem Mittelmeer verschwänden und man dadurch einen erheblichen Teil des Gebietes der italienischen Marine überlassen würde – was angesichts seiner Erfahrung in Marineangelegenheiten mehr als erstaunlich war. Der konfuse Ablauf der Ereignisse in den folgenden Stunden spiegelt sich in der verworrenen Quellenlage, zu der auch Instruktionen gehören, die an den britischen Botschafter in Bordeaux gekabelt und bald darauf wieder zurückgezogen wurden.

Denn in der Zwischenzeit spielte Churchill seinen letzten Trumpf aus. Oder genauer: Er griff nach einem neuen Kartenspiel. Das chaotische Durcheinander, das vor ihm lag, wischte er mit einer Handbewegung vom Tisch. Eine Union zwischen Frankreich und England wäre die Lösung. Keine neue Allianz, kein Bündnis, sondern eine Union. Eine Union der Regierungen, Staaten, Völker, Reiche (und natürlich ihrer Schiffe). »Atemberaubend« ist hier ein zutreffendes Wort. Was England betrifft, war das der weitestgehende Plan seit etwa einem Jahrtausend.

Diese Idee stammte nicht von Churchill. Sie war in den vorangegangenen Wochen von einer Handvoll Franzosen und Briten entwickelt und erörtert worden. Am 15. Juni wurden die Gespräche intensiviert. Von dem konkreten Plan hörte Churchill das erste Mal an diesem Tag. Am 16. bat er de Gaulle zum Mittagessen in den Carlton Club. Zu diesem Zeitpunkt war das Telegramm, mit dem man die Franzosen im Austausch gegen ihre Flotte aus ihrer Vertragsverpflichtung entließ, bereits nach Bordeaux abgeschickt worden. De Gaulle stimmte dem nicht zu, aber er sprach sich damals nachdrücklich für das Unionsprojekt aus. »Die beiden Regierungen erklären, daß Frankreich und Großbritannien nicht länger zwei Nationen sein sollen, sondern zusammen eine französisch-britische Union bilden. ... Jeder Bürger Frankreichs tritt unverzüglich in den Genuß der Bürgerrechte Großbritanniens, jeder britische Untertan wird Bürger von Frankreich.« So lautete eine Passage des Textes.

Churchill ließ sich von de Gaulles Enthusiasmus begeistern. Um drei Uhr ging er zurück ins Kriegskabinett. Dort erklärte er, daß er »zunächst instinktiv gegen die Idee gewesen sei, daß es aber nicht anginge, uns in dieser Krise Mangel an Vorstellungskraft zuschulden kommen zu lassen. Irgendeine dramatische Ankündigung war offenbar nötig, um die Franzosen bei der Stange zu halten ...« Er verlas vor dem Kabinett die Proklamation der Union, die nicht er, sondern vier andere (Sir Robert Vansittart, Jean Monnet, René Pleven, Major Desmond Morton) entworfen hatten. Daß er sich diese Sache zu eigen machte und daß das Kriegskabinett sie innerhalb weniger Minuten akzeptierte, gibt uns eine Vorstellung davon, wie tief an diesem Tag die Angst und Besorgnis saß. Nun wurde Sir Ronald Campbell in Bordeaux angewiesen, das Telegramm zurückzuhalten, mit dem die Franzosen aus ihrer Vertragsverpflichtung entlassen werden sollten.

Um vier Uhr stimmte man der Schlußversion zu. De Gaulle übernahm es, den Text telefonisch an Reynaud durchzugeben. Reynaud faßte wieder Mut. Auch er meinte, dieses Angebot schaffe eine neue Situation. Pétain, Weygand und andere lehnten es jedoch mit unverhohlener Verachtung ab. In ihren Augen handelte es sich um einen verzweifelten, wenn nicht gar unehrenhaften Versuch. Pétain: »Eine Verschmelzung mit einem Kadaver.« Jean Ybarnégaray, ein französischer Nationalist: »Besser eine Nazi-Provinz! Da wissen wir wenigstens, was auf uns zukommt.« Es sei der Versuch, »Frankreich unter britische Vormundschaft zu bringen«. Und als Georges Mandel, einer der wenigen, die zu Reynaud hielten, fragte: »Wollt ihr lieber ein deutscher Gau sein als ein englisches Dominion?« strafte man ihn mit Verachtung. In jener Nacht bildete Pétain eine neue Regierung. Er sorgte umgehend dafür, daß das französische Waffenstillstandsersuchen den Deutschen übermittelt wurde.

Davon erfuhr Churchill erst später. Am Nachmittag entschloß er sich nach Rücksprache mit dem Kabinett, eine weitere dringende Botschaft an Frankreich zu richten. De Gaulle war mit dem Dokument, das die Union proklamierte, nach Bordeaux geflogen.

Churchill wollte mit dem Zug nach Southampton fahren, wo ein schneller Kreuzer auf ihn wartete, mit dem er am Mittag des folgenden Tages in der Bretagne eintreffen sollte zu einem Treffen mit Reynaud und anderen französischen Politikern. Der Premierminister fuhr direkt von Westminster zur Waterloo Station. Voller Ungeduld nahm er im Zug Platz, doch die Lokomotive setzte sich nicht in Bewegung. Einer seiner Referenten war Churchill vom Regierungssitz nachgeeilt und überbrachte ein Telegramm aus Bordeaux: Reynauds Rücktritt stehe unmittelbar bevor; das Treffen in der Bretagne sei abgesagt. Churchill »kehrte mit schwerem Herzen in die Downing Street zurück«.

Das war das Ende einer Woche, in der Hitler Churchill, möglicherweise entscheidend, zuvorgekommen war. Hitler war jetzt Herr über fast ganz Europa. Italien war dem Krieg auf deutscher Seite beigetreten. Churchill konnte die Vereinigten Staaten nicht zu einem Kriegsbeitritt überreden. Und er konnte die Niederlage Frankreichs weder aufhalten noch verhindern.

Am 18. Juni 1940 jährte sich die Schlacht von Waterloo zum 125. Mal. Es war die letzte Schlacht in der Reihe von Weltkriegen gewesen, die über ein Jahrhundert lang zwischen Frankreich und Großbritannien geführt worden waren. Hundert Jahre nach Waterloo hatten Frankreich und Großbritannien Seite an Seite gegen Deutschland gekämpft. Nun, im Jahr 1940, fiel Frankreich an Deutschland, und Großbritannien stand allein vor Gefahren, die diejenigen von Waterloo weit übertrafen.

Am späten Abend dieses Jahrestages der Schlacht von Waterloo kehrte Hitler aus München zu seinem Hauptquartier, der »Wolfsschanze«, zurück, das einige Kilometer von der französischen Grenzstadt Rocroi entfernt lag. Rocroi war ein düsteres, graues Städtchen. Als die englische Historikerin Veronica Wedgwood diese Stadt in den dreißiger Jahren besuchte, sagte ihr eine verhärmte kleine Kellnerin, daß bald etwas mehr Leben in die Stadt kommen werde: »Man hat uns eine Garnison versprochen.« Vier Jahre später war diese Hoffnung wahr geworden, allerdings anders, als die Kellnerin es sich vorgestellt hatte.

Jene französische Weltgeltung, die seit Waterloo geringer geworden war, hatte einst bei Rocroi ihren Anfang genommen. Dort war eine der entscheidendsten Schlachten der europäischen Geschichte ausgetragen worden. Im Jahr 1643 hatten die Franzosen bei Rocroi die mächtige spanische Infanterie besiegt. Dieser Sieg hatte Frankreich zur stärksten Macht in Europa, ja in der ganzen Welt gemacht. Für die Spanier war diese Niederlage ihrer Armee genauso folgenschwer wie 1588 die Niederlage ihrer Armada gegen England. Ihnen gelang es in der Neuzeit nicht, den ihnen gebührenden Platz einzunehmen. Doch nun, im Jahr 1940, sah es so aus, als wäre die gesamte westeuropäische Aufklärung, dieses eigentliche Merkmal der Neuzeit, abrupt zu Ende gekommen. Spanien spielte dabei auch eine Rolle. Das französische Waffenstillstandsersuchen an Hitler wurde nicht, wie Reynaud und Chautemps es am Vortag abgesprochen hatten, von den Vereinigten Staaten übermittelt, sondern von José Lequerica, dem eifrigen spanischen Botschafter in Bordeaux. Pétain gab Francos Spanien den Vorzug.

Hitler war ausgezeichneter Stimmung. Als er Pétains Waffenstillstandsersuchen erhalten hatte, lief er aus seinen Diensträumen hinaus, stieß in Gegenwart seiner Mitarbeiter Freudenrufe aus und klopfte sich auf die Schenkel. Diese etwas ordinäre österreichisch-deutsche Geste wurde später mit filmischen und fotomechanischen Tricks in einen Freudentanz ummontiert; und seitdem hat die Legende, Hitler habe einen Freudentanz aufgeführt (entweder an diesem Tag in seinem Hauptquartier oder fünf Tage später im Wald von Compiègne), Eingang in Geschichtsbücher und Bild- und Filmarchive der Welt gefunden. Das ist nebensächlich (außer für jene, die dumm genug sind, einem Bild mehr als tausend Worten zu glauben). Aber er befand sich tatsächlich in ausgezeichneter Stimmung.

Am Morgen des 18. Juni traf er Göring auf dem Frankfurter Flughafen. Sie umarmten sich. Von dort flog Hitler weiter nach München zu einem Treffen mit Mussolini. Der Duce war enttäuscht. Frankreich war zu früh gefallen, ohne daß die Italiener viel, wenn überhaupt etwas, zum Sieg hatten beitragen können.

(Wie Hitler vorausgesehen hatte, bot eine kleine französische Streitmacht den Italienern an der gesamten Alpen- und Rivierafront Einhalt.) Mussolini hätte sich mehr Krieg gewünscht. (Später sagte Churchill einmal, Mussolini solle bald all den Krieg bekommen, den er sich gewünscht hatte.) Dieses eine Mal zeigte sich der ansonsten starrköpfige und bedenkenlose von Ribbentrop, wie Mussolinis Schwiegersohn und Außenminister Ciano sich erinnerte, »außergewöhnlich moderat«. Von Ribbentrop sprach sich für einen Frieden aus. Er erklärte Ciano, daß er bei ihrer Unterredung erst dann in Einzelheiten gehen wolle, wenn sie mit Hitler gesprochen hätten. Er schloß das Gespräch mit einem Hinweis auf »ein deutsches Projekt, die Juden zusammenzutreiben und nach Madagaskar zu schicken«.*

Danach nahmen sie am Gespräch zwischen Hitler und Mussolini teil. Ciano, der Hitler nicht mochte, war beeindruckt. Er verstand sehr wohl, daß Hitler eine Übergabe der französischen Flotte an die Briten vermeiden wollte. »Aus allem, was er sagt, wird klar, daß er schnell handeln will, um alles zum Ende zu bringen. Hitler ist wie ein Spieler, der einen großen Gewinn gemacht hat und jetzt am liebsten vom Tisch aufstehen möchte, um nichts mehr zu riskieren. Er spricht heute mit einer weitsichtigen Zurückhaltung, die nach einem solchen Sieg wahrhaft er-

---

* Wie wir oben (vgl. S. 161) gesehen haben, verfolgte sein Außenministerium den Madagaskar-Plan seit dem 3. Juni. An diesem 24. Juni nun schickte Heydrich ein Memorandum an Ribbentrop. Heydrich zufolge konnte das Judenproblem nicht mehr durch Emigration gelöst werden. Daher schien ihm eine territoriale »Endlösung« notwendig. Meines Wissens taucht dieser ominöse Begriff hier erstmals in einem deutschen Dokument auf – und nicht erst 1941, wie viele glauben. Hinzu kommt ja auch, daß Hitler den Madagaskar-Plan am 20. Juni – und auch noch einmal am 2. Februar 1941 – erwähnte: »Auf [die] Frage ... wie die denn im Krieg dahin kommen sollten, antwortete er, das müßte man überlegen. ... Er dächte über manches jetzt anders, nicht gerade freundlicher.« Die Bedeutung des Datums und des Tonfalls dieser Äußerung ist groß, zumal sie von vielen Hitler-Biographen und Historikern, die sich mit der Vernichtung der Juden befassen, übersehen worden ist.

staunlich ist. Man kann bestimmt nicht von mir sagen, daß ich ihm sonderlich zugeneigt bin, aber heute bewundere ich ihn aufrichtig.« Ihr Gespräch war kurz. Abends kehrte Hitler in die »Wolfsschanze« zurück. Er würde dieses Hauptquartier bald für immer verlassen; bereits am nächsten Tag legte man ihm Pläne für sein neues Hauptquartier, »Tannenberg«, vor, das wieder in Deutschland lag.

Er war voller Zuversicht und glaubte, dafür auch noch weitere Gründe zu haben. Vierundzwanzig Stunden zuvor waren in Berlin erste Meldungen über einen Bruch eingetroffen, den es in London gegeben hatte. R. A. (»Rab«) Butler, der Unterstaatssekretär im Außenministerium, hatte den schwedischen Gesandten in London, Björn Prytz, im St. James's Park getroffen. Er bat ihn daraufhin in sein Büro. Butler war kein Freund Churchills; er war selten einer Meinung mit ihm. Im November 1939 hatte er dem italienischen Botschafter Bastianini gesagt: »Churchill spricht nur für sich selbst.« Nun erklärte Butler dem Schweden, man werde »keine Gelegenheit versäumen«, um einen Kompromißfrieden zu schließen, falls sich die Gelegenheit »zu vernünftigen Bedingungen« bieten sollte. Man werde nicht zulassen, daß sich einige Unentwegte (gemeint war Churchill) Verhandlungen in den Weg stellten. Prytz blieb in Butlers Büro, während dieser Halifax aufsuchte. Bei seiner Rückkehr brachte Butler eine Botschaft von Halifax mit: »Vernunft und nicht Draufgängertum« würden die Politik der britischen Regierung bestimmen, wenngleich Prytz das nicht dahingehend interpretieren solle, daß man Frieden um jeden Preis erstrebe. In einem dringlichen Telegramm nach Stockholm fügte der Gesandte noch hinzu, seine Gespräche mit anderen prominenten Engländern – in der Hauptsache mit bestimmten Unterhausabgeordneten – hätten ergeben, daß Churchill ungefähr in zehn Tagen durch Halifax abgelöst werden könnte. Diese Nachricht verbreitete sich in Stockholm wie ein Lauffeuer. Sie wurde König Gustav V. übermittelt, dessen Wunsch nach einem Kompromißfrieden zwischen Großbritannien und Deutschland bekannt war. Die Nachricht kam auch dem italienischen Gesandten in Schweden, Francesco Fransoni, zu Ohren, der dann sofort nach Rom meldete, die britische Regierung sei bereit *(è disposto)*, über Frieden zu verhandeln. Innerhalb weniger Stunden war diese Meldung auch nach Berlin gelangt. In München unterrichtete Ribbentrop Ciano und natürlich Hitler.

Aber der Bericht war ungenau. Fransoni dachte, es sei der britische Gesandte in Stockholm gewesen, der beim schwedischen Außenminister um eine Audienz gebeten hatte, was nicht der Fall war. (Als letzterer beim britischen Gesandten nachfragte, ob er Prytz' Meldung inhaltlich bestätigen könne, antwortete Sir Victor Mallet, es gelte nach wie vor Churchills Richtlinie: »Wir setzen den Krieg mit ganzer Kraft fort.«) Am folgenden Tag kabelte Prytz nach Stockholm, daß Butler und Halifax »persönliche Meinungen« geäußert hätten und sich die Haltung der britischen Regierung noch nicht herauskristallisiert habe. Halifax stellte bei Mallet klar, daß er »gewiß keine Andeutung hatte machen wollen«. Ob Hitler von diesen korrigierenden Einzelheiten erfuhr, ist unbekannt. Am 20. Juni teilte ihm Hewel mit, daß in konservativen Londoner Kreisen »Stimmen gegen Churchill laut geworden seien«. Drei Tage später legte Hewel ihm einen weiteren Bericht des bereits erwähnten Prinzen Max zu Hohenlohe vor, der wieder in die Schweiz zurückgekehrt war. Ihm zufolge gab es eine Anti-Churchill-Gruppe in London, »besonders Butler, der von tiefem Pessimismus ergriffen ist und verzweifelt nach einem Ausweg sucht«. Der spanische Gesandte in Bern, ein guter Bekannter Butlers, bestätigte dies gegenüber zu Hohenlohe. Der Schweizer Patrizier und ehemalige Hohe Kommissar des Völkerbunds in Danzig, Carl Jakob Burckhardt, dessen Dienste sich Hitler schon früher bei der Weiterleitung von Hinweisen an London nutzbar gemacht hatte, teilte zu Hohenlohe ebenfalls mit, daß seiner Einschätzung nach die Briten Kontakt zu den Deutschen suchten.

Am 20. Juni traf Hitler mit den Befehlshabern der Armee und mit Großadmiral Raeder, dem Oberbefehlshaber der deutschen Kriegsmarine, zusammen. Sie wollten Pläne für eine Invasion Englands ausarbeiten, für den Fall, daß England sich nicht bald auf Friedensverhandlungen einlassen würde. Hitler sei »skeptisch« gewesen: »Er hält England für so schwach, daß großangelegte

Landungen überflüssig sein könnten«; Luftangriffe auf England täten es auch; die Aufgaben des Heeres könnten sich auf Besatzungsmaßnahmen beschränken. Das hatte ihm vermutlich Göring drei Tage vorher in Frankfurt gesagt. Hitler schloß die Unterredung mit der Feststellung, daß die Engländer »jetzt so oder so klein beigeben werden«. Dann wandte er sich angenehmeren Dingen zu: den Vorbereitungen auf seinen bevorstehenden Besuch in Paris, bei dem er sich von seinen Architekten und Künstlern begleiten lassen wollte.

Davor lag noch die Zeremonie des Waffenstillstands mit den Franzosen – genauer gesagt, der französischen Kapitulation. Auf seine Anordnung hin wurde die französische Delegation in die Waldlichtung bei Compiègne beordert, wo die deutschen Generäle am 11. November 1918 ihrerseits das Waffenstillstandsabkommen zu unterzeichnen hatten. Dort wartete der Wagon-Lit-Speisewagen WL 2519, den die Franzosen als Museumsstück aufbewahrt hatten; ein Gedenkobelisk; und ein Denkmal von Marschall Foch. Das Zeremoniell war kurz – es dauerte etwa vierzig Minuten. Hitler sprach mit den Franzosen kein Wort. Er befahl, den Obelisk zu zerstören und das Denkmal Fochs unversehrt zu lassen – eine seiner seltenen großherzigen Gesten. Der WL 2519 wurde nach Berlin gebracht und dort in einem Museum ausgestellt. (Er wurde zu Beginn des Jahres 1945 bei einem der großen Bombenangriffe auf Berlin zerstört.) Von Compiègne flog Hitler zurück nach Rocroi-Bruly, in einer von Göring bereitgestellten großen, viermotorigen Condor.

Zwei Tage später flog er zu völlig ungewohnter Stunde, morgens um 3.30 Uhr, nach Paris. Mit ihm flogen sein Lieblingsbildhauer Arno Breker und sein Lieblingsarchitekt Albert Speer. Sie machten in den frühen Morgenstunden eine eilige Besichtigungstour durch die leeren Straßen von Paris. Hitler verblüffte seine Begleiter mit seinen detaillierten Kenntnissen über einige Gebäude, besonders über die Oper, wo seine Detailkenntnisse auch einen hohen Funktionär erstaunten, der zu seiner Führung durch das Haus bestellt worden war. Es war eine merkwürdige, verstohlen und hastig durchgeführte Tour. Um 10 Uhr morgens waren sie zurück in der »Wolfsschanze«. Noch Tage danach sprach Hitler über die Schönheit der Stadt, die er nun zum ersten Mal gesehen hatte. In der Zwischenzeit wartete er auf neue Meldungen aus London. Dann begab er sich mit einigen alten Kameraden auf eine Fahrt zu Schlachtfeldern, auf denen er im Ersten Weltkrieg gedient hatte. Am nächsten Tag, am 27., wurde das Hauptquartier von der »Wolfsschanze« in die Nähe des Kniebis im Schwarzwald verlegt.

In der letzten Maiwoche war Churchills Führungsanspruch innerhalb des Kriegskabinetts ernsthaft in Frage gestellt; zugleich aber stellte die Moral der britischen Bevölkerung kein ernsthaftes Problem mehr dar, wenn auch vielleicht nur deshalb, weil sie den Ernst der Situation noch immer nicht voll begriffen hatte. Drei Wochen später hatten sich diese Umstände stark verändert. Die Moral der Bevölkerung war durch die Niederlage der Franzosen beeinträchtigt; aber innerhalb der Regierung war Churchills Autorität trotz der Katastrophe in Frankreich gestärkt.

Churchill wußte das – und es war für seine unverbrüchliche Entschlossenheit von großem Wert. Sein anderer unschätzbarer Vorzug war der Scharfblick, mit dem er Hitlers Alternativen sah. Er glaubte nicht, daß Hitler bereit oder willens war, England anzugreifen – jedenfalls noch nicht. Natürlich besaßen die Vorbereitungen für eine Verteidigung der Insel gegen eine Invasion allerhöchste Priorität. Aber er wußte, daß Hitler noch unentschlossen war. Dieses Wissen bezog er nicht aus geheimdienstlichen Meldungen oder aus entschlüsselten Depeschen. Er bezog sie aus seiner intuitiven Einsicht. Hitler konnte (und würde wohl auch) England ein verlockendes Angebot unterbreiten. Damit die englische Bevölkerung dieser Versuchung widerstand, mußte Churchill deren Moral stützen. Das war in diesem Augenblick seine Hauptsorge. Es war seine Pflicht. Während der letzten beiden Juniwochen arbeitete der um fünfzehn Jahre ältere Churchill unablässig, was für Hitler nicht im gleichen Maße galt.

An jenem ereignisreichen und katastrophalen 16. Juni zum Beispiel verließ Churchill in eben jener halben Stunde, in der nichts

Geringeres als die Proklamation der Union mit Frankreich vorbereitet wurde, das Kriegskabinett, um einen langen Brief an die Premierminister der Dominien zu diktieren. Wenn man bedenkt, was an diesem Tag geschah, erscheinen der Geist und Tenor dieses Briefes bemerkenswert. Er begann so: »Ich halte auch jetzt noch dafür, daß wir über die Kraft verfügen, die Situation zu meistern. Es ist noch keineswegs ausgeschlossen, daß die Franzosen in Afrika und zur See weiterkämpfen werden, aber was sie auch tun mögen, Hitler muß uns in unserem eigenen Land zerschmettern oder den Krieg verlieren.« Er schloß mit einer erneuten Feststellung seines unerschütterlichen Optimismus. Churchill berichtet in seinen Memoiren, daß während des Diktats die Sonne hell und warm vom Himmel schien. Vielleicht erinnerte er sich nicht daran, daß dieser Tag mit heftigem Regen begonnen hatte.

Am nächsten Morgen wußte er, daß Frankreich verloren war. Großbritannien war allein. Gleichzeitig traf eine andere Katastrophenmeldung ein. Die Deutschen hatten das Linienschiff »Lancastria« versenkt, das fünftausend britische Soldaten und Zivilpersonen aus einem französischen Atlantikhafen nach England bringen sollte. Dreitausend Menschen waren dabei ertrunken. Churchill ließ die Veröffentlichung dieser schrecklichen Nachricht in der Presse verbieten (und vergaß in den darauffolgenden Wochen, den Befehl zurückzunehmen). Die Zeitungen hätten für diesen Tag genügend Schreckensmeldungen, sagte er. Dennoch war seine Stimmung gut und seine Energie ungebrochen. Am Nachmittag gab er im Radio eine kurze Erklärung ab. »Die Nachrichten aus Frankreich sind sehr schlecht, und ich trauere um das tapfere französische Volk, das von diesem furchtbaren Unglück getroffen wurde. ... Die Geschehnisse in Frankreich ändern nichts an unseren Handlungen und Zielen. Wir sind jetzt die einzigen Vorkämpfer geworden, die in Waffen die Sache der Welt verteidigen. Wir werden alles daran setzen, uns dieser hohen Ehre würdig zu erweisen...« Am späten Montagabend richtete er eine Botschaft an »unsere Kameraden in zwei großen Kriegen«, Pétain und Weygand; er bekräftigte seine Überzeugung, daß sie »ihren

Verbündeten nicht dadurch schädigen werden, daß sie die prächtige französische Flotte dem Feind ausliefern. Sie würden durch solch eine Handlung ihre Namen für tausend Jahre mit Schmach bedecken.« Die Botschaft blieb unbeantwortet.

Am Morgen des Tages von Waterloo flog Charles de Gaulle noch rechtzeitig von Bordeaux nach London. Er ließ sein Heimatland hinter sich, das von einigen seiner ärgsten Feinde regiert und repräsentiert wurde. Allein und auf sich gestellt, kam er in eine ihm fremde Stadt. Er hatte mehr als nur den Kanal überquert; er hatte den Rubikon seines Lebens überschritten. Am selben Nachmittag nahm er allein im Studio B-2 der British Broadcasting Corporation vor einem Mikrofon Platz. »Die Flamme des französischen Widerstands kann nicht erlöschen«, sagte er. »Sie wird nicht erlöschen.« »Frankreich hat eine Schlacht verloren. Es hat nicht den Krieg verloren.« Wie Churchill am 10. Mai, so fühlte wohl de Gaulle am 18. Juni, daß er sein Leben in die Hand des Schicksals gegeben hatte und daß sein bisheriges Leben nur eine Vorbereitung auf diese Stunde und diese schwere Prüfung gewesen war. Es war ein Meilenstein in der Geschichte zweier großer Nationen. In den folgenden fünf Jahren lag de Gaulle oft mit Churchill im Streit. Wie alle Staatsmänner mußte sich auch de Gaulle gelegentlich undankbar zeigen. Aber in seinen Memoiren würdigte er die Rolle, die Churchill in seinem Leben gespielt hatte: »Was hätte ich ohne seine Hilfe tun können?« De Gaulle lebte fünf Jahre länger als Churchill. In jedem Jahr schrieb er zu dessen Todestag einen Brief an Lady Churchill.

Am Nachmittag des Tages von Waterloo hielt Churchill im Unterhaus seine berühmteste Rede, die sogenannte »Finest Hour«-Rede (»Ihre größte Stunde«). Sie hatte eine seltsame Wirkungsgeschichte. Wie wir gesehen haben, hatte Churchill am Vortag eine kurze zweiminütige Ansprache an das britische Volk gerichtet. Nun sprach er erneut. Die Rede im Parlament dauerte weniger als dreißig Minuten. Die Abgeordneten waren beeindruckt, obwohl seine Stimme abgespannt klang. Doch später am Nachmittag wurde Churchill aufgefordert, diese Rede auch an die Nation zu richten. Man versprach sich davon eine Stärkung der Moral in der

Bevölkerung. Also wiederholte Churchill vier Stunden später seine Rede im Rundfunk. Ihm gefiel das nicht; er war müde; viele meinten auch, daß seine Stimme nicht gut klang. Der Zeitungsverleger Cecil King schrieb in sein Tagebuch: »Ob [Churchill] betrunken oder aus reiner Müdigkeit kaputt war, weiß ich nicht, aber es war ein denkbar schlechter Auftritt ...« Und Churchills Bewunderer Harold Nicolson schrieb: »Wie sehr wünschte ich mir doch, daß Winston nur dann im Rundfunk spricht, wenn er in guter Verfassung ist. Er haßt Mikrofone, und als wir ihn dazu drängten, gestern abend im Rundfunk zu sprechen, erklärte er sich nur widerwillig bereit, seine Unterhausrede noch einmal zu verlesen. Nun, so wie er sie im Unterhaus vorgetragen hatte, war sie überwältigend, besonders der Schlußsatz. Aber im Radio klang sie einfach schrecklich. Die ganze Kraft, die in dieser Rede steckte, war plötzlich verbraucht.«

An dieser Stelle muß der Historiker etwas über die Wirkung der Reden sagen, die Churchill in diesem Sommer hielt. Die Wirkungen waren weniger eindeutig als später angenommen. Einige kluge Köpfe wie Evelyn Waugh oder Malcolm Muggeridge hielten sie rundweg für schlecht. Für ihren Geschmack waren sie zu hochtrabend und eine billige Nachahmung augusteischer Rhetorik des achtzehnten Jahrhunderts. Andere, wie »Chips« Channon, waren geteilter Meinung: »Winston schloß seine Rede mit der üblichen Brillanz und unpassenden Leichtigkeit; doch es ist sonderbar, er bringt mich zwar zum Lachen, aber ansonsten bleibe ich unbeeindruckt.« George Orwell notierte am 24. Juni in seinem Tagebuch, daß er mit seiner Frau in der Analyse der Churchillreden übereinstimme: »... ungebildete Leute lassen sich oft vom feierlichen Ton einer Rede beeindrucken, deren Inhalt sie nicht völlig verstehen, die sie aber für gewichtig halten; so ist sicher auch Frau A. von Churchills Reden beeindruckt, obwohl sie nicht jedes Wort davon versteht.« Auch de Gaulle rühmte Churchills Fähigkeit, »den schweren englischen Brei zu rühren« (»remuer la lourde pâte anglaise« – eine unnachahmliche französische Wendung). Ein Bericht über die »allgemeine Einschätzung der gegenwärtigen Lage«, den das Forschungsamt des Informationsministeriums am 19. Juni erstellt hatte, sprach unter anderem davon, daß die sehnlichst erwartete Rede des Premierministers unterschiedliche Reaktionen hervorgerufen habe: »Man hielt sie für mutig, hoffnungsvoll und aufrichtig, da sie die bedrückenden Tatsachen offen aussprach; aber es gab kritische Stimmen zur Art und Weise, wie sie verlesen wurde ....«

In Frage stand natürlich niemals die stilistische Qualität seiner Reden, sondern ihre Wirkung. In Frage stand die Moral der englischen Bevölkerung – oder genauer, die nationale Einheit. Churchill sah das deutlich. Deshalb warnte er in seiner »Finest Hour«-Rede am 18. Juni davor, diejenigen, die für die mangelhafte Vorbereitung Großbritanniens in der Vergangenheit verantwortlich gewesen waren, zu beschuldigen: »Wenn wir jetzt einen Streit über Vergangenheit und Gegenwart führen, werden wir bald sehen, daß die Zukunft verloren ist.« Am nächsten Tag erneuerte Churchill sein Angebot an Lloyd George. Er beauftragte einen engen Vertrauten, Brendan Bracken, mit dieser Mission: Aber Lloyd George lehnte erneut ab. Von diesen Vorgängen wußte Hitler nichts; aber später bei einem Tischgespräch soll er gesagt haben, daß Churchills »eigentlicher Gegner Lloyd George« sei. »Bedauerlicherweise ist er um zwanzig Jahre zu alt.«

Nationale Einheit; die Moral der Nation; öffentliche Meinung; Volksstimmung – diese Faktoren muß jeder seriöse Historiker in Betracht ziehen, besonders in unserem demokratischen Zeitalter. Aber es handelt sich dabei um qualitative, nicht um quantitative Faktoren; Belege und Materialien zu diesen Bereichen müssen aus einer großen Anzahl vielfältiger, oft ungewöhnlicher Quellen zusammengetragen werden; darüber hinaus ist diese Art von Quellenmaterial naturgemäß fragmentarisch und oft auch widersprüchlich. Manchmal sehen die Augen eines scharfsichtigen Fremden das Wesentliche am besten. Am 12. Juni schrieb André Maurois in London, daß seine englischen Freunde die Realität des Krieges offenbar noch nicht begriffen hätten; er fühle sich wie »ein Wesen von einem anderen Stern«. Auch de Gaulle zeigte sich beeindruckt von der Ruhe dieser Stadt, die bis dahin vom Krieg unberührt geblieben war: Er erinnerte sich später an die beeindruckenden Fassaden der Luxushotels und ihre prächtigen Türsteher, an die glänzende Eleganz der Straßen in Mayfair.

Auch die feinen und scharfsinnigen Beschreibungen eines Romanciers vermitteln manchmal etwas von der allgemeinen Atmosphäre. In seinem Roman »The End of the Affair« beschrieb Graham Greene zehn Jahre später den Frühsommer 1940, der »wie ein Leichnam vom süßen Duft des Verderbens durchdrungen war«. Wieder andere erinnerten sich allerdings an den »süßen Duft frisch gemähten Grases«, der die Kantinenzelte der Truppen erfüllte. An jenem entscheidenden 17. Juni zeigte sich Orwell vom Verhalten der einfachen Leute in London tief beeindruckt; und als er am 21. Juni mit seinem Zug der *Home Guard* (die damals noch Freiwillige Ortswehr hieß) die erste Ausbildung absolviert hatte, schrieb er: »Sie waren wirklich bewundernswert... Einige anwesende Offiziere, die offenbar nur gekommen waren, um diese Einrichtung zu verhöhnen, waren tief beeindruckt.« Und Evelyn Waugh läßt »Sir Joseph« in seinem 1941 geschriebenen und 1942 veröffentlichten »Put Out More Flags« im Juni 1940 sagen: »Es herrscht ein neuer Geist. Ich kann ihn überall erkennen.« Aber in seinem 1955 veröffentlichten »Officers and Gentlemen« beschreibt er, wie ein Unteroffizier im Juni 1940 einen Urlaubsantrag stellt, weil er sich mit seiner Freundin für einen Tanzwettbewerb gemeldet hat.

Am 13. Juni schrieb Nicolson in sein Tagebuch: »Überall greift Defätismus um sich.« Am 16. Juni teilte Eden der morgendlichen Kabinettsrunde mit, daß er einen »nicht gerade ermutigenden« Bericht des Informationsministeriums über die öffentliche Meinung gelesen habe. Dennoch stellte Churchill am folgenden Tag vor dem Kabinett fest, »daß die Masse unserer Bevölkerung unter den widrigen Umständen erstaunlich zuversichtlich ist«. Auch Lord Normanbrook erinnerte sich, wie nach dem Fall von Frankreich »Verwirrung und Ratlosigkeit herrschte und hier und da die Moral brüchig« war. Irgendwann zwischen dem 16. und 26. Juni machte sich »im gesamten Land ein Gefühl der Düsterkeit und Schwermut breit.« Das Informationsministerium stellte am 17. fest, daß »der Defätismus an Boden gewinnen wird, wenn der

Premierminister dieser Stimmung im Volk nicht nachdrücklich entgegentritt; die Folge davon wäre eine ernsthafte Spaltung zwischen Regierung und Volk.« (Aus diesem Grund hatte der Kreis um Duff Cooper Churchill am 18. so dringend gebeten, im Rundfunk zu sprechen.) Andere Berichte vom 19. und 20. Juni »sprachen von defätistischen Tendenzen trotz einer ansonsten weit verbreiteten Bereitschaft durchzuhalten; unter den Arbeitern und der unteren Mittelklasse fanden sich Stimmen, die meinten, daß es ihnen unter Hitler ebenso gut gehen würde.« Auf der anderen Seite fühlten sich so unterschiedliche Persönlichkeiten wie C. S. Lewis und Arnold Toynbee von einer Welle der Begeisterung erfaßt. Miss Vere Hodgson, eine Frau der Mittelklasse, schrieb an dem Tag, an dem Frankreich kapitulierte, in ihr Tagebuch, daß die Londoner wie »eine große untereinander zerstrittene Familie waren, die durch einen unerwarteten Todesfall wieder zusammenfand«.

Am 14. Juni telegraphierte Joseph Kennedy an Roosevelt: »An diesem Morgen haben viele Menschen [in London] zum ersten Mal begriffen, was für eine schreckliche Zeit ihnen bevorsteht. Sie sagen bereits, sie hätten nichts zu verlieren. Warum also kämpfen. Wenn das englische Volk den Eindruck bekäme, daß es eine Chance zum Frieden zu akzeptablen Bedingungen gäbe, könnte es durchaus zu einem Aufstand gegen die Regierung kommen.« Eine Woche später teilte Kennedy dem gerade eingetroffenen General Raymond E. Lee mit, daß »die Briten vor einer Niederlage stehen«. Doch am Ende des Monats war der anglophile Lee zu einem anderen Urteil gekommen. Er hatte sich mit dem defätistischen Gerede befaßt, war aber davon überzeugt, daß die Briten durchhalten würden, obwohl es offenbar »Leute geben muß, die Churchill absetzen wollen«.

Doch in den zehn Tagen nach dem Zusammenbruch Frankreichs stiegen Churchills Aktien in politischen Kreisen. Jeder Tag, der jetzt ohne einen neuen deutschen Erfolg vorüberging, ohne einen schweren deutschen Bombenangriff und natürlich ohne eine Invasion, wirkte sich zu seinen Gunsten aus. Sogar einige Anhänger Chamberlains im Unterhaus ließen sich nun davon überzeugen, daß Churchill solider und zuverlässiger war, als sie früher geglaubt hatten, und daß seine Unbezähmbarkeit auf seine Charakterstärke zurückzuführen war und nicht auf Draufgängertum. Seine geheime Rede vor dem Unterhaus am 20. Juni, in der er die Kriegslage und die Aussichten in allen Einzelheiten schilderte, wurde zu einem Erfolg. Churchill regte sich nach wie vor über Rückzugsbeschlüsse auf, die ihm unnötig vorkamen – so hielt er zum Beispiel am 19. Juni die Entscheidung der Admiralität, die Kanalinseln zu verlassen, für »eine unerträgliche Aufgabe von britischem Hoheitsgebiet, das seit der normannischen Eroberung im Besitz der britischen Krone gewesen war«. In der Gibraltar-Frage war er zu keinerlei Kompromiß bereit. Die Bedingungen für den Waffenstillstand der Franzosen bedrückten ihn nicht sonderlich. Er hatte das Schlimmste erwartet; nun schmiedete er Pläne, wie er zur Not an einige der französischen Schlachtschiffe herankommen könnte.

Er war überarbeitet und daher zu seinen Mitarbeitern gelegentlich grob und hochfahrend. Am Abend des 22. Juni schrieb seine Frau ihm einen Brief. »Mein Liebling. Ich hoffe, Du vergißt mir, wenn ich Dich auf etwas aufmerksam mache, was Du meiner Meinung nach wissen solltest. . . . Mein lieber Winston, ich habe in der letzten Zeit feststellen müssen, daß Deine Manieren und Dein Umgangston schlechter geworden sind. Du bist nicht so freundlich wie früher. Gewiß, es ist Deine Aufgabe, Befehle zu erteilen, und wenn sie nicht befolgt werden, kannst Du jeden beliebigen Mitarbeiter entlassen, bis auf den König, den Erzbischof von Canterbury und den Sprecher des Unterhauses. Daher ist es wichtig, daß diese unglaubliche Macht mit einer gewissen Urbanität, Güte und – wenn möglich – olympischen Ruhe ausgeübt wird. Du hast immer gern den Satz zitiert, ›On ne règne sur les âmes que par le calme‹ – – Ich kann es einfach nicht ertragen, daß die, die Deinem Land und Dir dienen, Dich nur bewundern und respektieren, nicht aber auch lieben . . .« Anschließend zerriß Clementine Churchill den Brief. Vier Tage später klebte sie ihn wieder zusammen und gab ihn ihrem Mann.

An diesem Tag (am 26. Juni) sah Churchill sich veranlaßt,

Halifax daran zu erinnern, daß seine Regierung sich gegenüber dem Unterhaus verpflichtet hatte, »bis zum Tod weiterzukämpfen«, und daß daher »jeglicher Verdacht der Unentschlossenheit«, wie er bei Butler angeklungen war, aus der Welt geschafft werden müsse. Es ist nicht genau festzustellen, wann Churchill von Butlers Gespräch mit dem schwedischen Botschafter erfahren hat. Aber Halifax nahm Butler in Schutz; dieser hatte ihm noch am selben Tag einen Brief geschrieben und seine Loyalität gegenüber Churchill beteuert. An diesem Tag nahm Harold Nicolson eine Eintragung in sein Tagebuch vor, die später allerdings nicht in die veröffentlichte Fassung aufgenommen wurde. Als Duff Cooper und er an diesem Tag das Dienstzimmer im Informationsministerium betraten, fanden sie »eine Blitzmeldung vor, daß Hitler sensationell günstige Bedingungen anbieten werde. Ich bezweifele, ob wir stark genug sind, dieser Versuchung zu widerstehen.« Niemand weiß, woher diese »Blitzmeldung« stammte; es ist auch nicht bekannt, ob sie im Kabinett diskutiert wurde; aber wir sollten zur Kenntnis nehmen, daß ein wichtiger Teil des Kabinettsprotokolls (Folio 328) »nicht zum allgemeinen Studium freigegeben und auch nicht auf Film gespeichert ist« (das gleiche gilt im übrigen für Tagesordnungspunkt 5 der Kabinettsitzung vom 18. Juni). Am 27. Juni sandte der neue Botschafter in Moskau, Sir Stafford Cripps, eine lange, sehr pessimistische Botschaft an Halifax, in der er von der Notwendigkeit sprach, die britische Bevölkerung auf eine mögliche Übersiedlung der Regierung nach Kanada vorzubereiten.

Dennoch dürfen wir sagen, daß um den 26. Juni herum Churchills zweite große Krise weitgehend überstanden war. Er und sein Volk hatten den vom Zusammenbruch Frankreichs hervorgerufenen Schock überwunden.

In einem Punkt allerdings gab es einen Unterschied zwischen Churchill und der britischen Bevölkerung, wenngleich es nicht der Unterschied war, den Hitler sich erhofft hatte. Dem britischen Volk schien es gar nichts auszumachen, nun ganz allein zu sein. Aber seine einzige Möglichkeit, den Krieg zu gewinnen oder auch nur zu überleben, lag darin, *nicht* allein zu sein – das heißt, einen

Bündnispartner im Krieg, eine andere Großmacht für den Kampf gegen Hitler zu finden. Und das hatte das englische Volk im Gegensatz zu Churchill noch nicht begriffen.

In seiner geheimen Ansprache vor dem Unterhaus am 20. Juni ließ Churchill sich zum ersten Mal ausführlich über das Verhältnis zu Amerika aus. Er verlas kein fertiges Manuskript, er stützte sich lediglich auf Notizen. »Haltung der Vereinigten Staaten ... Nichts wird sie so sehr bewegen wie ein Kampf in England ... Der heldenhafte Kampf Englands ist die beste Chance, sie zum Kriegseintritt zu bewegen ... Alles hängt davon ab, daß wir hart und entschlossen bleiben und durchhalten, bis dort die Wahlen vorüber sind ...« Wenn das gelänge, »würde die ganze englischsprachige Welt in Reih und Glied zusammenstehen«. Aber er war über das Zögern und die Langsamkeit der Vereinigten Staaten zutiefst besorgt.

Er hatte auch allen Grund dazu. Zu diesem fortgeschrittenen Zeitpunkt waren weder amerikanische Munition noch Waffen oder gar Flugzeuge in britischen Häfen angekommen. Eine Woche nach dem Zusammenbruch Frankreichs, am 24. Juni, hielt er es für angezeigt, seine Warnung an Mackenzie King zu wiederholen. Der eigentliche Adressat war ganz offensichtlich Roosevelt. »Ich selbst werde niemals in Friedensverhandlungen mit Hitler eintreten, aber ich kann selbstverständlich eine künftige Regierung nicht binden. Wenn uns die Vereinigten Staaten im Stich lassen und wir geschlagen werden sollten, so ist es sehr wohl möglich, daß eine Art Quisling-Regierung sich bereitfindet, unser Land unter deutsches Protektorat zu stellen.« Am Tag vorher war das erste Schiff mit einer großen Ladung britischer Goldreserven an Bord nach Kanada ausgelaufen. Am 25. Juni wiederholte Churchill seine Argumente gegenüber dem britischen Botschafter in Washington. Dieser drängte ihn, mit einer Rede die öffentliche Meinung in Amerika zu beeinflussen. Churchill lehnte mit der Begründung ab: »Ich glaube nicht, daß Worte derzeit viel zählen.« Aber er fügte hinzu: »Machen Sie dem Präsidenten und anderen Politikern fortwährend klar, daß sich, falls es den Deutschen gelingen sollte, auf unserer Insel Fuß zu fassen und sie weitgehend zu besetzen, eine Quisling-Regierung bilden würde, die zu einem Frieden bereit wäre, welcher aus unserem Land ein deutsches Protektorat machen würde. Die englische Flotte wäre dann der Haupttrumpf, mit dem eine solche Friedensregierung günstige Bedingungen aushandeln würde. Gegenüber den Vereinigten Staaten würde in England jene Bitterkeit herrschen, die die Franzosen heute uns gegenüber empfinden. Von den Vereinigten Staaten haben wir bisher keine nennenswerte Unterstützung erhalten.«

In Washington legte am 27. Juni die gemeinsame Planungskommission des Kriegs- und des Marineministeriums, der auch General Marshall angehörte, ihren Abschlußbericht vor. Er enthielt die Empfehlung, Großbritannien kein weiteres amerikanisches Kriegsmaterial zu schicken oder zu verkaufen, da die Zukunft des Landes ungewiß sei: Die Deutschen könnten in England landen und das Land überrennen. Churchill wußte nichts von diesem Bericht. Und von einer anderen Entwicklung in Amerika hatte er nur unzureichende Vorstellungen: Von der wachsenden Übereinstimmung der amerikanischen Isolationspolitiker – also derjenigen Amerikaner, die jegliche amerikanische Unterstützung Großbritanniens ablehnten. Seit seiner Jugend hatte Churchill sein Vertrauen auf jene Amerikaner gesetzt, die (hauptsächlich wegen ihrer Herkunft) eine starke Bindung an Großbritannien empfanden und sich allen englischsprachigen Ländern verbunden fühlten. Er selbst teilte diese Überzeugung aus emotionalen und historischen Gründen. Darüber hinaus gehörten die meisten seiner amerikanischen Freunde und Bekannten eben dieser amerikanischen Elite an.

Im Juni 1940 rückten jene anderen Amerikaner, denen Roosevelts wohlwollende Haltung gegenüber Großbritannien besorgniserregend erschien, immer mehr zusammen. Ihre Hauptorganisation, das *America First Committee,* hatte sich noch nicht konstituiert, aber einige der zukünftigen Förderer und Gründungsmitglieder wurden allmählich aktiv, offen und im Geheimen. Sie hielten jegliche amerikanische Unterstützung für

Großbritannien für illegal, nutzlos und falsch. Der Vorsitzende des Komitees war Charles A. Lindbergh, eine amerikanische Heldenfigur. Die tatsächliche Mitgliederzahl dieser Bewegung war überschaubar, aber das sagte nichts über ihre Popularität aus. Es wäre indes verfehlt, die Mitglieder von *America First* als Reaktionäre und Extremisten zu betrachten. Viele angesehene Amerikaner opponierten gegen Roosevelt und waren absolut dagegen, daß sich Amerika auf seiten der Briten engagierte. Herbert Hoover zählte ebenso zu ihnen wie John Foster Dulles, mit dem die Lindberghs am 16. Juni gemeinsam zu Abend aßen. Besonders beeindruckt zeigten sie sich von Wiegands Gespräch mit Hitler. Am 19. Juni beschäftigte sie die Tatsache, daß Roosevelt seinen den Isolationisten nahestehenden Heeresminister Harry Woodring entlassen hatte. Sie entrüsteten sich darüber, daß Roosevelt am 20. Juni mit Harry L. Stimson und Frank Knox zwei englandfreundliche Republikaner zu Heeres- und Marineministern ernannte – es handelte sich dabei um Roosevelts ersten Versuch, eine nationale Einheit zu bewirken und eine Zweiparteienpolitik im außenpolitischen Bereich zu bewerkstelligen. Lindberghs Gattin (Anne Morrow Lindbergh), eine hochintelligente und gebildete Frau, hatte gerade die Arbeit an ihrem Buch »The Wave of the Future« abgeschlossen, in dem sie das Ende der alten Welt des liberalen Individualismus und der parlamentarischen Demokratie vorhersagte, an dessen Stelle etwas Neues treten sollte. An einem weiteren Buch wurde gearbeitet, zu den Mitautoren gehörte der Harvardstudent John Kennedy, der Sohn des Botschafters. Er kam zwar in »Why England Slept« zu anderen Ergebnissen als Anne Lindbergh, aber einige Grundüberzeugungen hatten beide Bücher doch gemeinsam. (Nur wenige Historiker wissen, daß John Kennedy zu den geheimen Mitarbeitern von *America First* gehörte.)

Isolationisten fanden sich auch unter den Demokraten; aber ihre bekanntesten Vertreter gehörten den Republikanern an. Das wußte Churchill. Er war auch klug genug, nicht zu vergessen, daß die Offenlegung übertriebener und bisweilen skrupelloser britischer Propagandamaßnahmen während des Ersten Weltkriegs in Amerika unangenehme Erinnerungen hinterlassen hatte. Churchill wußte des weiteren, daß Roosevelt die demokratische Präsidentschaftskandidatur für eine dritte Wahlperiode anstrebte. In dem oben schon erwähnten Telegramm an Lothian hieß es: »Wir wissen, daß der Präsident unser bester Freund ist, aber es ist zwecklos, die republikanischen und demokratischen Parteikonvente zu umwerben. . . . Sie sollten eine gelassene und phlegmatische Miene zur Schau tragen. Hier ist kein Mensch verzagt.«

Als Churchill diese Zeilen am 28. Juni diktierte, konnte er nicht wissen, daß zur gleichen Zeit jenseits des Ozeans eine glückliche Fügung des Schicksals England begünstigte, und zwar in derselben Stadt, in der 164 Jahre zuvor die amerikanische Unabhängigkeit von England erklärt worden war. Der Parteikonvent der Republikaner nominierte Wendell Willkie zum Präsidentschaftskandidaten. Der Parteikonvent war zwei Tage nach der Niederlage Frankreichs in Philadelphia zusammengetreten. Als aussichtsreichste Kandidaten gingen zwei Isolationisten, die Senatoren Robert E. Taft und Arthur Vandenberg, ins Rennen. (Wenige wissen, daß damals auch Herbert Hoover kandidierte, eben jener Hoover, der einige Monate später gegenüber Joseph Kennedy sein Entsetzen darüber zum Ausdruck brachte, daß die Briten Hitlers Friedensangebot nicht akzeptieren wollten.) Als Hauptkandidat galt Robert A. Taft, der noch im Januar 1941 davon überzeugt war, daß eine Niederlage Hitlers »für die Vereinigten Staaten nicht lebenswichtig« sei. Wäre jemand wie Taft als republikanischer Präsidentschaftskandidat nominiert worden, wäre das amerikanische Volk in den Folgemonaten (und wohl auch nach der Wahl) schmerzlich und gefährlich geteilt gewesen; Roosevelt wäre gezwungen gewesen, behutsam, sehr behutsam vorzugehen; er wäre gezwungen gewesen, gegen seine Überzeugungen zu handeln, was für Großbritannien eine tödliche Gefahr bedeutet hätte. Seine Hände wären gebunden, das bedachtsame Handeln im stillen nicht mehr möglich gewesen.

Aber Taft setzte sich nicht durch. Zwei Faktoren waren hierfür ausschlaggebend. In den stark republikanisch und isolationistisch geprägten Staaten des Mittleren Westens hatte die deutsche Besetzung Dänemarks und Norwegens unter der Bevölkerung skandinavischer Herkunft zu einer Ablehnung Hitlers geführt. Zum anderen machte sich ein damals im Jahr 1940 noch wirksames Element in der Republikanischen Partei geltend, das es heute kaum noch gibt. Diese Gruppierung bewerkstelligte, daß Willkie nominiert wurde, dessen außenpolitische Grundeinstellung derjenigen Roosevelts sehr ähnlich war, vor allem was die Bereitschaft anging, Großbritannien beizustehen. Der Unterschied zwischen den politischen Positionen Willkies und Roosevelts beschränkte sich auf Einzelheiten und war nicht substantieller Art. Die innerparteiliche Fraktion, die die Nominierung Willkies durchsetzte, bestand aus Persönlichkeiten der finanziellen und gesellschaftlichen Führungsschicht der Ostküste, die international orientiert war; es siegten gewissermaßen die Leser der *New York Herald Tribune* über die Leser der *Chicago Tribune,* die Anglophilie über die Anglophobie. Im Getöse der Delegierten des Parteikonvents von Philadelphia bildeten die Anhänger der Isolationspolitik eine einflußreiche Gruppierung. Sorgfältig vorbereitete, konzertierte Aktionen, auch von den Galerien, von denen Sprechchöre immer wieder »Wir wollen Willkie!« herunterriefen, sicherten diesem jedoch den Erfolg.

Vier Tage später ließ Taft Minister Stimson vor den Senatsausschuß für militärische Angelegenheiten rufen. Dort fragte er Stimson rundheraus, ob es zutreffe, daß er den amerikanischen Kriegseintritt befürworte, »um eine Niederlage Englands zu verhindern«. Stimson gab eine ausweichende Antwort. Wäre Taft republikanischer Präsidentschaftskandidat gewesen, hätte er daraus Kapital geschlagen. Aber jetzt spielte es keine große Rolle.

Wie Churchill blieb auch Hitler diese politische Entwicklung in den Vereinigten Staaten nicht verborgen. Noch ein anderes Ereignis jener Tage nahm die Aufmerksamkeit beider gefangen. Das Interesse der Duellanten wurde von den Entwicklungen in Amerika auf die Situation in Rußland gelenkt. Dieser galt zwar noch nicht das Hauptaugenmerk. Aber die Bedeutung, die Rußland etwa seit jener Zeit in den Überlegungen beider einnahm, verlangt, daß wir den Ursprüngen genauer nachgehen.

Wir wissen heute, was im Sommer 1940 nur wenige ahnten: daß Hitler, statt in diesem Jahr die Invasion der britischen Inseln zu versuchen, ein Jahr später in Rußland einfallen würde. Wir wissen auch aus zahllosen gesprochenen und geschriebenen Zeugnissen Hitlers, »Mein Kampf« eingeschlossen, daß Hitler nicht nur ein entschlossener Gegner des Bolschewismus war, sondern auch das deutsche Volk als Eroberer Osteuropas und des europäischen Teils der Sowjetunion sehen wollte. Aber weder unser wissender Rückblick noch die Tatsache, daß von der Nazi-Ideologie her dieses Ziel evident war, dürfen uns den Blick für die Umstände verstellen, in denen sich Hitler im Sommer 1940 befand. Das eigentliche Hindernis auf dem Weg zum Sieg war nicht Rußland, sondern England. Sein Hauptwidersacher war nicht Stalin, sondern Churchill.

Neun Tage vor Ausbruch des Zweiten Weltkriegs, im August 1939, hatte Hitler, dieser selbsternannte Erzengel des Anti-Kommunismus, einen Pakt mit Stalin geschlossen. Hauptziel dieses Paktes war für ihn gewesen, sich die Hände für den bevorstehenden Krieg gegen die westlichen Demokratien freizuhalten, diese so einzuschüchtern, daß sie bei seinem Überfall auf Polen stillhielten, und zu vermeiden, daß Deutschland gleichzeitig von zwei Seiten bedroht wurde. Dieser Pakt war ein Werk des Staatsmannes Hitler, nicht des Ideologen. Wichtig daran war nicht nur die deutsch-russische Nichtangriffserklärung. Ebenso wichtig war die Aufteilung großer Teile Osteuropas zwischen den beiden Staaten entlang einer Grenze, die im geheimen Protokoll und in den späteren kleineren Änderungen festgelegt worden war. Der Pakt brachte Hitler und Stalin sehr große Vorteile. Es gab Folgeabkommen unter anderem über wirtschaftliche Beziehungen, in deren Rahmen dem im Krieg befindlichen Deutschen Reich sehr wichtige Rohstofflieferungen aller Art zugesichert wurden. Diese wurden von der russischen Regierung mit ungewöhnlicher Genauigkeit und Sorgfalt erfüllt. Auch in anderen Bereichen zeigte Stalin eine einwandfreie, ja beflissene und demonstrative Vertragstreue, die bisweilen salbungsvoll und ängstlich wirkte. Sein Außenminister Molotow gratulierte den Deutschen zu ihrem

Sieg in Dänemark und Norwegen. Am 18. Juni gratulierte er ihnen nach der Eroberung Frankreichs »zu ihrem großen Erfolg«. Stalin wollte Hitler von der Freundschaft der Sowjetunion überzeugen. Er hatte für Deutschland weitaus mehr Bewunderung übrig als für England. Hitler seinerseits hatte für Stalin so etwas wie Achtung entwickelt (wohl schon seit etwa 1937), trotz seiner generellen Verachtung für den Kommunismus und die slawischen Völker. Diese Achtung drückte er in privaten Gesprächen während des gesamten Krieges wiederholt aus. Sie war aber nicht tief genug, um seine Überzeugung zu beeinflussen, daß die Macht Rußlands ausgelöscht werden müßte.

Wir wissen nicht genau, wann der Gedanke, Rußland auszuschalten, in Hitlers Gedankenspielen Raum griff. Zu den ersten Anzeichen zählten jene oben erwähnten Erinnerungen des Generalleutnants von Sodenstern an den 2. Juni, die aus den dargelegten Gründen jedoch mit Vorsicht zu werten sind. Es besteht aber kein Zweifel, daß Hitler etwa zur Zeit der französischen Kapitulation Anzeichen entdeckte, die auf gefährliche Eigeninteressen der Sowjetunion hindeuteten. Er begann sich einzureden und alle erdenklichen Gründe dafür zu sammeln, daß er sich früher oder später gegen Rußland wenden müßte.

Vor allem irritierten ihn einige Maßnahmen Stalins. Einer der Gründe für diese Irritationen war die ungenaue Sprache, in der das geheime Protokoll abgefaßt war. Die Grenzen waren präzise festgelegt: eine exakte Demarkationslinie der deutsch-russischen Interessengebiete quer durch Osteuropa. Der Text jedoch war unpräzise: In ihm war nur von »Interessengebieten« die Rede. (In diesem Zusammenhang sollten wir uns daran erinnern, daß in Teilen der Erklärung von Jalta ebenfalls einige Grenzen in Europa neu festgelegt wurden, aber die russische Vormachtstellung in Osteuropa unangefochten blieb, eben weil die Bedingungen dieser Vormachtstellung undefiniert blieben – einer der wesentlichen Gründe für den folgenden Kalten Krieg.)

Im Oktober 1939 zwang Stalin die baltischen Staaten, der Stationierung russischer Truppen auf ihren Gebieten zuzustimmen. Das war gleichbedeutend mit einer Einschränkung der Unabhängigkeit dieser Staaten. Zwei Monate später griff Stalin Finnland an, das nicht bereit war, auf seine Forderungen einzugehen. Hitler schwieg; und die deutsche Regierung bot den unglücklichen Staaten jenseits der im geheimen Protokoll vereinbarten Linie keine Hilfe. Aber an dem Tag, an dem Paris in deutsche Hände fiel, stellten die Russen der bis dahin noch teilweise unabhängigen Regierung Litauens, dann Lettland und Estland ein Ultimatum. Sie wurden ganz von sowjetischen Truppen besetzt; die Regierungen dieser Länder mußten zurücktreten (der Präsident Litauens floh über die ostpreußische Grenze nach Deutschland); mit brutaler Gewalt wurden sowjettreue Regierungen installiert. Drei Tage nach dem französischen Waffenstillstand stellten die Russen Rumänien ein ähnlich drastisches Ultimatum: Sie forderten die sofortige Übergabe der ehemaligen russischen Provinz Bessarabien. Im geheimen Protokoll befand sich Bessarabien auf der Seite der russischen Interessengebiete am äußersten südlichen Ende, aber Molotow griff mit groben Federstrichen über die abgesprochene Demarkationslinie hinaus; er forderte von Rumänien die Abtretung einer weiteren kleinen Provinz (Bukowina). In derselben Woche stellte Moskau zum ersten Mal seit Beendigung des Winterkrieges neue Forderungen an Finnland, die unter anderem die Führung der Nickelminen von Petsamo im hohen Norden betrafen.

Es begann das, was Churchill später »Das Wettrennen um die Beute« nannte: »Zum Schakal [Mussolini] gesellte sich der Bär.« Tatsächlich hatte der Bär bereits seine Bereitschaft signalisiert, mit dem Schakal bei der Aufteilung des Balkans gemeinsame Sache zu machen: Es ging um ein russisch-italienisches Abkommen, das im Prinzip dem deutsch-russischen Abkommen entsprechen könnte. Hitler wußte davon. Er machte gegenüber Mussolini aus seiner Verachtung für die Slawen kein Hehl. Wichtiger noch: Er war verstört über Stalins Gier, obwohl er zugestimmt hatte, daß diese Länder in die russische »Interessensphäre« fielen. Wenige Tage später erhielt ein Stabsoffizier in Hitlers neuem Hauptquartier den Befehl, Karten vom europäischen Teil Rußlands zusammenzutragen.

Auch Churchill begann, sich über eine mögliche Wendung

Hitlers gegen Rußland Gedanken zu machen. Da er ausschließlich Staatsmann und kein Ideologe war, verstellte ihm seine Verachtung des Kommunismus nicht den Blick für die Realitäten. Zwanzig Jahre vorher hatte er sich für eine damals aussichtslose Sache stark gemacht: nämlich für ein entschiedeneres britisches Eintreten im russischen Bürgerkrieg, das es den weißrussischen Generälen ermöglicht hätte, Lenins Kommunisten zu besiegen. Aber diese gewannen schließlich den russischen Bürgerkrieg. Sie repräsentierten den russischen Staat. Das war die Realität. Weil er nicht viel von revolutionären Ideologen hielt, schätzte Churchill Trotzki gering (in den dreißiger Jahren schrieb er einen unvergleichlichen Artikel über Trotzki), während er gleichzeitig eine widerwillige Wertschätzung für Stalin, den neuen Zaren von Rußland, entwickelte. Churchill sah in Stalin einen Staatsmann, nicht einen Ideologen – und diese Sehweise bewahrte er sich den ganzen Krieg hindurch, auch über Jalta und seine berühmte Rede zum »Eisernen Vorhang« aus dem Jahr 1946 hinaus. Wegen seiner eigenen staatsmännischen Begabung konnte Churchill auch in Stalin einen Realitätssinn entdecken, der zum geistigen Rüstzeug eines jeden Staatsmannes gehört.

Mit einer solchen Einschätzung lag er auch weitgehend richtig – manchmal allerdings auch falsch. Zeitweilig war sein Vertrauen auf den Einfluß (und die Aufrichtigkeit) des russischen Botschafters in London, Ivan Maisky, überzogen. Wir haben auch gesehen, daß er zur Zeit des Münchner Abkommens (und auch noch viele Jahre danach) glaubte, Stalin wäre dann Bündnispartner der westlichen Demokratien im Krieg gegen Hitler gewesen, was nicht zutraf. Im Sommer 1939 drängte Churchill auf den Abschluß eines Bündnisses zwischen Großbritannien, Frankreich und Rußland, ohne zu sehen, daß Stalin von Hitler mehr bekommen konnte (und sollte), als die westlichen Demokratien anzubieten hatten. Im Oktober 1939 hielt Churchill eine Rede, in welcher er dafürhielt, daß man die russischen Vorstöße in Ostpolen und im Baltikum als russische Verteidigungsmaßnahmen gegen eine bevorstehende deutsche Invasion interpretieren könnte – womit er Stalins wirkliche Ziele wohl über Gebühr idealisierte.

Während der bedrückenden Tage, die seiner Ernennung zum Premierminister im Mai 1940 folgten, verschwendete er nur wenig Gedanken an Stalin und Rußland. Das änderte sich erst am 18. Mai. Vielleicht hielt er die Zeit für gekommen, etwas für die unbefriedigenden Beziehungen zwischen London und Moskau zu tun. Aber jetzt traf er eine unglückliche Entscheidung. Er entsandte Sir Stafford Cripps als britischen Botschafter nach Moskau. Cripps war ein magerer und etwas spießiger Antialkoholiker; enthaltsam, puritanisch, vegetarisch; ein aufrichtiger Mann, aber auf seine Art auch ein Ideologe; im Temperament das genaue Gegenteil von Churchill. Er trat jedoch aus Überzeugung für positive Beziehungen zu Moskau ein, das er auf seiner Rückkehr aus China schon einmal im Frühjahr 1940 besucht hatte. Churchill brauchte einige Zeit, um zu erkennen, daß Cripps eben wegen seines politischen Standpunkts, der im linken Labour-Flügel angesiedelt war, der falsche Repräsentant britischer Interessen in Moskau war, wo Stalin lieber mit Imperialisten verhandelte. Es ist sicherlich auch interessant, daß die Idee, Cripps nach Moskau zu entsenden, nicht von Churchill, sondern von Halifax stammte und daß sie von den Konservativen unterstützt wurde, wohingegen Hugh Dalton, der Minister für wirtschaftliche Kriegsführung aus der Labour Partei, Cripps politische Befähigung eher skeptisch bewertete. Wie auch immer, Anfang Juni riet Dalton Churchill, Rußland viel, sogar Indien, zu bieten, falls Rußland sich auf die britische Seite schlagen sollte.

In der Woche, die auf den französischen Zusammenbruch folgte, kam Churchill erstmals die Möglichkeit in den Sinn, daß Hitler sich im Fall eines britischen Durchhaltens zurückziehen, nach Osten orientieren und Rußland angreifen könnte. Ob dabei die Erinnerungen an das Schicksal Napoleons 1803–1805 eine Rolle spielten, wissen wir nicht. Und wieder war es nicht seine Idee, eine Botschaft an Stalin zu schicken; es geschah vielmehr auf Vorschlag von Halifax. In der Nacht vom 24. zum 25. Juni schrieb Churchill einen Brief an Stalin, den Cripps persönlich zu übergeben hatte. Es war ein Staatsdokument allererster Qualität. »In dieser Zeit, da das Antlitz Europas von Stunde zu Stunde sich wandelt, möchte ich die Gelegenheit des Empfangs von Seiner Majestät neuem Botschafter bei Ihnen wahrnehmen und ihn ersuchen, eine Botschaft von mir an Sie zu überbringen.«

»Geographisch liegen unsere beiden Länder an den entgegengesetzten Enden Europas, und unsere Regierungssysteme entspringen einem völlig anders gearteten politischen Denken. Aber ich hoffe zuversichtlich, daß sich diesen Umständen zum Trotz die Beziehungen zwischen unseren beiden Ländern in der internationalen Sphäre harmonisch und für beide Teile nutzbringend entwickeln werden.

In der Vergangenheit – besonders in der jüngsten Vergangenheit – haben unsere Beziehungen, das muß festgestellt werden, unter gegenseitigem Argwohn gelitten; und im vergangenen August hat die Sowjetregierung entschieden, daß die Interessen der Sowjetunion einen Abbruch der Verhandlungen mit uns und die Anknüpfung enger Beziehungen mit Deutschland verlangten. Und so ist Deutschland Ihr Freund geworden, und das fast zur gleichen Stunde, da es unser Feind wurde.

Seither aber ist ein neuer Umstand eingetreten, der es, wie ich zu glauben wage, wünschbar macht, daß unsere beiden Länder ihren früheren Kontakt wieder aufnehmen... Im jetzigen Augenblick stellt sich für ganz Europa – unsere beiden Länder inbegriffen – die Frage, wie die Staaten und Völker Europas auf die Aussicht einer deutschen Hegemonie reagieren werden.

Die Tatsache, daß unsere beiden Länder nicht in Europa, sondern an dessen Randgebieten liegen, versetzt sie in eine besondere Lage. Wir sind besser befähigt als andere, weniger glücklich gelegene Staaten, Deutschlands Hegemonie Widerstand zu leisten; und wie Sie wissen, hat die englische Regierung die bestimmte Absicht, diese geographische Lage auszunutzen und ihre großen Hilfsmittel zu diesem Zweck zu verwenden.

Tatsächlich konzentriert sich Englands Politik auf zwei Ziele: Das eine besteht darin, das Land vor der deutschen Beherrschung zu schützen, der uns die Nazi-Regierung unterwerfen möchte, und das andere, den Rest Europas von der deutschen Herrschaft zu befreien, unter der es gerade jetzt leidet.

Die Sowjetunion allein kann beurteilen, ob Deutschlands heutiges Streben nach der Vorherrschaft die Interessen der Sowjetunion bedroht und, sofern dies der Fall ist, wie diese Interessen am besten geschützt werden können. Aber ich habe das Gefühl, daß die Krise, die Europa und eigentlich die ganze Welt durchlebt, so ernst ist, daß ich mich berechtigt fühle, Ihnen die Lage, wie sie sich der englischen Regierung darstellt, offen vor Augen zu führen.«

»Eine Antwort erfolgte natürlich nicht«, erinnerte sich Churchill in seinen Memoiren. »Ich habe auch keine erwartet.« Stalin empfing Cripps am 1. Juli. Er erklärte, daß er die deutsche Hegemonie nicht in dem Lichte sehe, in dem Churchill sie beschrieb. Die Botschaft Churchills mit der Antwort Moskaus hat Molotow an die Deutschen weitergeleitet; wobei er ebenfalls hervorhob, daß Stalin die britischen Gesichtspunkte keineswegs teile. Cripps hatte eine freundschaftliche Beziehung zum griechischen Gesandten in Moskau entwickelt, der die wesentlichen Punkte des Gesprächs zwischen Cripps und Stalin nach Athen meldete; von dort wurde die Meldung über einen für Deutschland arbeitenden Mittelsmann im griechischen Außenministerium fünf Tage später nach Berlin weitergegeben.

In der Nacht des 24. Juni – möglicherweise zur gleichen Zeit, als Churchill seinen Brief an Stalin schrieb – führte Hitler im engsten Mitarbeiterkreis seine weiteren Vorstellungen aus. »Der Krieg im Westen ist beendet. Frankreich ist besiegt, mit England werde ich in kürzester Frist zu einer Verständigung kommen. Dann bleibt nur noch die Auseinandersetzung mit dem Osten. Das ist aber eine Aufgabe, die weltweite Probleme wie das Verhältnis zu Japan und die Machtverteilung im Stillen Ozean aufwirft, sie kann man vielleicht in zehn Jahren in Angriff nehmen, vielleicht muß ich sie auch meinem Nachfolger überlassen. Jetzt haben wir auf Jahre hinaus alle Hände voll zu tun, das in Europa Erreichte zu verdauen und zu konsolidieren.« Hitler hatte wegen Rußland also noch keinen endgültigen Entschluß gefaßt. Aber eben das wollte er die Engländer jetzt wissen lassen. Es besteht eine deutliche Diskrepanz zwischen dieser Erklärung und der vom 2. Juni, in der er davon ausgegangen war, daß die Briten in ein Friedensangebot einwilligen würden, das ihm die Hände dafür freigehalten hätte, seine Rechnung mit den Bolschewisten zu begleichen. Nun, etwa um den 24. Juni herum, hatte er begriffen, daß die Aussicht auf einen deutschen Feldzug in Rußland die Briten zum Durchhalten ermutigen würde. Also mußte er Churchill jegliche Hoffnung auf eine deutsche Verwicklung in Rußland nehmen.

An diesem Tag suchte Goebbels Hitler auf und fragte ihn, wann der Angriff auf England, »den das ganze Volk nun verlangt«, beginnen würde. Die Luftwaffe schlug einen Massenangriff von 220 Bombern auf Southampton vor. Hitler lehnte diesen Plan ab. Am 25. Juni stellte das Oberkommando der Luftwaffe fest, daß Hitler noch nicht bereit sei, den Kanal zu überqueren. In Berlin notierte auch Goebbels in seinem Tagebuch: Hitler »weiß noch nicht klar, ob er gegen England gehen will«. Er wolle ein Abkommen. »Es wird auch schon auf Umwegen . . . darüber verhandelt. Ob es gelingen wird, weiß man nicht. Man muß abwarten.« Am 26. Juni: »Lenkt England ein? Man kann noch keine sicheren Anzeichen entdecken. Churchill tut noch sehr dicke. Aber er ist ja nicht England.« Am 27. Juni: »Die große Frage: wie geht es nun weiter gegen England? Der Führer will nicht recht heran. Aber vielleicht wird er wohl müssen. Wenn Churchill bleibt, bestimmt. Aber das ist ja auch nicht heraus.« Am 28. Juni: Churchill spreche, aber »dahinter verbirgt sich die blasse Furcht. Das merkt man jetzt bereits sehr deutlich. Es gibt zwei Parteien: eine konsequente Kriegs- und eine Friedenspartei. Die ringen um die Oberhand. Churchills Aktien stehen nicht gut. Über Schweden und Spanien werden schon Fühler ausgestreckt. Vielleicht wird der Führer London in einer Reichstagsrede ein letztes Angebot machen.«

Hitler wartete auf neue Meldungen aus London. Churchill war sein einziges Hindernis. Er wollte einen Keil zwischen Churchill und England treiben. Er hielt seine Augen offen für irgendein

Anzeichen einer Spaltung. In der Folgezeit schenkte er entgegen seiner sonstigen Gewohnheit den Berichten von Geheimagenten höchste Aufmerksamkeit. Daß die Briten den Prytz-Bericht nach Stockholm widerriefen, enttäuschte ihn nicht übermäßig. Er zeigte sich an den Schritten des Herzogs von Windsor interessiert, worauf wir noch zurückkommen werden. Auch ließ er sich über die Aktivitäten des soeben akkreditierten spanischen Presseattachés in London informieren. Dieser Ángel Alcazar de Velasco war einer der vielseitigsten Agenten (und Lügner) des Zweiten Weltkriegs. Velasco hatte sich von einem kleinen Stierkämpfer zu einem politischen Intriganten und überzeugten Nationalsozialisten gewandelt; während des spanischen Bürgerkriegs hatte er Probleme mit Franco gehabt, aber er genoß das Vertrauen und die Freundschaft von Francos Schwiegersohn, dem deutschfreundlichen Falangisten Serrano Suñer. Er bot den Deutschen seine Dienste an und wurde von der deutschen Abwehr ausgebildet. 1940 gelang es Velasco, Sir Samuel Hoare, den neuen britischen Botschafter in Spanien, zu täuschen. Als Hoare von Velascos früheren Problemen mit der Franco-Regierung erfahren hatte, schenkte er diesem (zumindest eine Zeitlang) sein Vertrauen und stimmte der Ernennung Velascos zum Presseattaché in London zu. Dort fing Velasques sofort an, seine Kontakte zu knüpfen und sein Informationsnetz aufzubauen. Dem deutschen Geheimdienst war bekannt, daß Hitler sich auch für Churchills Lebensführung interessierte – so wollte er wissen, ob Churchill wirklich ein Alkoholiker sei. (Einer der Londoner Freunde Velascos versuchte zum Beispiel herauszufinden, wie viele leere Flaschen jeden Morgen in der Downing Street Nr. 10 in den Mülleimer geworfen wurden.) Der britische Geheimdienst kam Velasco bald auf die Schliche. Doch man ließ ihn weiterhin seine Informationen über Madrid nach Berlin schicken, denn bei den meisten Kontaktpersonen Velascos handelte es sich um Doppelagenten.

Hitler wartete keineswegs nur ab. Er zog zumindest die Möglichkeit in Betracht, daß sich der Krieg gegen England irgendwie von selbst erledigen würde. Die Engländer hätten ja ohnehin keine Chance, ihm irgendwo eine Niederlage beizubringen. Es gab für sie nicht die geringste Hoffnung, je wieder auf dem Kontinent Fuß zu fassen. Vielleicht würde sich eine Invasion Englands erübrigen.

Am letzten Tag des Monats Juni machte Hitler ein zweites Mal Urlaub. Er unternahm eine Reise zu den Schlachtfeldern im Elsaß.

In diesen letzten Junitagen spürte Churchill den zunehmenden Druck auf die Regierung, den Krieg zu beenden. Aber Ratschläge, Verhandlungen mit Hitler aufzunehmen, kamen nun nicht mehr nur aus dem eigenen Land. Sie kamen auch aus dem Ausland. Er schenkte ihnen zwar keine große Beachtung; aber einige Einzelheiten konnte er nicht einfach übergehen. Wegen der Prytz-Affäre war er über die Haltung Schwedens beunruhigt. In den Häfen der Färöer Inseln, welche die Briten nach der Eroberung Dänemarks durch die Deutschen besetzt hatten, lagen vier kleine schwedische Kriegsschiffe vor Anker, die in Italien gebaut worden waren und nun zur letzten Etappe ihrer Reise über die Nordsee nach Schweden auslaufen wollten. Churchill ließ sie zurückhalten; Halifax und Chamberlain waren dagegen. Erst als sich fünf Tage später die aus Stockholm stammenden Friedensgerüchte gelegt hatten, genehmigte Churchill das Auslaufen der Schiffe. Er wollte vorher auch einem schwedischen Mittelsmann keinerlei Glauben schenken.

Am 22. Juni gewährte der spanische Staats- und Regierungschef General Franco Sir Samuel Hoare erstmals eine Audienz. »Warum beenden Sie den Krieg nicht?« fragte Franco. »Sie können ihn nicht gewinnen.« Zehn Tage vorher hatte er spanische Truppen zur Besetzung Tangers in Marsch gesetzt. Nach dem Fall von Paris hatte er Mussolini und Hitler einen Kriegsbeitritt Spaniens vorgeschlagen. Sollte es dazu kommen, würde Spanien Gibraltar sowie große Teile Französisch-Marokkos und Algeriens verlangen. Franco sandte am 16. Juni einen seiner Generäle in Hitlers Hauptquartier. Aber Hitler war damals nicht interessiert. Er brauchte Spanien nicht; und er wollte den französischen Widerstand in Afrika nicht anheizen. (Vielleicht ging es ihm auch um den britischen Widerstand, der wegen Gibraltar zu erwarten gewesen wäre.)

Gegen Ende Juni brachten die Windsors zusätzliches Durcheinander in die ohnehin verworrene Lage. Im November 1936, als Edward VIII. abdankte, hatte Churchill die Heirat Edwards mit Mrs. Simpson befürwortet. 1937 hatten die Windsors Hitler besucht und waren – wie Lloyd George – von seiner Person offensichtlich beeindruckt. Die Windsors lebten in Frankreich in übertriebenem Luxus. Als Frankreich zusammenbrach, hielten sie sich gerade an der Riviera auf. Der Herzog telegrafierte an Churchill und forderte ein britisches Kriegsschiff zu seiner Evakuierung an. Churchill antwortete ihm, daß dies nicht mehr möglich sei, daß er aber aus Lissabon ein Flugboot kommen lassen wolle, um sie zurück nach England zu bringen. Das Herzogspaar zog es vor, zunächst einmal zehn Tage im pulsierenden Madrid zu verbringen. (Der Herzog hatte auch eine Botschaft an die italienischen Besatzungsbehörden mit der Bitte zurückgelassen, sie sollten seine Villa an der Riviera schützen.) Hoare in Madrid wußte davon. Churchill drängte ihn, die Windsors zur Weiterreise nach Lissabon zu bewegen, wo die Stimmung um einiges weniger prodeutsch und bedeutend mehr pro-britisch als in Madrid war. Hoare erfuhr allerdings nicht, was der Herzog einigen Amerikanern in Madrid erzählte: daß der Krieg beendet werden sollte, bevor Tausende »getötet oder verstümmelt würden, nur damit einige Politiker nicht ihr Gesicht verlieren« – Äußerungen, die bald auch Ribbentrop und Hitler zugespielt wurden.

Am 28. Juni unternahm Papst Pius XII. eine Friedensinitiative. An seine Apostolischen Nuntiaturen in den kriegführenden Ländern sandte er einen Text, der von seinem Kardinalstaatssekretär Maglione entworfen und von ihm selbst überarbeitet worden war. Der deutsche Gesandte am Heiligen Stuhl schrieb nach Berlin, daß nach seiner Einschätzung der Papst durch das Gespräch beeinflußt worden sein könnte, das Hitler mit Wiegand geführt hatte (und dessen Text der Vatikan über den amerikanischen Gesandten in Belgien, John Cudahy, der ein Freund Joseph Kennedys und auch Isolationist war, erhalten hatte). Der Päpstliche Nuntius in der Schweiz zeigte sich besonders bemüht, zwischen den kriegführenden Parteien Kontakte zu knüpfen. Aber

Churchill schrieb unverzüglich an Halifax und forderte ihn auf, dem Nuntius in Bern (dem die Briten vertrauten) klarzumachen, »daß wir keine Erkundigungen über Hitlers Friedensbedingungen einzuziehen wünschen«.

Noch immer war Churchill besorgt über jene gefährlichen Wege. Er war aber zudem sehr betroffen über den ungenügenden Stand der britischen Verteidigungsmaßnahmen. Es bestand eine Diskrepanz zwischen dem tatsächlichen Stand der Verteidigungsvorbereitungen und den zahlreichen Erklärungen über die zunehmende Stärke der britischen Truppen, die Churchill nach Dünkirchen abgegeben hatte. »In jenen Tagen galt meine Sorge vor allem der Abwehr einer Invasion deutscher Panzer. Da mir selber der Gedanke einer Landung von Panzern an der deutschen Küste verlockend erschien, nahm ich ohne weiteres an, daß die Deutschen die gleiche Idee erwägen könnten.« Als er einige Strände bei Dover besuchte, war er über den Mangel an Panzerabwehrkanonen und die geringen Mengen normaler Munition entsetzt. Er machte die Offiziere herunter, weil sie ihn zum Mittagessen einluden, anstatt mit den Truppen zu exerzieren. Im großen und ganzen neigte er wohl zu der Meinung, daß Hitler keine Invasion durchführen würde; aber dennoch mußten die nötigsten Vorbereitungen getroffen werden. Die Deutschen hatten bewiesen, zu welchen Überraschungsschlägen sie fähig waren. Am 26. Juni mußte Churchill der endgültigen Fassung eines Geheimplanes (»Black Move«) zustimmen, der für den Fall einer erfolgreichen Landung deutscher Truppen vorsah, die Regierung nach Spetchley House in Worcestershire zu verlegen.

Von englischen Geheimdienstexperten in dem Ort Bletchley erhielt Churchill etwa seit jener Zeit Geheiminformationen, die ihnen zugänglich wurden, weil man den Funkcode des Chiffrierautomaten »Enigma« der Luftwaffe geknackt hatte – ein Vorgang, der später zu »Ultra« hochstilisiert wurde. Die entschlüsselten Funksprüche wurden von Bletchley an die Abteilung MI6 in London geschickt; besonders interessante Meldungen gelangten dann in einem speziellen lederfarbenen Kästchen zu Churchill, zu welchem nur er einen Schlüssel besaß. Während des achtzigtägigen Zweikampfes gab es nur wenige solcher Dechiffrierungen, und nur selten enthielten sie wichtige Informationen. Am späten Abend des 29. Juni kam der Geheimdienst der britischen Air Force aufgrund eines dechiffrierten Befehls der deutschen Luftwaffe zu der Schlußfolgerung, daß »mit der Eröffnung der Offensive gegen unser Land vom 1. Juli an gerechnet werden muß«. Am Morgen des 30. Juni, einem Sonntag, war Churchill in Chequers bereits um halb sieben wach und verlangte nach den Gezeitentabellen für Südostengland, um die für eine Landung günstigen Tage zu ermitteln. Dann beauftragte er Ismay, »die Möglichkeit zu sondieren, die Strände mit Senfgas zu tränken.« Ismay zufolge hielt er den Einsatz von Giftgas im Fall einer deutschen Landung für gerechtfertigt.

So entschlossen also war Churchill am Ende dieses dramatischen, folgen- und schicksalsschweren Monats Juni – während Hitler, wie wir gesehen haben, noch unentschlossen war. Aber er hatte ja fast ganz Europa. Er stand auch nicht allein; Italien war auf seiner Seite; außerdem jene Regierungen der Kontinentalstaaten, die auf deutscher Seite stehen wollten, sowie jene, die glaubten, keine andere Wahl zu haben. Churchill war allein. Pétain hatte ihm nicht geantwortet. Stalin würde ihm nicht antworten. Von Roosevelt hatte er seit über zwei Wochen nichts mehr gehört.

Ich habe dieses Kapitel mit der Feststellung begonnen, daß sich Anfang Juni eine unmerkliche Veränderung in der Qualität des Zweikampfs zwischen Churchill und Hitler vollzogen hatte; nun gab es am Ende dieses Monats eine weitere unmerkliche Veränderung. Sie hing mit ihrer jeweiligen Beurteilung des Zeitfaktors zusammen. Hitler hatte 1939 den Krieg begonnen, weil er sich eingeredet hatte, daß die Zeit gegen ihn arbeitete: Die Übermacht der deutschen Rüstung würde mit der Zeit untergraben, da Engländer und Franzosen mit der Wiederaufrüstung begonnen hatten. Er lag falsch – wir haben bereits gesehen, daß Mussolini ihn vergeblich davon abzubringen versucht hatte. Damals war auch Churchill besorgt gewesen: Er wollte die militärische Bereitschaft der westlichen Alliierten vorantreiben. Doch nun, im Juni 1940, wartete Hitler ab – zumindest eine Zeitlang. Das blieb Churchill nicht verborgen. Er wußte, daß er unbedingt Zeit brauchte. Hitlers Erwartungen waren noch immer auf England gerichtet, aber das Volk hinter ihm war plötzlich ungeduldig geworden. Churchills Erwartungen waren auf die Vereinigten Staaten gerichtet. Und jetzt begann Churchill – wieder einmal deshalb, weil er Hitler besser verstand als Hitler ihn – in mehrfacher Hinsicht auf Zeit zu spielen. Er bestand sozusagen darauf, daß man demonstrativ eine gehobene Stimmung zur Schau stellte; alle offiziellen britischen Stellen, Botschaften und Missionen wurden angewiesen, auch im Ausland Optimismus zu verbreiten. Im besonderen Fall der Schweiz wies er den britischen Gesandten Sir David Kelly an, »sich stets gutgelaunt und zuversichtlich [zu zeigen] und zu fröhlichen Abendgesellschaften zu laden«. In Madrid gab Hoare »die größte Cocktailparty des Jahres«. Darüber hinaus wird Churchill kaum der besonderen Versuchung widerstanden haben können, einige kleine Köder für Hitler auszulegen – um dessen Erwartungen neue Nahrung zu geben oder um sie etwas hinauszuzögern. So hatte er am 28. Juni Sir David Kelly angewiesen, dem päpstlichen Nuntius in Bern zu erklären, »daß es unseren Vertretern ausdrücklich untersagt ist«, Erkundigungen über Hitlers Friedensbedingungen einzuziehen. Dennoch berichtete der deutsche Generalkonsul in Bern Ende Juni, daß ein englischer Agent Kontakt zu ihm suche, und zwar mit der vollen Unterstützung des britischen Generalkonsuls in Genf.

Diese Meldung wurde sofort an Ribbentrop, an die Abwehr und über Hewel vermutlich auch an Hitler weitergeleitet. Es dauerte weitere vierzehn Tage, bis Hitler glaubte, die List durchschaut zu haben: Er ließ Ribbentrop wissen, daß er an diesen Berichten über unbedeutende Agenten nicht mehr interessiert sei. Statt dessen wollte er eine große Rede halten – und, wenn nötig, in England einfallen.

Große Erwartungen
1.–30. Juli 1940

Am letzten Junitag begann man in Hitlers Hauptquartier mit der Planung eines Angriffs gegen England. Dies zeigte, daß Hitler nun von anderen Voraussetzungen ausging. Umfassend war diese Veränderung nicht, und sie kam auch nicht plötzlich; sie stellte sich allmählich und fast gegen seinen Willen ein. Hitler hatte gehofft, daß sich die Briten zu einem Frieden mit ihm bereitfinden würden – natürlich zu seinen Bedingungen. Jetzt war er nicht überzeugt, daß es dazu kommen würde. Es käme wohl bald die Zeit, sie mit Gewalt dazu zu bringen. Den ganzen Juli hindurch beschäftigte er sich mit beiden Möglichkeiten. Er hoffte noch immer, die Briten würden bald nicht mehr auf Churchill hören. Doch im Verlauf des Monats wurde ihm klar, daß sich seine früher gehegten Erwartungen nicht erfüllen sollten. Die Eroberung Westeuropas, die Vertreibung der Briten vom Kontinent und der anschließende Nervenkrieg hatten nicht ausgereicht, um Churchills Stellung zu erschüttern. Sie hatten die Entschlossenheit seines Gegners nicht beeinträchtigt. Bei dem Nervenkrieg zwischen ihnen kam es schließlich nicht nur auf die Willenskraft an, sondern auch auf den Verstand. Hitler ging jetzt von anderen Voraussetzungen aus, doch sein Ziel blieb dasselbe.

Hier muß der Historiker, wenn auch nur kurz, sich der eigentlichen Frage zuwenden: Was wollte Hitler? Dabei müssen wir uns von bestimmten Vorstellungen lösen, die durch Hitlers Ungeheuerlichkeiten in uns entstanden sind. Hitler wollte nicht die ganze Welt erobern. Er wußte, daß ihm das niemals gelingen würde. Die Welt war zu groß, als daß eine Nation sie regieren konnte. Dies – und nicht seine unausgegorene Hochachtung vor dem britischen Imperialismus – war der eigentliche Grund für sein Angebot einer einvernehmlichen Übereinkunft von globalem Zuschnitt: Amerika sollte den Amerikanern gehören, Europa vom Dritten Reich beherrscht werden, und das britische Empire sollte weitgehend unangetastet bleiben. Er wollte Deutschland mächtiger, einflußreicher, stärker und gesünder machen, als es je zuvor gewesen war; nach dem Krieg wollte er sich friedlichen Beschäftigungen zuwenden (wie er im engeren Kreis oft beteuerte). Er wollte aufbauen, nicht abreißen; wenn aber der Aufbau erst einmal einen Abriß erforderte, sollte abgerissen werden – umfassend und rücksichtslos. So kategorisch waren die Vorstellungen und so gnadenlos war der Charakter dieses Mannes. Darüber hinaus war Hitler weniger an Machtzuwachs als an Willfährigkeit interessiert. Innerhalb Deutschlands kümmerte es ihn recht wenig, ob Männer wie Papen oder Weizsäcker seiner Partei angehörten oder nicht; was er verlangte war, daß sie seinen Zielen dienten. Jenseits der deutschen Grenzen war ihm Vasallentum wichtiger als Territorialgewinn. Die Entwicklung zeigt das. Im Jahr 1938 hatte er in Österreich zunächst nur eine willfährige Nazi-Regierung einrichten wollen. Erst als er in Linz, der Stadt seiner Kindheit, von der Begeisterung der Bevölkerung mitgerissen wurde, entschloß er sich, sogleich den Anschluß Österreichs an Deutschland zu erklären. Im Jahr 1939 sah er davon ab, die gesamte Tschechoslowakei dem Deutschen Reich einzuverleiben: Böhmen und Mähren wurden deutsche »Protektorate«, aber ein »unabhängiger« slowakischer Staat konnte weiterexistieren, solange er sich Deutschland bedingungslos unterwarf. Ebenso lag das Hauptziel des Polenfeldzuges nicht primär darin, Danzig zurückzugewinnen, sondern die polnische Unabhängigkeit drastisch einzuschränken. Und während der Westoffensive 1940 und danach ging es Hitler nicht um die Größe der von Deutschland annektierten oder besetzten Gebiete in Frankreich; wichtiger war ihm, die Pétain-Regierung so in den Griff zu bekommen, daß die Unterwerfung Frankreichs unter Deutschland fortan nie in Frage stehen konnte.

Ich betone diesen Sachverhalt deshalb, weil eben dies auch für England das entscheidende Problem war. Es ging nicht so sehr um die Bedingungen, die Hitler bei einem Friedensabkommen vermutlich stellen würde – die Frage etwa, welche der ehemaligen deutschen Kolonien oder welche anderen britischen Überseegebiete eine friedenswillige britische Regierung dem Dritten Reich zu überlassen hätte. Die wesentlichere Frage war, welchen Status eine zukünftige britische Regierung hätte. Hitler hätte wohl mit Großbritannien Frieden schließen und dabei die Grenzen des britischen Weltreichs weitgehend unangetastet lassen können (wenngleich er diesbezüglich sicherlich Probleme mit Mussolini bekommen hätte); aber eine britische Regierung hätte dafür jegliche Neutralität aufgeben, die deutsche Oberherrschaft in Europa anerkennen und ihre Bindungen an Deutschland anstelle der früheren Bindungen an die Vereinigten Staaten verstärken müssen. Sie hätte darüber hinaus innerhalb Großbritanniens den Gegnern Hitlers – Sozialisten, Liberalen, konservativen Churchillianern, Juden, großen Teilen der Presse – Einhalt gebieten müssen: kurz, eine solche britische Regierung hätte sich weitgehend Hitlers Wünsche zu eigen machen müssen.

Der Wunsch einer geistigen Unterwerfung ist extremer und aggressiver als ein durch Gewalt bekräftigter Besitzanspruch. Daß Aggressivität zumindest teilweise einer tiefgründigen Unsicherheit entspringt, ist eine bekannte Tatsache. Im Juli 1940 war Hitler enttäuscht darüber, daß die Briten nicht auf ihn eingehen wollten. Von da an ließ der Respekt, den er für die Briten empfand, allmählich nach. Nun wollte er sie nicht nur gewaltsam unterwerfen, er wollte sie regelrecht dafür bestrafen, daß sie gegen ihn in den Krieg zogen – eine Reaktion, die seinem Vorgehen gegen die Polen nicht unähnlich war; diese behandelte er nach dem September 1939 mit äußerster Brutalität, weil sie es gewagt hatten, sich ihm militärisch zu widersetzen. Im Sommer 1940 äußerte er noch gelegentlich, er würde eine Auflösung des britischen Empire, bei welcher die Vereinigten Staaten, Japan oder andere Länder profitieren würden, bedauern. Vier Jahre später sprach er mit Genugtuung davon, daß das Empire zusammenschrumpfe und aus

Großbritannien eine von Kälte und Hunger geplagte Insel werde. Im Juni 1940 schreckte er noch vor einer Bombardierung Englands zurück. Vier Jahre später ließ er London mit seinen fürchterlichen Raketen zerstören.

Was wollte sein Gegner? Natürlich besaß auch Churchill aggressive Züge, aber diese waren nicht bestimmend. In »Mein Kampf« hatte Hitler betont, er sei ein Nationalist, kein Patriot. Churchill hingegen war kein Nationalist, sondern ein Patriot. Patriotismus ist im Gegensatz zum Nationalismus nicht aggressiv. Churchills Patriotismus war defensiv. Er glaubte an das britische Empire und wollte nicht, wie er im weiteren Verlauf des Krieges einmal sagte, bei der Liquidation des Empire den Vorsitz führen. Aber er hätte eher große Teile davon aufgegeben, als daß er Hitlers Friedensbedingungen erfüllt hätte. Dieser Haltung lag weder Sturheit noch Haß zugrunde. Churchill wußte, was es bedeutet hätte, auf Hitlers Bedingungen einzugehen: Ein gewaltiges, Europa beherrschendes Deutsches Reich hätte das kleine England aufgrund seiner Rüstungsstärke, der ihm zur Verfügung stehenden Hafenstädte und Schiffswerften sowie seines Industriepotentials zu allen nur denkbaren Konzessionen gezwungen; und zuvor schon hätte sich England zwangsläufig nicht nur der deutschen Großmacht unterordnen müssen, es hätte auch viele von Hitlers Vorstellungen übernehmen müssen, was unvermeidlich zu Lasten seiner traditionellen Freiheiten, seines politischen Selbstbewußtseins und seiner Selbstachtung gegangen wäre. An Napoleon fand Churchill manches, was es zu bewundern galt; bei Hitler war er jedoch kompromißlos. Hitler war kein Napoleon. Selbst eine Atempause, wie sie mit dem Frieden von Amiens zwischen England und Napoleon 1802 vereinbart (und ein Jahr später aufgekündigt) worden war, kam mit Hitler nicht in Frage. Das lag nicht nur daran, daß es in England im Jahr 1940 im Gegensatz zu 1802 keine Friedenspartei von dem Format gab, das Lord und Lady Holland sowie Charles James Fox ihr seinerzeit verliehen hatten. Es lag vor allem daran, daß der Frieden von Amiens ein ehrenhafter Waffenstillstand war; und ein derartiger Waffenstillstand, in dem beide Seiten nicht nur die Kampfkraft des Gegners respektierten, sondern auch dessen Unabhängigkeit anerkannten, war mit Hitler nicht denkbar. Das wußte Churchill, und eben deshalb konnte er zum Retter Englands und Europas werden – selbst auf das Risiko hin, daß viele Gebiete des Empire und ein erheblicher Teil seiner Weltmachtrolle an die Vereinigten Staaten übergingen.

Als Ende Juni deutlich wurde, daß Hitler seine Einstellung gegenüber England geändert hatte, wurden einige Persönlichkeiten auf hohen deutschen Führungsposten aktiv. Besonders die Luftwaffe engagierte sich mit Nachdruck, und am 25. Juni wurde ein Plan entworfen, der Einzelheiten für eine Landung in England vorsah. (Mehrfach soll Hitler gesagt haben, er verfüge über ein konservatives Heer, eine reaktionäre Kriegsflotte und eine nationalsozialistische Luftwaffe.) Aber man entschied sich zunächst, dem Führer, der sich zu einer Überquerung des Kanals noch nicht durchgerungen hatte, diesen Plan noch nicht vorzulegen. Erst am 30. Juni entschloß sich Jodl, eine lange Denkschrift abzufassen. Jodls Chef war an jenem Tag nicht anwesend, er machte einen Ausflug durch das Elsaß. Mit ziemlicher Sicherheit dürfte sich Jodl mit Hitlers Wissen und Zustimmung an die Arbeit gemacht haben. Während des ganzen Krieges wußte wohl niemand besser, was Hitler jeweils vorhatte und was in ihm vorging. Allein aus diesem Grunde ist seine Denkschrift von diesem Tag wichtig. Sie ist gewissermaßen ein Vorentwurf der siebzehn Tage später von Hitler erlassenen Weisung, mit der er die Vorbereitung einer Landungsoperation in England befahl. Das strategische Konzept des Jodl-Memorandums und stellenweise auch dessen Formulierungen waren mit Hitlers Weisung nahezu identisch.

Jodls Denkschrift trug den Titel »Die Weiterführung des Krieges gegen England«. Sie begann folgendermaßen: »Wenn politische Mittel nicht zum Ziele führen, muß der Widerstandswille Englands mit Gewalt gebrochen werden.« Jodl fuhr fort: »Der deutsche Endsieg ... ist nur mehr eine Frage der Zeit. Feindliche Angriffsoperationen größeren Stils sind nicht mehr möglich. Deutschland kann also ein Kampfverfahren wählen, das die eigenen Kräfte schont und Risiken vermeidet. *Am Anfang muß der Kampf gegen die englische Luftwaffe stehen.* (Hervorhebung von Jodl.) ... Trotzdem muß die Landung in allen Einzelheiten als ultima ratio vorbereitet werden. ... Da England nicht mehr um den Sieg, sondern nur mehr um die Erhaltung seines Besitzes und seiner Stellung in der Welt kämpft und kämpfen kann, wird es aller Voraussicht nach zum Frieden geneigt sein, wenn es erfährt, daß es dieses Ziel relativ billig jetzt noch erreichen kann.« Daß Jodl vom Gewicht seiner Aufgabe voll und ganz durchdrungen war, geht aus dem Umstand hervor, daß er in seiner Denkschrift entgegen seiner üblichen Gewohnheit und seiner sachlichen Kompetenz politischen Spekulationen, die auch die anderen Weltmächte betrafen, erheblichen Raum gab. Am folgenden Tag legte Jodl Hitler seine Denkschrift vor. Hitler schien Jodls Meinung bis auf einen Punkt zu teilen. Eine der von Jodl erwähnten militärischen Maßnahmen waren »Terrorangriffe auf englische Wohngebiete«. Dazu war Hitler noch nicht bereit. Er befahl seiner Luftwaffe die völlige Zerstörung der Royal Air Force, verbot aber schwere Luftangriffe auf die Zivilbevölkerung.

Hitler war nicht so entschlossen wie seine Generäle; aber auch er hielt es für nötig, jetzt zu handeln, statt noch länger zu warten, und die politischen nun durch militärische Überlegungen zu ersetzen. Irgendwann im Verlauf des 1. Juli erteilte er Jodl die Erlaubnis, alle drei Teilstreitkräfte, das Heer, die Marine und die Luftwaffe, anzuweisen, Pläne für eine Invasion Englands auszuarbeiten; dabei sollten bestimmte Vorgaben berücksichtigt werden, von denen die wichtigste war, die deutsche Luftherrschaft über Südengland zu sichern. Das waren die ersten definitiven Befehle für die Vorbereitung der Invasion Englands. Die Anweisungen wurden am 2. Juli erteilt. Aber während seines kurzen und idyllischen Aufenthalts in seinem neuen Hauptquartier »Tannenberg« hielt Hitler auch die Zeit für gekommen, England »ein umfassendes und großzügiges Friedensangebot zu unterbreiten«. Er hoffte, daß das englische Volk positiv darauf reagieren und die Kriegstreiber in der Regierung unter Druck setzen würde. (Interessanterweise sprach Hitler nunmehr vom englischen Volk, nicht mehr vor jenen Konservativen, die Churchill nicht mochten.) Goebbels war inzwischen nach »Tannenberg« gekommen, um mit Hitler zu sprechen. Er fand Hitler in bester Laune vor, »strahlend«. Man sprach über England. Goebbels brachte die neuesten Nachrichten aus London; die Stimmung dort sei niedergeschlagen, die Engländer in zwei Lager geteilt. Am 3. Juli schrieb Goebbels in sein Tagebuch: »Churchill ist ein reiner Narr. Churchill hat einen schweren Stand augenblicklich. England könnte in vier Wochen niedergerungen werden. . . . Aber der Führer will das Empire nicht zerstören.« Hitler würde sein »letztes Angebot« machen. Für den Samstag war Hitlers Rückkehr nach Berlin vorgesehen, wo er dann am Montag eine große Rede vor dem Reichstag halten wollte, deren wichtigstes Thema »Großzügigkeit« sein sollte. Noch am Freitag ergingen Anweisungen an die deutsche Presse: Nach wie vor sei es deutsches Propagandaziel, einen Keil zwischen das englische Volk und seine Regierung zu treiben. »Gewisse politische Zwischenspiele werden noch erwartet.«

Am 6. Juli nachmittags um drei Uhr fuhr Hitlers Zug im Anhalter Bahnhof ein. Nach einer regnerischen und wolkenverhangenen Woche schien nun zum ersten Mal strahlend die Sonne; es war ein herrlicher Sommernachmittag; große Menschenmengen jubelten Hitler zu, als er langsam zum Prachtbau der Neuen Reichskanzlei fuhr. Mehr als acht Wochen war er nicht mehr in Berlin gewesen. Fast zwei Monate zuvor hatte er Berlin des Nachts heimlich verlassen, um mit seinem Sonderzug zum ersten der drei Hauptquartiere zu fahren, von wo aus er die deutsche Eroberung Westeuropas leitete. Nun war er zurückgekehrt, in aller Öffentlichkeit und mit dem Triumph des Sieges. Göring und die gesamte Regierung empfingen Hitler am Bahnhof. Es war ein großartiger Tag mit zahlreichen Militärparaden und begeistertem Jubel in der Bevölkerung.

Goebbels hatte an der Planung des Tagesablaufs entscheidend mitgewirkt. Dennoch war er gereizt und schlechter Laune. »Ich bewundere die Engelsgeduld des Führers.« Auch Ciano, der Hitler am folgenden Tag aufsuchte, zeigte sich erneut beeindruckt von Hitlers abwartender Haltung. In Wirklichkeit aber waren diese Geduld und Zurückhaltung Masken für seine Unentschlossenheit: überzeugende Masken zwar, aber dennoch nur Masken. Er hatte sich bereits zu dem Entschluß durchgerungen, noch etwas länger abzuwarten. Er verschob seine für den Montag vorgesehene Rede vor dem Reichstag um fünf Tage auf den 13. Juli. Goebbels erließ neue Anweisungen: Presse und Radio müßten mit ihren Angriffen auf Churchill fortfahren, »aber niemals das englische Volk als solches angreifen«. Und in sein Tagebuch trug er ein: »Churchill steht einer wachsenden Opposition im Lande und wohl auch im Unterhaus gegenüber. Wir greifen ihn weiter unentwegt an, schonen aber dabei aus psychologischen Gründen das englische Volk.« Dann änderte Hitler seine Pläne ein weiteres Mal. Er wollte in sein Alpendomizil, den Berghof auf dem Obersalzberg bei Berchtesgaden; dort hatte er die nötige Ruhe und Klarheit, um über große Entscheidungen nachzudenken. Goebbels war über diesen Verlauf der Ereignisse gar nicht glücklich. »Zu England hat der Führer trotz allem immer noch ein sehr positives Verhältnis. Er ist noch nicht zum endgültigen Schlag bereit. Seine Rede will er sich nochmal in Ruhe überlegen und dazu auf den Obersalzberg fahren.« Hitler suchte Ruhe; aber er fand sie nicht. Er verlegte seine Rede erneut, nun auf den 19. Juli.

Am 1. Juli waren vierzehn Tage seit dem Zusammenbruch Frankreichs und ein ganzer Monat seit Dünkirchen vergangen. Jetzt wuchs das Schreckgespenst einer deutschen Invasion in England. Doch im Moment tat sich gar nichts. Auch in den folgenden zwei Wochen blieb Churchills Energie ungebrochen. In diesen ersten Julitagen verhärtete sich die Willenskraft dieses physisch eher weichen und alternden Mannes zu einer Entschlossenheit, die mehr war als nur aggressiv: Sie hatte auch etwas Unbarmherziges, ja geradezu Grausames an sich. Wir haben bereits auf seine am 1. Juli erwogenen Pläne hingewiesen, im Fall einer deutschen Invasion ganze Küstenstreifen Englands unter Gas zu setzen. Zu diesem Zeitpunkt hatte er sich auch zu einer weiteren harten Maßnahme entschlossen. Er wollte sich der Kriegsschiffe seiner ehemaligen französischen Verbündeten bemächtigen oder sie zerstören, damit Hitler sie nicht in die Hände bekäme.

Bereits am 27. Juni hatte er das Kriegskabinett von der Notwendigkeit dieser Maßnahme überzeugen können. Fünf Tage vorher waren die endgültigen Bedingungen bekannt geworden, die Hitler den Franzosen für einen Waffenstillstand gestellt hatte. Hitler wußte genau, daß eine Forderung nach Übergabe der französischen Flotte unrealistisch gewesen wäre; diese modernen und großen Kriegsschiffe – eine Flotte, die damals größer als die der Deutschen war – wären nach Westen und Süden in See gestochen und der Kontrolle entzogen worden. Die Regierung Pétains war erleichtert, daß die Deutschen nicht die bedingungslose Übergabe der gesamten Flotte verlangten. Das hätte die Waffenstillstandsverhandlungen – wenn man sie als solche bezeichnen kann – sicher erschwert, um es vorsichtig auszudrücken. Also gab es eine Art Kuhhandel: Die französische Flotte blieb in ihren französischen Häfen, Hitler ließ einen Teil Frankreichs unbesetzt und räumte Pétains Regierung einen kleinen Spielraum ein – natürlich unter fest umschriebenen Bedingungen. Die entsprechende Waffenstillstandsklausel sah vor, daß die französische Flotte unter französischer Besatzung in ihren Häfen verblieb – unter deutscher und italienischer Beaufsichtigung. (Das genaue Wort im Waffenstillstandsvertrag hieß *contrôle*. Das gab Anlaß zu Mißverständnissen: Die Engländer übersetzten es natürlich mit engl. *control,* die genaue Bedeutung des französischen Wortes liegt aber dem englischen *verification* näher, was deutsch etwa *Überprüfung* heißt.) Wirklich wichtig war diese Frage jedoch nicht. Entscheidender war, daß Churchill Hitler nicht traute. Und außerdem hielt er es für sicherer, sich auch nicht allzusehr auf die Entschlossenheit der Franzosen zu verlassen.

Die allermodernsten französischen Kriegsschiffe, die »Dunkerque«, die »Strasbourg«, die »Richelieu« und die »Jean Bart« waren ohnehin Hitlers Zugriff entzogen. Die beiden erstgenannten, die modernsten Schlachtschiffe, die es zu jener Zeit überhaupt gab, befanden sich mit einer ganzen Anzahl weiterer Schiffe im Marinestützpunkt Mers-el-Kébir in Französisch-Algerien drei Meilen westlich von Oran. Churchills »Unternehmen Katapult« hatte es auf sie abgesehen. Mit einem weiteren Plan, dem »Unternehmen Susan«, wollte Churchill englische Truppen nach Französisch-Marokko bringen. Seine Marine- und Heeresberater redeten ihm diesen Plan aus, denn dessen Verwirklichung hätte bedeutet, daß gerade in Zeiten der größten Gefahr für die Heimatinsel britische Truppen verstreut im Einsatz gewesen wären. Wie so oft ärgerte sich Churchill über die Warnungen seiner Berater, aber er gab schließlich nach. (Das war gut so. Eine Landung britischer Truppen in Marokko hätte bei einem erfolgreichen Verlauf, der jedoch keineswegs gewährleistet war, Hitler und Franco auf den Plan gerufen. Und das hätte die Eroberung Gibraltars bedeuten können, mit der Folge, daß den Briten der Zugang zum Mittelmeer verschlossen gewesen wäre.) Das »Unternehmen Katapult« erinnerte ein wenig an Admiral Nelson, der im Jahr 1801 mit einem unbarmherzigen und unerwarteten Schlag die neutrale dänische Flotte in Kopenhagen zerstört hatte. Es gab jedoch einen gewichtigen Unterschied. Nelsons Schlag war gegen einen potentiellen Gegner gerichtet, Churchill hingegen griff die Flotte eines Landes an, das kurz zuvor noch sein Verbündeter gewesen war – Schiffe und Besatzungen, bei denen nichts darauf hindeutete, daß sie auf deutscher Seite kämpfen würden.

In Oran (oder Mers-el-Kébir) spielte sich am 3. Juli so etwas wie eine griechische Tragödie ab. Der französische Kommandant Gensoul war ein tapferer, ehrenwerter Mann. An Bord seines Schiffes nahm er die Forderungen des britischen Vizeadmirals Sir James Somerville entgegen, die ihm ein intelligenter, sympathischer und frankreichfreundlicher Offizier, der Kapitän zur See Cedric Holland, übermittelte. Das britische Ultimatum ließ ihm drei Möglichkeiten: britische Häfen anzulaufen, von wo aus die Besatzung, sofern sie es wünschte, repatriiert werden würde; amerikanische Gewässer aufzusuchen; oder die Schiffe selbst zu versenken. Sollte Gensoul alle drei Möglichkeiten ablehnen, würden seine Schiffe von den britischen Kriegsschiffen beschossen, die vor der Hafeneinfahrt aufgekreuzt waren. Gensoul lehnte ab. Kurz vor sechs Uhr verließ Kapitän Holland mit seiner Barkasse die Hafensperre. Schweren Herzens kehrte er zu seinem britischen Flaggschiff zurück. Noch vor Sonnenuntergang eröffneten die Briten das Feuer. Neun Minuten später gingen die »Dunkerque« und ein anderes, älteres französisches Schlachtschiff auf Grund. Ein drittes explodierte. Die »Straßbourg« konnte entkommen. 1250 französische Soldaten mußten ihr Leben lassen. Am selben Tag nahm die britische Kriegsmarine einige kleinere französische Schiffe, die sich noch in britischen Häfen befunden hatten, gewaltsam unter Kontrolle. In Alexandrien wurde eine Übereinkunft getroffen: Ihr zufolge wurden die dort befindlichen französischen Schiffe demobilisiert, und zwar unter Bedingungen, die denjenigen nicht unähnlich waren, die Hitler für die französischen Schiffe in europäischen Häfen unter deutscher Überwachung vorgesehen hatte.

Oran war kein umfassender militärischer Erfolg. Die »Strasbourg« konnte entkommen; die »Richelieu«, die wenige Tage später bei Dakar von den Briten aufgegriffen wurde, konnte nicht völlig zerstört werden. Aber Churchill hatte in mehr als einer Hinsicht einen politischen Erfolg errungen. Die Nachwirkungen, die dieser Schlag in Großbritannien auslöste, werden wir gleich besprechen. Wichtiger noch waren die weltweiten Auswirkungen. Dieser militärische Schlag war ein Symbol für den britischen Kampfeswillen und für die Entschlossenheit, mit der Churchill im Zweikampf mit Hitler parieren und zurückschlagen wollte. Jenseits des Atlantiks waren viele Amerikaner beeindruckt, allen voran ihr Präsident, der ein Faible für Marineangelegenheiten hatte. Er ließ den britischen Botschafter unverzüglich wissen, daß er mit Churchills Handlungsweise einverstanden sei. In Italien notierte Ciano in sein Tagebuch, der britische Schlag beweise, »daß der Kampfgeist der britischen Kriegsflotte ungebrochen ist und er die gleiche aggressive Unnachgiebigkeit hat, die die britischen Kapitäne und Piraten des 17. Jahrhunderts auszeichnete«. Diese Einschätzung unterschied sich sehr von derjenigen seines Schwiegervaters – Mussolini hatte nicht lange zuvor von den Briten gesagt, sie seien längst nicht mehr das, was sie einmal gewesen waren, und würden jetzt von müden alten Männern regiert. In Madrid erging sich die spanische Presse zwar in Schmähungen gegen die Briten, doch die meisten Spanier, Franco eingeschlossen, waren beeindruckt.

In psychologischer Hinsicht stellte Oran gewissermaßen einen Wendepunkt dar. Aber Churchill – das muß zu seiner Ehre festgestellt werden – ergötzte sich keineswegs an diesem Erfolg. »Nichts hilft mehr als der Erfolg« – eine solche Denkungsart war typisch für Hitler, nicht für Churchill. Er gestand Colville in jener Nacht, daß ihm die Ereignisse von Oran das Herz brächen. Das war keine reumütige Reaktion nach einer grausamen Tat. Fünf Tage vor Oran hatte er vor dem Kriegskabinett erklärt, dem französischen Volk müsse klargemacht werden: »Zur Grausamkeit zwingt bloße Liebe uns.« An Vizeadmiral Somerville schickte er am Vorabend dieses schrecklichen Tages folgende Botschaft: »Wir haben Sie mit einer der peinlichsten und schwierigsten Aufgaben betraut, die je einem englischen Admiral gestellt war ... Aber wir haben volles Vertrauen zu Ihnen und verlassen uns darauf, daß Sie sie unerbittlich durchführen werden.« Diesen Zwiespalt der Gefühle – wenn man das so bezeichnen darf – teilte Churchill mit dem gesamten britischen Volk. Alle verfügbaren Belege und Berichte über den Stand der öffentlichen Meinung zeigen, daß die Briten zur Zeit des französischen Zusammenbruchs keine Ressentiments gegenüber den Franzosen hegten; im Gegenteil finden sich zahlreiche aufrichtig gemeinte Sympathiebekundungen. Das war die eine Seite. Auf der anderen Seite zeigten sie – scheinbar im Widerspruch dazu, aber eben wohl nur scheinbar – uneingeschränkte Zustimmung für Churchills Befehle im Zusammenhang mit Oran.

Bald darauf erhielt Churchill bei der Bevölkerung und bei den Politikern erheblich mehr Rückhalt. Am Tag nach Oran berichtete er dem Unterhaus. Es wurde eine lange Rede, und sie rief eine ungeheure Begeisterung hervor. Churchill war tief gerührt; Tränen liefen ihm über das Gesicht. »Das hatte ich sonst noch nie erlebt«, erinnerte sich Churchill später. »Bis zu diesem Augenblick hatte die Konservative Partei mir gegenüber einige Zurückhaltung geübt.« Diese Szene im Unterhaus war schon an sich sehr bedeutsam. Viele Beobachter, unter ihnen auch ausländische Diplomaten, hatten in den Monaten Mai und Juni eine deutliche Reserviertheit vieler konservativer Abgeordneter, besonders ehemaliger Anhänger Chamberlains, gegenüber Churchill bemerkt. Anfang Juli sprach ein Bewunderer Churchills (übrigens ein deutscher Journalist im Exil) Chamberlain auf dieses Problem an. Chamberlain forderte daraufhin einen seiner Freunde, den konservativen Fraktionsführer, auf, mit seinen Kollegen über dieses nach außen vermittelte Bild zu sprechen; auf keinen Fall dürfe der Eindruck entstehen, Churchill finde keine genügende Unterstützung, weil das Unterhaus gespalten sei. Die daraus resultierenden Bemühungen bewirkten zusammen mit Churchills Bericht über das militärische Vorgehen bei Oran eben jenen außergewöhnlichen Begeisterungssturm, mit dem er am 4. Juli gefeiert wurde.

Und noch etwas trug Churchill dem Unterhaus in seiner Rede vor. Es betraf wieder den Durchhaltewillen des Volkes. Sein Innenminister Sir John Anderson hatte dem Kabinett am Vortag berichtet, daß die öffentliche Meinung etwas »sprunghaft« sei. Churchill war immer noch beunruhigt über defätistisches Gerede. Also entwarf er eine »Ermahnung«, die er zunächst im Kabinett verlas und die dann an alle hohen Beamten verschickt wurde: »Der Premierminister erwartet von allen Regierungsangestellten in hohen Ämtern, daß sie ein Beispiel von Festigkeit und Entschlossenheit geben. Sie müssen leichtfertige und schlechtverdaute Meinungsäußerungen in ihren Kreisen oder bei ihren Untergebenen unterdrücken und tadeln. Sie dürfen nicht zaudern, jeden Offizier oder Beamten anzuzeigen oder, wenn nötig, zu entlassen, der wissentlich einen verwirrenden oder demoralisierenden Einfluß ausübt, und dessen Reden darauf berechnet sind, Furcht und Verzagtheit zu verbreiten...« Er verlas den gesamten Wortlaut dieser Ermahnung vor dem Unterhaus.

Am 1. Juli suchte Kennedy Chamberlain auf und erklärte ihm: »In den USA glaubt jeder, daß England noch vor Ende des Monats besiegt wird.« Das war natürlich übertrieben. Allerdings fand zu eben dieser Zeit eine Evakuierung englischer Kinder in die Vereinigten Staaten sowie nach Kanada statt. Auch »Chips« Channon schickte Ende Juni seinen Sohn Paul auf die Reise nach Amerika. »Am Bahnhof standen lange Schlangen von Rolls Royces, livrierten Bediensteten und riesigen Kofferbergen«. Churchill verfolgte diese Entwicklung mit Unbehagen. Am 1. Juli sagte er vor dem Kriegskabinett, daß die Evakuierung britischer Kinder nach Amerika einer defätistischen Haltung Vorschub leiste. Und achtzehn Tage später: »Jegliche panische Flucht aus unserem Land zum jetzigen Zeitpunkt findet meine tiefste Mißbilligung.« Hitler wußte genau, was vorging. In seiner Rede nahm er Bezug auf Kanada: Nach dort hätten diejenigen, die an einer Fortsetzung des Krieges hauptsächlich interessiert seien, bereits ihr Geld und ihre Kinder geschickt.

Am 10. Juli schlug Halifax Churchill erneut vor, Näheres über die Friedensbedingungen Hitlers in Erfahrung zu bringen. Aber dieses Mal verfolgte Halifax mit seinem Vorschlag andere Ziele als im Mai, als er Churchills Führungsrolle und dessen politischen Kurs in Frage gestellt hatte. Dieses Mal hatten beide das gleiche Ziel: Zeit für England zu gewinnen. Churchill sah das ein, und wahrscheinlich unterband er deshalb auch nicht einige vorsichtige vertrauliche Bemühungen, Köder für deutsche Agenten auszuwerfen (nämlich so zu tun, als habe man ein offenes Ohr für sie). Ansonsten mußte, insbesondere gegenüber der Öffentlichkeit, der Eindruck gefestigt werden, daß der britische Kampfeswille ungebrochen war.

Zu jenem Zeitpunkt – zwei Monate, nachdem er das Amt des Premierministers übernommen hatte – war Churchill praktisch mit der Machtfülle eines Diktators ausgestattet. Er traf in der Regierung, in den Kommandostäben und im Parlament die Entscheidungen. Im Juli schrieb Harold Nicolson, daß »Winstons Kontrolle über das Unterhaus ein Ausmaß besaß, das selbst Lloyd George [während des Ersten Weltkriegs] niemals vergönnt war«. Er war ein *Diktator* in der alten, ursprünglichen lateinischen Wortbedeutung: ausgestattet mit außergewöhnlichen Machtbefugnissen in einer Zeit großen nationalen Notstands. Er konnte nahezu jeden aus jeder Position entlassen oder zu einer Position befördern. Und er übernahm für nahezu alles die Verantwortung.

Er bestand darauf, daß jede Entscheidung und jeder Plan schriftlich festgehalten wurde. Es gibt folglich nur wenige Entscheidungen, deren Ursprung nicht auf ihn zurückzuführen ist. Was ihn manchmal zu Recht, manchmal zu Unrecht oder unfairerweise beunruhigte, war die Betulichkeit und Ineffizienz der Regierungs- und Militärbürokratie und einiger ihrer Führungskräfte.

Die Arbeitsbedingungen seines Gegners waren da ganz anders. Hitler konnte sich auf die fähigen, pedantisch genauen deutschen Staatsdiener verlassen. (Nachteilig war jedoch, daß zusätzlich zur Regierung und zur Wehrmacht auch die NSDAP und die deutschen Sicherheitsorgane eigene Verwaltungsapparate und Geheimdienste aufbauten, die sich bisweilen gegenseitig behinderten; im Juli 1940 jedoch spielten diese internen Konflikte noch keine nennenswerte Rolle.) Die meisten Untergebenen Hitlers und die Kommandeure der Streitkräfte waren hochgradig motiviert, einige gar fanatisch und bisweilen zuversichtlicher als Hitler selbst. Die Quellen für einige seiner Entscheidungen waren und bleiben schwer zu erkunden, was teilweise auf die Geheimhaltung vieler Abläufe zurückzuführen ist, teilweise aber auch auf Hitlers Desinteresse am geschriebenen, d. h. dokumentierten Bericht. Den ganzen Krieg hindurch sind die Ursprünge einiger sehr wichtiger – und auch einiger sehr verhängnisvoller – Entscheidungen der politischen, polizeilichen und militärischen Führungsebene, die von ihren Machtträgern und Verwaltungsapparaten ausführlich dokumentiert sind, nicht weiter zurückzuverfolgen als bis zu der allerdings kategorischen Feststellung, die an die Untergebenen weitergegeben wurde: »Es ist des Führers Wunsch...«

Im Juli 1940 war Hitler ruhelos und zögernd. Churchill war ebenfalls unruhig, aber keinesfalls zaudernd. Und seine Unruhe war von einer anderen Art als diejenige Hitlers. Am 13. Juli sagte er zu Colville, daß die Menschen nicht Ruhe bräuchten, sondern »Abwechslung, sonst werden sie blutrünstig«. Er trank an diesem Wochenende sehr viel, aber Colville fiel auf, daß er ausgeruht und von sprudelnder Laune war. Er hatte sich an die Wochenenden auf Chequers gewöhnt und genoß sie. »Hier herrscht Ruhe und Zufriedenheit«, schrieb Colville. »Die Landschaft in der Umgebung ist wundervoll.« Dennoch bedeutete Churchill Chequers lange nicht so viel, wie Hitler der Berghof bedeutete, jenes abgelegene Haus auf dem Gipfel des Obersalzbergs.

Hitler war in den zwanziger Jahren zum ersten Mal auf den Obersalzberg gekommen. Er war tief beeindruckt von der Lage und der großartigen Aussicht. Später mietete er die kleine Pension »Haus Wachenfeld«; 1934 kaufte er sie; 1936 ließ er sie in großem Stil zum Berghof umbauen. Die ursprünglichen bayrischen Bauernmöbel wurden durch andere, monumentalere Möbelstücke in den Hintergrund gedrängt, die schwere Marmorvertäfelung des Kamins etwa war ein Geschenk Mussolinis. Der Berghof wurde zum Zentrum eines ganzen Gebäudekomplexes, in dem Mitarbeiter und Leibwachen untergebracht waren und zu dem etwas weiter entfernt auch noch ein kleines Teehaus hinzukam. Hitler schenkte der Möblierung große Aufmerksamkeit, er wählte sogar das Porzellan und den Blumenschmuck auf den Tischen persönlich aus. Am größten vorhandenen Eßtisch war Platz für 24 Personen. Das Essen dort oben war einfach und entsprach Hitlers Vorliebe für vegetarische Kost. Aber Hitler war wie in allen Dingen sorgsam darauf bedacht, auf seine Gäste Eindruck zu machen. Ihnen wurden Fleischgerichte serviert, die seinen vegetarischen Koteletts glichen. Die Atmosphäre war von der auf Chequers oder Chartwell grundverschieden. (Churchill trank täglich Champagner; Hitler verabscheute Champagner; bei einer Gelegenheit soll er mit verzogenem Gesicht gefragt haben, wie manche Leute so ein »Essigwasser« trinken könnten.) Der Ausblick, der sich dem »Führer« bot, war jedoch großartig. Oft, besonders gern an Spätnachmittagen, saß er an dem großen Spiegelglasfenster und genoß den unvergleichlichen Anblick der bayrischen Alpen in der Abenddämmerung.

Am 10. Juli kam Hitler nachts auf dem Berghof an. Er war tagsüber in München gewesen und war dort mit Ciano, dem ungarischen Premierminister und dem ungarischen Außenminister zusammengetroffen. Letzteren warnte er vor einem Krieg Ungarns gegen Rumänien. Auf dem Balkan mußte er Frieden haben. Er konnte keine Störungen gebrauchen. Auf dem Gipfel des Berges wollte er ungestört von ausländischen Besuchern über alle anstehenden wichtigen Entscheidungen nachdenken. Aber in den Folgetagen blieb er nicht allein. Tag für Tag trafen die Befehlshaber der Streitkräfte ein. Von der Einsamkeit und Ruhe, die der Berghof ihm hätte bieten können, blieb wenig übrig. Täglich wurden Militärberatungen abgehalten, die stets um die Mittagszeit begannen. Einige der Oberbefehlshaber wie zum Beispiel Admiral Raeder blieben länger als einen Tag auf Abruf. Und noch etwas war anders als sonst. Hitler arbeitete an einer Rede, diktierte, korrigierte, ergänzte, schrieb um, Tag für Tag in immer neuen Anläufen. Er hielt es für angebracht, sie mit einigen der Anwesenden zu besprechen. Das war für ihn ganz ungewöhnlich. Anstelle der gewohnten Ruhe herrschte nun auf dem Berghof Geschäftigkeit und Unruhe – eine Unruhe, die nicht nur das Ergebnis des beständigen Kommens und Gehens so vieler wichtiger Personen war, sondern auch Hitlers unruhige Verfassung ausdrückte. In den folgenden sechs Tagen reifte bei Hitler eine schwere Entscheidung heran.

Am 11. Juli traf der Oberbefehlshaber der deutschen Kriegsmarine ein. Admiral Raeder war ein steifer und humorloser Norddeutscher, geradezu die Verkörperung einer älteren Generation von englandfeindlichen deutschen Seebären; zugleich war er ein bedingungslos loyaler Gefolgsmann Hitlers. Da Raeder ein vorzüglicher Kenner der Seekriegsführung war, zeigte er sich angesichts der Risiken einer Kanalüberquerung skeptisch und zögernd. Er nannte einige seiner Meinung nach unabdingbare Voraussetzungen, die vor einer Landung deutscher Truppen erfüllt sein müßten. Damit befand er sich wiederholt im Widerspruch zu den Einschätzungen der Luftwaffen- und Heeresführung. In einem wesentlichen Punkt jedoch waren sich alle drei Befehlshaber der Streitkräfte mit Hitler einig: Vor allem anderen mußte die völlige Luftherrschaft über Südengland erlangt sein. Die gezielte Bombardierung der Insel sei unverzüglich aufzunehmen, forderte Raeder. Aber Raeders Gedanken und Ambitionen flogen an jenem Tag höher – ganz so wie Jodls am 30. Juni. Die

Denkschrift, die er für Hitler verfaßte, handelte von weltstrategischen Überlegungen größten Ausmaßes. Die Briten, so Raeder, müßten die deutsche Herrschaft über Europa akzeptieren. Zugleich sagte er eine britisch-amerikanische Seeallianz voraus. Daher müsse die bis dahin eher sekundäre Rolle der deutschen Kriegsflotte neu definiert werden: Raeder forderte, mit dem Aufbau einer großen Kriegsflotte mit großen Schlachtschiffen sofort zu beginnen.

Hitler widersprach nicht. Aber er gab Raeder zu verstehen, daß eine Invasion Englands nur als ultima ratio in Betracht kam – eine Formulierung, die während der ersten vierzehn Tage im Juli immer wieder auftauchte. Da sich Raeder und die deutsche Kriegsmarine der Schwierigkeiten einer Kanalüberquerung besonders bewußt waren, fällt es schwer zu entscheiden, ob ihn Hitlers Zurückhaltung bestürzte oder überraschte. Was ihn in der Tat überraschte, war Hitlers ungewöhnliche Bitte, sich einige Passagen seiner Rede anzuhören, in der er England Frieden anbieten werde (erneut als allerletzte Möglichkeit). Er wollte wissen, was Raeder davon hielt, ob sie ihm gefiel. Der Admiral sagte, sie gefalle ihm.

Dann zog Hitler sich zurück, um weiter an seiner Rede zu arbeiten. Am nächsten Tag war das Heer an der Reihe. General Jodl legte ein neues Dokument vor, eine Erweiterung seiner Denkschrift vom 30. Juni. Sie trug den Titel »Erste Überlegungen über eine Landung in England«. Jodl wollte die Vorbereitungen einen entscheidenden Schritt voranbringen. Ihm war klar, daß Hitler zögerte. Er wußte auch, daß Hitler bald seine Friedensrede halten würde. Zugleich jedoch spürte er, daß in Hitler eine Veränderung vor sich ging: daß allmählich der Entschluß heranreifte, die Invasion in England vorzubereiten. Die Operationsentwürfe waren dringend erforderlich. In Jodls Vorschlägen hatte das Unternehmen den Decknamen »Löwe«. Jodl sah auch vor, daß das gesamte Unternehmen unmittelbar von Hitler befehligt werden sollte. (Das war keine Kriecherei, denn Jodl war nicht nur uneingeschränkt loyal zu Hitler, er bekundete auch aufrichtige Hochachtung für Hitlers Genie.)

Jodl hatte bereits eine größere Konferenz vorbereitet, die am nächsten Tag stattfinden sollte. Am Samstag, dem 13. Juli, kamen der Oberbefehlshaber des Heeres, General von Brauchitsch, der Stabschef, General Halder, sowie Admiral Raeder und Jodl zu einer Konferenz auf dem Berghof zusammen. Es war ein ungewöhnlich kurzes Treffen. Jodl eröffnete die Sitzung mit einem Lagebericht. Hitler ordnete daraufhin an, daß mit der Vorbereitung von Weisungen für eine mögliche Invasion Englands unverzüglich begonnen werden sollte. Auch widerrief er die geplante Reduzierung des Heeres um 35 Divisionen, auf die man sich sechs Wochen vorher geeinigt hatte; sie sollte auf nur 15 Divisionen begrenzt werden. »Zögernd« ist jetzt nicht mehr das angemessene Wort für Hitlers Haltung an diesem Tag. »Nachdenklich« ist wohl passender. So verstand es auch General Halder in seinem Tagebuch: »Den Führer beschäftigt am stärksten die Frage, warum England den Weg zum Frieden nicht gehen will.« Aber Hitlers Unentschlossenheit stellte nun kein Hemmnis mehr dar für die anstehenden militärischen Entscheidungen.

Am Sonntag, dem 14. Juli, brach Hitler vom Berghof zu einem weiteren Tagesausflug auf, der ihn zu zwei Städten in Oberösterreich, nach Wels und Linz, führte, die ihm seit seiner Jugend viel bedeutet hatten. Es war der fünfte Tagesausflug dieser Art innerhalb der vergangenen zwei Monate – eine Gewohnheit, die man früher an ihm nicht gekannt hatte und die ebenfalls symptomatisch für seine damalige Unruhe war. Entweder schon an diesem Abend oder spätestens zur Mittagszeit des nächsten Tages lagen Hitler die Berichte von Churchills Rede vor, die dieser am Vortag gehalten hatte. Hitler war beleidigt. Die unbeugsame Rhetorik Churchills erregte seinen Zorn. Immer wieder ging er seine eigene Rede durch. (Ciano hatte eine Woche vorher festgestellt: »Er will jedes Wort auf die Goldwaage legen.«) Auch am 15. beschäftigte er sich ausschließlich mit England. Er sprach von Mosley, dem Herzog von Windsor und den Verbindungen der Herzogin zu Kreisen der amerikanischen »Hochfinanz«. Hitlers Adjutant Major Engel gibt in seinem Tagebuch folgende Einschätzung: »Mein Eindruck, daß F. wie noch nie unschlüssig ist und nicht weiß, was und wie er es machen soll.« Im deutschen Rundfunk wurden die ersten Zweifel über Englands Verteidigungskraft laut: »Die Vorstellung von einer Festung England ist allein Churchills Idee.« Am nächsten Tag, am Dienstag, den 16. Juli 1940, war Hitler soweit. Er verlas und unterzeichnete die Weisung Nr. 16: »Über die Vorbereitungen einer Landungsoperation gegen England«.

Die Würfel waren gefallen. Waren sie es wirklich? Die Formulierungen dieser Weisung geben Hitlers damalige Verfassung ziemlich genau wieder. (Das tat vielleicht auch schon der Name, der von »Unternehmen Löwe« zu »Seelöwe« geändert wurde – der Seelöwe ist keineswegs ein wildes, furchterregendes Tier.) Die Weisung begann folgendermaßen: »Da England, trotz seiner militärisch aussichtslosen Lage, noch kein Anzeichen einer Verständigungsbereitschaft zu erkennen gibt, habe ich mich entschlossen, eine Landungsoperation gegen England vorzubereiten und, wenn nötig, durchzuführen.« »Wenn nötig«: Noch immer hoffte er, daß es nicht dazu kommen würde. »Zweck dieser Operation ist es, das englische Mutterland als Basis für die Fortführung des Krieges gegen Deutschland auszuschalten und, wenn es erforderlich werden sollte, in vollem Umfang zu besetzen.« Dann folgten die einzelnen Anweisungen für das gesamte Unternehmen (deren wichtigste »ein überraschender Übergang in breiter Front etwa von Ramsgate bis in die Gegend westlich der Insel Wight« war). »Die Vorbereitungen für die Gesamtoperation müssen bis Mitte August abgeschlossen sein.« In dieser Weisung gab es keine überflüssige Rhetorik. Der vier Seiten lange Text enthielt viele militärtechnische Einzelheiten. Es wurden sieben Kopien angefertigt und dem obersten Kommando des Heeres, der Kriegsmarine und der Luftwaffe zugeleitet.

Dieser Würfel war gefallen. Auch die anderen warteten darauf, geworfen zu werden. Hitler schloß die Arbeit an seiner Rede ab. Noch einmal, am 18. Juli, besprach er sie mit einem Besucher, dem »Konservativen« Franz von Papen, dem Kanzler des Jahres 1932. Bevor Hitler den Berghof verließ, erteilte er den Befehl, *alle* Informationen über England zusammenzutragen: über die moralische und wirtschaftliche Widerstandskraft, das Verhältnis zwischen Volk und Regierung und die Umstände innerhalb der Regierung. Nach dem Mittagessen raste Hitlers Wagen die Serpentinenstraße vom Obersalzberg nach München hinunter, wo er seinen Sonderzug am frühen Abend bestieg. Das Abendessen wurde ihm serviert, als der Zug gemächlich durch Bayern stampfte. Die Nacht hindurch ging es mit mäßiger Geschwindigkeit nach Norden; denn Hitlers Gewohnheit, spät aufzustehen, erlaubte es nicht, daß der Zug am nächsten Tag vor halb zwölf in Berlin ankam. Vom Bahnhof fuhr Hitler zur Reichskanzlei, bereit, um sieben Uhr abends seine historische Rede zu halten – an den Reichstag, an das deutsche Volk, an die ganze Welt.

Fünf Tage zuvor, am Sonntag, dem 14. Juli, hatte Churchill um 21 Uhr im Rundfunk eine Ansprache an das britische Volk gehalten – knapp einen Monat nach seiner »Finest Hour«-Rede. In mancherlei Hinsicht sagte diese Rede mehr über Churchill aus als seine frühere, viel berühmtere. Er fand am Tag des französischen Nationalfeiertags bewegende Worte über Frankreich: »Ich gebe meiner festen Überzeugung Ausdruck, daß manche von uns noch einen 14. Juli erleben werden, an dem sich ein befreites Frankreich wieder in seiner Größe und seinem Ruhm sonnen wird.« Als er sich zu den Ereignissen bei Oran äußerte, zeigte seine Wortwahl eine gewisse Großherzigkeit: »Wenn ein Freund und Kampfgenosse ... mit einem gewaltigen Schlag niedergestreckt wurde, kann es notwendig sein, dafür zu sorgen, daß die Waffe, die ihm aus der Hand fiel, nicht die Schlagkraft des gemeinsamen Feindes vergrößert. Man darf diesem Freund aber nicht grollen wegen seiner Schmerzensschreie und wegen der Zeichen seiner Qual.« Er sprach den Engländern Mut zu: Sollte der Feind kommen, werde es »keine gefügige Unterwerfung geben, wie wir es in anderen Ländern gesehen haben«. Man werde auch mitten in London bis zum Ende kämpfen. Bei einem Kampf »um jede einzelne Straße kann leicht eine ganze feindliche Armee aufgerieben werden; und lieber sehen wir London in Ruinen und Asche, als daß wir es feige versklaven lassen«. In dieser Rede, in der

Churchill oft von »der britischen Rasse« sprach, legten einige seiner Formulierungen Zeugnis ab von seinem Weitblick. Großbritannien kämpfe zwar »ganz allein auf sich gestellt, aber nicht *für sich* allein«. London sei »die starke Zufluchtsstätte, welche die großen Taten des menschlichen Fortschritts bewahrt hat und jetzt zum Schlüssel für die christliche Zivilisation geworden ist«. Er teilte die Ungewißheit bezüglich einer bevorstehenden Invasion, ließ aber gleichzeitig seine unveränderte Entschlossenheit erkennen. »Vielleicht beginnt sie heute. Vielleicht nächste Woche. Vielleicht nie. Wir müssen uns sowohl auf einen überraschenden Sturmangriff vorbereitet zeigen als auch – was vielleicht die härteste Prüfung ist – auf eine langwierige Wache. Aber ob diese schwere Prüfung nun heftig oder langwierig ist oder beides zugleich, wir werden um keine Friedensbedingungen ersuchen und keine Waffenstillstandsverhandlungen zulassen. Wir werden vielleicht Gnade walten lassen – aber keine für uns erbitten.«

Nichts in dieser Rede konnte Hitler auch nur den geringsten Anlaß zur Zufriedenheit geben. Sie trug erneut zur Einheit der Nation bei. Im Jahr 1940 befand sich die Zuhörerforschung der BBC noch in den Kinderschuhen, aber sie veröffentlichte Schätzungen über die Anzahl der Zuhörer bei den Reden Churchills. Danach hörten 51 Prozent der gesamten erwachsenen Bevölkerung des Vereinigten Königreiches Churchills erste Rundfunkrede als Premierminister am 19. Mai; 52,1 Prozent diejenige vom 17. Juni (gemeint ist seine zweiminütige Stellungnahme zu den Ereignissen in Frankreich); 59,8 Prozent die Rede vom 18. Juni (die berühmte »Finest Hour«-Rede mit den oft zitierten Schlußworten); und nun, am 14. Juli, waren es 64,4 Prozent – ein ständiger Anstieg.

Churchill meinte es ernst mit dem, was er über London sagte. Zwölf Tage vorher hatte er ein Memorandum an General Ismay geschickt: »Wie verhält es sich mit London? Ich vertrete den sehr bestimmten Standpunkt, daß wir um jeden Zoll kämpfen müssen und daß das eine ganze große Invasionsarmee *verschlingen* würde.« (Hervorhebung Churchills.) Zehn Tage später wurde auf

Chequers eine Diskussion darüber geführt, wie sich die Bevölkerung im Falle einer deutschen Invasion zu verhalten habe. Churchill bestand darauf, daß ein »Verharren an Ort und Stelle« (so die Formulierung einer Regierungsbroschüre) nicht bedeute, daß die Bevölkerung in ihren Häusern bleiben sollte. »W. legte ganz drastisch dar, daß Pardon im Krieg nicht aus Mitleid gegeben wird, sondern um den Feind davon abzuhalten, bis zum bitteren Ende weiterzukämpfen. In diesem Fall aber wollen wir, daß jeder Bürger bis zum Ende kämpft, und er wird es um so bereitwilliger tun, wenn er weiß, daß die Alternative ein Massaker wäre ... Auch Frauen sollten sich, wenn sie es wollen, am Kriegsdienst aktiv beteiligen können ... Die Aussichten sind nicht düster.« An diesem Tag diktierte Churchill noch einen Einfall, wie selbst »kleine Paradenmärsche« und Militärkapellen die Moral der Bevölkerung heben könnten.

Churchill wandte sich unablässig Fragen unterschiedlicher Art zu. Doch im wesentlichen beschäftigte ihn die Gefahr einer deutschen Invasion; ihn erfüllte nicht nur die Entschlossenheit, den Angriffen der Deutschen standzuhalten, er wollte vielmehr auch selbst zuschlagen, wo und wann immer sich eine Möglichkeit dazu bot. Deshalb bestand er darauf, daß bei Dover ein riesiges 35,5 cm-Geschütz aufgestellt wurde, dessen Reichweite über den Kanal ging. Es war eine ziemlich schwerfällige und auch nur begrenzt zweckdienliche Waffe, eine »alberne Marotte« Churchills, wie manche – zu Recht – glaubten. Wichtiger war sein Entschluß vom 16. Juli. Nach einer Sitzung des Kriegskabinetts rief er eine kleine Gruppe enger Berater zu sich, darunter den Chef des britischen Geheimdienstes. Ein Kommando für besondere Einsätze (SOE – *Special Operations Executive*) wurde geschaffen. Es sollte ein völlig neues Kriegsinstrument darstellen und europaweit Sabotageakte und verdeckte Aktivitäten gegen die Deutschen koordinieren. Zum Chef wurde Hugh Dalton ernannt, dem Churchill persönlich auftrug: »Setzen Sie Europa in Flammen.«

Das war an demselben Tag (vielleicht sogar zur gleichen Stunde), an dem Hitler die Weisung Nr. 16 für die Invasion Englands unterzeichnete. Hitler machte sich auf, vom Kontinent aus in

England einzufallen; Churchill entwarf die ersten Pläne, von England aus den Kontinent zu befreien.

Tatsächlich war London zum damaligen Zeitpunkt mehr als nur die Hauptstadt Großbritanniens oder des britischen Empire. Es war, wie Churchill am 14. festgestellt hatte, eine Stätte der Zuflucht, ein Bollwerk eines freien Europa. Die Straßen Londons waren ungewohnt belebt durch die Uniformen polnischer Offiziere und Soldaten, durch norwegische und belgische Militärs und freie französische Seeleute mit ihren roten Pompons. Am 10. Juli erzählte die Königin Harold Nicolson, sie werde allmorgendlich im Garten des Buckingham-Palastes im Umgang mit dem Revolver unterwiesen. »Ich gab meiner Überraschung Ausdruck. ›Doch‹, erwiderte sie, ›ich werde nicht klein beigeben wie die anderen‹.«

Die anderen: Viermal waren König und Königin im Mai und Juni zur Victoria oder Waterloo Station gefahren, um ausländische Staatsoberhäupter im Exil zu empfangen: die Königin von Holland, den König von Norwegen, die Großherzogin von Luxemburg und den polnischen Präsidenten. In den Londoner Botschaften und Gesandtschaftsgebäuden der europäischen Staaten (einschließlich einiger Vertretungen von Ländern, die offiziell entweder neutral oder gezwungenermaßen mit dem Dritten Reich verbündet waren) lebten Frauen und Männer, die innerlich gemeinsame Sache mit England machten und genau wußten, daß vom Überleben Englands das Überleben der gesamten Zivilisation, wie sie sie verstanden und kannten, abhing. Was vom Glanz dieser Stadt noch verblieben war, gab manch einem Hoffnung und Zuversicht. Und George Orwell hatte wohl eher unrecht, wenn er etwa zu jener Zeit schrieb, daß der Anblick einer feinen Dame im Rolls Royce für die Moral der Bevölkerung verheerender sei als eine deutsche Bombe. Im Sommer 1940 jedenfalls war London etwas anderes als das, was William Cobbett einen »riesigen übervölkerten Kropf«, Gustave Doré eine Höhle bedrückender Not, George Gissing ein verräuchertes Geschwür und Hyppolite Taine eine sonntägliche Friedhofsöde genannt hatten. Natürlich verwandelte es sich nicht zurück in Canalettos goldene

Stadt. Aber es hatte sich positiv verändert. Die in vielen europäischen Sprachen ausgestrahlten Nachrichten der BBC aus London waren für zahllose Menschen auf dem Kontinent wichtige Ereignisse des täglichen Lebens geworden, nicht nur, weil sie deren Durchhaltekraft stärkten. Die BBC genoß vor allem einen guten Ruf wegen der Qualität ihrer Nachrichten.

Wir dürfen nicht vergesen, daß am 10. Juli die erste Phase dessen, was man später die »Schlacht um England« nannte, begonnen hatte. Göring hatte verstärkte Angriffe gegen die britische Luftwaffe und gegen britische Schiffskonvois angeordnet. Diese Phase dauerte einen Monat, bis zum 13. August, dem sogenannten »Adlertag«, an dem die großen Luftschlachten begannen, deren Ziel die Zerstörung der Royal Air Force war. Nach einem weiteren Monat wurden diese Operationen durch die massive Bombardierung Londons ersetzt. Aber wir greifen voraus – zunächst geht es uns um Churchill und London, um seine geistige Verfassung und diejenige seines Volkes. Generalleutnant Hugh Dowding äußerte sich gegenüber Churchill besorgt über das Verhalten der Bevölkerung im Falle einer Bombardierung. Aber Churchill war anderer Meinung. (Ihn beschäftigten auch die weitreichenden Pläne zur Rationierung von Lebensmitteln. Deutlich sprach er sich gegen eine Rationierung von Tee aus, dem Lieblingsgetränk der Unterschicht: »Wenn wir den Krieg verlieren wollen, brauchen wir den Engländern bloß eine Diät aus Milch, Haferschleim und Kartoffeln zu verordnen, die bei festlichen Anlässen mit einem Schluck Limettensaft hinuntergespült werden darf.«) Am 16. Juli hatte George Orwell den Eindruck, daß viele Londoner Linksintellektuelle »völlig defätistisch« seien und am liebsten aufgeben würden, was beim Durchschnittsbürger nicht der Fall sei. Im Gegensatz zu Cyril Connolly glaubte Orwell nicht, daß die Bevölkerung bei einer Bombardierung in Panik ausbrechen würde.

Am Mittwoch, dem 17. Juli, als Hitler auf dem Berghof noch an seiner Rede feilte, besuchte Churchill Hampshire und Dorset und inspizierte die Küstenstellungen. General Alan Brooke erlebte Churchill »in blendender Laune, voller Angriffspläne für den folgenden Sommer«. Auch andere, unter ihnen sein enger

Freund Brendan Bracken, bemerkten, daß Churchill in bester Verfassung war. Am 18. Juli überarbeitete Churchill eine wenige Tage zuvor erstellte Kabinettsvorlage, in der er darlegte, was ihn zu der Hoffnung berechtigte, daß eine großangelegte deutsche Landungsoperation nicht bevorstehe, zumindest nicht unmittelbar. Die Stimmung in der Bevölkerung beschäftigte ihn allerdings weiterhin. Im Unterhaus brandmarkte er am selben Tag die »Schwarzmalerei und Stimmungsmache«, die bei der Verschikkung von Kindern nach Amerika deutlich werde; »ein großangelegter Exodus« sei »höchst unerwünscht«. Das war zu jener Stunde, als sich Hitler auf dem Weg nach Berlin befand.

Worüber auch immer Hitler sich Sorgen machte, das Problem der Stimmung in der Bevölkerung gehörte nicht dazu. Es gab nicht den geringsten Anlaß zu befürchten, daß das deutsche Volk nicht hinter ihm stand. Im Gegenteil, die öffentliche Meinung war ihm in diesem Fall um einige Schritte voraus. Während er mit der Invasion Englands durchaus noch warten konnte, wurde die Bevölkerung ungeduldig. Ein Jahr zuvor und bei Kriegsbeginn hatte das deutsche Volk nichts von der wilden Begeisterung gezeigt, mit der es 1914 in den Krieg gezogen war; 1939 war es diszipliniert und still gewesen. Selbst auf Hitlers fast unvorstellbare Erfolge in Frankreich hatte es mit ungläubigem Staunen statt mit lauten Begeisterungsausbrüchen reagiert. Auch beim Fall von Paris hatte es nur wenig oder gar keine Zeichen jenes nationalen Überschwangs gegeben, der im Ersten Weltkrieg mit den deutschen Erfolgen an der Westfront einhergegangen war.

Doch nun brach die Aversion gegen die Engländer hervor. An den Engländern lag es, daß der Krieg noch nicht zu Ende war. Sie hatten eine Niederlage verdient. In den Akten der Gestapo finden sich Belege für diesen Wandel in der öffentlichen Meinung Deutschlands. Im Gegensatz zu Hitler waren viele Deutsche, wenn nicht gar die meisten, zum Losschlagen bereit. Vom 20. Juni zum Beispiel liegt ein Bericht vor, in dem es heißt: »Man wünscht, teilweise direkt, daß Churchill hartnäckig bleibe.« Denn dann könnte England nicht durch Kapitulation seiner verdienten Strafe entgehen, sondern »kriege ... die Jacke voll, daß ihm Hören und

Sehen vergehen«. Eine Woche darauf: »Überwiegend bestand die Hoffnung, der Führer beginne den Angriff gegen England sofort.« Und noch eine Woche später: »Wann geht es los?« Am 6. Juli, am Tag von Hitlers Triumphzug in Berlin, spielte der deutsche Rundfunk zum ersten Mal das später in Deutschland beliebte Kriegslied »Denn wir fahren gen Engelland«. (Bereits ein Jahr danach sprachen einige Deutsche – natürlich hinter vorgehaltener Hand – von diesem Lied spöttisch als dem »Niegelungenlied«.) Mitte Juli war der Wunsch zur »Vernichtung Englands« allgemein verbreitet. »Jetzt – zum einzigen Mal – herrschte richtige Kriegsstimmung in Deutschland und man wollte von einem vorzeitigen Frieden mit England ohne Krieg nichts wissen«. Ein vermeintlich viel zu großzügiger Frieden wurde abgelehnt, so daß »Hitler mit seinem neuen Friedensangebot, seinem ›letzten‹ Angebot an England ..., das vor allem für die Weltöffentlichkeit bestimmt war, das eigene Volk enttäuschte«. Einem weiteren Bericht zufolge konnte »es fast kein Mensch erwarten, bis es gegen England so richtig losgeht und jeder möchte mit dabei sein, wenn es gilt, England militärisch niederzuringen«. In diesem Fall »steht die gesamte Bevölkerung auf dem Standpunkt, daß England unbedingt vernichtet werden muß«.

Der fragliche Bericht war aus Meinungsäußerungen zusammengestellt worden, die man in Bayern gesammelt hatte (welches nicht zu den Gebieten zählte, in denen die Nazis ihre stärkste Anhängerschaft hatten). Er gab jedoch nicht unbedingt die Stimmung in Berlin wieder. Das Hitler-Regime hatte die urbane Prägung dieser modernen Weltstadt nicht ganz zum Verschwinden bringen können. Ausländische Beobachter ebenso wie Tagebücher jener Zeit legten Zeugnis ab von einer beträchtlichen Skepsis gegenüber Hitler und der Nazi-Propaganda innerhalb des Adels und Teilen der gehobenen Mittelschicht. Auch in anderen Kreisen der Berliner Bevölkerung gab es eine seltsame Mischung aus Enttäuschung über die Briten und einem Rest von Respekt. Dieser Zwiespalt schlug sich möglicherweise in zwei Bildunterschriften nieder, mit denen die *Berliner Illustrierte* vom 18. Juli zwei Fotografien kommentierte. Das eine

Foto zeigte den perücketragenden königlichen Ausrufer in der Londoner City beim Verlesen der Proklamation der Kriegsblokkade gegen Italien. Die Bildunterschrift lautete:»Ebenso antiquiert wie die Methoden, mit denen England sich vor dem Ansturm einer neuen Zeit zu bewahren hofft.« Auf der anderen Fotografie war Anthony Eden zu sehen:»Elegant wie immer steigt er über die Stacheldrahtbarrikaden.«

Wie auch immer: am Freitag, dem 19. Juli, herrschte unter der Bevölkerung Berlins, dieser großen, von Bomben noch verschont gebliebenen Stadt, eine eher gedrückte Stimmung. Unter dem hellen nordeuropäischen Abendhimmel erstreckten sich die dunklen Schatten der massiven wilhelminischen Mietshäuser. Die breiten Straßen, durch die Hitlers Gefolge in die Kroll-Oper zur großen Reichstagssitzung fuhr, wurden von den hellen Strahlen der untergehenden Julisonne durchflutet. Vor dem Eingang standen zahlreiche beflaggte Automobile, uniformierte Männer liefen umher, allenthalben hatte sich ein Gefühl selbstbewußter Bedeutsamkeit breitgemacht.»Heute abend«, sagte Goebbels aufgeregt,»wird über das Schicksal Englands entschieden.«

Hitler begann seine Rede kurz nach 19 Uhr. Es war eine lange Rede, die ungefähr 12 000 Worte umfaßte, sie dauerte zwei Stunden und siebzehn Minuten. Seine Stimme war weniger schrill als sonst. Er kam sofort zur Sache.»Inmitten des gewaltigen Kampfes um die Freiheit und für die Zukunft der deutschen Nation habe ich Sie zu dieser Sitzung einberufen lassen.« Das sei aus dreierlei Gründen geschehen: Er wolle einen Bericht über die bisherigen Ereignisse erstatten; er wolle den Streitkräften für ihre Leistungen danken; und er wolle »noch einen, und dieses Mal den letzten, Appell an die allgemeine Vernunft ... richten«. Zwei Drittel der Rede bestanden aus einer Zusammenfassung der Ereignisse in den vorausgegangenen zehn Monaten: die Geschichte des Krieges aus seiner Sicht. Dann folgte eine Liste mit den Namen der Kommandeure, die für ihre Leistungen im Feldzug ausgezeichnet und befördert wurden, allen voran Göring, den Hitler über alles lobte und den er zum Reichsmarschall ernannte.

Sodann beschrieb Hitler die außerordentlich vorteilhafte Lage Deutschlands in bezug auf den Rüstungsstand, die materiellen Gegebenheiten und das Verhältnis zu den anderen Mächten. Dann hielt er einen Augenblick inne, für eine der beiden mit Bedacht geplanten rhetorischen Pausen in dieser Rede. Er hatte nur noch ungefähr fünf Minuten zu reden. Wie geplant herrschte eine erwartungsvolle Stille. Die Zuhörer wußten, daß nunmehr der Höhepunkt bevorstand: die große Erklärung des Führers zu Krieg und Frieden. Jetzt veränderten sich Tonfall und Stimmlage. Er hatte Churchills Namen schon vorher zwei- oder dreimal verächtlich erwähnt (immer als »Mister Churchill«); aber nun galt Churchill sein Hauptaugenmerk. »Ich empfinde einen inneren Ekel vor dieser Sorte gewissenloser parlamentarischer Volks- und Staatenvernichter. ... meine Absicht war es nicht, Kriege zu führen, sondern einen neuen Sozialstaat von höchster Kultur aufzubauen. Jedes Jahr dieses Krieges raubt mich dieser Arbeit. Und die Ursachen dieses Raubes sind lächerliche Nullen ... Mister Churchill hat soeben wieder erklärt, daß er den Krieg will.« Und er bezichtigte ihn, als erster – sechs Wochen vorher – nichtmilitärische Ziele bombardiert zu haben.

»Ich habe bisher darauf kaum antworten lassen. Aber das soll nun nicht bedeuten, daß dies die einzige Antwort ist oder bleiben wird.

Ich bin mir nun darüber im klaren, daß aus dieser unserer einmal kommenden Antwort namenloses Leid und Unglück über die Menschen hereinbrechen wird. Natürlich nicht über Herrn Churchill, denn er wird ja dann sicherlich in Kanada sitzen ... Und Herr Churchill sollte mir dieses Mal vielleicht ausnahmsweise glauben, wenn ich als Prophet jetzt folgendes ausspreche: Es wird dadurch ein großes Weltreich zerstört werden. Ein Weltreich, das zu vernichten oder auch nur zu schädigen niemals meine Absicht war. Allein ich bin mir darüber im klaren, daß die Fortführung dieses Kampfes nur mit der vollständigen Zertrümmerung des einen der beiden Kämpfenden enden wird. Mister Churchill mag glauben, daß dies Deutschland ist. Ich weiß, es wird England sein.

In dieser Stunde fühle ich mich verpflichtet, vor meinem Gewissen noch einmal einen Appell an die Vernunft auch in England zu richten. Ich glaube dies tun zu können, weil ich ja nicht als Besiegter um etwas bitte, sondern als Sieger nur für die Vernunft spreche. Ich sehe keinen Grund, der zur Fortführung dieses Kampfes zwingen könnte ...
Herr Churchill mag nun diese meine Erklärung wieder abtun mit dem Geschrei, daß dies nur die Ausgeburt meiner Angst sei und meines Zweifels am Endsieg. Ich habe dann eben jedenfalls mein Gewissen erleichtert gegenüber den kommenden Dingen.«

Er beendete die Rede mit dem üblichen »Deutschland Sieg Heil!«.
In dieser Rede gab es verschiedene bemerkenswerte Punkte – wie auch Auslassungen. In seinen langen Ausführungen zum Kriegsverlauf erwähnte Hitler die Kämpfe in Flandern nicht, auf Dünkirchen bezog er sich lediglich mit einer ungewöhnlich ungenauen Formulierung, als er von der »Vernichtung des gesamten britischen Expeditionskorps« sprach. Die Vereinigten Staaten erwähnte er mit keinem Wort. Wiederholt drückte er seine Zufriedenheit über die Haltung Rußlands aus. »Das deutsch-russische Verhältnis ist endgültig festgelegt.« Er nahm sich relativ viel Zeit dafür und bezog sich dreimal auf die »Hoffnungen« (einmal sogar »kindischen Hoffnungen«) einiger britischer Politiker auf einen Interessenkonflikt zwischen Deutschland und Rußland. Auch hier wurde deutlich, daß seine Äußerungen für die Weltöffentlichkeit bestimmt waren.
Gleichzeitig gab diese Rede Aufschluß darüber, was in Hitler vorging. Besser als jemals zuvor – oder danach – erkannte er, daß das Schicksal der ganzen Welt und der Ausgang dieses Krieges von seinem Zweikampf mit Churchill abhing. Und in eben diesem Punkt machte der Staatsmann Hitler vielleicht einen Fehler. Hätte er die oben zitierten Ausführungen gemacht, *ohne* auf Churchill persönlich einzugehen, hätte sein Friedensangebot an Großbritannien vielleicht ein anderes Echo bewirkt. Aber da er nun einmal so sprach, wie er sprach – und das war ganz offensichtlich

der unmittelbare Ausdruck jenes machtvollen inneren Drangs seiner Psyche, seines Hasses auf seine Gegner –, kam er seinem eigentlichen Ziel, einen Keil zwischen Churchill und das britische Volk zu treiben, nicht näher. Ähnlich wirkte sich die rohe Zügellosigkeit seiner Sprache aus. In diesem Fall trat sie nicht so häufig in Erscheinung wie in vielen anderen Reden, aber spürbar war sie dennoch: in Formulierungen wie »blutbefleckte jüdisch-kapitalistische Kriegshetzer«, »das internationale jüdische Völkergift«, in seinen Äußerungen über Polen (»ein aufgeblasener Popanz«, »aufgeblähte Blase«) und vor allem in seinen Worten über Churchill – »Gewohnheitslügner« (zweimal), »Hetzer und Antreiber«, »blutüberströmter Dilettant« und so weiter. Mehr als dreißig Jahre später vertrat ein angesehener deutscher Historiker, ein Spezialist für die deutsch-britischen Beziehungen jener Zeit, die Meinung, daß Hitler in dieser Rede ein »zurückhaltendes Vokabular« verwendet habe. Zurückhaltend? Für welche Ohren?

Mussolini hielt diese Rede für viel zu geschickt. Ciano (der damals in Berlin war) vermerkte in seinem Tagebuch, daß die Zeremonie im Reichstag feierlich und theatralisch gewesen sei. »Hitler spricht einfach und, man kann wohl sagen, in einem ungewöhnlich menschlichen Ton. Ich glaube, daß sein Friedenswunsch aufrichtig ist. Als nämlich später am Abend die ersten kühlen englischen Reaktionen auf die Rede eintrafen, konnten die Deutschen ihre Enttäuschung nur schlecht verhehlen.« Mit Hitler sprach er am folgenden Tag. Hitler sagte Ciano, die Antwort der Briten bedeute, daß die deutschen Luftangriffe auf Großbritannien in wenigen Tagen beginnen würden; der britische Widerstand werde nach einigen harten Schlägen zusammenbrechen.

Das war eindeutig für italienische Ohren bestimmt. Am Abend sprach Hitler mit Goebbels. »Der Führer will Englands Antwort [oder ausgebliebene Antwort] im Augenblick noch nicht wahrhaben. Er gedenkt noch etwas abzuwarten. Er hat ja auch an das Volk und nicht an Churchill appelliert.« Am folgenden Tag traf Hitler erneut mit den Oberbefehlshabern der drei Teilstreitkräfte zusammen. Er betonte die hoffnungslose Situation Großbritanniens. Eine Wende des Kriegsglücks sei vollkommen unmöglich. England halte nur noch durch, weil es seine Hoffnung auf die Vereinigten Staaten und Rußland setze. Eine Landung in England sei eine riskante Angelegenheit – nicht einfach eine Flußüberquerung. Man sollte sie nur wagen, wenn es keine anderen Möglichkeiten gebe, England zum Frieden zu zwingen. Schon vorher müsse England durch den Luftkrieg und durch U-Boot-Angriffe kampfunfähig gemacht werden. Für General Halder und General Rundstedt war klar, daß Hitler noch immer auf eine politische Lösung hoffte. In Berlin herrschte in jenen Tagen eine fieberhafte Aktivität; man war erpicht auf Gerüchte politischer Art aus London oder sonstwoher und suchte in ihnen nach Anzeichen einer Krise in London: Was über den Herzog von Windsor und Lloyd George kolportiert wurde, ja selbst über Chamberlain und Halifax. Goebbels behauptete, er könne leichte Veränderungen im Ton der Londoner Presse feststellen:»Auch einige Stimmen der Vernunft ... Also muß man abwarten, ob das englische Volk sich irgendwie melden wird. Der Führer will die Entscheidung nicht überstürzen. Er ist für einige Tage auf den Obersalzberg gefahren.« Hitler hatte Berlin wieder für eine dreitägige Reise verlassen, aber er fuhr nicht auf den Obersalzberg.

Entspannung und Anregung suchte er nicht in der klaren Bergluft, sondern in der Musik Wagners. Am strahlend hellen Sommernachmittag des 23. Juli begann um drei Uhr im Rahmen der Bayreuther Festspiele eine Aufführung der »Götterdämmerung«. Bei seiner Ankunft wurde Hitler von der gesellschaftlichen, intellektuellen und künstlerischen Elite des Nationalsozialismus umlagert: große, kräftige Frauen in Sommerkleidern; Bedienstete in weißen Jacken; Herren in Uniform: Es war eines der wenigen großen gesellschaftlichen Ereignisse des Reiches während des Krieges. Eine Kapelle der Wehrmacht stimmte die »Siegfriedsfanfare« an. Dann suchte Hitler seine Loge auf. Er war allein.

Was während dieser vier langen Stunden durch seinen Kopf ging, wissen wir nicht. Wir wissen nur, was ihm die Musik Wagners sein Leben hindurch bedeutet hat. Einer seiner Jugendfreunde, der Musiker August Kubizek, dient uns hier als zuverlässige Quelle. Im Alter von vierzehn Jahren, an einem warmen Sommerabend im Jahr 1903 in Linz, hatte Hitler gemeinsam mit ihm Wagners »Rienzi« gehört. (»Rienzi« war Wagners erstes Musikdrama; es geht darin um den Aufstieg und Fall eines Volkstribuns.) Nach der Aufführung wanderten sie bis zum Sonnenaufgang durch die Straßen. Hitler war tief bewegt. Er vertraute Kubizek etwas an, was dieser enge Freund nicht im geringsten erwartet hatte. Er, Hitler, habe eine Vision. Er habe seine Bestimmung erkannt, das deutsche Volk zu den höchsten Höhen zu führen. Fünfunddreißig Jahre später, im August 1939, hatte er in Bayreuth Kubizek wiedergetroffen und ihm gesagt: »Damals begann es.« Und nun, am 23. Juli 1940, traf er Kubizek in Bayreuth erneut. Diesem fiel auf, daß Hitler sehr gut aussah. Sie sprachen ein paar Minuten miteinander. Hitler sagte ihm, wie sehr er den Krieg bedauere. So viel sei noch zu tun, so viele Dinge aufzubauen, so viel für das deutsche Volk zu erreichen; und der Krieg halte ihn davon ab, das alles in Angriff zu nehmen. Als sein Auto langsam vom Festspielplatz durch die jubelnde Menge in den Straßen Bayreuths fuhr, ließ er noch einmal anhalten, um Kubizek die Hand zu schütteln. Keiner von beiden konnte damals wissen, daß Hitler zum letzten Mal in seinem Leben eine Wagner-Oper gehört hatte.

Es gibt keinen Grund, an der Lauterkeit von Kubizeks Darstellungen zu zweifeln. Kubizek war wie andere davon überzeugt, daß Hitler in der Wagnerschen Musik Ruhe fände. Dennoch traf Goebbels am nächsten Tag in Berlin (wohin Hitler für einen Tag zurückgekehrt war, bevor er sich auf den Berghof zurückzog) auf einen Hitler, der »eine große Wut gegen London« hatte. Zwei Tage vorher hatte Halifax sein Friedensangebot abgelehnt. »Spricht mit Verachtung über Halifax' Rede. Ironisiert ihre dummen Propagandamethoden. Er will jetzt zuerst einmal mit massiven Luftangriffen antworten, die sehr bald beginnen werden. Da können die Engländer etwas erleben. Absurd, wie die sich den Krieg vorstellen.« Tags zuvor hatte Goebbels in sein Tagebuch geschrieben: »Die deutsche Öffentlichkeit ist in Siedehitze. Alle hatten gefürchtet, England würde die Friedenshand des Führers ergreifen ... Nun ist Klarheit geschaffen ... Der Krieg gegen England wird wie eine Erlösung wirken. Die Nation brennt darauf.« Goebbels bezog seine Informationen unter anderem aus den vertraulichen Berichten über den Stand der öffentlichen Meinung, die der deutsche Sicherheitsdienst zusammenstellte. Eine Woche vorher hatte die Berliner *Nachtausgabe* berichtet: »Ganz England zittert an der Schwelle einer Entscheidung.« Am 24. Juli hatte die Schlagzeile des *Völkischen Beobachters* verkündet: »England hat den Krieg gewählt.«

Am 19. Juli klapperten um 18 Uhr (zwischen Deutschland und England bestand damals eine Stunde Zeitunterschied) die Telegrafen: Der Text von Hitlers Rede kam stückweise durch; die Passagen wurden sofort übersetzt und in Abständen von etwa fünf Minuten an das Büro des Premierministers weitergeleitet. Harold Nicolson hörte sich die Rede im Informationsministerium an. An diesem Abend schrieb er in sein Tagebuch: »Alles in allem ist Hitler ein wenig zurückhaltend und gemäßigt, nur wenn er an W. C. denkt, überschlägt sich seine Stimme.« Am folgenden Tag schrieb Nicolson: »Die Reaktion auf Hitlers gestrige Rede ist die richtige Reaktion.« Churchill sah davon ab, Hitler zu antworten. Zu Colville sagte er: »Ich werde auf seine Rede nicht antworten, da ich mit diesem Mann nicht verkehre.« (Eine Zeitlang pflegte er von Hitler als von »jenem Mann« *[that man]* zu reden.)

Aber Churchill wurde gedrängt, eine Erwiderung abzugeben. Zuerst hielt er eine dem Gewicht der Sache angemessene formale Debatte im Unterhaus für das beste; das Kriegskabinett hingegen ließ verlauten, daß »dies einer Sache, über die alle eines Sinnes seien, zu großes Gewicht gebe«. Also bat Churchill Halifax, die englische Haltung vorzutragen. Am Sonntag fuhr Halifax nach Chequers, um die Antwort zu entwerfen – ein ungewöhnlicher Vorgang insofern, als sie lediglich aus einer kurzen Zurückweisung bestehen sollte. Am 20. Juli sandte R. R. Stokes, ein Labour-Abgeordneter, der den Ruf eines untadeligen, redlichen Mannes genoß, ein Telegramm an Churchill, in welchem er ihn bat, Hitlers Vorschläge ja nicht verächtlich zurückzuweisen; er ließ dem Telegramm einen wohlüberlegten Brief folgen, der von einigen Abgeordneten unterzeichnet war. Churchill wog das Für und Wider dieses Vorschlags ab und antwortete einige Tage später: »Solange die unmittelbaren schweren Gefahren, die uns jetzt drohen, nicht überwunden sind, wäre eine erneute Diskussion allgemeiner Art über die Frage, wie wir uns Europa und die Welt vorstellen, sinnlos. Eine solche Debatte wäre zu diesem kritischen Zeitpunkt für die nationale Verteidigung geradezu fatal. Selbst die Schritte, die Sie vorgeschlagen haben, könnten – würden sie erst einmal bekannt – einen starken Anreiz für Aktivitäten einer Fünften Kolonne bilden.« Am 25. Juli schrieb Orwell in sein Tagebuch: »Es gibt jetzt Gerüchte, daß Lloyd George in England Pétains Rolle übernehmen könnte.«

Gerüchte dieser Art – auch sehr weit hergeholte – wurden in Berlin begierig aufgenommen. Die Deutschen übten sich eifrig in Diplomatie (wenn man es denn Diplomatie nennen darf). In den letzten zehn Julitagen wurden (wie schon Ende Mai und Ende Juni) allerlei Gerüchte über Friedensgespräche gehandelt. Die substantiellsten kamen aus Washington. Noch bevor Hitler am 19. Juli seine Rede hielt, hatte Hans Thomsen, der deutsche diplomatische Geschäftsträger, zum britischen Botschafter in Washington, Lord Lothian, über einen als Mittelsmann fungierenden Quäker Kontakt aufgenommen. Es ist kaum denkbar, daß Thomsen einen solchen Schritt ohne die Zustimmung Hitlers oder zumindest von Ribbentrops gemacht hätte. Vielleicht war das einer der Gründe dafür, daß Hitler in seiner Rede die Vereinigten Staaten nicht erwähnte. Churchill wies Lothian an, nicht darauf einzugehen. Lothian, ein Pazifist, der sich in den dreißiger Jahren für eine deutsch-britische Verständigung eingesetzt hatte und zu denen zählte, die sich nach einem Treffen mit Hitler von dessen Persönlichkeit hatten beeindrucken lassen, ließ jedoch nicht locker: Es bestünden Aussichten auf Gespräche mit Deutschland, man solle die Bedingungen eruieren. Aber Halifax' Erklärung vom 22. Juli setzte dem ein Ende. An diesem Tag zitierte der deutsche Gesandte in Dublin in einem Telegramm den irischen Außenminister, der von Unstimmigkeiten in London wissen wollte. Ein holländischer Geschäftsmann, Albert Plesman, bot mit Görings Zustimmung Vermittlerdienste zwischen Berlin und London an. In einer Tagebuchnotiz vom 26. Juli schätzte Cadogan die Lage richtig ein: »Ich glaube, daß Hitler der Gedanke an eine Invasion nicht gefällt und er uns Verhandlungen schmackhaft machen möchte.« Auch der Papst unternahm über seinen Staatssekretär Kardinal Maglione einen Versuch, der britischen Regierung zumindest eine Antwort auf die Friedensvorschläge nahezulegen. Maglione sandte einen Brief an Erzbischof Godfrey, den päpstlichen Nuntius in London, der ein Gespräch mit dem Kardinal von Westminster suchen sollte. Aber Kardinal Hinsley zeigte sich unerschütterlich: Ein solcher Schritt könnte mißverstanden werden, der Wunsch des Heiligen Stuhls käme einer »Aufforderung zur Kapitulation« gleich.

Eine dieser interessanten »Unterredungen« wurde in der Schweiz geführt. Interessant ist sie deshalb, weil es möglich ist, daß Churchill ganz vertraulich Sir David Kelly dort für eine Sondierung grünes Licht gegeben hatte. Am Tag vor der Rede Hitlers hatte Kelly den oben schon erwähnten Prinzen Hohenlohe gebeten, ihn bei einem Abendessen im Haus des spanischen Gesandten in Bern, Señor Barcenas, zu treffen. Carl Jacob Burckhardt und der Schweizer Gesandte in London hatten dieses Treffen zuwege gebracht. Es herrschte eine gute Atmosphäre. Nach dem Essen zogen sich Hohenlohe und Kelly in ein Privatzimmer der spanischen Residenz zurück. Hohenlohe versuchte Kelly davon zu überzeugen, daß Churchill absolut unseriös sei und oft unter Alkoholeinfluß stehe. Er könne sich nicht vorstellen, daß dieser Mann das englische Volk repräsentiere. Kelly hörte ihm zu, sprach selbst aber wenig. Hohenlohe gewann den Eindruck, daß Kelly »offen« redete und »den Faden weiterspinnen wollte«. Aber Hohenlohe war klug genug, in seinem Bericht darauf hinzuweisen, daß er nicht darauf einging, da auch ihm der Verdacht kam, daß man mit diesen Unterredungen Zeit gewinnen wollte.

Hohenlohes Bericht erreichte Ribbentrop und Hitler am 23. Juli. Etwa zu dieser Zeit erreichte auch die Geschäftigkeit der Familie Windsor ein kritisches Stadium. Drei Wochen lang hatten sie nun schon für Unruhe gesorgt. Der Leser wird sich erinnern, daß Churchill den Herzog aufgefordert hatte, nach England zurückzukehren, daß dieser sich dann zehn Tage in Madrid aufhielt und schließlich am 3. Juli nach Lissabon kam. Churchills – durchaus ungewöhnlicher – Plan war, ihn zum Gouverneur und Oberbefehlshaber auf den Bahamas zu ernennen. Der König stimmte zu. Man wollte die Windsors nicht nur vom europäischen Kontinent zurückholen, man wollte sie im Augenblick auch lieber nicht in England haben. Um dies schnell zu bewerkstelligen, wurde die Ernennung am 10. Juli bekanntgegeben. Aber es stellten sich Schwierigkeiten ein. Der Herzog wünschte, daß man seine männlichen Bediensteten, die allesamt im wehrfähigen Alter waren, von ihren Kriegsdienstverpflichtungen freistellte. Ein noch größeres Problem bedeutete der Wunsch des herzoglichen Paares, auf dem Weg nach Nassau noch New York zu besuchen. Churchill und das Auswärtige Amt waren strikt dagegen. Aber der Herzog und in diesem Fall besonders die Herzogin zeigten sich störrisch.

Hinter allem stand natürlich, was Churchill völlig klar war, deren politischer Standpunkt. Schon am 4. Juli hatte Churchill eine Depesche an die Premierminister der Dominien gesandt, deren Text er mehrfach umformuliert hatte. In der ersten Fassung hieß es, der Herzog »sympathisiere bekanntlich mit den Nazis und könnte sich bereitfinden, Zentralfigur einer Intrige zu werden«. Dann, nachdem der Herzog widerwillig das Amt auf den Bahamas akzeptiert hatte, änderte er den Text: »Obwohl seine Loyalität über jeden Zweifel erhaben ist, gibt es doch immer wieder Nazi-Intrigen, die den Herzog in Verlegenheit zu bringen versuchen.«

In Lissabon wimmelte es im Umkreis der Windsors nur so von deutschen (und spanischen) Agenten. Sie wurden besonders nach dem 19. Juli, dem Tag, an dem Hitler seine Rede hielt, aktiv. Die Deutschen wollten den Herzog so lange wie möglich in Europa halten und versuchten vor allem, ihn zu einem Umzug von Lissabon nach Madrid zu bewegen. Am 23. Juli berichtete der deutsche Botschafter in Madrid über Unterhaltungen zwischen Windsor und einem spanischen Freund, »in denen er davon sprach, sich von der gegenwärtigen Tendenz der britischen Politik loszusagen und mit seinem Bruder zu brechen«. Das war in dieser Form vielleicht übertrieben, aber nicht ganz ohne Substanz. Einem anderen spanischen Bekannten gegenüber begrüßte der Herzog »den Friedenswunsch des Führers ... Er war davon überzeugt, daß es mit ihm als König nicht zu einem Krieg gekommen wäre.« Der Herzog erbat sich nun vor seiner Abreise eine Woche Vorbereitungszeit. Es gab ein regelrechtes Tauziehen: Die Deutschen versuchten, ihn nach Madrid zurückzuholen, Churchill, ihn über den Atlantik abzuschieben. Nach weiteren Schwierigkeiten bezüglich der Abfahrt (auf einem amerikanischen Schiff) setzte sich Churchill durch. Möglicherweise erwies sich seine frühere Freundschaft mit dem Herzog als hilfreich. Am 27. Juli schickte er über einen gemeinsamen engen Freund einen letzten, wichtigen Brief an den Herzog. Er war in einer meisterhaften Mischung aus Entschlossenheit, Takt und den Überredungskünsten eines überzeugten Royalisten abgefaßt: »Ich bin davon überzeugt, daß Seine Königliche Hoheit keinen Anstoß nehmen an diesen von der Sorge geleiteten Worten eines treuen und ergebenen Untertans.« Am 2. August reisen der Herzog und die Herzogin ab.

Hitler waren die politischen Neigungen des Herzogs von Windsor bekannt. Er wußte auch, daß Windsor leicht zu beeinflussen war. Von ihm erwartete er nicht viel. Wie auch immer: Als er am 26. Juli zum Berghof zurückfuhr (er hatte sich nach Bayreuth nur noch einen Tag in Berlin aufgehalten), wußte er, daß seine Friedensrede ihren Zweck nicht erreicht hatte; was aber nicht hieß, daß seine Gedanken nun vom politischen auf einen militärischen Kurs einschwenkten. Jetzt wurde von seinen Oberbefehlshabern die »Operation Seelöwe« vorbereitet, aber man war sich allenthalben der Schwierigkeiten dieses Plans bewußt. Die Marine und das Heer waren offensichtlich über zahlreiche Einzelheiten uneinig. Indes bestand in einer Frage allgemeines Einverständnis. Die Luftwaffe mußte als erste zuschlagen und die Engländer nachhaltig schwächen, wenn nicht gar zur Aufgabe zwingen.

Es ist interessant, daß Hitler im Gegensatz zur Planung und Durchführung des Westeuropafeldzugs von seiner Kommandorolle keinen Gebrauch machte; das heißt, er zeigte geringes aktives Interesse an den Einzelheiten der bevorstehenden Maßnahmen (obwohl, wie wir gesehen haben, Jodls erster Entwurf vom 30. Juni Hitler ausdrücklich als Oberbefehlshaber des gesamten Unternehmens genannt hatte). Am 25. traf Hitler in Berlin mit Admiral Raeder zusammen und ließ sich Verschiffungs- und Transportpläne vortragen. Er selbst sagte nicht viel. Auch in den folgenden vier Tagen auf dem Obersalzberg beschäftigte er sich nur wenig mit militärischen Fragen. Statt dessen widmete er sich politischen Problemen in Südosteuropa: Er empfing rumänische und bulgarische Minister sowie den slowakischen Staatschef. Außerdem sprach er mit von Papen, dem damaligen Botschafter in der Türkei, den er vor dessen Rückkehr nach Ankara auf den Berghof bestellt hatte. Hitler vertraute von Papens diplomatischen Fähigkeiten. Wie schon 1933, als dieser für Hitler die nützlichste Verbindung zu den Konservativen gewesen war (von Papen hatte seinen Einfluß auf Hindenburg geltend gemacht, Hitler zum Kanzler zu ernennen; mit Folgen, die allzugut bekannt sind und allerdings im Gegensatz zu von Papens Zielen standen), hielt Hitler von Papen auch während des Krieges für einen nützlichen Ratgeber und vielleicht gar eine diplomatische Kontaktfigur.

In Berlin wurde Goebbels ungeduldig. Am 26. Juli: «Unsere militärischen Chancen stehen unvermindert gut. Nur der Entschluß, das Signal zum Großangriff auf England zu geben, fällt schwer. General Bodenschatz legt mir nochmal die Vorbereitungen der Luftwaffe dar. Diese sind grandios. England wird nichts zu lachen haben. Aber der Führer brütet noch darüber.« Am 29. Juli: »Wir warten, warten. Wann endlich geht der Führer gegen England los?« Am nächsten Tag stellte Goebbels Spekulationen über Amerika an. Er hatte den Film »Vom Winde verweht« gesehen und sich davon beeindrucken lassen. »Eine große amerikanische Leistung. Man muß ihn mehr als einmal sehen.« (Er ließ ihn ein Jahr später noch einmal vorführen, am Abend vor dem deutschen Einfall in Rußland.)

Am 1. August beurteilte Goebbels den vorangegangenen Tag: »Fühler von hier nach England ergebnislos ... Der Führer sieht jetzt auch keine Möglichkeit mehr als Krieg.«

So einfach war es freilich nicht. Goebbels bewunderte und liebte Hitler; aber 1940 zählte er nicht zu Hitlers engsten Vertrauten. Das wird aus seinen Tagebucheintragungen ersichtlich. Von einigen wichtigen Entscheidungen erfuhr Goebbels nur aus zweiter Hand, wenngleich natürlich von der Spitze der Nazi-Hierarchie. Hitlers politisches Verständnis war viel subtiler als das von Goebbels. So ahnte Goebbels zum Beispiel nicht das geringste davon, daß Hitlers Gedanken immer mehr um Amerika und Rußland kreisten. Im ersten Entwurf der Jodl-Denkschrift von Ende Juni hatte Jodl Rußland als eine jener Weltmächte bezeichnet, die in der weltweit ausgerichteten Strategie der Deutschen eine wichtige Rolle spielten, da sie aus einer britischen Niederlage Nutzen ziehen würden. In seiner großen Rede vom 19. Juli wich Hitler vom Thema ab, um seiner Zufriedenheit über das Verhältnis mit Rußland besonderen Ausdruck zu verleihen. Er wollte der Welt klarmachen, daß dort alles in Ordnung war und daß sich die Briten keinerlei Hoffnung auf irgendwelche Störungen im deutsch-russischen Verhältnis, gar auf einen Konflikt, machen sollten.

Mit seinen engsten militärischen Mitarbeitern sprach er allerdings ganz anders über diese Frage. Einen möglichen Konflikt mit Rußland hatte er ihnen gegenüber bereits Ende Mai erwähnt. Am 3. und 4. Juli schrieb General Halder in sein Tagebuch, daß auf Rußland gerichtete militärische Planungen notwendig werden könnten – ein bemerkenswerter Widerspruch zu Jodls Denkschrift. Während der großen Konferenz der Oberbefehlshaber auf dem Berghof am 13. Juli sagte Hitler, daß die Engländer sich offenbar Hoffnungen auf Rußland machten; er zeigte sich auch besorgt über die russischen Aktivitäten im Baltikum und die – angebliche – Zunahme der russischen Truppen in Ostpolen. Auf der nächsten Konferenz der militärischen Führungsspitzen am 21. Juli äußerte sich Hitler diesbezüglich gegenüber von Brauchitsch, dem Oberbefehlshaber des Heeres (offenbar nachdem die meisten anderen den Raum verlassen hatten); Halder notierte am nächsten Tag diese Äußerungen in seinem Tagebuch: Der Führer wolle die militärischen Vorbereitungen gegen England so schnell wie möglich vorantreiben; die Engländer kämpften weiter, weil sie eine entscheidende Wende in der Haltung Amerikas erwarteten; auch hegten sie bezüglich der russischen Position gewisse Hoffnungen.

Das ist bedeutsam, doch es heißt noch nicht, daß Hitler bereits damals entschlossen war, Rußland anzugreifen. (In derselben Tagebucheintragung Halders findet sich noch eine weitere Bemerkung: »Wenn England weiter Krieg führen will, dann wird versucht werden, alles politisch gegen England einzuspannen. Spanien, Italien, Rußland.«) Von Brauchitsch empfahl Halder, allmählich über militärische Planungen im Osten nachzudenken; er wußte, daß Hitler entsprechende Überlegungen anstellte, wenngleich solche Pläne von ihm nicht ausdrücklich angeordnet worden waren. Im Lauf der folgenden zehn Tage – in Bayreuth, in Berlin oder auf dem Obersalzberg – waren Hitlers Gedanken über Rußland weiter ausgereift. In dem Maße, in dem seine Erwartungen bezüglich einer politischen Verständigung mit Großbritannien abnahmen, nahmen seine Zukunftspläne hinsichtlich Rußlands allmählich Gestalt an.

Nachdem ihn am 30. Juli die Bittsteller der Balkanstaaten wieder verlassen hatten, war Hitler allein. Er studierte einen langen Bericht des deutschen Botschafters in Washington. Hans Dieckhoff analysierte die amerikanische Außenpolitik der vergangenen Jahre und kam zu dem Schluß, daß Roosevelt nunmehr die Führungsrolle innerhalb der gegen Deutschland gerichteten «demokratischen» Kräfte beanspruchte. Am letzten Julitag traf Hitler wieder mit Raeder zusammen. Mit der gebotenen Zurückhaltung – Raeder hätte niemals einen Streit mit dem Führer riskiert – wiederholte dieser, was er schon vorher betont hatte: daß die deutsche Marine eine erfolgreiche Landung auf breiter Küstenfront nicht vor dem Frühjahr des nächsten Jahres garantieren könne, lediglich eine Landung an einem schmalen Küstenstreifen sei im September möglich, doch das auch nur, wenn Englands Luftverteidigung niedergerungen worden wäre. Hitler hörte ihm zu. Dann ließ er ihn gehen; er selbst begab sich zu einer Konferenz mit seinen führenden Generälen von Brauchitsch, Halder und Jodl.

Den ganzen Juli hindurch beschäftigte sich Churchill insgeheim mit der Frage einer möglichen amerikanischen Hilfe. Daß England nicht ohne amerikanische Hilfe gewinnen, vielleicht nicht einmal überleben konnte, wußte er; aber in den sechs Wochen nach der Niederlage Frankreichs waren seine Bemühungen, sich dieser Hilfe zu versichern, nicht so intensiv wie ehedem. Natürlich bestand seine Hauptaufgabe darin, sich auf die drohenden deutschen Angriffe vorzubereiten. Doch es gab zwei weitere Gründe für seine relative Zurückhaltung. Zum einen schätzte er die politische Situation in den Vereinigten Staaten richtig ein: Eine zu aufdringliche Bittstellerei und Propaganda wäre als unwürdig eingestuft worden und hätte sich nachteilig ausgewirkt. Zum anderen wußte Churchill, daß der Präsident allmählich und Schritt für Schritt auf seine Linie einschwenkte, zumal Roosevelt und andere amerikanische Führungspersönlichkeiten erkannt hatten, daß die Briten den unbeugsamen Willen und die militärische Befähigung zum Kampf besaßen. Die unbarmherzige Flottenaktion bei Oran hatte in Washington Eindruck gemacht. Dessen war sich Churchill sehr wohl bewußt. Gleichwohl beschloß er, nicht direkt an Roosevelt zu schreiben. Befürchtungen, daß seine Botschaften dem gegnerischen Geheimdienst nicht verborgen bleiben könnten, spielten dabei keine Rolle. Es kam ganz darauf an, den günstigsten Zeitpunkt zu finden. Durch zu viele direkte Botschaften würde deren Gewicht und Wirkung gemindert werden.

Rückblickend erscheint es bemerkenswert, daß Churchill zwischen dem 15. Juni und 31. Juli, in den sechs oder sieben Wochen der größten Gefahr und der entscheidenden Phase seiner Auseinandersetzung mit Hitler, sich nicht direkt an Roosevelt wandte – mit einer Ausnahme: Am 9. Juli teilte er ihm in einem kurzen Schreiben seinen Entschluß mit, den Herzog von Windsor auf die Bahamas zu schicken. (Der Text dieser Botschaft war dabei weitgehend identisch mit demjenigen, den er vorher an die Premierminister der Dominien geschickt hatte.) Eine frühere, am 5. Juli verfaßte Botschaft hatte er wieder verworfen. Sie enthielt ein dringendes Ersuchen um die Zerstörer. Daneben wollte Churchill die Amerikaner über Irland ins Bild setzen. Er erhob schwere Anschuldigungen gegen De Valera und dessen Partei; Irland sei auf einen Angriff nicht vorbereitet: »Für uns könnte sich die Notwendigkeit ergeben, einer deutschen Aktion zuvorzukommen und bestimmte Häfen zu besetzen.« Dazu kam es jedoch nicht. In dieser Hinsicht gingen Churchills Befürchtungen zu weit, und er mißdeutete auch die Absichten De Valeras. Aber das Telegramm wurde ja nicht abgeschickt. Der Entwurf belegt immerhin, daß sich Churchill der irischen Elemente in der amerikanischen Politik ebenso bewußt war wie der Präsenz irisch-amerikanischer Isolationisten in der Demokratischen Partei Roosevelts. Am 19. Juli wurde Roosevelt für eine dritte Präsidentschaft nominiert. An jenem Tag hielt Hitler seine Rede, in der er, wie wir gesehen haben, mit Bedacht auf jegliche Erwähnung der Vereinigten Staaten verzichtete.

Inzwischen gelangten spärliche Waffen- und Munitionslieferungen aus Amerika über den Atlantik und trafen in britischen Häfen ein. Im Juli war das nur ein Tropfen auf den heißen Stein. Aber die Zielrichtung und die allmähliche Ausweitung waren ermutigende Zeichen. Von größerer Wichtigkeit waren die politischen Entwicklungen. Um die Monatsmitte herum entschloß sich Roosevelt, zwei Abordnungen in vertraulichen Angelegenheiten nach London zu schicken. Am 14. Juli, dem Tag, an dem Churchill im Rundfunk seinen Aufruf zum Widerstand verlas, schickte Roosevelt einen Mann seines Vertrauens nach London, Oberst William J. Donovan. Dieser Amerikaner irischer Abstammung hatte Erfahrung in internationalen Angelegenheiten und vertrat einen den Isolationisten entgegengesetzten Standpunkt. Zwei Wochen später folgten drei hohe Offiziere der amerikanischen Streitkräfte, die nach außen hin als *Standardization of Arms Committee* (»Waffennormenausschuß«) auftraten. In Wahrheit verfolgten beide Abordnungen dasselbe Ziel: festzustellen, ob Großbritannien in der Lage war, den Krieg fortzuführen.

Churchill wußte, was diese Missionen bedeuteten. Daher entwarf er am 30. Juli eine Botschaft an Roosevelt. Zu Halifax sagte er: »Ich bin sicher, daß das jetzt der richtige Zeitpunkt ist, und es war wohl klug, den früheren Entwurf zurückzuhalten. Aber schikken Sie das jetzt ab.« Die ersten beiden Sätze beinhalteten das Wesentliche: »Es ist schon eine geraume Zeit her, daß ich Ihnen eine persönliche Botschaft sandte, und vieles ist in der Zwischenzeit zum Guten und zum Schlechten geschehen. Nun ist es jedoch äußerst wichtig geworden, daß Sie uns die Zerstörer, Motor- und Flugboote überlassen, um die wir Sie ersucht hatten.« Und weiter unten: »Herr Präsident, bei allem gebotenen Respekt muß ich betonen, daß es in der langen Weltgeschichte vielleicht nichts Dringlicheres gegeben hat, es muß sofort geschehen... Ich weiß, daß Sie alles tun werden, was in Ihren Kräften steht, aber ich fühle mich ermächtigt und verpflichtet, Ihnen die Folgenschwere und Dringlichkeit vor Augen zu halten.« Churchill kannte auch die Meinung Kennedys. (Das taten auch die Deutschen: Hans Thomsen berichtete aus Washington, daß Kennedy »beständig daran festhält, daß die Niederlage Englands unvermeidbar ist«.) Kennedy war besonders erbost darüber, daß Donovan ihn überging und seine Mission allein durchführte; gegenüber Donovan behauptete er mehrfach, England sei verloren. Churchill hielt es für besser, auf Kennedys Eitelkeit Rücksicht zu nehmen; er schlug sogar dem Kabinett und dem Auswärtigen Amt vor, seine Botschaften an Roosevelt über Kennedy zu schicken. Alle waren dagegen. Dennoch beschloß Churchill, seine letzte Botschaft an Roosevelt ganz gegen alle Gewohnheit »über Kennedy« laufen zu lassen, »der für uns und für die gemeinsame Sache eine große Unterstützung ist«. Der Schlußsatz war offensichtlich nicht so sehr für Roosevelts als für Kennedys Augen bestimmt.

Die Depesche wurde am Mittwoch, dem 31. Juli, nachmittags abgesandt. Am selben Tag telegrafierte Kennedy an Roosevelt: »Man muß sich über eines im klaren sein: Aus der Sicht Großbritanniens wird dieser Krieg von nun an einzig und allein im Vertrauen auf die Vereinigten Staaten geführt. Wenn nicht noch ein Wunder eintritt, werden die Briten bald erkennen, daß sie auf Dauer keine Chance haben.«

Wir befinden uns nunmehr inmitten einer Geschichte, deren Ende jeder Leser kennt. Es gab keine Invasion Englands durch Hitler. Aber das ist nicht alles. Die tatsächlichen Ereignisse der Geschichte müssen immer im Zusammenhang mit den vorhandenen Möglichkeiten gesehen werden (im übrigen ganz wie im Leben einer Einzelperson). Was im Juli 1940 schließlich geschah, war nicht unbedingt das, was hätte geschehen können: Und die Tatsachen sind von den Möglichkeiten nicht immer zu trennen. Wäre Hitler eine Invasion Englands gelungen, hätte er den Krieg gewonnen. Und dies hätte im Bereich der deutschen Möglichkeiten gelegen. Churchill wußte das. Aber er glaubte, daß es nicht eintreten würde. Er durchschaute Hitlers Gedankengänge mit erstaunlichem Scharfsinn. Was er nicht wissen konnte, war die Frage, wie erfolgreich eine mögliche Invasion Englands sein würde. Wie sagte Pascal: »Wir verstehen mehr, als wir wissen« – eine fundamentale Einsicht, die jedweder Logik widerspricht.

Die Deutschen hätten vor, während oder unmittelbar nach Dünkirchen in England landen können. Fallschirmjägereinheiten hätten Flugplätze einnehmen können, die einen Landeplatz für deutsche Truppen geboten hätten, ohne daß die kleine deutsche Flotte sie über den Kanal hätte schiffen müssen. Zu jenem Zeitpunkt war das britische Heer desorganisiert, schlecht ausgerüstet, ungenügend vorbereitet und wenig schlagkräftig; hinzu kam, daß die englische Bevölkerung gelähmt war, da sie sich der unmittelbar bevorstehenden großen Gefahren noch nicht bewußt war und Churchill sie für ihre neue Aufgabe noch nicht wachgerüttelt hatte. Anfang Juli indes waren die Defensivmaßnahmen – die Verteidigungsanlagen an der Südküste, die Reorganisation der Armee, die Kampfbereitschaft der Marine – vorangeschritten und wurden täglich verbessert. Aber auch dann lag eine Landung noch immer im Bereich des Möglichen. Über die Möglichkeit einer französischen Invasion zu Napoleons Zeiten hatte Lord St. Vincent gesagt: »Ich behaupte nicht, daß sie nicht kommen können. Ich behaupte nur, daß sie nicht auf dem Seeweg kommen können.« Doch jetzt gab es den Luftweg. Dies ist keine militärische Analyse oder Militärgeschichte des Sommers 1940. Es soll lediglich daran erinnert werden, daß die Frage der Landung das eigentliche Problem darstellte. Hätten die Deutschen das Problem der Landung gelöst, hätten sie England erobert.

Churchill sah es nicht so. Dennoch hat sich in den vergangenen fünfzig Jahren in den militärischen Kreisen Großbritanniens so etwas wie ein Konsens eingestellt, mehr als die Meinung einer kleinen Minderheit: Die Deutschen hätten es durchaus versuchen können, und ein Erfolg wäre nicht völlig ausgeschlossen gewesen. Wie eine damals durchaus denkbare deutsche Invasion hätte verlaufen und welche Folgen sie hätte haben können, ist von einigen britischen Autoren in historischen Fiktionen dargestellt worden. Diese Darstellungen beginnen in der Regel in der zweiten Juliwoche und enden etwa drei Wochen später mit der Eroberung Londons durch die Deutschen. Eine davon, Major Kenneth Mackseys »Invasion: The German Invasion of England, Juli 1940« (1980), endet damit, daß Churchill und die königliche Familie nach Kanada fliehen und einen verbitterten General J. F. C. Fuller zurücklassen, der – als ehemaliger Anhänger Mosleys mit deutschfreundlicher Haltung – nun in der Downing Street auf die Ankunft des deutschen Bevollmächtigten wartet. Norman Longmate läßt in »If Britain Had Fallen« (1972) Churchill selbst zum Gewehr greifen, bevor er von den heranstürmenden deutschen Truppen hinter einer Barrikade nahe Downing Street getötet wird. Diese historischen Fiktionen – nicht ganz selten in der britischen Literaturgeschichte – stellen eine unterhaltsame und kurzweilige amateurhistorische Gattung dar.

Doch für den Verfasser dieser Studie ist das interessanteste Buch dieser Art nicht eine Militärgeschichte, die von den Ereignissen des Jahres 1940 oder von Hitler handelt. Es ist vielmehr das 1913 erschienene, relativ unbekannte »When William Came« von H. H. Munro (»Saki«), einem Schriftsteller der edwardianischen Zeit, der scharfsinnigen Witz und tiefsinnigen Ernst zu einer seltenen Einheit verband. »When William Came« beschreibt, wie sich eine erfolgreiche Überraschungsinvasion in England durch die wilhelminischen Truppen auf das alltägliche Leben in London auswirkt. Es zeigt, wie sich die verschiedensten Leute auf unterschiedliche Weise auf die neuen Lebensbedingungen einstellen – von der Kollaboration mit den Besetzern bis hin zu ersten Regungen des Widerstands. Es ist eine bedrückende und zugleich absolut präzise Beschreibung dessen, was sich im Denken und in der Lebensweise gewisser gebildeter Bewohner europäischer Hauptstädte unter einer deutschen Okkupation abgespielt hätte – und was sich 1940 in London hätte abspielen können. Zwar ist die Handlungsführung dieses Romans wenig überzeugend – er besteht aus einer Serie von lose aneinandergereihten Episoden –, aber die Charakterzeichnung ist besser noch als selbst bei Evelyn Waugh, dessen Trilogie über den Zweiten Weltkrieg ebenfalls vorzügliche Charakterdarstellungen enthält. Bei Waugh verkörpert jede Romanfigur eine bestimmte Welthaltung; Munro ist differenzierter und ausgewogener. Neben seinen brillanten Charakterzeichnungen von Opportunisten stellt er auch ein gespaltenes England dar – aber die Spaltung vollzieht sich nicht zwischen verschiedenen Gruppen der Bevölkerung, sie erweist sich als Befindlichkeit eines jeden einzelnen; die meisten von ihnen sind patriotisch und unpatriotisch, Kollaborateure und Widerstandskämpfer zugleich.

Kollaboration und Widerstand: Diese beiden Haltungen wären bei den Engländern anders ausgeprägt gewesen als anderswo. Aber zweifellos hätte es sie auch in England gegeben. Zu dem Begriff »Fünfte Kolonne« hatte Clement Attlee im Juli gesagt: »Das Wort gefällt mir nicht. Ich ziehe das altmodische Wort ›Verräter‹ vor. Ich glaube nicht, daß es bei uns viele aktive Verräter gibt.« Doch Philip Bell bemerkte dazu ganz richtig: »Ob diese Meinung zutraf, ist durch den Ernstfall einer Invasion oder Okkupation niemals überprüft worden.«

Es gab einen erheblichen Unterschied. 1940 war die Situation völlig anders als 1912 oder 1914. In »When William Came« gibt es keinen positiven Helden, keinen nationalen Führer. 1940 gab es Churchill. Anfang Juni hatte er zu General Ismay gesagt: »In drei Monaten können wir alle tot sein.« Aber wenn es schon sein mußte, wollte er im Kampf sterben. Erwartete er von den Engländern die gleiche Haltung? Möglicherweise, zumindest bis zu einem gewissen Grad: Denn in der Regel erwarten wir von anderen das, was wir auch von uns erwarten, besonders wenn uns diese anderen blutsverwandt sind.

Und Churchill verkörperte mehr als nur England. Aus der Distanz von fünfzig Jahren heraus betrachten wir den Zweikampf zwischen ihm und Hitler gern als eine Auseinandersetzung zwischen Gut und Böse. Das ist aber nicht die ganze Wahrheit. Vor allem sahen es 1940 viele Menschen, wenn nicht gar die meisten, anders. Ich denke dabei nicht nur an das englische und das deutsche Volk. Für das erstere ist Churchill 1940 ganz einfach der Retter gewesen. Für das letztere – auch für viele Deutsche, die aus Bestürzung oder Scham Hitler zurückwiesen – war Churchill nicht einfach nur der Antagonist Hitlers, sondern vornehmlich der entschiedene britische Gegner großdeutscher Sehnsüchte. Aber hier müssen wir, wenn auch gezwungenermaßen etwas verkürzt, die Reaktionen betrachten, mit denen die anderen europäischen Nationen den Zweikampf dieser beiden verfolgten. Denn schließlich ging es in dieser Auseinandersetzung um nicht mehr und nicht weniger als um Europa. Hitler wollte Großbritannien überreden und/oder zwingen, seine Herrschaft über Europa anzuerkennen. Und eben diesem Ansinnen widersetzte sich Churchill.

Natürlich fanden sich auch damals in jedem europäischen Land Personen, die das so begriffen hatten. Aber sie stellten eine Minderheit dar. Und wir müssen uns, wenn auch nur kurz, der Mehrheit zuwenden – wie sie strukturiert war, welche unterschiedlichen Meinungen und Abstufungen sie kennzeichneten, wie sich ihre Haltung wandelte und wie sie sich schließlich verflüchtigte. Die Mehrheit, von der ich spreche, setzte sich aus den Bewohnern des europäischen Kontinents zusammen, die im Juli 1940 davon überzeugt waren, daß Deutschland den Krieg gewinnen würde oder ihn im großen und ganzen bereits gewonnen hatte. Es gab genügend Gründe, so zu denken. Innerhalb dieser konturlosen Mehrheit wiederum befand sich eine deutliche Minderheit, die den Deutschen den Sieg wünschte – mit anderen Worten: die sich über Hitlers Siege in Europa freute oder zumindest befriedigt zeigte. Diese Gruppe war in jedem Land in der Minderheit, bis auf Deutschland, Österreich und einige jener Länder, die 1940 mit Deutschland verbündet waren. An dieser Stelle und im vorliegenden Zusammenhang besteht kein Anlaß, auf die verschiedenen Gruppen von Nationalsozialisten außerhalb Deutschlands näher einzugehen – auch Hitler schenkte ihnen geringe Beachtung. Auch brauchen wir uns nicht weiter mit den verstreuten kommunistischen Gruppierungen zu befassen, deren Anhängerschaft durch den Hitler-Stalin-Pakt stark dezimiert worden war und die – bedeutungs- und führungslos – im Sommer 1940 in den meisten europäischen Ländern allgemein wirkungslos waren.

Es liegt in der Natur des Menschen und besonders von Regierungen, ihre Vorstellungen und Ziele den gegebenen Umständen anzupassen und nicht umgekehrt den Versuch zu unternehmen, die Umstände den Vorstellungen anzupassen. Denjenigen Regierungen, die unter deutscher Besatzung weiterzuarbeiten hatten, also etwa den Dänen und Belgiern, blieb gar nichts anderes übrig. Sie hatten Grund genug zu glauben, daß sie mit den Deutschen zusammenarbeiten mußten, weil nur so das Überleben ihrer Nation garantiert und ihre nationale Identität gewahrt werden konnte. Doch auch die Regierungen jener Länder, die nicht von deutschen Truppen besetzt waren, mußten ihren politischen Kurs neu bestimmen. Sie mußten sich eingestehen, daß ihre Unabhängigkeit, ja sogar ihre Neutralität nur begrenzt war; in einem so radikal veränderten Europa galt es, sich auf gewisse deutsche Ansprüche einzurichten. Das konnte sich (wie im Fall Schwedens) in Form eines vorsichtigen politischen Kalküls oder (wie im Fall Rumäniens) in Form eines begeisterten Opportunismus äußern. Dies ist nicht der Ort, die unterschiedlichen Varianten näher zu beschreiben. Es gilt lediglich festzuhalten, daß das veränderte Verhältnis zu Deutschland von Land zu Land unterschiedlich ausfiel, je nach den unterschiedlichen geographischen, historischen, politischen und gesellschaftlichen Gegebenheiten. Aber nahezu jede Regierung war durch latente Spannungen gekennzeichnet zwischen denen, die überzeugte Anhänger Deutschlands waren (oder geworden waren), und jenen, die einen Sieg Hitlers fürchteten – was zugleich bedeutete, daß sie mit Herz und Verstand auf seiten der Briten standen, wenn sie es auch oftmals geheimhalten mußten. (Mit unterschiedlichem Erfolg übrigens, denn ihre Gegner – wie die Deutschen – waren mißtrauisch und wachsam.)

Im Sommer 1940 stellte sich das veränderte Verhältnis zu Deutschland allerdings drastischer dar. Viele, wenn nicht gar die meisten Abgeordneten im dänischen und norwegischen Parlament waren zur Zusammenarbeit mit den deutschen Besatzern bereit. Das legale und demokratische dänische Parlament, das die Deutschen 1940 im Amt belassen hatten, gab im Juli eine Erklärung ab: »Die großen deutschen Siege, die weltweit Erstaunen und Bewunderung erregt haben, haben in Europa ein neues Zeitalter eröffnet, das in politischer und wirtschaftlicher Hinsicht eine neue Ordnung unter deutscher Führung bringen wird.« Ende Mai entzweite sich die belgische Regierung mit dem belgischen König, weil der König für einen Waffenstillstand mit Hitler eintrat, während die Regierung die Kapitulation verweigerte und nach Frankreich floh; nur einen Monat später, nach dem Zusammenbruch Frankreichs, erwog dieselbe Regierung ernsthaft, ihren Widerstand aufzugeben und sich wieder an die Seite Leopolds III. in Belgien zu stellen. Schließlich aber fanden sich die einzelnen Regierungsmitglieder nach und nach in London ein, wo sie – allerdings erst ab Oktober – eine Exilregierung bildeten. Im Juli kehrte eine Anzahl geflohener holländischer Politiker in die Niederlande zurück, um eine konservative nationale Einheitsbewegung zu bilden.

Solche Tendenzen der Anpassung an die neuen politischen Verhältnisse blieben keineswegs auf Regierungskreise beschränkt. Sie entsprachen zumindest zeitweilig der Stimmung der jeweiligen Nationen. In Belgien zum Beispiel war die Bevölkerung vom weitgehend korrekten Auftreten der deutschen Wehrmacht angenehm überrascht. Das galt in gewisser Hinsicht auch für Frankreich. Im Sommer 1940 (und in den folgenden zwei Jahren) hielt die große Mehrheit der Franzosen loyal zu Marschall Pétain, in dem sie so etwas wie einen Retter Frankreichs erblickten. Sie standen nicht auf deutscher Seite; sie wollten keinen deutschen Sieg; aber sie hielten doch ihre frühere Regierungsform – ihre Ideologie, ihr politisches System, auch das Bündnis mit England – für verderbt, korrupt und falsch. Solche Gedanken lassen sich nicht einfach als Opportunismus abtun, wie sehr auch opportunistische Motive die Gedanken und Handlungen mancher Menschen bestimmt haben mögen.

Hinter diesen Erscheinungsformen der öffentlichen Meinung verbarg sich eine allgemeine Tendenz, die mehr darstellte als eine bloße Anpassung an den beeindruckenden Aufmarsch der deutschen Macht. Viele Menschen auf der Welt sahen in den Kriegsereignissen eine Bestätigung ihres ablehnenden Urteils über die korrupte, unfähige, heuchlerische und überholte parlamentarisch-demokratische Regierungsform, über die bürgerliche Demokratie und den liberalen Kapitalismus – über Institutionen und Überzeugungen, für die in Europa nach dem Zusammenbruch Frankreichs einzig und allein Großbritannien zu stehen schien. Diese Welle erfaßte viele Gebiete der Erde. Am Tag der französischen Kapitulation, am 22. Juni, schrieb Gandhi in der indischen Zeitung *Harijan:* »In den nachfolgenden Generationen werden die Deutschen Herrn Hitler als ein Genie, als tapferen Mann, als unvergleichlichen Organisator und als manches mehr verehren.« Gandhi und den Aga Khan trennte gewiß einiges; aber auch letzterer gestand am 25. Juli dem Prinzen Hohenlohe in der Schweiz, daß er und der Khedive von Ägypten »eine Flasche Champagner trinken werden, wenn Hitler erst im Schloß von Windsor schläft. Churchill war von Juden bezahlt.« In ihrer Balkan-Trilogie beschreibt die britische Schriftstellerin Olivia Manning, wie sich die britische Kolonie in Bukarest im Juli 1940 plötzlich extremen Anfeindungen und sogar Mißhandlungen ausgesetzt sah.

Vielleicht noch bezeichnender war die Tatsache, daß einige der besten Köpfe Europas Sympathie für den deutschen Nationalsozialismus zeigten wegen ihrer Verachtung – in einigen Fällen sogar ihres Hasses – gegenüber der alten Ordnung, die jetzt allein von Churchills Großbritannien repräsentiert wurde. »Der Künstler ist die Antenne seiner Rasse«, hatte Ezra Pound achtundzwanzig Jahre vorher geschrieben; und wir wissen, was er 1940 dachte und auf wessen Seite er stand. Die folgenden berühmten Denker und Künstler Europas gehörten zu denen, die 1940 in den aktuellen Ereignissen eine reinigende Kraft für Gegenwart und Zukunft zu erkennen glaubten: der große holländische Musiker und Dirigent Willem Mengelberg, der französische Schriftsteller Henry de Montherlant, der rumänische Philosoph Mircea Eliade, der Belgier Hendrik De Man, Giovanni Papini und Giovanni Gentile in Italien und schließlich Knut Hamsun, der größte skandinavische Schriftsteller jener Zeit, der ein begeisterter Anhänger Hitlers war. Diese Liste ist weder vollständig, noch besagt sie, daß alle diese Personen überzeugte Nationalsozialisten waren.

In Frankreich zum Beispiel gehörten Personen unterschiedlichster Provenienz zu dieser Gruppe: der extreme und radikale Schriftsteller Louis-Ferdinand Céline ebenso wie der intellektuelle Raufbold Robert Brasillach, daneben der elegante (und ehedem anglophile) Paul Morand, der höchst bürgerliche Anti-Bourgeois Pierre Drieu la Rochelle und der Philosph Teilhard de Chardin, den man später feierte. »Wie kann man ernsthaft glauben«, so fragte Drieu, »daß dieser Krieg von einem Reich gewonnen wird, das in allen seinen einzelnen Teilen einen Anachronismus vergangener Zeiten darstellt? Jemand, der heute an einen Sieg Englands glaubt, ist vergleichbar mit jemandem, der 1900 einen Sieg Chinas über Europa, einen Sieg der Mandarine mit ihren Zöpfen und Jadeknöpfen über Maschinen und Kanonen, vorausgesagt hätte. ... Sehen Sie denn nicht, daß Churchill und Roosevelt im Vergleich zu Hitler, Mussolini und Stalin auf eine groteske Weise antiquiert erscheinen?« Und schließlich Teilhard in einem Brief aus Peking: »Ich persönlich halte an meiner Überzeugung fest, daß wir heute nicht den Untergang, sondern die Geburt einer Welt erleben. ... Frieden kann nichts anderes bedeuten als einen HÖHEREN PROZESS DER EROBERUNG. Die Welt muß denen gehören, die die aktivsten Elemente darin sind ... Im Augenblick verdienen die Deutschen den Sieg, denn –

wie verworren oder böse ihre geistige Triebkraft auch sein mag – sie haben mehr davon als der Rest der Welt«.

Ortega y Gasset, der prophetische Verfasser von »Der Aufstand der Massen«, hat sich aus seinem argentinischen Exil über Hitler nicht geäußert. Am 7. Juli notierte André Gide über Hitler in seinem Tagebuch: »... heimtückisch, vielleicht auch zynisch, aber auch darin bewies er eine gewisse Genialität ... seine große zynische Kraft bestand darin, daß er sich nicht von irgendwelchen Scheinwerfern ablenken ließ, sondern sich allein auf die Realitäten konzentrierte ...« Ortega und Gide gehörten 1940 nicht zu denen, deren Haß auf die Demokratie ihre Liebe zur Freiheit überwog. Gleiches gilt für die Könige von Belgien und Schweden. Dennoch glaubten diese Monarchen gemeinsam mit vielen anderen, daß das Einlenken auf ein neues Europa mehr war als bloße Reaktion auf gegebene Tatsachen. Am 25. Juni sprach der Schweizer Bundespräsident in einer Rundfunkrede von der Notwendigkeit, sich auf eine neue europäische Ordnung einzurichten. Während der Monate Juni und Juli ging man im Vatikan von einer erfolgreichen Invasion Englands durch die Deutschen aus. Mit »Vatikan« meine ich den Papst (Pius XII.) und die meisten Kurienkardinäle. Im Juni fühlte sich der französische Kardinal Tisserant nahezu auf verlorenem Posten. Die Mehrzahl der Kardinäle war natürlich nicht für Hitler. Aber sie wollten Frieden vermitteln. Es gab zwar einige hochrangige kirchliche Würdenträger in Europa (unter ihnen der päpstliche Nuntius in Berlin, Monsignore Orsenigo, und das Oberhaupt Sloweniens, Monsignore Tiso), die sich Hitlers Sache verschrieben hatten; aber es fanden sich viel mehr (so die drei wichtigsten Staatssekretäre des Papstes, Maglione, Tardini und Montini), für die das nicht galt. Der Vatikan war traditionsgemäß auf Neutralität bedacht. Doch für die Einschätzung der Duellanten ist die Haltung des Vatikans bedeutsam. Man gab Hitler, der nominell noch immer katholisch und Führer einer teilweise katholischen Nation war, nicht den Vorzug gegenüber dem protestantischen Großbritannien und dessen Regierungschef Churchill, über dessen Glaubenshaltung dem Heiligen Stuhl nichts bekannt war.

Die meisten Europäer zählten 1940 schon längst nicht mehr zu den eifrigen Kirchgängern und fraglos Gläubigen. Der Zweikampf war gewissermaßen ein solcher zwischen einem Exkatholiken und – vielleicht – einem Exprotestanten. Und der Exkatholik Hitler (dessen radikalste und bösartigste Anhänger oft genug ebenfalls Exkatholiken waren) repräsentierte das katholische Europa ebensowenig wie Churchill die protestantische Welt repräsentierte; dennoch gilt, um einen Satz des heiligen Augustinus zu verwenden, daß Churchill sehr viel mehr von der *anima naturaliter christiana* erfüllt war als Hitler.

Einige spanische (auch slowakische und andere) Zeitungen bezeichneten 1940 den Nationalsozialismus als eine Spielart des Katholizismus. Das waren radikale Stimmen, die im Gegensatz etwa zum reaktionären spanischen Kardinal Segura standen, der Franco aufbrachte, als er Hitlers Nationalsozialismus mit dem Kommunismus gleichstellte, beziehungsweise ihn als das schlimmere Übel betrachtete. Als die Deutschen am 14. Juni in Paris einzogen, wurden sie in den Arbeitervierteln freundlicher empfangen als in den bürgerlichen Gebieten. Am 5. Juli richtete der belgische Sozialist Hendrik De Man ein Manifest an die belgischen Arbeiterklassen: »Glaubt nicht, daß Ihr den Besatzungsmächten Widerstand leisten müßt; akzeptiert die Tatsache ihres Sieges und versucht, daraus für den Aufbau einer neuen sozialen Ordnung Eure Lehren zu ziehen. Der Krieg hat zum Zusammenbruch des parlamentarischen Systems und der kapitalistischen Plutokratie der sogenannten Demokratien geführt. Für die Arbeiterklasse ist dieser Zusammenbruch einer maroden Ordnung nicht etwa ein Unglück, er bedeutet Befreiung.«

Es gab also durchaus ein radikales, proletarisches und nationalsozialistisches Potential innerhalb der unteren Mittelklasse und der Industriearbeiter in Europa, das Hitler 1940 erfolgreich hätte mobilisieren können. Er versäumte es (und räumte 1945 in seinen letzten Gesprächen ein, daß das ein Fehler war). Auch zeigte er nur geringes Interesse für die Pläne einer großen europäischen Wirtschaftsgemeinschaft – natürlich mit deutscher Führungsrolle –, die einige seiner Funktionäre in Berlin zurechtbastelten. Viele europäische Industrielle hätten damals positiv darauf reagiert.

Ende Juni war die Mehrheit der europäischen Nationen davon überzeugt, daß die Deutschen den Krieg gewonnen hatten oder mit Sicherheit gewinnen würden. Einen Monat später war die Gewißheit längst nicht mehr so groß. In einigen Fällen vollzog sich die Einsicht keineswegs allmählich. Am 25. Juli, genau einen Monat, nachdem die Schweizer von ihrem vorsichtigen Präsidenten Marcel Pilet-Golaz aufgefordert worden waren, sich auf eine neue Ordnung in Europa einzurichten, ließ der Oberbefehlshaber der Schweizer Armee, General Guisan, seine Offiziere auf dem historischen Rütli zusammenkommen. Er rief sie zu höchster Bereitschaft auf, die Unabhängigkeit und Freiheit ihres Landes zu verteidigen. Von diesem Vorgang gibt es eine Fotografie: Offiziere, die in ihren langen Uniformmänteln leicht nach vorn gebeugt ihren General umringen und mit ernster Miene dem Kommandanten dieses demokratischen Bürgerheeres zuhören, wie er ohne Manuskript und Mikrophon mit ruhiger Entschlossenheit zu ihnen spricht – auf jenem grasbedeckten Hang oberhalb eines stillen Bergsees an einem kalten, wolkenverhangenen Tag. Auch andernorts erkannte man, daß der Krieg für Hitler noch nicht gewonnen war. Allmählich verebbte der Glaube daran, daß es richtig und vielleicht notwendig sei, mit einem neuen, von Deutschland beherrschten Europa zusammenzuarbeiten. Das galt besonders für die westeuropäischen Völker, und dafür gab es zwei Gründe. Der eine lag in der Gleichgültigkeit, mit der die Deutschen ihren materiellen und politischen Bedürfnissen und Wünschen begegneten. Der andere lag in den vermehrten Anzeichen dafür, daß die Briten durchhalten und weiterkämpfen würden. In jenen Tagen machte eine Redensart die Runde: »*L'Angleterre tient.*« So weit, so gut; aber die Schlacht um England stand unmittelbar bevor.

Der zweite Zufall
31. Juli 1940

Churchill schrieb über das Jahr 1940 im düsteren Jahr 1948. Der Krieg war gewonnen, aber der Frieden verloren. Er war vierundsiebzig Jahre alt und nicht bei bester Gesundheit. Dieses Buch, so schrieb er, sei »nur ein Beitrag zur Geschichte des Zweiten Weltkriegs«. Aber es ist weit mehr als das. Besonders »*Their Finest Hour*« gehört zum Besten, was es von Churchill gibt. Und eben jener Scharfblick, der ihm im Zweikampf mit Hitler zum unschätzbaren Vorteil wurde, war auch acht Jahre später bei der Rekonstruktion der Vorgänge eine große Hilfe. Seine Person und seine Bücher sind so untrennbar miteinander verbunden wie Verstand und Erinnerung. Trotz der zweifellos großen und wertvollen Hilfsmittel und bei aller beflissenen Unterstützung, die ihm durch seine Mitarbeiter und Freunde bei der Abfassung seiner Memoiren zuteil wurde, standen ihm 1948 nur Teile der erbeuteten Dokumente aus den deutschen Archiven zur Verfügung. Doch er hatte Hitler verstanden und durchschaut. Der »Zweikampf« ist ein von mir gewähltes Wort. Aber 1948, im letzten Abschnitt des ersten Teils seines Buches, der mit dem Juli 1940, also den Ereignissen vor Beginn der Schlacht um England, endet, wählt er selbst Formulierungen, die auf einen Zweikampf hindeuten:

»[Wir haben gesehen,] wie sich durch unsere mannigfachen Befürchtungen und Selbstprüfungen die Zuversicht ständig festigte, mit der wir die Invasionsgefahr von allem Anfang an betrachtet hatten. Je näher, andererseits, das deutsche Oberkommando und der ›Führer‹ das Abenteuer ins Auge faßten, desto weniger gefiel es ihnen. Wir und sie konnten natürlich die Stimmungen und Erwägungen im andern Lager nicht genau kennen; aber von Woche zu Woche, von Mitte Juli bis Mitte September, gelangten die deutsche und die englische Admiralität, das deutsche Oberkommando und die englischen Stabschefs *und auch Hitler und der Verfasser dieses Buches* (Hervorhebungen des Autors), ohne es zu wissen, zu immer größerer Übereinstimmung in der Beurteilung dieses Problems. Hätten wir uns in anderen Dingen ebensogut verstanden, so wäre der Krieg überflüssig gewesen ...«

Ende Juli gab es für Churchills Zuversicht weitere Gründe. Er kannte nun die Entscheidungslage in den Vereinigten Staaten besser und wußte, daß sich Roosevelt bald dazu entschließen würde, England die gewünschten Zerstörer zu schicken: Das wäre ein erstes definitives Abrücken vom Neutralitätsstandpunkt, ein Zeichen, das auf die Weltöffentlichkeit Eindruck machen würde.

Hätte Churchill damals gewußt, was Hitler seinen Generälen am 31. Juli eröffnete, hätte er weiteren Grund zur Zuversicht gehabt: Denn an diesem Tag verkündete Hitler erstmals, daß er Rußland womöglich noch vor England angreifen werde.

Hitler verkündete seinen Entschluß auf dem kühlen und wolkenverhangenen Obersalzberg – am selben Tag, am 31. Juli 1940, faßte Roosevelt in der schwülen Hitze des Weißen Hauses seinen Entschluß, den politischen Kurs zu ändern und aus dem Hafen der amerikanischen Neutralität auszulaufen, wobei er die Klippen des Widerstands, den die Verfassung und der Kongreß darstellten, geschickt umfahren mußte.

Hitlers Entscheidung über Rußland kristallisierte sich in den letzten zehn Julitagen heraus. Sie ergaben sich aus der Einsicht, daß die Briten auf seine Friedensvorschläge nicht eingehen würden. Zwischen der wichtigen Konferenz mit seinen Generälen am 21. Juli in Berlin und der Konferenz am 31. Juli auf dem »Berghof« bei Berchtesgaden lagen zehn Tage. Er mußte seine Generäle – vielleicht auch sich selber – von der Notwendigkeit dieses Plans überzeugen.

•

Stalin *hatte* ihm einige Rätsel aufgegeben: durch die Schnelligkeit, mit der er seine brutalen Schachzüge in den baltischen Ländern durchführte, als Deutschland mit dem Zusammenbruch Frankreichs vollauf beschäftigt war. Hitler hatte auch andere Anzeichen russischer Gefährlichkeit registriert. Andererseits hatte Hitler Stalin selbst knapp ein Jahr vorher die baltischen Staaten zuerkannt. Und die Sowjetregierung übertraf sich geradezu in ihren Glückwünschen zu den militärischen Erfolgen des Dritten Reiches; sie erfüllte ihre Handels- und Wirtschaftsverpflichtungen gegenüber Deutschland mit außerordentlicher Zuverlässigkeit. Wichtiger noch: Stalin gab sich übergroße Mühe, Hitler von seiner Freundschaft zu überzeugen. Ganz offensichtlich war er nicht einmal bereit, die Briten anzuhören. Er selbst schickte am 13. Juli einen genauen Bericht über sein Gespräch mit dem neu akkreditierten Stafford Cripps an die deutsche Botschaft in Moskau, in dem er betonte, daß er sich diesem gegenüber desinteressiert gezeigt habe. Im Verlauf des Juli sank Cripps' ganze Hoffnung auf eine Verbesserung der britisch-russischen Beziehungen. Stalins Außenminister Molotow weigerte sich, Cripps überhaupt zu empfangen. Am 1. August hielt Molotow eine üble Rede, in der er Deutschland pries und England eine grobe Abfuhr erteilte. Einen Tag vorher hatte Cripps Halifax vorgeschlagen, man möge ihn unter den gegebenen Bedingungen aus Moskau zurückbeordern. (Am 2. August wies Halifax ihn an, in Moskau zu bleiben.)

Zweimal hatte Hitler im Juni und Juli in beiläufigen Bemerkungen gegenüber seinen Generälen erwähnt, daß ihm möglicherweise die schwierige Aufgabe bevorstehe, dem deutschen Volk vor oder nach dem Sieg über England eine bevorstehende Auseinandersetzung mit Rußland nahezubringen. Doch zunächst glaubte er, seine Generäle überzeugen zu müssen. Er wußte, welch großen Eindruck der deutsch-russische Pakt mit Stalin auf sie gemacht hatte und wie sehr sie ihm zustimmten. Auch wußte er, wie sehr sie in der Tradition Bismarcks standen, derzufolge man sich niemals in einen Zweifrontenkrieg verwickeln lassen sollte. Mithin waren die besorgniserregenden Vorzeichen in Rußland, von denen Hitler sprach, zur Beeinflussung seiner Militärberater gedacht. Das war der erste, einleitende Teil seiner Argumentation. Nach dem Tagesbericht zur Lage am Mittag des 29. Juli bat er Jodl, für eine Privatunterredung zu bleiben; Feldmarschall Keitel war auf Urlaub. Er teilte Jodl seine Besorgnis mit, daß die Russen ihren Kurs ändern könnten. Es gebe zu große Truppenansammlungen jenseits der deutsch-russischen Grenze. »Im Osten haben wir so gut wie nichts.« (Warum eigentlich? Man brauchte doch nicht mehr die vielen Divisionen im Westen.) Die Russen könnten in Rumänien einmarschieren und die Ölquellen in ihren Besitz bringen. Dann wäre der Krieg verloren. (Was natürlich, gelinde gesagt, eine Übertreibung war.) Er fragte Jodl nach den Möglichkeiten, das Heer im Osten aufmarschieren zu lassen und, falls nötig, Rußland im Herbst anzugreifen und zu besiegen. Jodl hielt das für undurchführbar. Die entsprechenden Vorbereitungen würden mindestens vier Monate dauern. Hitler bedeutete Jodl, diese Frage in jedem Fall streng vertraulich zu behandeln, nur ein kleinster Kreis von Stabsoffizieren dürfe davon erfahren. Anschließend fuhr Jodl vom Obersalzberg zum Bahnhof Reichenhall. Dort war in einem Sonderzug ein Militärstab untergebracht, dem auch General Warlimont angehörte. Dieser Stab wurde beauftragt, sich unter dem Decknamen »Aufbau Ost« einem möglichen Truppenaufmarsch im Osten zu widmen.

Jodls und Warlimonts Darstellungen dieser Ereignisse widersprechen sich, sowohl in ihren Aussagen in Nürnberg als auch in Warlimonts späteren Erinnerungen. Warlimont behauptete, er und sein Mitarbeiterstab seien über Hitlers Pläne erstaunt, wenn nicht gar schockiert gewesen. Jodl bestritt das. Jodl behauptete auch, der »Führer« habe Rußland zum ersten Mal am 29. Juli erwähnt. (Jodls schriftliche Aussage in Nürnberg ist betitelt »Erste Gedanken des Führers über eine feindliche Einstellung Rußlands gegen uns«.) In Nürnberg wollte Jodl, der bis zum Ende Hitlers unerschütterlichster und loyalster Gefolgsmann blieb, den Eindruck erwecken, daß Hitlers Entschluß zum Angriff auf Rußland erst relativ spät herangereift sei und Hitler darin eine unvermeidliche Verteidigungsmaßnahme erblickt habe. Tatsächlich aber hatten die Generäle schon früher Zustimmung signalisiert, als Hitler einige Bemerkungen über Rußland hatte fallen lassen. So vermerkte Halder zum Beispiel am 13. Juli in seinem Tagebuch, nachdem er sich über Hitlers Gedanken zum mangelnden britischen Einlenken ausgelassen hatte: »Er sieht *ebenso wie wir* die Lösung der Frage darin, daß England noch eine Hoffnung auf Rußland hat.« (Hervorhebungen des Autors) Am nächsten Tag fügte Halder hinzu, daß der Zusammenbruch Rußlands England endgültig dazu bewegen würde, den Kampf aufzugeben. Hitler hatte sich also über die Haltung seiner Generäle keine Sorgen zu machen. Ihre nach Kriegsende aufgestellte Behauptung, daß Hitlers Entschluß, einen Einmarsch in Rußland vorzubereiten, sie mit Erstaunen oder gar böser Vorahnung erfüllt habe, ist wenig überzeugend. Keiner von ihnen widersprach Hitler. Keiner riet zur Vorsicht. Ähnlich verhielten sich die Generäle elf Monate später, als der Feldzug gegen Rußland unmittelbar bevorstand. Da zeigten sie sich sogar noch zuversichtlicher als Hitler.

Bei der Besprechung am 31. Juli skizzierte Hitler seine weitergehenden Kriegspläne. Mit Jodl hatte er zwei Tage zuvor über seine Befürchtungen hinsichtlich Stalins gesprochen, doch jetzt ging er darauf kaum ein. Er sprach über England. Er sagte, er habe eine Möglichkeit entdeckt, wie man den Krieg auch ohne eine Landungsoperation in England gewinnen könnte. (Admiral Raeder blieb von dieser Konferenz ausgeschlossen.) Hitler sagte Jodl, von Brauchitsch und Halder, daß die Luftangriffe auf England jetzt einsetzten. Aber: »Wenn Ergebnis des Luftkrieges nicht befriedigend, dann wird [Invasions-]Vorbereitung angehalten.« Dann fuhr er, wie aus Halders Original-Typoskript hervorgeht, fort:

»Englands Hoffnung ist Rußland und Amerika. Wenn Hoffnung auf Rußland wegfällt, fällt auch Amerika weg, weil [mit] Wegfall Rußlands eine Aufwertung Japans in Ostasien in ungeheurem Maß erfolgt.

Rußland Faktor, auf den England am meisten setzt. Irgend etwas ist in London geschehen! Die Engländer waren schon ganz ›down‹, nun sind sie wieder aufgerichtet. Abgehörte Ge-

spräche. ... *Ist aber Rußland zerschlagen, dann ist Englands letzte Hoffnung getilgt.* ...
Entschluß: Im Zuge dieser Auseinandersetzung muß Rußland erledigt werden. Frühjahr 1941.
Je schneller wir Rußland zerschlagen, um so besser. Operation hat nur Sinn, wenn wir Staat in einem Zug schwer zerschlagen. Gewisser Raumgewinn allein genügt nicht. Stillstehen im Winter bedenklich. Daher besser warten, aber bestimmter Entschluß, Rußland zu erledigen ... Ziel: Vernichtung der Lebenskraft Rußlands.«

Die Hervorhebungen sind im Typoskript von Halder unterstrichen. Offenbar war er von Hitlers Überlegungen zutiefst beeindruckt. Für uns gilt das nicht, aber nur aus einem Grund: Wir wissen, was der deutschen Armee in Rußland widerfuhr; wir wissen, daß Hitler nach dem Einfall in Rußland den Krieg verlor. Aber im Jahr 1941 war Hitler in Rußland von einem Sieg nicht sehr weit entfernt. Was wäre dann gewesen? Hinter seinen Überlegungen stand nicht nur einfach Größenwahn. Auch läßt sich der Entschluß nicht bloß unter Verweis auf sein großes Lebensziel erklären, das er in »Mein Kampf« dargelegt hatte: den Raum im Osten Europas für das deutsche Volk und das Deutsche Reich zu gewinnen. Das mag vielleicht einmal sein großes Ziel gewesen sein. 1940 jedenfalls war es das nicht mehr. »Lebensraum« war allenfalls ein untergeordnetes, möglicherweise langfristiges Ziel, dessen Verwirklichung nach der Niederwerfung Rußlands anstand. Sein Hauptziel war, den Krieg gegen England zu gewinnen. Rußland mußte ausgelöscht werden, damit Churchill ausgelöscht werden konnte. In solchen Überlegungen lag wiederum mehr als geopolitisches Kalkül. Hitler war davon überzeugt, daß Churchill auf zwei große Hoffnungen setzte: auf Amerika und Rußland. Gegen Amerika konnte er nichts unternehmen. Aber wäre erst einmal die Macht Rußlands zerstört, wäre seine Macht auf dem europäischen Kontinent unanfechtbar und Churchill – und Roosevelt – könnte ihn nicht mehr besiegen. Es würde sich sodann zeigen, daß viele Leute in England – und, so glaubte er, in

Amerika – in der Niederlage des Kommunismus einen gewissen Trost fänden. Spätestens dann würden Briten und Amerikaner begreifen, daß Churchills und Roosevelts Politik unsinnig und daß dieser für sie niemals zu gewinnende Krieg unnötig hinausgezögert worden war.

Daß dies zum damaligen Zeitpunkt Hitlers Hauptziel war, bestätigen mehrere Quellen, so zum Beispiel ein weiterer Eintrag in Halders Kriegstagebuch – und zwar vom 14. Juni 1941, nur acht Tage vor dem Einmarsch in Rußland: »Nach dem Mittagstisch umfassende politische Rede des Führers mit Begründung seiner Angriffsabsicht gegen Rußland und die Entwicklung seiner Berechnung, daß das Zerfallen Rußlands England veranlassen würde, den Kampf aufzugeben.« Auch noch am 22. August 1941, als das deutsche Heer bei Leningrad stand und auf Kiew und Moskau marschierte, soll Hitler gesagt haben, das Ziel sei »Rußland als verbündete kontinentale Macht Großbritanniens endgültig auszuschalten und England damit jede Hoffnung zu nehmen, mit Hilfe der letzten noch vorhandenen Großmacht das Schicksal wenden zu können«.

Viele Historiker vertreten noch immer die Meinung, daß der ideologische Drang zur Eroberung des europäischen Teils der Sowjetunion den ganzen Krieg hindurch Hitlers Hauptziel gewesen sei. Andreas Hillgruber, der führende deutsche Fachmann für Hitlers Kriegsstrategie, ging in allen seinen Schriften von einem »Stufenplan« Hitlers aus: Dem Krieg gegen England sollte der Krieg gegen Rußland folgen – sein eigentliches Ziel. Diese Überlegung bildet die Hauptthese in Hillgrubers umfangreichem Werk »Hitlers Strategie 1940–1941« aus dem Jahr 1965; noch 1982 beharrte Hillgruber in einer Debatte mit Bernd Stegemann, einem anderen deutschen Historiker, darauf, daß nach Juli 1940 der Krieg gegen England für Hitler »zweitrangig« gewesen sei. Außer mir haben auch andere Historiker die Unhaltbarkeit dieser These nachgewiesen. Aber Thema dieses Werkes ist nicht ein Streit unter Historikern.

Hitler sagte später, daß er für seinen Entschluß, gegen Rußland zu ziehen, »große geistige Kraft« benötigt habe. Als er aber am

31. Juli seinen Generälen diese Entscheidung mitteilte und er die entsprechenden Vorbereitungen befahl, empfand er eine gewisse Erleichterung. Er hatte sich mit der schwierigen Frage konfrontiert gesehen, ob England den Widerstand gegen seine Eroberung Europas aufgeben würde oder nicht. Noch immer sah er sich mit einer Frage konfrontiert, die sich aus der ersten ergab: ob er eine Invasion Englands riskieren konnte oder nicht. Unversehens hatte er die Antwort auf beide Fragen gefunden, und eine Alternative dazu. Wäre Rußland erst einmal niedergeworfen, müßte Churchill aufgeben; und mit ihm Roosevelt, der hinter Churchill stand. Inzwischen verfügte er, wie es sich für einen Staatsmann und Feldherrn gehörte, über ein weiteres Instrument: den Luftkrieg gegen England. Er war sich des Erfolgs eines solchen Unternehmens nicht absolut gewiß; doch selbst wenn dieses Instrument die Engländer nicht in die Knie zwingen würde, hatte er nun eine große Alternative, einen Plan für alle Fälle.

Churchill wußte nichts von all dem, was sich am 31. Juli auf dem Obersalzberg abspielte. Aber er hatte seit langem etwas Derartiges vermutet. Schon am 27. Juni schrieb er an Smuts: »Wenn es Hitler nicht gelingt, uns zu schlagen, dann wird er sich wahrscheinlich gegen Osten wenden. Natürlich kann er das auch tun, ohne vorher den Versuch einer Invasion zu unternehmen...« Beaverbrook bekam am 8. Juli eine ähnliche Einschätzung zu hören.

Somit traf Hitler nach einigem Zögern gegen Ende Juli die Entscheidung, den Angriff auf Rußland vorzubereiten, also genau in jenem Moment, als sich auch Roosevelt nach einigem Zögern entschloß, daß die Vereinigten Staaten sich eindeutig auf die Seite Großbritanniens stellen sollten. Noch eine weitere zeitliche Koinzidenz ist zu vermerken: Wie im Fall Hitlers kristallisierte sich auch Roosevelts Entscheidung bezüglich der Zerstörer in den letzten zehn Julitagen heraus.

Natürlich waren Roosevelt und Hitler unterschiedliche Persönlichkeiten. Beide waren verschlossen, aber auf jeweils andere Art. Hitler behielt einige seiner wichtigsten Gedanken und Entschlüsse ganz für sich, zugleich verstand er es meisterhaft, andere Menschen das glauben zu machen, was sie glauben sollten. Roosevelts Gedankengänge waren nicht so kompliziert, aber seine Entscheidungen pflegte er ganz im geheimen vorzubereiten und, wenn nötig, abzuleugnen; in der Verstellung war er ein Meister. Bei allem, was er tat und sprach, nahm er Rücksicht auf innenpolitische Umstände, also auf potentielle Gegner im eigenen Land. Er war natürlich kein Diktator, sondern Präsident einer konstitutionellen Demokratie, doch wurde seine Führungsrolle gelegentlich von seinem Hang zum politischen Kalkül beeinträchtigt. Hinzu kam seine Angewohnheit, Dinge aufzuschieben; diese nahm im Verlauf des Krieges merklich zu und stand offenbar im Zusammenhang mit dem Nachlassen seiner körperlichen Kraft. Daß die Entscheidung über die Zerstörer im Jahr 1940 so lange auf sich warten ließ, hatte jedoch eher mit politischem Kalkül zu tun als mit Zaudern. Noch am 22. Juli glaubte er, er werde in dieser Angelegenheit wahrscheinlich nicht vorankommen. Am 1. August hatte er sich jedoch entschlossen, sie voranzutreiben, und zwar auf eine Weise, die sich politisch am besten durchsetzen ließe.

Vier Faktoren beeinflußten seine Entscheidung. Da war zunächst die Botschaft, die Churchill ihm am späten Nachmittag des 31. Juli übermitteln ließ – die erste substantielle Botschaft Churchills seit mehr als sechs Wochen, wie wir gesehen haben. Daneben gab es die Berichte Donovans, seines vertraulich arbeitenden Mittelsmannes in London, der Roosevelt genau das berichtete, was dieser zu hören hoffte: daß die Briten allen Ernstes durchzuhalten gewillt seien und man sie daher unterstützen sollte. Noch bevor Donovan nach Washington zurückkehrte, bekräftigte er die Ergebnisse, zu denen der anglophile General Raymond E. Lee gekommen war: »Donovan wettet sechzig zu vierzig, daß die Briten einen deutschen Angriff zurückschlagen werden.« (Lee glaubte sogar, daß die Chancen noch besser ständen: zwei zu eins. Kennedy konnte den Zweck von Donovans diplomatischer Mission nicht erkennen, aber vor seiner Abreise sagte Donovan ihm noch, »Ziel der amerikanischen Politik sei es, auf jede nur erdenkliche Weise zu helfen, und es nütze diesen Leuten überhaupt nicht, wenn man ihnen immer nur versichert, daß sie keine Chance hätten«.) Der dritte wesentliche Faktor, der Roosevelt in seinem Entschluß bestärkte, war die Tatsache, daß sich die Analysen und Lageeinschätzungen seiner Ratgeber aus Armee und Marine, einschließlich der des Generals George C. Marshall und des Admirals Harold R. Stark, zugunsten der Briten veränderten: Sie glaubten nicht mehr, daß Großbritannien bereits eine verlorene Sache sei. Den vierten Faktor bildete die inoffizielle, vertrauliche und dennoch höchst wirksame Tätigkeit einer kleinen Gruppe einflußreicher Amerikaner, die das Gegenteil dessen anstrebten, wofür die sogenannten Isolationisten eintraten. Die meisten Mitglieder dieser Gruppe gehörten einem Komitee an, das den Namen *Committee to Defend America By Aiding the Allies* (Komitee zur Verteidigung Amerikas durch Unterstützung der Allierten) trug. Den Kern dieses Komitees bildete die sogenannte *Century Group* (»Jahrhundert-Gruppe«), das Gegenstück zu der sich damals konstituierenden Bewegung *America First* (etwa: »Amerika kommt zuerst«). Im Gegensatz zu heute waren 1940 die meisten Angehörigen der an der amerikanischen Ostküste beheimateten gesellschaftlichen, finanziellen, kulturellen, intellektuellen und journalistischen Elite angelsächsischer (und anglo-keltischer) Abstammung. Viele von ihnen fühlten sich der britischen Sache verpflichtet. Ihr Einfluß auf das private und öffentliche Leben war erheblich. Unter ihnen gab es Republikaner wie auch Demokraten: alles in allem eine Elite, deren allgemeiner Charakter, Bildung und gesellschaftliche Zusammensetzung ebenso wie deren Wirkung auf eine mehr oder weniger aufgeklärte öffentliche Meinung sich von der amerikanischen Elite fünfzig Jahre später stark unterschied.

Am 19. Juli wurde Franklin D. Roosevelt auf dem Parteitag der Demokratischen Partei in Chicago für eine dritte Amtsperiode nominiert. Er selbst war nicht nach Chicago gefahren. Er blieb im Weißen Haus und verlas die Rede, in der er die Kandidatur annahm, über den Rundfunk (und zwar zur selben Stunde, zu der Hitler seine große Rede in Berlin hielt). Unmittelbar danach traf sich Roosevelt mit seinen engsten außenpolitischen Beratern, den Kriegs-, Marine- und Schatzministern Stimson, Knox und Morgenthau sowie dem Staatssekretär im Außenministerium Sumner Welles. Am selben Tag übergab einer der Assistenten im Präsidialamt, Benjamin Cohen, auf Anregung eines einflußreichen Mitglieds der oben erwähnten *Century Group* dem Präsidenten ein Rechtsgutachten, das den Verkauf oder die Übergabe von Zerstörern durch den Präsidenten ohne Zustimmung des Kongresses verfassungsrechtlich für abgesichert hielt. Wie schon öfter in jenem Sommer zog sich der Präsident auch an diesem Wochenende auf seine Jacht »Potomac« zu einer kleinen Kreuzfahrt zurück. Als er am 22. Juli wieder im Weißen Haus war, schrieb er eine Mitteilung an Knox: Er bezweifele, daß Cohens Argumente zuträfen. Drei Tage später legte die *Century Group* ein weiteres Gutachten vor, in dem darauf hingewiesen wurde, daß hundert – nicht fünfzig – Zerstörer für die Briten unumgänglich notwendig seien; zugleich wurden dem Präsidenten verschiedene Möglichkeiten aufgezeigt, diese Transaktion zu bewerkstelligen. Dem britischen Botschafter waren die Kernpunkte dieser Schrift bekannt; das galt wohl auch für Churchill. Wir können mit gutem Grund davon ausgehen, daß dieser Umstand seine Entscheidung beeinflußte, zu eben diesem Zeitpunkt seine Botschaft an Roosevelt durchzugeben. Wohl wegen einer unerträglichen Hitzewelle in Washington verließ der Präsident ein weiteres Mal das Weiße Haus. Die »Potomac« lief am Sonntagnachmittag aus; er kehrte am Dienstagmorgen, am 30. Juli, ins Weiße Haus zurück.

Der folgende Tag, der 31., könnte der alles entscheidende Tag gewesen sein. Churchills Kabel kam im Verlauf des Nachmittags in drei Teilen an. Der Präsident las es am Abend. Er hatte bereits drei Angehörigen der *Century Group* einen Gesprächstermin für den folgenden Tag zugesagt. Sein Kalender war für jenen Donnerstag mit Terminen ausgefüllt (auch ein fünfzehnminütiges Gespräch mit Noël Coward war darunter). Am Mittwoch, dem 31. Juli, jedoch war er meist allein. Es gibt zwei schriftliche Zeugnisse über Roosevelts Verabredungen. Das eine ist ein maschinenschriftlich geführter Terminkalender, der allerdings stellenweise unvollständig oder fehlerhaft ist (so benennt er für den 31. Juli – wohl aus Versehen – den Wochentag falsch). Das andere ist das handschriftlich geführte Kontrollbuch des Präsidentenpförtners. Der Terminkalender weist kein einstündiges Treffen mit William C. Bullitt am Morgen des 31. Juli aus; der zweite Beleg hingegen hat eine entsprechende Eintragung. Bullitt war gerade aus Europa zurückgekehrt, voller Tatendrang und fest davon überzeugt, daß die Vereinigten Staaten sich an die Seite Großbritanniens stellen müßten. (Achtzehn Tage später hielt er in der Independence Hall in Philadelphia eine flammende Rede über die Notwendigkeit der Intervention, deren Entwurf er vorher mit Roosevelt in Hyde Park besprochen hatte.) Von ihrem Gespräch im Weißen Haus am 31. Juli gibt es keine Aufzeichnungen. Aber wir dürfen davon ausgehen, daß sie über die Zerstörer sprachen.

Am 1. August übergaben die drei Angehörigen der *Century Group* dem Präsidenten ihr Gutachten. Uneingeschränkte Zustimmung fanden sie nicht. Ihr Eindruck war, daß der Präsident sich noch nicht entschieden hatte und daß er außerordentlich vorsichtig war, wohl mit Blick auf die bevorstehenden Wahlen. Letzteres traf vielleicht zu, ersteres mit Sicherheit nicht. Es scheint, als habe sich Roosevelt schon vor diesem Treffen zu seinem Entschluß durchgerungen; aber er wollte von seinen Besuchern offenbar Genaueres über die politische Vorgehensweise hören. Diese hielten es für wichtig (und Roosevelt pflichtete ihnen bei), auf Willkie einzuwirken, damit der republikanische Präsidentschaftskandidat der Zerstörer-Transaktion zustimmte und die republikanischen Führer im Kongreß entsprechend beeinflußte. Am selben Abend rief Lord Lothian den Marineminister an, als dieser sich beim Abendessen befand. Er bat dringend um ein Treffen. Es kam zu einem Gespräch, und man einigte sich darauf, daß man die amerikanischen Zerstörer im Austausch gegen einige der westatlantischen und karibischen Stützpunkte der Briten zur Verfügung stellen sollte. Am nächsten Tag, am Freitag, dem 2. August, berief Roosevelt nach dem Mittagessen sein Kabinett ein. Die Sitzung begann mit einem Bericht, den Knox über sein Gespräch mit Lothian am Vorabend gab. Roosevelt erwähnte weder sein Gespräch mit den drei Mitgliedern der *Century Group* noch das Telegramm Churchills. Das war auch gar nicht nötig; er konnte mit Genugtuung feststellen, daß das Kabinett einhelliger Meinung war. Er wußte, daß es sich um eine außergewöhnlich wichtige Kabinettssitzung handelte. Lange nach der Kabinettssitzung, genauer: erst nach dem Abendessen, ging Roosevelt noch einmal an den Schreibtisch und brachte die Ergebnisse der Sitzung zu Papier – was für ihn mehr als ungewöhnlich war. Er begann folgendermaßen:

»Am Nachmittag lange Debatte im Kabinett über die Mittel und Wege, 50 oder 60 alte Zerstörer aus dem Ersten Weltkrieg an die Briten zu verkaufen. Man war allgemein, ohne eine einzige Gegenstimme, der Meinung, daß das Schicksal der britischen Inseln bei einem deutschen Angriff von diesen Zerstörern abhängen könnte.

Man einigte sich darauf, die notwendigen gesetzlichen Voraussetzungen für diese Maßnahme zu schaffen.

Gleichzeitig war allgemein klar, daß entsprechende Gesetzgebungsmaßnahmen, wenn sie von mir ohne vorbereitende Schritte erbeten würden, entweder auf sofortige Ablehnung stoßen oder endlos verzögert würden.«

Der Rest der Niederschrift befaßte sich mit zwei Fragen. Die vordringliche Frage war, wie er ein Einvernehmen mit Willkie herstellen könnte, damit dieser seinen Einfluß geltend machen würde, um den ansonsten unvermeidbaren Widerstand der Republikaner gegen den Zerstörerplan im Kongreß zu verhindern. Die zweite Frage befaßte sich mit den Bedingungen, die man den Briten stellen wollte: Vor allem verlangte man »eine uneingeschränkte Versicherung..., daß im Falle eines deutschen Erfolges in Großbritannien die britische Flotte unter gar keinen Umständen in die Hände der Deutschen fallen dürfe ...«; auch dürfe sie sich in einem solchen Fall nicht selbst versenken, sondern müsse unverzüglich nach Nordamerika verlegt werden. Wir werden gleich sehen, daß sich beide Punkte etwas anders entwickelten. Immerhin ging die Zerstörer-Transaktion ihrem Ende entgegen;

und damit war es mit der Neutralität der Vereinigten Staaten im Krieg zwischen Deutschland und Großbritannien ein für allemal vorbei.

Allerdings bedeutete Hitlers Entschluß, die Invasion Rußlands vorzubereiten, nicht automatisch die Rettung Großbritanniens. Wohl war eine Invasion Englands nicht gerade eine Herzensangelegenheit für Hitler. Aber er besaß durchaus ein hartes Herz. Es wäre falsch, seinen Respektbekundungen vor dem britischen Volk zuviel Gewicht beizumessen. Auch war er für einen Angriff auf Stalins Rußland noch gar nicht gerüstet. Zunächst mußte man abwarten, ob seine Luftwaffe die Schlagkraft und schließlich den Verteidigungswillen der Engländer zunichte machen könnte. Wir haben gesehen, daß er am 31. Juli, bevor er seinen Generälen die großen strategischen Linien erläuterte, zunächst mit dem Stabschef der Marine gesprochen hatte, den er dann von der Konferenz mit den Generälen ausschloß. Admiral Raeder hatte er dahingehend instruiert, daß zunächst einmal mindestens achttägige intensive Luftangriffe bevorstünden; erst danach wolle er seine Entscheidung über eine Landung in England treffen; sollte es der deutschen Luftwaffe bis dahin nicht gelungen sein, die britische Luftwaffe zu zerstören, müßte die Landung auf den Mai des nächsten Jahres verschoben werden. Am folgenden Tag erließ Hitler seine Weisung Nr. 17: »Um die Voraussetzungen für die endgültige Niederringung Englands zu schaffen, beabsichtige ich, den Luft- und Seekrieg gegen das englische Mutterland in schärferer Form als bisher weiterzuführen.« Das Hauptziel sei dabei die Vernichtung der britischen Luftwaffe. Am Schluß stand der Zusatz: »Terrorangriffe als Vergeltung behalte ich mir vor.« (Diesen Satz unterstrich er in seiner Weisung.)

Es ist bemerkenswert, daß diese Weisung nicht mehr von der Möglichkeit ausging, England zu Friedensverhandlungen zu bewegen (obwohl noch am 2. August deutsche Bomber Flugblätter mit Auszügen aus Hitlers Rede über Südengland abwarfen). Nun mußte eine militärische Lösung gefunden werden. Die Luftwaffe zumindest war dieser Meinung. Ihr Hauptziel war es, möglichst viele britische Jäger vom Himmel über Südengland zu holen und die dazugehörigen Startbahnen zu zerstören. Der Beginn der Luftoffensive war für den 5. August vorgesehen; wegen ungünstiger Wetterverhältnisse wurde er zunächst auf den 8., dann auf den 13. August verschoben.

Bevor die Schlacht um England begann, mußte sich Churchill noch mit verschiedenen politischen Störmanövern herumplagen. Einige seiner konservativen Gegner mäkelten wieder einmal an ihm herum. Am 1. August schrieb der ehemalige Erzbeschwichtiger Sir John Simon an den vormals deutschlandfreundlichen Pazifisten Philip Noel-Buxton, daß Hitler mit der Zeit vernünftiger werden könnte. Daneben erfuhr Churchill, daß der schwedische König am 1. August ein Vermittlungsangebot machte, ja, sogar eine internationale Konferenz vorschlug. Churchills Ablehnung fiel hart und ungehalten aus. Zwei Tage später kommentierte er den Entwurf einer Antwort aus dem Außenministerium folgendermaßen: »Die in Abschnitt 5 der Stellungnahme des Außenministeriums vorgetragenen Gedanken sind meiner Meinung nach fehl am Platze; man versucht, allzu klug zu sein und komplizierte politische Überlegungen anzustellen, die der tragischen Schlichtheit und Bedeutungsschwere der Zeitläufte und der anstehenden Probleme nicht angemessen sind. Da wir zum gegenwärtigen Zeitpunkt keinerlei Erfolge aufzuweisen haben, könnte die geringste Öffnung unsererseits falsch ausgelegt werden. Eine klare und deutliche Antwort der Art, wie ich sie entworfen habe, bietet die einzige Möglichkeit, Deutschland Angebote abzuringen, die nicht verstiegen sind.«

Angebote abzuringen, die nicht verstiegen sind: Es ist immerhin interessant, daß Churchill noch am 3. August 1940 diese wenn auch zweifellos sehr entfernte Möglichkeit erwähnte. Ein solches Angebot hätte mehr sein müssen als ein allgemeiner Aufruf Hitlers zur Einstellung aller Feindseligkeiten gegen die Engländer, mehr als nur die gegenseitige Anerkennung des *status quo.* Denn dieser *status quo* hätte bedeutet, daß die Briten die deutsche Herrschaft über den europäischen Kontinent akzeptierten; und das war für Churchill unannehmbar. Wenn jedoch die noch immer vorhandene Meinung zuträfe, daß Hitlers Hauptziel die Eroberung Rußlands gewesen sei, drängt sich eine Frage auf: Warum nämlich sein Friedensangebot nicht ein einziges Wort des Einlenkens bezüglich Westeuropas enthielt, warum Hitler nicht zumindest teilweise die Wiederherstellung der Unabhängigkeit einiger westeuropäischer Gebiete anbot, um so zu irgendeinem Einvernehmen mit Großbritannien zu gelangen und sich seiner angeblichen Hauptaufgabe im Osten widmen zu können? Aber so etwas scheint ihm niemals in den Sinn gekommen zu sein. Er war davon überzeugt, daß sein Angebot, das britische Reich unversehrt zu lassen, großzügig und vernünftig genug sei.

Einerseits hatte Churchill also, wie wir gesehen haben, geahnt, daß Hitler einen Invasionsversuch hinauszögerte; andererseits war er sich durchaus der schrecklichen Gefahr bewußt, die dann drohen würde, wenn die britische Luftwaffe in erheblichem Umfang zerstört werden würde. Die tatsächlichen Auswirkungen eines massiven Luftbombardements der Großstädte haben weder er noch Hitler vorausgesehen. *Heute* wissen wir, daß das englische Volk dem »Blitz« widerstand; wir wissen auch, daß die Auswirkungen derartiger Bombardierungen den ganzen Krieg hindurch überbewertet wurden und daß sie bis auf wenige Ausnahmen die Hoffnungen, die ihre Planer in sie gesetzt hatten, nicht erfüllten. Doch niemand konnte das 1940 wissen. Auch dürfen wir nicht glauben, daß Hitlers ausdrücklicher Befehl, keine Wohngebiete zu bombardieren, seiner Achtung für das britische Volk entsprang. Diese Achtung begann schnell zu schwinden. Eine Bombardierung der Großstädte, besonders Londons, würde nötigenfalls durchgeführt werden. Gleichzeitig sieht es ganz so aus, als sei Churchill in der Frage, ob die Briten einem Luftbombardement standhalten würden oder nicht, viel zuversichtlicher gewesen als Hitler, zumal »dessen Wirkungen in jener Zeit sehr übertrieben wurden«. Die Deutschen »fragten sich, ... ob die Engländer zusammenbrechen und die Regierung zur Kapitulation zwingen würden. In diesem Punkt hegte Reichsmarschall Göring hochgespannte Hoffnungen und wir keine Befürchtungen.« Vielleicht war das ebenfalls übertrieben; aber wohl nicht übermäßig.

Görings Hoffnungen waren hochgespannter als Hitlers. Hitler zögerte, das Risiko einer Invasion einzugehen; denn er wußte – wie er seinen Oberbefehlshabern zu verschiedenen Gelegenheiten wiederholt versicherte –, daß ein Fehlschlag einen immensen Prestigegewinn für England bedeutet hätte. Bereits am 14. August – also nur einen Tag nach dem Beginn der großen Luftoffensive Görings – ahnte Hitler, daß sie nicht die endgültige Entscheidung bringen würde. Diese Ahnung hing mit der Einsicht zusammen, daß seine Kriegsmarine noch lange nicht für eine Überquerung des Ärmelkanals gerüstet war. Hitler sagte, die Invasionsvorbereitungen müßten vorangetrieben werden, selbst wenn die Invasion im Jahr 1940 nicht mehr stattfinden sollte, damit die Bedrohung der Engländer aufrechterhalten werde.

Es ist hier nicht der Ort, die Geschichte der Schlacht um England zu wiederholen; davon gibt es ausgezeichnete ausführliche Darstellungen. Das allgemeine Ergebnis dieser Episode ist bekannt: der erfolgreiche Widerstand – Widerstand, nicht völliger Sieg – der britischen Luftwaffe über Südengland; Hitlers Entschluß, am 7. September mit der Bombardierung Londons zu beginnen (als Antwort auf die ersten, völlig wirkungslosen britischen Luftangriffe auf Berlin); und seine zehn Tage später getroffene Entscheidung, die Invasionspläne für dieses Jahr 1940 aufzugeben.

So entwickelte sich der Zweikampf zwischen Hitler und Churchill zur Schlacht über England, er wurde täglich in zahllosen Zweikämpfen zwischen deutschen und britischen Piloten neu geführt. Wir dürfen wohl auch sagen, daß die wagemutigen deutschen Piloten mehr von Hitlers Ideen deutscher Größe begeistert wurden als die tapferen britischen Piloten von Churchills Redekunst; aber auch das spielte keine große Rolle. Ausschlaggebend war das Vertrauen des britischen Volkes in Churchills Führung. Und im August 1940 war das mehr wert als die begeisternde Kraft seiner Rhetorik.

Bevor sich Roosevelt am 2. August nach dem Abendessen wieder an den Schreibtisch setzte und jene ungewöhnliche Niederschrift der Kabinettssitzung vom Nachmittag anfertigte, telefonierte er noch mit William Allen White. White war ein bekannter Journalist und Herausgeber, ein liberaler Republikaner, einflußreiches Mitglied der *Century Group* und ein Freund Wendell Willkies. White und Willkie verbrachten einen gemeinsamen Urlaub in Colorado. Roosevelt fragte White, ob der republikanische Präsidentschaftskandidat auf führende Parteifreunde im Kongreß Einfluß ausüben könnte, damit sich der Widerstand der Isolationisten innerhalb ihrer Partei gegen die Zerstörer-Transaktion in Grenzen hielte. Aber daraus wurde nichts. Roosevelt und White wußten, daß Willkie kein Isolationist, aber ehrgeizig und dazuhin wankelmütig war. Er hatte gegen die Zerstörer-Transaktion nichts einzuwenden, aber er wollte auch seine Position innerhalb der Partei nicht aufs Spiel setzen. Die Zerstörer waren kein Geheimnis mehr. Am 5. August erschien in der liberal-republikanischen *New York Herald Tribune* ein langer Leitartikel unter dem Titel »Zerstörer für Großbritannien«. Auch setzte sich eine berühmte Persönlichkeit des Ersten Weltkriegs, General John J. Pershing, in einer Rede öffentlich für die Hilfe an die Briten ein. Aber noch immer glaubte Roosevelt, den Kongreß in dieser Frage nicht umgehen zu dürfen; und er fürchtete, daß die Republikaner die Verabschiedung eines Gesetzes über die Transaktion mit den Zerstörern endlos hinauszögern könnten, ganz abgesehen von den nachteiligen Wirkungen, die solche Debatten auf seine Präsidentschaftskandidatur haben könnten. Also mußte er versuchen, das Geschäft zu versüßen (seine Worte waren: »giving molasses to Congress«), indem er zwei britische Gegenleistungen bekanntgab. So glaubte er den Kongreß und die amerikanische Öffentlichkeit davon überzeugen zu können, daß es sich bei dieser Frage tatsächlich um ein hartes und gutes Geschäft handelte. Die Briten sollten amerikanischen Marine- und Luftwaffenstützpunkten auf britischen Territorien in der westlichen Hemisphäre, von Neufundland bis Trinidad, zustimmen; und die britische Regierung sollte erklären, daß im Falle einer britischen Niederlage deren Flotte nach Amerika geschickt würde.

Diesem Ansinnen widersetzte sich Churchill. Nach zwei Aussprachen im Kriegskabinett faßte er seine Antwort in einer Schrift an Halifax zusammen:

»Wir haben nicht vor, die britische Flotte aufzugeben oder freiwillig zu versenken. Ein solches Schicksal erwartet wohl eher die deutsche Flotte oder besser: das, was dann von ihr noch übriggeblieben ist. Unsere Nation würde eine öffentliche Diskussion über das, was wir im Falle einer Niederlage tun würden, nicht verkraften. Eine solche Diskussion, womöglich am Vorabend einer Invasion ausgetragen, würde die augenblicklich so bewundernswerte Moral der Bevölkerung nachhaltig schwächen. Außerdem dürfen wir nie in eine Situation geraten, in der die Regierung der Vereinigten Staaten feststellen könnte: ›Wir halten nunmehr den Zeitpunkt für gekommen, daß Ihr in Erfüllung der Verpflichtung, die Ihr im Zusammenhang mit der Übersendung der Zerstörer eingegangen seid, Eure Flotte über den Atlantik schickt.‹ Wir müssen uns einer jeglichen Erklärung dieses Inhalts enthalten und unsere Abmachungen auf die Stützpunkte in den Kolonien beschränken.«

Einige Tage später war auch diese Sackgasse überwunden. Roosevelt entschloß sich (am 13. August, an dem Tag, an dem Görings Luftoffensive begann), ohne ein entsprechendes Gesetz des Kongresses zu handeln. Der Entschluß wurde durch einen offenen Brief von vier bekannten amerikanischen Juristen gestützt, in welchem dem Präsidenten die Berechtigung zuerkannt wurde, in dieser Frage ohne die Zustimmung des Kongresses vorzugehen. Außerdem hatte Willkie White zugesichert, daß er sich selbst in dieser Angelegenheit nicht gegen den Präsidenten stellen würde.

Roosevelt verzichtete auf die gewünschte öffentliche Erklärung der britischen Regierung bezüglich des Schicksals der britischen Flotte; ferner gab er der britischen Bitte statt, das Nutzungsrecht der Amerikaner für die britischen Stützpunkte in Form einer 99 Jahre währenden Pacht zu regeln. Zahlreiche weitere Schwierigkeiten stellten sich ein, ernsthafte bürokratische Mißverständnisse und juristische Winkelzüge. Zwischen Washington und London wurden unzählige Entwürfe hin und her gekabelt. Kennedy beschwerte sich aus London, er werde wie ein »Statist«

behandelt; Roosevelt sah sich genötigt, ihn nicht noch weiter zu befremden und schrieb ihm am 28. August einen wohlüberlegten Trostbrief: »Niemand beabsichtigt, Sie zu brüskieren; aber die praktische Notwendigkeit, zahlreiche Einzelheiten persönlich zu besprechen, erfordert es, die Angelegenheit hier abzuwickeln. . . . Seien Sie versichert, daß Sie nicht nur kein Statist, sondern für die Regierung und die Nation unersetzlich sind.«

Schließlich wurden am 2. September die Dokumente vom britischen Botschafter in den Vereinigten Staaten und dem amerikanischen Außenminister feierlich unterzeichnet. Der Präsident befand sich gerade auf dem Weg zu einem Kurzurlaub in West Virginia. Im Zug verlas er vor Journalisten seine Botschaft an den Kongreß. (Und er fügte eine eigene handschriftliche Notiz hinzu, daß das britische Angebot, Stützpunkte auf Neufundland und den Bermudas zu errichten, »großzügig unterbreitet und freudig angenommen« worden sei. »Die anderen erwähnten Stützpunkte sind im Austausch gegen fünfzig veraltete Zerstörer erworben worden.«) Gegenüber den Journalisten erklärte er, es handele sich wohl um die wichtigste Errungenschaft für Amerikas Verteidigung seit dem *Louisiana Purchase,* dem Erwerb Louisianas aus den Händen Napoleons I. im Jahr 1803. Offenbar sah er den wesentlichen Unterschied nicht, daß Louisiana wirklich erworben und nicht nur gepachtet worden war und daß der ehemalige Landkauf sehr wenig mit Amerikas Verteidigung zu tun gehabt hatte. Es hatte sich damals um eine riesige Erweiterung des amerikanischen Territoriums und um einen ersten wichtigen Schritt zur Bildung des amerikanischen Kontinentalreiches gehandelt.

Der Zerstörerplan war in der Tat ein hartes Geschäft. Man hatte die fünfzig alten Zerstörer – wie Roosevelt persönlich gegenüber einem der isolationistischen Senatoren der Demokratischen Partei feststellte – auf einen Schrottwert von je vier- bis fünftausend Dollar geschätzt. Alles in allem erhielten die Vereinigten Staaten mithin eine Anzahl von Militärstützpunkten im Westatlantik und auf den Karibischen Inseln für einen Gegenwert von etwa 250 000 Dollar. Außerdem waren bei den alten Schiffen größere Reparaturen erforderlich, als ursprünglich angenommen. Bis zum Ende des Jahres befanden sich lediglich neun der fünfzig Zerstörer in britischen Händen. Das war damals jedoch nicht der wesentliche Punkt: Roosevelt schickte sich zu einem weiteren entscheidenden Schritt an, als er das Leih- und Pacht-Gesetz ankündigte, »das Arsenal der Demokratie«.

Was Churchill von den Zerstörern hielt, ist schwer zu sagen. Wir haben gesehen, daß der Gedanke daran erstmals Anfang Mai von Bullitt ins Gespräch gebracht worden war. (Im übrigen hatte die amerikanische Gesandte in Norwegen, Florence [Daisy] Harriman, bereits 1939 vorgeschlagen, daß die Vereinigten Staaten einige ältere Zerstörer an Norwegen verkaufen sollten.) Natürlich wußte Churchill von vornherein, welche immense politische Bedeutung eine derartige amerikanische Verpflichtung besitzen würde; aber es wäre allzu einfach, daraus zu schließen, daß er am konkreten materiellen Beitrag zur Seeverteidigung Großbritanniens gar nicht interessiert war. Immerhin hatte er Roosevelt im Juni geschrieben, die Zerstörer seien »eine Frage des Überlebens«. (Und unter dem Eindruck dieses Briefs hatte Roosevelts Schatzminister Henry Morgenthau Jr. dem Präsidenten in einem Schreiben vom 18. Juni mitgeteilt: »Wenn wir nicht irgend etwas unternehmen, damit die Briten weitere Zerstörer bekommen, scheint es mir absolut hoffnungslos, daß sie weiter durchhalten.«) Am 26. Juni bat König George VI. Roosevelt in einem persönlichen Brief um die Zerstörer, und das geschah mit Sicherheit auf Churchills Veranlassung. Andererseits geht aus den Unterlagen des Kriegskabinetts eindeutig hervor, daß im Verlauf des Monats August der Faktor Seeverteidigung unwichtiger wurde, während die politische Signalwirkung des amerikanischen Beitrags für Churchill und seine Kabinettskollegen an Bedeutung gewann. Am 23. August stellte er fest, daß man nötigenfalls »auch ohne die Zerstörer auskommen« würde. Mittlerweile kam es weniger auf die tatsächliche Überführung der veralteten Schiffe über den Atlantik an. Was nun zählte, war die große politische Bedeutung, die in der Aufgabe der einst so nachhaltig behaupteten amerikanischen Neutralität lag. Entscheidend war, daß mit diesem Schritt die amerikanischen und britischen Kriegsinteressen verknüpft wurden.

Die anglo-amerikanische Allianz war eingeleitet. Als das Abkommen über den Austausch von Zerstörern gegen Militärstützpunkte am 2. September abends um 19 Uhr in Washington unterzeichnet wurde, schrieb man in Europa bereits den 3. September. Es war also genau ein Jahr seit der britischen und französischen Kriegserklärung an Deutschland, seit dem Beginn des Zweiten Weltkriegs, vergangen. Während dieses ersten Jahres war der Krieg auf Europa beschränkt geblieben. Nun hatte er sich zu einem Weltkrieg ausgeweitet. Wir haben gesehen, daß die Entscheidungen, die dazu geführt haben, um den 31. Juli herum, auf dem Obersalzberg und in Washington, getroffen worden waren. Churchill konnte nicht wissen, was Hitler an jenem Tag zu seinen Generälen über Rußland gesagt hatte. Auch Roosevelt und Stalin wußten es nicht. Ebensowenig war ihnen bekannt, daß entsprechende Befehle vom »Berghof« und von Berlin aus die ursprünglichen Pläne einer Truppenreduzierung wieder zurücknahmen: Diese gewaltige Armee sollte noch weiter verstärkt werden. Die ersten Pläne, die von General Marcks für einen Rußlandfeldzug entworfen wurden, lagen am 8. August vor – an dem Tag, an dem der deutsche Luftkrieg gegen Großbritannien beginnen sollte.

Ein »Zweikampf« ist ein Kampf Mann gegen Mann. Hitler und Churchill blieben erbitterte Gegner, Hauptakteure des Zweiten Weltkriegs über Jahre hinweg. Diese achtzig Tage ihres Zweikampfes waren entscheidend gewesen – nicht nur für den Ausgang des Zweiten Weltkriegs, sondern auch für die folgenden fünfzig Jahre der Weltgeschichte. Aber von diesem Zeitpunkt an war es nicht mehr ihr Zweikampf.

Fünfzig Jahre danach

Am 17. September 1940 ordnete Hitler nach mehreren Verzögerungen schließlich den Aufschub des Unternehmens »Seelöwe« auf unbestimmte Zeit an. Churchill wußte das nicht; aber es gab zahlreiche Anzeichen, die ihn Entsprechendes vermuten ließen. Am selben Tag zogen er und seine Frau in das »Annexe«, bei Storey's Gate. Durch starke Stahlblenden vor den deutschen Bombenangriffen geschützt, verbrachten sie während des gesamten Krieges viele ihrer Nächte die Woche über dort, wenngleich Churchill sich lieber so lange wie möglich in der Downing Street No. 10 aufhielt. (In diesem Zeitraum trat auch das Kriegskabinett im unterirdisch gelegenen *War Room* zusammen.)

Churchill und Hitler richteten sich auf einen langen Krieg ein. Diesen Krieg konnte Hitler letztlich nicht gewinnen. Aber das Ende lag noch in weiter Zukunft. Ein Mann hatte Hitler daran gehindert, den Krieg, wie er ihn sich vorgestellt hatte, zu gewinnen; und dieser Mann stand jetzt nicht mehr allein. In gewisser Weise wurde ihr Zweikampf fortgesetzt, aber die Bedingungen und Umstände hatten sich erheblich verändert. In Skandinavien und anschließend in Westeuropa hatte Hitler den Sieg davongetragen: Es stand 2:0. Dann parierte Churchill den Angriff: Es stand nur noch 2:1. Im Frühjahr 1941, auf dem Balkan und auf Kreta sowie in Griechenland, würde Hitler wiederum gewinnen: 3:1. Dann aber wurde Rußland in den Krieg gezogen; Amerika trat ihm bei; und Rußland hielt durch. Am Tag von Pearl Harbor stand es unentschieden: 3:3. Diese Zwischenergebnisse geben kein zuverlässiges Bild von der Wirklichkeit. Nach dem Dezember 1941 konnte Hitler diesen Krieg nicht mehr gewinnen: nicht gegen die vereinten Kräfte von Amerika, Rußland und Großbritannien. (Hitler wußte es schon vor Pearl Harbor; am 18. November 1941 ließ er gegenüber Halder eine entsprechende Bemerkung fallen; er hielt ein Unentschieden für möglich.) Nach 1941 setzte er seine Hoffnungen darauf, die Gegner gegeneinander auszuspielen. Dafür benötigte er allerdings einen entscheidenden Sieg über einen von ihnen. Andernfalls wären sie nicht zu Verhandlungen zu bewegen. Ein Jahr später ging es mit ihm, mit seinen Armeen und mit seinem Volk bergab: Es war ein harter Weg. Er zog sich lange hin; man stand fest und unbeirrt, man kämpfte weiter, noch als es Feuer vom Himmel regnete, man hielt bis zum Ende zusammen.

Viele der folgenden dramatischen Kriegsereignisse trugen noch die Merkmale eines Zweikampfes zwischen Hitler und Churchill. Das eine war die Episode mit der »Bismarck«, die ich hier noch anführe, weil sie den Verlauf des gesamten Krieges versinnbildlicht. Im Mai 1941 versenkte dieses größte deutsche Schlachtschiff den größten britischen Schlachtkreuzer, die »Hood«, mit einem einzigen wohlgezielten Schuß. Eine ganze Flotte britischer Kriegsschiffe lief aus, um Jagd auf die »Bismarck« zu machen. Sie brauchten vier Tage, bis sie sie orteten und schließlich versenkten. Ein unglaublich präziser Schuß der Deutschen; die Unfähigkeit der Briten zum schnellen Gegenschlag; ihre langsame Reaktion; ein beharrlicher Churchill, der alles daran setzte, die »Bismarck« aufzuspüren; das Zusammenziehen einer gewaltigen Übermacht; das brennende und ruderlose deutsche Schiff, umzingelt und aus allen Rohren beschossen, das einfach nicht untergehen will und am Ende doch versinkt.

Mit sehr viel größerem Aufwand und über einen längeren Zeitraum hinweg setzte sich der Zweikampf zwischen Hitler und Churchill in der Luft fort. Beide überschätzten die Wirksamkeit des Luftkrieges. Hitler hatte das im September 1940 begriffen. Im Juli 1940 glaubte Churchill, daß eine massive Bombardierung von Fabriken und Städten in Deutschland Hitlers Niederlage herbeiführen könnte und daß darin der »einzig sichere Weg« zum Sieg lag. »Wir verfügen über keine Kontinentalarmee, die die deutsche Militärkraft besiegen könnte«, erklärte er Beaverbrook am 8. Juli. Mit zunehmender Kriegsdauer stieg Churchills Achtung vor der Kampfkraft des deutschen Heeres. Auch begriff er, daß die Luftangriffe auf Deutschland allenfalls ein zweitrangiges Instrument und nicht von entscheidender Bedeutung waren. Dennoch gab er dem Massenbombardement bis zum Kriegsende seine Zustimmung, hauptsächlich weil er glaubte, den britischen (und amerikanischen) Truppen auf diese Weise große Verluste am Boden ersparen zu können. Es gelang ihm, die anglo-amerikanische Invasion Westeuropas auf den Juni 1944 zu verschieben, als ihre Übermacht überwältigend war. Aber auch dann zeigte er sich besorgt darüber, daß ein langer Feldzug auf den Schlachtfeldern Westeuropas viel Blut kosten könnte – ihn verfolgte die Erinnerung an die schrecklichen Massaker des Ersten Weltkriegs. Im Gegenzug richtete Hitler wenige Tage nach der alliierten Landung Wernher von Brauns Raketen auf London. Man sollte nicht vergessen, daß die Bezeichnungen V1 und V2 deutsche Abkürzungen für »Vergeltungswaffe« waren. Zu jenem Zeitpunkt war Hitlers einstmals bekundete Achtung vor der britischen Nation völlig verflogen. Diese Raketen waren Instrumente deutscher Vergeltung und dienten wohl auch dazu, einen kriegsmüden Gegner ein letztes Mal zum Überdenken seiner Kriegsziele zu bewegen. Die Rechnung ging nicht auf. Es war vielleicht die letzte Episode ihres Zweikampfes.

Am Ende des Jahres 1940 hielt Churchill eine Rede an das amerikanische Volk: »Gebt uns das Werkzeug, und wir werden die Arbeit zu Ende bringen.« Hat er das wirklich ernst gemeint? Wenn es das Ziel der Arbeit war, Hitler an der Eroberung Großbritanniens zu hindern, gewiß. Wenn es aber galt, Hitler niederzuwerfen, gewiß nicht. Vor seiner Wiederwahl sprach Roosevelt in Boston zu einem Publikum, das sich weitgehend aus Demokraten irisch-amerikanischer Abstammung zusammensetzte. Viele von ihnen waren Isolationisten, deren Unterstützung Roosevelt dringend benötigte. Joseph Kennedy stand an seiner Seite.

Roosevelt sagte: »Ich habe es schon einmal gesagt, und ich werde es immer und immer wieder sagen. Eure Söhne werden nicht in fernen Ländern in einen Krieg geschickt werden!« Hat er es ernst gemeint? Höchstwahrscheinlich nicht. Spätestens im Frühjahr 1941 wußten Roosevelt und Churchill, daß amerikanische Waffen und der unerklärte Krieg gegen die deutsche Kriegsmarine und deren Unterseeboote im Atlantik auf halbem Weg zwischen Amerika und Europa nicht ausreichen würden; daß die Vereinigten Staaten mit ganzer Kraft in den Krieg eintreten mußten. Und selbst das würde nicht ausreichen. Nach Pearl Harbor begriff Churchill allmählich die schreckliche Wirklichkeit: Die amerikanische und britische Weltmacht zusammen, mit all ihren Ressourcen, würden den Siegeswillen und die allgegenwärtige deutsche Kampfkraft, die Hitler zusammengeschmiedet hatte, nicht niederschlagen können. Ohne die Russen konnte Europa nicht zurückerobert werden.

Churchill wußte das insgeheim schon im August 1940; Roosevelt erst etwa zwei Jahre später. Dazwischen lag die Hess-Episode. Am 10. Mai 1941, ein Jahr, nachdem Churchill an die Macht gekommen war, erlebte London mit eintausendfünfhundert Toten seine schlimmste Nacht. Beobachter hielten die Moral in der Bevölkerung für angeschlagen. In derselben Nacht überflog ein einzelnes deutsches Flugzeug die Ostküste Schottlands. Der Pilot ließ das Flugzeug abstürzen; er selbst sprang mit dem Fallschirm ab. Es handelte sich um keinen geringeren als Hitlers Stellvertreter Rudolf Hess. Er hatte diese einsame und verzweifelte Mission nach England auf eigene Faust unternommen, um vor einem Einmarsch der deutschen Truppen in Rußland doch noch ein Friedensabkommen zuwege zu bringen. Hess war ohne Hitlers Wissen losgeflogen; aber er war überzeugt, daß der Zweck seiner persönlichen Mission mit Hitlers allgemeinen Wünschen und Zielen übereinstimmte. Das traf auch zu. Hess erklärte während des Verhörs durch die Briten, daß es eine einzige unabdingbare Bedingung Deutschlands gebe: Churchill und seine »Clique« müßten abtreten. *Das* war der Kernpunkt von Hitlers Wünschen. Churchill ordnete an, daß die britische Propaganda die Hess-

Mission, die ansonsten ein Gewinn für das Prestige Großbritanniens war, nicht allzusehr ausschlachten sollte. Er befürchtete die Auswirkungen, die eine deutsche Friedensmission auf die Stimmung in der Bevölkerung haben könnte. Insofern aber war der Mai 1941 eine weitere Runde ihres Zweikampfes: Hess, die »Bismarck«-Episode, der deutsche Sieg über die Briten auf Kreta. All das verblaßte jedoch gegen den bevorstehenden deutschen Einmarsch in Rußland, der bekanntlich den Ausgang des Krieges bestimmte.

Genau ein Jahr verging zwischen der britischen Kriegserklärung an Deutschland am 3. September 1939 und der amerikanischen Zustimmung zu dem Zerstörerabkommen. Ebenfalls genau ein Jahr verging zwischen der französischen Kapitulation vor Hitler am 22. Juni 1940 und dem Tag, an dem die Invasion Rußlands begann. Es liegt schon eine dramatische Note in diesem merkwürdigen Dreiecksverhältnis aus unerfüllten Wahlverwandtschaften. Hitler suchte vergeblich ein Abkommen mit England. Stalin suchte vergeblich die Freundschaft Hitlers. Churchill suchte vergeblich ein Abkommen mit Stalin – bis Hitler Rußland angriff.

Hitlers Befehl vom 31. Juli, mit den Vorbereitungen dieser Invasion zu beginnen, war natürlich nicht unwiderruflich. Seine endgültige Weisung (Nr. 18: »Unternehmen Barbarossa«) erließ er erst am 18. Dezember, der Beginn wurde auf den 15. Mai festgelegt; er wurde später um weitere fünf Wochen verschoben. Diese Verzögerungen erklärten sich allerdings aus militärischen Überlegungen und Nachschubplanungen, nicht – wie im Fall der Konfrontation mit England – aus Hitlers Zaudern. Er ließ sich von den Versuchen der russischen Regierung, ihm, als sich der deutsche Einfall immer deutlicher abzeichnete, gefällig zu sein, nicht beeinflussen – so außergewöhnlich diese Versuche auch ausfielen.

In der Nacht vor jenem entscheidenden 22. Juni 1941 hatte Hitler zwei Einsichten. Zu Goebbels sagte er, er schätze »die Friedenspartei in England noch immer sehr hoch. Sonst würde man den Fall Hess nicht so systematisch totschweigen«. Aber er muß auch die bevorstehende Ungewißheit und Dunkelheit geahnt haben. Einer der Adjutanten Ribbentrops, der Rußland aus eigener Anschauung kannte, verglich das Land mit einer »großen Seifenblase«. Die Generäle waren sich ohne Ausnahme des Erfolges sicher. Hitler jedoch wurde plötzlich nachdenklich; er verglich Rußland mit dem Schiff im »Fliegenden Holländer«. »Der Beginn eines jeden Krieges ist wie das Aufstoßen eines großen Tores in einen dunklen Raum. Man weiß nicht, was hinter dem Dunkel verborgen ist.«

Das Standardwerk, das in allen Einzelheiten die Planung des Unternehmens »Seelöwe« darstellt, ist die Monographie von Karl Klee. In seinem Vorwort zu den zwei umfangreichen Bänden heißt es: »Es ist die Tragik der weiteren Geschehnisse, daß die britische Politik, die nur die Bekämpfung des augenblicklichen Gegners zum Ziel hatte, bereit war, hierzu jeden Partner – also auch die UdSSR – zu akzeptieren. Sie konnte nicht voraussehen, daß als Ergebnis dieses Handelns anstelle des starken Deutschlands ein übermächtiges Rußland treten sollte.« Dieses Argument – in dem ein gewisser Vorwurf anklingt – wird auch heute noch von einigen geteilt, und zwar nicht nur in Deutschland. Ich muß ihm daher deutlich widersprechen. Zum einen war klar, daß die Briten ohne diesen »Partner« den Krieg nicht gewinnen konnten. Zum anderen hat Hitler selbst diesen »Partner« in eine Allianz mit Großbritannien hineingedrängt. Auch stand Churchill vor einer ganz eindeutigen Wahl: entweder ganz Europa unter deutscher Herrschaft, oder – schlimmstenfalls – Osteuropa unter russischer Herrschaft; und ein halbes Europa war immerhin besser als gar keins.

Das war gesunder Menschenverstand, und nicht – wie es manch einer auch heute noch sehen möchte – die Reaktion eines Kriegführers, den der Haß auf Hitler blind gemacht hatte. Gewiß, etwa im August 1940 lassen sich Tendenzen in der britischen Außenpolitik erkennen, den sich abzeichnenden russischen Anspruch auf eine Präsenz in Osteuropa zu begrüßen; und nach 1941 war Churchill voll des Lobes für Stalin, bisweilen auf eine übertriebene Art. Aber im Gegensatz zu Roosevelt sah er auch deutlich, wo Stalins Ambitionen lagen. Für ihn war er ein Staatsmann, nicht ein Revolutionär. »Würde Hitler in der Hölle einmarschieren, würde ich im Unterhaus sogar über den Teufel eine höfliche Bemerkung machen«, sagte er am 21. Juni, am Vorabend der deutschen Invasion, zu Colville. Am nächsten Tag hielt er um 21 Uhr eine Rede an das britische Volk und die Weltöffentlichkeit. Es war eine lange und große Rede, an der er den ganzen Tag gearbeitet hatte. Er erklärte, daß er nichts von dem zurücknehmen wolle, was er je über den Kommunismus gesagt habe, aber gegenwärtig gehe es nicht um den Kommunismus, sondern um Rußland und Hitlers Invasion. In den folgenden vier Jahren ging Churchill die pro-russische Begeisterung in der britischen Bevölkerung manchmal zu weit. Schon im September 1941 wies er einen guten Freund im Informationsministerium, Brendan Bracken, an, »sich Gedanken darüber zu machen, wie man der gegenwärtigen Tendenz innerhalb der britischen Bevölkerung beggnen könne, vor lauter Begeisterung über den Widerstand Rußlands gegen Hitler die Gefahren des Kommunismus völlig zu vergessen«.

Im Gegensatz zu Roosevelt machte sich Churchill trotz seines gelegentlichen Lobes keinerlei Illusionen über die Kriegsziele Stalins. Als sich der Krieg seinem Ende näherte, versuchte Churchill vergeblich, Amerika auf eine gemeinsame Politik einzuschwören, die das Ausmaß und die Bedingungen einer russischen Expansion in Mitteleuropa eingrenzen sollte. Wir können hier nicht das komplizierte Verhältnis zwischen Churchill, Roosevelt und Stalin in jener Zeit darstellen oder auch nur zusammenfassen. Es reicht vielleicht, auf eine Bemerkung hinzuweisen, die Churchill im November 1944 gegenüber General de Gaulle fallen ließ. Sie wird nicht von Churchill, sondern von de Gaulle in seinen Kriegserinnerungen erwähnt. Auf eine besorgte Frage de Gaulles hatte Churchill damals geantwortet: Ja, die Amerikaner seien recht leichtsinnig, wenn sie die Möglichkeit einer russischen Expansion in Europa nicht ernsthaft in Betracht zögen; ja, Rußland sei ein hungriger Wolf inmitten einer Schafherde. »Aber nach dem Essen kommt die Zeit der Verdauung.« Und Rußland könne einfach nicht sämtliche Staaten und Völker Osteuropas verdauen. Erste Anzeichen derartiger Verdauungsprobleme sollte Churchill zwölf Jahre später sehen, als er sehr alt und ohne Macht war. Im Jahr 1991 ist es nur allzu offenkundig, wie recht er 1944 hatte.

Auch zu Kriegsende war er von der Furcht ergriffen, daß die deutsche Gefahr nummehr durch die sowjetische Gefahr ersetzt werden würde. In seiner Rede an das britische Volk am 10. Mai 1945 stellte sich daher auch kein sonderliches Triumphgefühl ein: »Es gab nur wenige, deren Herzen mit schwereren Sorgen beladen waren als meines. ... So schlug ich dann eine düstere Tonart an ... ich muß Euch warnen ... Ihr müßt Euch auf neue große seelische und körperliche Anstrengungen und viele Opfer im Dienst unserer hohen Ideale gefaßt machen ...« Aber das britische Volk war verständlicherweise müde. Weniger verständlich war, daß Churchill bezüglich Europas und Rußlands bei den Amerikanern, besonders bei General Eisenhower, wenig Unterstützung fand. Churchill spielte Meinungsverschiedenheiten in seinen Memoiren herunter. Doch das mag an politischen Rücksichten gelegen haben oder auch an seiner Art, anderen niemals mit einem »Ich habe es Ihnen doch gesagt« auf die Nerven zu gehen. Aber der letzte Band seiner Kriegserinnerungen, der 1952 und 1953 geschrieben wurde, trägt den aufschlußreichen Titel: »Triumph und Tragödie«.

Am Vorabend des Rußlandfeldzuges erließ Hitler einen dringenden Befehl an die deutsche Kriegsmarine im Atlantik. Ihr wurde strengstens untersagt, das Feuer auf amerikanische Schiffe zu eröffnen, nicht einmal zur Verteidigung. Hitler wußte, worauf Roosevelt wartete: auf einen Zwischenfall im Atlantik, der es ihm ermöglicht hätte, mit einer Kriegsbotschaft vor den Kongreß zu treten. Diese Gelegenheit wollte er Roosevelt nicht geben. Zwar gab es Zwischenfälle zwischen amerikanischen Schiffen und deutschen Unterseebooten, aber die ließen sich kaum vermeiden, schon gar nicht in den dunklen atlantischen Nächten; doch sie allein genügten nicht, um die amerikanische Öffentlichkeit und den Kongreß auf eine weitgehende Einheit einzuschwören, die Roosevelt in einem Krieg gegen Deutschland den Rücken gestärkt hätte. All das änderte sich schlagartig mit Pearl Harbor. Dieses Ereignis – zusammen mit dem Ende des deutschen Vormarsches auf Moskau vierundzwanzig Stunden vorher auf der anderen Seite des Erdballs – war *der* entscheidende Wendepunkt des Zweiten Weltkriegs. Man hat gelegentlich gesagt, Hitlers Kriegserklärung an die Vereinigten Staaten drei Tage nach Pearl Harbor sei Auswuchs seiner größenwahnsinnigen Unterschätzung Amerikas gewesen. Tatsächlich hatte er aber gar keine andere Wahl. Er konnte seine japanischen Verbündeten nicht hintergehen, indem er sich aus den Verpflichtungen eines Bündnisses herausmogelte, das er ihnen selbst angetragen hatte (ein oder zwei Tage nachdem er im September das Unternehmen »Seelöwe« abgesagt hatte). Hitler wußte auch, daß die Amerikaner ihren See- und Luftkrieg im Atlantik gegen ihn verstärken würden: kurz, daß selbst ohne eine definitive Kriegserklärung der Unterschied zwischen einem erklärten und unerklärten Krieg immer geringer werden würde. Als sein Außenminister Ribbentrop den amerikanischen Gesandten in Berlin zu sich bestellte, erklärte er ihm unmutig: »*Ihr* Präsident hat diesen Krieg gewollt.« Das war einerseits wohl richtig. Andererseits handelte es sich dabei nur um die Fortsetzung des Krieges, den Hitler zwei Jahre vorher begonnen hatte. Von diesem Augenblick an änderte Hitler seine Strategie. Er wußte jetzt, daß er keinen vollständigen Sieg mehr erzielen konnte. Aber er wollte hart kämpfen – so hart, daß über kurz oder lang die unnatürliche Allianz zwischen Amerika, Großbritannien und der Sowjetunion zerbrechen würde. Auch in diesem Punkt hatte er seinen Vorgänger Friedrich den Großen ständig als Vorbild vor Augen. Einhundertachtzig Jahre zuvor war auch Friedrich von drei feindlichen Mächten umzingelt und stark angeschlagen gewesen. Er brachte einer von ihnen eine Niederlage bei, woraufhin sich eine zweite unvermittelt aus dem Krieg zurückzog. So wollte auch Hitler seine Gegner aufspalten. Er hatte Recht und Unrecht zugleich. Die anglo-amerikanisch-russische Allianz zerbrach tatsächlich; aber zu spät für ihn; sie zerbrach erst nach seinem Tod und der totalen Niederlage seines Dritten Reiches. Die tatsächlichen Kriegsziele Hitlers liegen noch immer im Ungewissen. Das mag zwar überraschend klingen; aber es ist so. Ein großes, mächtiges Drittes Deutsches Reich, das den größten Teil Europas, einschließlich der europäischen Ostgebiete beherrschen würde, ja. Aber wo sollten die Grenzen gezogen werden? Hitler hat sich bewußt nie definitiv darüber geäußert. Wann immer das Gespräch auf die zukünftigen Grenzen oder auf die einzusetzenden Regierungen in den eroberten Ländern kam, wich er der Diskussion mit dem Hinweis aus, daß diese Fragen nach Abschluß des Krieges zu klären wären. Das Minimal-Ziel, das er erreichen wollte, zeichnete sich gleichwohl ab. Das war die Vereinigung aller deutschsprachigen Völker in einem deutschen Reich. Es ist eine weitere Ironie der Geschichte, daß dieses Ziel – Österreich einmal ausgenommen – gerade durch seine Niederlage weitgehend verwirklicht wurde. Noch vor seinem Selbstmord flohen Millionen Deutscher (mit seiner stillschweigenden Zustimmung) aus den osteuropäischen Gebieten nach Deutschland. Auf diese Flüchtlingswelle folgten weitere Millionen Deutscher, die aus den osteuropäischen Ländern vertrieben wurden, in denen sich ihre Vorfahren vor Jahrhunderten niedergelassen hatten. Um 1950, erstmals seit achthundert Jahren, lebten kaum noch Deutsche östlich der Oder. Das war die größte Veränderung der nationalen und politischen Geographie Europas, das Resultat des Zweiten Weltkrieges.

Demgegenüber bewirkte Hitler, wie schon vierhundert Jahre vor ihm jener andere inbrünstige deutsche Nationalist Martin Luther, die Aufspaltung des eigentlichen Deutschlands, das nun zwischen Oder und Rhein lag. Jetzt, da dieses Buch geschrieben wird, ist auch das Kapitel der Teilung Deutschlands beendet. Hätte sich Churchill durchsetzen können, wäre die Teilung des geschlagenen Reichs in anderen, traditionelleren Grenzen verlaufen: vier oder fünf Teilstaaten etwa, Bayern, Preußen, Württemberg, das Rheinland und Sachsen. Eine solche Teilung wäre vielleicht dauerhafter gewesen als die unnatürliche Teilung in ein kommunistisches Ostdeutschland und ein demokratisches Westdeutschland. Aber wer kann das wissen.*

Als am 7. Dezember der Rundfunk die Nachricht über Pearl Harbor verbreitete, befand sich Churchill in Chequers. Acht Jahre später erinnerte er sich: »Kein Amerikaner wird mir das Geständnis verargen, daß es mir zur größten Freude gereichte, die Vereinigten Staaten an unserer Seite zu wissen ... Katastrophen, unübersehbare Opfer und Nöte lagen vor uns, aber das Ende stand außer Zweifel.... Damit hatten wir ... gesiegt ..., nach siebzehn Monaten eines Kampfes ohne Waffengefährten und neunzehn Monaten, in denen ich in bitterster Notzeit die Verantwortung trug! England würde leben, Großbritannien würde leben, das *Commonwealth of Nations* und das *Empire* würden leben.« Alle Vorhersagen trafen ein, bis auf die letzte. Wenige Monate nach Pearl Harbor äußerte Churchill einen Satz, der ihn noch lange verfolgen sollte: »Ich bin nicht Premierminister geworden, um den Vorsitz bei der Liquidierung des britischen Empire zu führen.« Die Liquidierung

---

* Im Jahr 1946 schlug Churchill in Zürich eine endgültige Versöhnung zwischen Deutschen und Franzosen vor, die als Vorläufer einer allgemeinen europäischen Einheit dienen sollte. Viele Deutsche sehen noch heute in Churchill den bedingungslosen und zur Vergebung nicht bereiten Gegner – diese Stimmung machte sich indirekt in einigen ansonsten respektvollen Zeitungsbeiträgen anläßlich seines Todes bemerkbar. Sie haben unrecht. Seine Großherzigkeit schloß auch die Deutschen ein, und zwar unmittelbar nach Kriegsende. Über eine Rundfahrt durch Berlin, auf der er die Kriegsschäden inspizierte, schreibt er in seinen Memoiren: »Seit Deutschland den Kampf aufgegeben hatte, war mein Haß verflogen, und diese Demonstration bewegte mich ebensosehr wie die abgezehrten Züge und die abgetragene Kleidung der Bevölkerung.« Auch gab es in seiner Haltung zu den deutschsprachigen Völkern keine rassistischen Elemente. Er beklagte immer den Zusammenbruch des anderen Deutschen Reiches, des österreichisch-ungarischen Habsburgerreiches.

(falls dieser Begriff zulässig ist) des Empire war jedoch eng mit der anglo-amerikanischen Allianz verknüpft. Das wurde Churchill mehrfach deutlich, selbst bei den Verhandlungen über die Zerstörer. Es wäre allerdings falsch, diese Liquidierung (wie es einige seiner Kritiker getan haben) auf Churchills unbeugsame Feindschaft gegen Deutschland und seine bedingungslose Befürwortung der Allianz mit den Vereinigten Staaten zurückzuführen. Schon lange vor dem Krieg hatte das britische Volk angesichts mancher Weltmachtaufgaben gezögert und war vielleicht auch nicht gewillt gewesen, diese weiterhin auf sich zu nehmen. Im harten viktorianischen Schildpanzer und in der Disziplin, die den britischen Imperialismus umschlossen hielten, waren schon nach dem Ersten Weltkrieg Risse aufgetreten.

Weder der Zweikampf noch der Zweite Weltkrieg hatten etwas mit dem britischen *Empire* zu tun. Sie hatten indes sehr wohl etwas zu tun mit dem Überleben Großbritanniens und Europas. In diesem Zusammenhang allerdings ist die Abhängigkeit Großbritanniens von den Vereinigten Staaten – genauer: die allmähliche Fortentwicklung einer Allianz gleichberechtigter Partner zu einer wachsenden Abhängigkeit des einen vom anderen – eine traurige Geschichte. Hätte Churchill sich durchgesetzt, hätte sich die britische und amerikanische Präsenz nach Kriegsende sowie die Absicherung von Freiheit und Demokratie in Europa günstiger gestaltet als in der tatsächlichen Entwicklung. Eine Aufteilung Europas zwischen den Westmächten und Stalins Rußland wäre zwar auch so nicht zu vermeiden gewesen. Aber diese geographische und politische Aufteilung hätte entlang von Grenzen erfolgen können, die weniger unbefriedigend und vielleicht weniger konfliktreich ausgefallen wären als die unnatürliche Trennung durch einen unmenschlichen Eisernen Vorhang. Doch Churchill konnte sich nicht durchsetzen – weder Roosevelt noch die militärische und politische Führung der Vereinigten Staaten teilten damals seine Ansichten. Deshalb müssen wir unsere Geschichte noch etwas weiterführen. In »Triumph und Tragödie« ist Churchill auffällig bemüht, die Differenzen herunterzuspielen, die 1944 und 1945 zwischen ihm und den Amerikanern einschließlich Eisenhowers bestanden. Das Manuskript war fertig, als die Präsidentschaftswahl 1952 anstand.* Eisenhower wurde Präsident der Vereinigten Staaten, als Stalin starb und ein müder Churchill wieder Premierminister Großbritanniens war. Churchill sah eine Gelegenheit, mit einer neuen und noch unsicheren russischen Führungsspitze die Aufteilung Europas neu zu verhandeln und dem sogenannten Kalten Krieg vielleicht ein Ende zu setzen. Seine Versuche, die wegen der schwindenden Kräfte seiner eigenen Person und seines Landes zaghafter als früher ausfielen, wurden von Eisenhower gedankenlos und geradezu verächtlich zurückgewiesen – von demselben Eisenhower, der acht Jahre zuvor aus Gefälligkeit gegenüber den Russen über Churchills Warnungen hinweggegangen war und der nun jenen John Foster Dulles zu seinem Außenminister gemacht hatte, der Churchill mißtraute und der sich 1940 gegen jegliche amerikanische Hilfe für Churchills England ausgesprochen hatte. Hätte Churchill sich 1953 durchgesetzt, wäre der Kalte Krieg vielleicht Jahrzehnte früher beendet worden. Aber auch das ist reine Spekulation.

Was wir kennen, ist der Ausgang unserer Geschichte: der Fehlschlag der großen Vision Churchills. Für Churchill hatte die 1940 geschlossene Allianz zwischen Großbritannien und Amerika immer mehr bedeutet als nur eine notwendige Maßnahme, um die Bedrohung zu überstehen und schließlich den Krieg zu gewinnen. Mindestens fünfundsechzig Jahre seines langen Lebens – von ungefähr 1895 bis 1960 – hing er dem Ideal einer Konföderation

---

* Am 1. Januar 1953 notierte Colville eine Bemerkung Churchills – und es ist zu betonen, daß Churchill sie *vor* Stalins Tod machte: »Er sagte, daß ich, sofern mir eine normale Lebensspanne vergönnt sei, Osteuropa noch vom Kommunismus befreit erleben werde. ... Dann klagte er darüber, daß er, nachdem Eisenhower die Präsidentschaftswahlen gewonnen hatte, große Teile aus dem sechsten Band seiner Kriegserinnerungen (»Triumph und Tragödie«) streichen müsse. In ihnen hatte er dargelegt, wie die Vereinigten Staaten aus Gefälligkeit gegenüber Rußland riesige Teile der russisch besetzten Gebiete Europas weggaben und mit welchem Mißtrauen man seinen Mahnungen zur Vorsicht begegnete.«

aller englischsprachigen Nationen der Erde nach. Sein vierbändiges Werk »History of the English-speaking Peoples« (»Geschichte der englischsprachigen Völker«) sollte ebenfalls diesem Ziel dienen. Weit über die Notwendigkeit einer Kriegsallianz hinaus war er davon überzeugt, daß eine verstärkte Zusammenarbeit und allmähliche politische Vereinigung der englischsprachigen Völker der Welt eine geeignete Grundlage sei, den Frieden der Menschheit im zwanzigsten Jahrhundert und darüber hinaus zu sichern – etwas Ähnliches zu begründen wie in der römischen Geschichte das Zeitalter der Antoninen. Dieses konnte aus vielen Gründen nicht eintreten, auch schon deshalb nicht, weil Churchill das Gewicht und den Einfluß der Amerikaner, die ihrer Herkunft oder ihrer Neigung nach anglophil waren, weit überschätzte. Nicht weil er das Empire nicht aufrechterhalten konnte, sondern weil er seine Vision nicht in die Wirklichkeit umzusetzen vermochte, stehen Triumph und Tragödie in der außergewöhnlichen Laufbahn Winston Churchills so nahe beieinander.

Natürlich überwiegt der Triumph in Churchills Leben die Tragödie bei weitem. Nicht so bei Hitler. Als der Krieg dem Ende zuging, fragte sich Churchill wiederholt, was Hitler wohl tun würde. »In den letzten Monaten des Krieges hätte er ja jederzeit nach England fliegen, sich uns ausliefern und erklären können: ›Tut mit mir, was ihr wollt, aber schont mein irregeleitetes Volk‹.« Am 1. Mai 1945 wurde während des Abendessens über Radio die Nachricht von Hitlers Tod verbreitet. Churchill saß zu Tisch: »Nun, ich glaube, er hat ganz recht gehabt, so zu sterben.«

Hitlers Asche wurde vom Wind verweht; die Reste seiner Gebeine blieben unter den Ruinen eines zerstörten Berlin verschüttet. Es gab keine Bestattung. Churchill überlebte ihn um beinahe zwanzig Jahre; seine Beisetzung war ein großes und feierliches Ereignis.

Das hohe Alter (sagte de Gaulle einmal) ist wie ein Schiffswrack. Die letzten zehn Jahre in Churchills Leben waren nicht gerade grandios. Sein Verfall nahm bisweilen schreckliche Züge an. Seine Frau ließ das Porträt, das beim englischen Maler Graham Sutherland zu Churchills achtzigstem Geburtstag in Auftrag gegeben worden war, vernichten. Es ist eigentlich merkwürdig, daß die besten Porträts, die es von diesem altmodischen Aristokraten gibt, Fotografien sind.

Es gibt noch immer Anhänger Hitlers; aber ihre Zahl reicht lange nicht an die der Anhänger und Bewunderer Churchills heran. Und selbst unter den Hitler-Anhängern gibt es wenige, die mit ausgestreckter Hand den Nazigruß entbieten oder »Sieg Heil!« brüllen; aber Churchills Siegeszeichen aus dem Zweiten Weltkrieg, die zu einem »V« erhobenen zwei Finger einer Hand, sind zu einem universellen Freiheitszeichen geworden, ob es nun zu Sieg oder Niederlage führt. Gegen Ende des Krieges behauptete Hitler, er sei Europas letzte Chance. Ein Jahr nach Beendigung des Krieges sagte der französische Schriftsteller Maurice Druon auf einer Konferenz, die dem europäischen Gedanken gewidmet war: »Ich habe zwei Europa kennengelernt, zwei Europa, die es wirklich einmal gegeben hat ... Das eine, das Europa der Nacht, begann für uns 1940 und für andere schon viel früher; es war ein Europa, dessen Sonne für einen kurzen Augenblick morgens im Kaukasus aufging und abends im Atlantik versank. ... Und ich habe ein anderes Europa kennengelernt, ein schwaches Europa, das gerade erst geboren wurde und das in London beheimatet war, ein Europa, das aus einigen wenigen Exilanten bestand, die alle Europäer waren, weil sie alle einer gemeinsamen Sache verpflichtet waren; und es ist dieses Europa, das am Ende den Sieg davongetragen hat.« Im Jahr 1940 lag das wesentlich an einem einzigen Mann, an Churchill.

Einige Jahre nach dem Krieg wurde Churchill einmal gefragt, welches Jahr in seinem Leben er gern noch einmal durchleben wolle. Er antwortete: »1940 jederzeit, jederzeit.«

Wir haben dieses Buch damit begonnen, wie Hitlers langer Sonderzug in der Nacht zum entscheidenden 10. Mai 1940 nach Westen fuhr. Am 2. Mai 1945 wurde er von SS-Truppen außerhalb eines kleinen österreichischen Bahnhofs in die Luft gesprengt. Als einige Tage später die ersten britischen Soldaten in Mallnitz einfuhren, fanden sie nur noch die verkohlten Reste.

Epilog

Kurz vor dem Fall von Paris im Juni 1940 wandte sich der französische Premierminister Reynaud über Rundfunk an das französische Volk: Wenn Hitler diesen Krieg gewinne, »wäre das Mittelalter wieder ausgebrochen, allerdings eines, das nicht von christlicher Gnade durchdrungen ist.« In seiner »Finest Hour«-Rede am 18. Juni berief Churchill nur wenige Tage später eine ähnliche Schreckensvision, nicht von einem Rückfall ins Mittelalter, aber von einem bevorstehenden neuen dunklen Zeitalter. Wenn Hitler gewinnt und wir versagen, schloß er, »dann wird die ganze Welt, samt den Vereinigten Staaten und samt all dem, was wir gekannt und geliebt haben, in den Abgrund eines neuen dunklen Zeitalters versinken, dem die Lichter einer mißbrauchten Wissenschaft noch tiefere Finsternis und vielleicht auch längere Dauer verleihen«. Das war eine genauere Vorhersage als diejenige Reynauds; und sie war wohl auch zutreffender, wie wir heute, fünfzig Jahre später, sehen, da sich innerhalb und außerhalb der Ballungsgebiete der westlichen Welt mancherlei Anzeichen eines neuen dunklen Zeitalters andeuten.

Hitler war radikal. Churchill war ein Traditionalist. In dieser Feststellung liegt heutzutage eine besondere Bedeutung, diagnostizieren wir doch allenthalben das Ende der sogenannten Neuzeit, die vor fünfhundert Jahren begann. Hitler wollte ihr ein Ende setzen; er wollte all das zerstören, was ihm als die Altersschwäche eines ausgelaugten und heuchlerischen Liberalismus erschien. Churchill wollte dessen Werte retten und so viel wie möglich dauerhaft bewahren.

Ihr Zweikampf war die Auseinandersetzung zwischen einem Revolutionär und einem Staatsmann. Adolf Hitler war der größte Revolutionär des zwanzigsten Jahrhunderts. Als Revolutionär war er größer als Lenin, Stalin oder Mussolini, nicht nur wegen der bedingungslosen und fanatischen Verfolgung seiner Ziele und Visionen, und nicht nur, weil seinen erstaunlichen Erfolgen nur durch die gemeinsamen Anstrengungen aller großen Weltmächte Einhalt geboten werden konnte. In einem wichtigen Punkt hat Hitlers Vision überlebt. Schon früh in seinem Leben hatte er begriffen, daß die materialistisch orientierten politischen Theorien am Ende waren. Er erkannte, daß Stärke wichtiger war als Wohlstand, Nationalität wichtiger als gesellschaftliche Klasse, Nationalismus mächtiger als Internationalismus.

Eine Mischung aus Nationalismus und Sozialismus ist im zwanzigsten Jahrhundert für alle Staaten der Erde zu einer nahezu universellen Formel geworden. Hitler war nicht der Begründer des Nationalsozialismus, nicht einmal in Deutschland. Aber er erkannte die Möglichkeiten, die in einer Verbindung aus Nationalismus und Sozialismus lagen, und den praktischen – keineswegs nur rhetorischen – Primat des Nationalismus in dieser Ehe. Internationaler Sozialismus ist eine Illusion. Außerdem hat heutzutage fast jedes Land auf der Welt eine Form des Sozialstaates eingerichtet. Ob man das sozialistisch nennt oder nicht, ist nicht entscheidend.

Hitler sah das deutlich. Er sah auch, daß die alte Form des Kapitalismus ausgespielt hatte und ein Relikt des neunzehnten Jahrhunderts war. Noch bevor er an die Macht kam, war er einmal gefragt worden, ob er die deutsche Industrie verstaatlichen wolle. »Warum soll ich sie verstaatlichen?« fragte er. »Ich werde das Volk verstaatlichen.« Die Wirtschaftsstrukturen, die er für Deutschland entworfen und verwirklicht hatte, trugen kaum marxistische Züge oder die Merkmale eines Staatssozialismus; aber kapitalistisch waren sie ebenfalls nicht.

Auch fünfzig Jahre später wird kaum jemand leugnen wollen, daß der Nationalismus zu den stärksten Triebkräften auf der

Welt gehört. In gewisser Weise sind wir heute alle national und sozialistisch. Natürlich setzt jedes Land andere Akzente bei der Betonung der Komponenten: Aber die Verbindung beider ist überall vorhanden, selbst dort, wo sozialdemokratische Ausprägungen vorherrschen. Das, was im Jahre 1945 zusammen mit Hitler besiegt wurde, war die deutsche Form des Nationalsozialismus: eine extreme und grausame Form des Nationalsozialismus. Andernorts sind Nationalismus und Sozialismus ebenfalls verknüpft, aneinander angepaßt und schließlich zu einer Symbiose vereint worden – ohne Gewalt, ohne Haß und ohne Krieg. Aber Hitlers Nationalismus unterschied sich wesentlich von den traditionellen Formen des Patriotismus, ebenso wie sein Sozialismus nichts mehr mit den traditionellen philanthropischen Zügen der frühen Sozialisten gemein hatte.

Sein Haß gegen die inneren und äußeren Gegner war größer als die Liebe für sein Volk. Am meisten war Hitler besessen von seinem Haß auf die Juden. Den Grund für diese Besessenheit kennen wir nicht und werden wir nie erfahren. Vielleicht trägt die Geschichte der Juden, vor und nach der Geburt Christi, eine mysteriöse Bedeutung, die über die Beziehungen einer religiösen und ethnischen Minderheit zu der Mehrheit der jeweiligen Völker, unter denen sie lebt, weit hinausgeht. Wie Hitler diese Bedeutung der jüdischen Minderheit sah, war nicht bloß von seinem Haß korrumpiert: Es war das schauerliche Produkt dieses Hasses.

Auch fünfzig Jahre nach seinem Tod haben wir in der englischsprachigen Welt die historische Figur Hitler noch immer nicht so recht begriffen. Er war kein Verrückter. Vor achtzehn Jahren habe ich einmal geschrieben, daß wir dadurch, daß wir unmenschliche Taten auf die »Abnormität« der Täter zurückführen, uns nicht nur einen Zugang zum Verständnis Hitlers verstellen, sondern auch unser Verständnis menschlicher Handlungen und der Natur des Menschen allgemein beeinträchtigen. Außerdem deuten sämtliche historischen Quellen auf das Gegenteil hin. Nichts ist irreführender als jene Versionen, die Hitler als Diktator mit Schaum vor dem Mund präsentieren, der sich in Wutanfällen auf den Teppich wirft und ihn zerbeißt. Das Gegenteil war eher zutreffend. Furchterregend war seine kalte und fast unmenschliche Absonderung. Hitler hatte eine unglückliche Kindheit, eine unglückliche Jugend, er war ein unglücklicher Mann, ein glückloser Künstler und ein unglückseliger Staatsmann. Scham und Haß waren seine Antriebskräfte, zumindest seit 1918.

Und er war ein verzweifelter Mann – obwohl er gleichzeitig seine Vision von einer neuen, heroischen, heidnischen und wissenschaftlich durchdrungenen Welt entwarf. Churchill vertrat und verteidigte eine traditionelle und uns jetzt schon antiquiert erscheinende Welt und deren verbliebene Wertmaßstäbe; er war der Verfechter der Kultur und Zivilisation der westlichen Welt, nicht ein Vorkämpfer des Fortschritts. Vor ungefähr vier- oder fünfhundert Jahren – an der Schwelle zu unserem gegenwärtigen Zeitalter des historischen Bewußtseins – unterschied man zutreffend zwischen »Mittelalter« einerseits und dem mit dem damals geprägten Begriff »Neuzeit« belegten neuen Zeitalter andererseits, und man glaubte, daß dieses neue, »moderne« Zeitalter auf ewig währen würde. Eben dieses historische Bewußtsein – eine Form des Denkens, die kaum älter als fünfhundert Jahre ist – veranlaßt uns, nun, da auch dieses Zeitalter seinem Ende zugeht, der historischen Rolle Churchills zu gedenken. Der englische Schriftsteller George Orwell hat die Bedeutung dieser Rolle erfaßt. Zwar ist »1984« nicht sein bestes Buch, und vieles, was er vor vierzig Jahren in diesem Buch vorhergesagt hat, ist nicht eingetroffen oder doch zumindest nicht so, wie er es beschrieben hat. Aber es ist höchst bemerkenswert, daß dieser englische Sozialist seinem Protagonisten den Namen »Winston Smith« gab; als Geburtsjahr dieses Winston Smith wird im Roman 1945 angegeben; und in seinem ersten Akt des Widerstandes gegen die Mächte der Finsternis und der Unterdrückung hebt er sein Glas und trinkt – auf die Vergangenheit.

Es ist und bleibt ermutigend, daß in dem Zweikampf, von dem das Schicksal dieser Welt abhing, der kurz vor der Mitte dieses Jahrhunderts und gegen Ende der Neuzeit ausgetragen wurde, ein großer Staatsmann über einen großen Revolutionär den Sieg davontrug; der Schriftsteller über den Volksredner; der Kosmopolit über den Rassisten; der demokratische Aristokrat über den populistischen Demagogen; der Traditionalist über den Radikalen; der Patriot über den Nationalisten: in einem Zweikampf, der im Zentrum des Zweiten Weltkriegs stand, welcher für viele Millionen von Menschen eine Katastrophe war, aber dessen Ausgang der Welt eine noch größere Katastrophe ersparte.

Kurzer bibliographischer Essay

Weiterführende Literatur

Das Material, das sich zum Zweiten Weltkrieg angesammelt hat, ist sehr umfangreich. Allein das ist Anlaß genug, den Kanon historischer Forschungsgegenstände neu zu überdenken (ich habe das bereits vor mehr als vierzehn Jahren in einigen kurzen bibliographischen Bemerkungen in *LEW,* S. 529 ff., vergeblich vorgeschlagen). Was den Zeitraum betrifft, der in »Der Zweikampf« behandelt wird, ist die Forschungslage allerdings übersichtlicher. Die vorliegende Studie beschränkt sich auf achtzig Tage, und sie behandelt hauptsächlich, wenn auch nicht ausschließlich, die gegenseitige Einschätzung und die Auseinandersetzung zweier Antagonisten. Im folgenden soll das vorhandene Material kurz vorgestellt werden – als Ergänzung zu den Quellen und Werken, die für dieses Buch herangezogen worden sind (und dementsprechend hier nur in Abkürzungen genannt werden). Darüber hinaus soll ein kurzer Blick auf die verschiedenen Tendenzen der Geschichtsschreibung geworfen werden, die sich mit dem Verhältnis zwischen Churchill und Hitler befaßt: also gewissermaßen eine Geschichte der Geschichtsschreibung über dieses Thema.

In allen vorhandenen Biographien über Hitler (ihre Zahl beläuft sich zur Zeit der Abfassung dieses Buches auf etwa hundert) findet sich nur sehr wenig über diese achtzig Tage, besonders in den Werken amerikanischer und englischer Verfasser. Ich kenne auch nur zwei kurze deutschsprachige Biographien Churchills, diejenige von Franz *Leunhoff* [Köln, 1949] und die von Sebastian *Haffner* [Hamburg, 1967], die den Jahren 1940 und 1941 einige

Seiten widmen. Natürlich findet sich in der nachfolgenden Bibliographie eine ganze Anzahl englischer Bücher und Aufsätze zu Churchill, die diese achtzig Tage sehr ausführlich behandeln. Die englischen Arbeiten zum Invasionsproblem 1940 konzentrieren sich wiederum meist auf den Zeitraum um Mitte Juli. Neben den beiden Bänden von Klee ist die beste Studie, die sich mit Hitlers Sicht des Invasionsproblems befaßt, die detailliert und scharfsinnig geschriebene Arbeit des amerikanischen Konteradmirals *Ansel*. Natürlich haben wir das unvergleichliche Monumentalwerk »Their Finest Hour« (FH) aus Churchills eigener Hand. Am detailliertesten setzt sich *Gilbert* in seinem Werk mit diesen achtzig Tagen in Churchills Leben auseinander. Als »offizieller« Biograph Churchills hatte er Zugang zu dessen Privatunterlagen, die der Forschung ansonsten erst ab 1995 zur Verfügung stehen. (Noch einige Regierungsakten bleiben bis 2017 verschlossen.) Ich glaube allerdings, daß diese Unterlagen bis auf unbedeutende Einzelheiten meine Darstellung nicht wesentlich ergänzen werden, und zwar aus zwei Gründen. Der eine ist Churchills »Offenheit«, von der ich berichtet habe. Der andere ist, daß Churchill in diesen unruhigen Monaten sehr viel weniger Zeit als gewöhnlich für seine Privatkorrespondenz fand.

Wie auch immer, diese Privatunterlagen sind im *Churchill Archives Centre* im Churchill College in Cambridge aufgehoben. Das Bestandsverzeichnis weist daneben die Privatunterlagen von dreihundert weiteren Zeitgenossen Churchills aus. Die vollständigste Bibliographie der englischen Geschichte jenes Zeitraums ist die von *Havighurst*. Sehr zuverlässig ist auch die laufende Bibliographie in *VfZ*.

Das Mikrofiche-Verzeichnis zum PRO ist für das Studium der britischen Regierungsdokumente unersetzlich. Hier noch einige zusätzliche Hinweise: Neben den bekannten Dossiers CAB 65 und CAB 66 sind unter den Protokollen und Aufzeichnungen des Kriegskabinetts auch weitere aufschlußreiche Informationen enthalten in CAB 71, CAB 93, CAB 100, CAB 104 (1) und CAB 127; in den Unterlagen des Außenministeriums könnten neben der wiederum bekannten Serie FO 371 auch FO 438, FO 800, FO 898 und

FO 954 interessantes Material beinhalten; neben den PREM 1, 2 und 3 Akten ebenfalls noch PREM 4, PREM 7 und PREM 100/2. In Deutschland befinden sich die Archive, die Regierungsmaterial aus dem Dritten Reich lagern, in Bonn, Koblenz und Freiburg; das Archiv der Nationalsozialistischen Partei ist in Berlin, dessen Material ist im Nationalarchiv Washington auf Mikrofilm zugänglich. Zu all diesen Materialien kommen die umfangreichen Sammlungen des *IfZ* in München.

Die deutsche Sicht des Hitler-Churchill-Problems, auch der Strategien des Jahres 1940 und der Sondierungen für einen eventuellen Frieden, findet sich in den beiden unverzichtbaren Werken von *Hillgruber* und *Martin* (vergleiche jedoch meine Kritik an *Hillgruber* oben, S. 123, 153 und 284 und in *LEW*, besonders S. 121/22 Anm., sowie auf S. 240 und 343). Auf amerikanischer Seite steht eine umfassende Darstellung der komplizierten und vertraulichen Herbeiführung des Zerstörerabkommens noch aus.

Fünfzig Jahre sind seit jenen Ereignissen vergangen. Ihre »endgültige« Geschichte, wie die zu einem jeden anderen Thema, wäre eine ebensolche Fehlbezeichnung wie der Begriff »Revisionismus«; denn Geschichte besteht aus einer nicht endenden Neubewertung der Vergangenheit. Wir müssen uns stets der gefährlichen Versuchung bewußt sein, die Geschichte nur aus unserem jeweiligen gegenwärtigen Blickwinkel zu betrachten; ebenso müssen wir uns stets der Tatsache gewärtig sein, daß das, was wir gegenwärtig wissen, immer auch ein Teil unserer Einschätzung der Vergangenheit ist. Der Gegenstand dieses Buches ist der Zeitraum von achtzig Tagen im Leben zweier Männer. Das Material zu diesen achtzig Tagen ist meiner Meinung nach weitgehend, wenn auch natürlich nicht völlig, *épuisé;* ich meine damit, daß nach meiner Einschätzung kein wichtiges zusätzliches Material mehr veröffentlicht werden wird, das eine nennenswerte Änderung meiner Darstellung der Ereignisse erfordern würde. Was nicht enden wird, ist die immerwährende Neueinschätzung, Umbewertung und Neuinterpretation von Churchill und Hitler durch kommende Generationen und Historiker aller Art. In diesem

Zusammenhang muß auch ein Wort gesagt werden über die Tendenzen, soweit sie sich bisher abzeichnen. Der historisch verstehende Zugang zu Hitler (der zugegebenermaßen schwieriger ist als der zu Churchill, nicht nur wegen Hitlers oben erwähnter Verschwiegenheit) ist oft durch unzulässige Anwendung psychoanalytischer Methoden erschwert worden; im übrigen steht eine abwägende Darstellung des Staatsmannes Hitler noch aus. Eine angemessene Würdigung Churchills während der hier in Frage stehenden Zeit ist ebenfalls beeinträchtigt, hauptsächlich aus zwei Gründen: Einerseits finden wir zahlreiche unkritische Lobeshymnen seiner Bewunderer, andererseits neigen viele akademische Historiker dazu, den Historiker Churchill nicht ernst genug zu nehmen. Aber zum Zeitpunkt der Niederschrift dieser Zeilen befinden wir uns an einem entscheidenden Wendepunkt in der Politik- und Geistesgeschichte (wir haben ihn eigentlich bereits hinter uns), der durch den augenfälligen Zusammenbruch des Marxismus und auch des »linken« Liberalismus als gültiges und einflußreiches Erklärungsmodell historischer Prozesse hervorgerufen worden ist. Das wird zwangsläufig zu allerlei neuen, keineswegs immer förderlichen Tendenzen historischer Deutungen führen. Daher sehe ich mich abschließend veranlaßt, auf drei, ansonsten sehr unterschiedliche, Ansätze zu verweisen: diejenigen von *Irving, Ponting* und *Cowling* (von denen nur der letztgenannte im engeren akademischen Sinne Historiker ist). Die eifrigen Forschungen des britischen Journalisten David *Irving* kann kein ernsthafter Historiker, der sich mit den von *Irving* bearbeiteten Themen befaßt, übergehen. In seinem Quellenmaterial finden sich bisweilen wertvolle Details, die er ausgegraben hat. Aber wir müssen zwei gewichtige Vorbehalte anmelden. Zum einen müssen die von *Irving* zusammengetragenen umfangreichen Dokumente mit besonderer Vorsicht behandelt werden; ich habe in seinen Fußnoten wiederholt Archivnachweise gefunden, die falsch oder gar nicht existent sind; wenn man sich auf seine Quellen bezieht, müssen sie sorgfältig verifiziert werden. Der zweite, bedeutsamere Vorbehalt betrifft das Ziel, das *Irving* mit seinen Schriften verfolgt. Er ist ein

Bewunderer Hitlers; doch bei aller Energie, die er für seine unkonventionelle Geschichtsschreibung aufbringt, fehlt ihm gelegentlich der Mut, seine Überzeugungen klarzulegen. Seine Methode, Hitler zu rehabilitieren, besteht darin, Hitlers Gegner zu verunglimpfen – also in unserem Fall, Churchill mit allen Mitteln in einem schlechten Licht erscheinen zu lassen. Ein Beispiel (und keinesfalls das schlimmste) für diese Verfahrensweise ist der Satz, mit dem Irving sein Buch »Churchill's War« (»Churchills Krieg«) beschließt. Er stellt Churchill zusammenfassend als einen Mann dar, der aufgrund seines unerbittlichen Hasses auf Hitler »sein Land in den Ruin zog«. Im Gegensatz zu Irving zeigt Ponting keinerlei Sympathie für Hitler; sein Buch »Myth and Reality« (London, 1990) geht von der These aus, daß das entscheidende Ereignis des Jahres 1940 nicht Churchills Widerstand gegen Hitler, sondern der Bankrott des britischen Empire gewesen sei. Schließlich muß ich einen kurzen Auszug aus dem Kapitel über Churchill in einem Werk des Cambridger Historikers Maurice Cowling wiedergeben:

». . . der Glaube, daß Churchill Hitler besser als irgendein anderer verstanden hat. Das war nicht der Fall, außer daß er Hitler als ein Symptom des sozialen Verfalls betrachtete, wie die Labour Party in England: es wäre zutreffender zu sagen, daß Churchill Hitler, genau wie Gandhi, am Zeug flickte und das Problem auf seine Weise behandelte, weil er [von 1933 bis 1940] kein Amt bekleidete, und daß er, wäre er im Amt gewesen, das Problem möglicherweise anders behandelt hätte.

All das ist allgemein bekannt und akzeptiert, und es bedarf keiner sonderlichen Hervorhebung.«*

Es bedarf gewiß keiner besonderen Hervorhebung; allgemein bekannt und akzeptiert ist es indessen nicht.

---

* In Cowling, *Religion and Public Doctrine in Modern England* (Cambridge, 1980), S. 311. Die Hervorhebungen sind von mir.

Danksagung

Für die Hilfe, die mir im Verlauf meiner Arbeit gewährt wurde, schulde ich Dank der Earhart Stiftung; den Mitarbeitern des Instituts für Zeitgeschichte in München, besonders ihrem Archivar, Herrn Hermann Weiss; den Mitarbeitern des Public Records Office in London; dem Archivar des Churchill Archives Centre in Cambridge; dem Bibliothekar des Balliol College, Oxford; den Mitarbeitern der Franklin D. Roosevelt Library in Hyde Park, New York, besonders deren Direktor William Emerson; der Lilly Library der Indiana University; und nicht zuletzt Dr. Helen Hayes, Direktorin der Logue Library des Chestnut Hill College. Die Professoren George F. Kennan, Robert H. Ferrell und besonders Philip M. H. Bell haben freundlicherweise Teile des Manuskripts in seiner ersten Fassung gelesen. Schließlich schulde ich der Firma Collins Ltd. und Nigel Nicolson Dank für die Erlaubnis zur Durchsicht der in Balliol aufbewahrten handschriftlichen Tagebücher Harold Nicolsons.

»Pickering Close«
Williams' Corner, bei Phoenixville
Pennsylvania
1988–1990

Abkürzungen zu den Anmerkungen

AA	Auswärtiges Amt, Bonn (Politisches Archiv)
Action	Action This Day: Working with Churchill. Memoirs by Lord Normanbrook, John Colville, Sir John Martin, Sir Ian Jacob, Lord Bridges, Sir Leslie Rowen. Herausgegeben von J. Wheeler-Bennett. London 1969
ADAP	Akten zur deutschen auswärtigen Politik, 1918–1945, Serie D, Band X und XI. Frankfurt/Bonn 1961–1965
Addison	Addison, P.: »Lloyd George and Compromise Peace in the Second World War« in: A. J. P. Taylor (Hrsg.). Lloyd George: Twelve Essays. London 1971
ADSS	Actes et documents du Saint-Siège relatifs à la deuxième guerre mondiale. Bd. I (Vatikanstadt 1965–1981
Amery	Amery, L.: My Political Life. Bd. 3 (1929–1940). London 1955
Ansel	Ansel, W.: Hitler Confronts England. Durham, N. C. 1960
AOK/KTB	Armeeoberkommando/Kriegstagebuch des Oberkommandos der Wehrmacht. Herausgegeben von P. Schramm. Frankfurt 1961–1965
AoW	Articles of War: The Spectator Book of World War II. Herausgegeben von F. Glass und P. Marsden-Smedley. London 1989
Balfour	Balfour, M.: Propaganda in War, 1939–1945. London 1979
Baudouin	The Private Diaries of Paul Baudouin. London 1951
BBC/WAC	British Broadcasting Corporation, Written Archives Centre, Caversham Park, Reading.

Bell	Bell, P. M. H.: A Certain Eventuality. Britain and the Fall of France. London 1974
Below	Below N. von: Als Hitlers Adjutant 1937–45. Mainz 1980
Birkenhead	Birkenhead, Life of Lord Halifax. London 1965
Boehme	Boehme, H.: Entstehung und Grundlagen des Waffenstillstandes von 1940. Stuttgart 1966
Boelcke	Boelcke, W.: Kriegspropaganda, 1939–1941: Geheime Ministerkonferenzen im Reichspropagandaministerium. Stuttgart 1966
Bryant	Bryant, A.: The Turn of the Tide, 1939–1943. London 1957
CAB	Cabinet Office papers, in PRO.
CAD-D	The Diaries of Sir Alexander Cadogan. Herausgegeben von D. Dilks. London 1971
Calder	Calder, A.: The People's War: Britain 1939–45. London 1969
Calic	Calic, E.: Unmasked. Two Confidential Interviews with Hitler, 1931. London 1971
CDG	The War Memoirs of Charles de Gaulle. New York 1960
Chadwick	Chadwick, O.: Britain and the Vatican During the Second World War. Cambridge 1986
Channon D	Chips: The Diaries of Sir Henry Channon. Herausgegeben von R. R. James. London 1970
Chaudhuri	Chaudhuri, N. C.: Thy Hand, Great Anarch! London 1987
CH/FDR	Churchill and Roosevelt: The Complete Correspondence. Bd. I. Herausgegeben von W. Kimball. Princeton 1984
Ciano D	The Ciano Diaries. New York 1946
Colville	Colville, J.: The Fringes of Power: Downing Street Diaries, 1939–1955. London 1985
Colville MV	Colville, J.: Man of Valour. London 1972
Cudlipp	Cudlipp, H.: Publish and Be Damned. London 1953
Dalton	Dalton, H.: The Fateful Years. Memoirs 1939–45. London 1957
Delafield	Delafield, E. M.: The Provincial Lady in Wartime. London 1940
Dilks	Dilks, D.: »The Twilight War and the Fall of France:

	Chamberlain and Churchill in 1940«, in TRHS, Band 28, 1978
DIS	Diplomacy and Intelligence in the Second World War. Herausgegeben von R. Langhorne. Cambridge 1985
DDI	Documenti diplomatici italiani, Serie IX. Rome 1952 ff.
Domarus	Domarus, M. (Hrsg.): Hitler. Reden und Proklamationen 1932–1945. Würzburg 1962–1963
Druon	Druon, M.: L'esprit européen. Genf 1946
Engel D	Engel, D.: Heeresadjutant bei Hitler 1938–1943. Stuttgart 1974
Eden	The Earl of Avon (Anthony Eden). The Reckoning. London 1964
FDR/L	Franklin D. Roosevelt: His Personal Letters, Bd. II. New York 1948
FDR Library	Franklin D. Roosevelt Library, Hyde Park, New York.
Feiling	Feiling, K.: The Life of Neville Chamberlain. London 1946
FH	Churchill, W.: The Second World War, Bd. II: Their Finest Hour. Boston 1949; (dt.: Englands größte Stunde. Hamburg 1950)
Fleming	Fleming, P.: Invasion 1940. London 1957
FO	Foreign Office papers, in PRO.
FRUS	Foreign Relations of the United States, 1940, Bd. III. Washington, D. C. 1952
GA	Churchill, W.: The Second World War, Bd. III: The Grand Alliance. Boston 1950; (dt.: Die große Allianz. Hamburg 1951)
Gates	Gates, E. H.: End of the Affair: The Collapse of the Anglo-French Alliance, 1939–40. Berkeley, Cal. 1981
GCON	Churchill, W.: Great Contemporaries. London 1937
GD	Documents on German Foreign Policy, 1918–1945, Series D. Washington, D. C. 1948 ff.
GFK	Der großdeutsche Freiheitskampf. Reden Adolf Hitlers, Bd. II. München 1941
Gilbert	Gilbert, M.: Winston S. Churchill. Bd. VI: Finest Hour, 1939–1941. London 1983
Goebbels D	Die Tagebücher von Joseph Goebbels. Sämtliche Fragmente, Bände 1–4. Herausgegeben von E. Fröhlich. München 1987

GS	Churchill, W.: The Second World War, Bd. I: The Gathering Storm. Boston 1948; (dt.: Der Sturm zieht auf. Hamburg 1950)
GWU	Geschichte in Wissenschaft und Unterricht.
Halder KTB	Halder, F.: Kriegstagebuch. Tägliche Aufzeichnungen des Chefs des Generalstabes des Heeres, 1939–1942, Bände I–III. Herausgegeben von H.-A. Jacobsen. Stuttgart 1962–1964
Harvey	The Diplomatic Diaries of Oliver Harvey, 1937–1940. London 1970
Havighurst	Havighurst, A. F.: Modern England, 1901–1984. Cambridge 1987
HH/IfZ	Hewel Handakten, in IfZ
Hillgruber	Hillgruber, A.: Hitlers Strategie. Politik und Kriegsführung, 1940–1941. Düsseldorf 1965
Hitler/Bormann	The Testament of Adolf Hitler: The Hitler-Bormann Documents, February–April 1945. London 1959
Hull	The Memoirs of Cordell Hull. New York 1948
IfZ	Institut für Zeitgeschichte, München
IMT	International Military Tribunal. Nürnberg
INF	Ministry of Information papers, in PRO
Irving	Irving, D.: Churchill's War, Bd. I. Bullsbrook, Australien 1987
Ismay	The Memoirs of the General Lord Ismay. London 1960
Jodl D	Jodl Ms. in IfZ; teilweise auch abgedruckt bei W. Hubatsch in WaG, 1952 und 1953; s. auch IMT, PS-1809
Kershaw	Kershaw, I.: The Hitler Myth. Image and Reality in the Third Reich. Oxford 1987
Klee	Klee, K.: Dokumente zum Unternehmen »Seelöwe«, Bände I–II. Göttingen 1959
King	King, C.: With Malice Toward None. A War Diary. London 1970
Kubizek	Kubizek, A.: Adolf Hitler, mein Jugendfreund. Graz 1953
Langer-Gleason	Langer, W. L. und E. L. Gleason: The Challenge to Isolation, Bd. II. New York 1952
Lee	The London Journal of General Raymond E. Lee, 1940–1941. Herausgegeben von J. Leutze. Boston 1971

Leutze	Leutze, J.: »The Secret of the Churchill-Roosevelt Correspondence: September 1939–May 1940« in *Journal of Contemporary History* (10) 1975
LEW	Lukacs, J.: The Last European War, 1939–1941. New York 1976; London 1977
Longmate	Longmate, N.: If Britain Had Fallen. London 1972
Macksey	Macksey, K.: Invasion. The German Invasion of England, July 1940. London 1980
Macleod	Macleod, I.: Neville Chamberlain. London 1961
Manchester	Manchester, W.: The Last Lion. New York 1987
Martin	Martin, B.: Friedensinitiativen und Machtpolitik im Zweiten Weltkrieg. Düsseldorf 1972
Meissner	Meissner, O.: Staatssekretär unter Ebert, Hindenburg, Hitler. Hamburg 1950
Meldungen/MA	Meldungen aus dem Reich. RSHA (Reichssicherheitshauptamt) microfilm file in IfZ. Eine gute Auswahl in H. Boberach (Hrsg.): Meldungen aus dem Reich. München 1968
MgM	*Militärgeschichtliche Mitteilungen*
Moloney	Moloney, T.: Westminster, Whitefall and the Vatican. The Role of Cardinal Hinsley, 1935–1943. London 1980
Mosley	Mosley, O.: On Borrowed Time. New York 1969
NARS	Natinal Archives, Washington
Nicolson	Nicolson, H.: Diaries and Letters, Bd. II: The War Years, 1939–1945. Herausgegeben von N. Nicolson. London 1967
Nicolson D (u)	Nicolson Diary MSS. Balliol Library, Oxford
Orwell D	Orwell's 1940 Diaries, in The Collected Essays, Journalism and Letters of George Orwell, Bd. II: My Country Right and Left, 1940–1943. Herausgegeben von S. Orwell und I. Angus. London 1968
Patterson	Patterson, J.: Mr. Republican. A Biography of Robert A. Taft. Boston 1972
PREM	Prime Minister's Office papers, in PRO
PRO	Public Records Office, Kew Gardens, London
Reynolds	Reynolds D.: Beitrag in DIS
Reynolds/FDR	Reynolds, D. »FDR's Foreign Policy and the British Royal Visit to the USA in 1939« in *The Historian* (1983)
Rock	Rock, W. R.: Chamberlain and Roosevelt. British Fo-

	reign Policy and the United States, 1937–1940. Columbus, Ohio 1988
Schroeder	Schroeder, C.: Er war mein Chef: Aus dem Nachlaß der Sekretärin von Adolf Hitler. Herausgegeben von A. Joachimsthaler. München 1985
Schustereit	Schustereit, H.: Vabanque. Hitlers Angriff auf die Sowjetunion 1941 als Versuch, durch den Sieg im Osten den Westen zu bezwingen. Herford/Bonn 1988
Spears	Spears, E. L.: Assignment to Catastrophe. London 1954
Taylor EH	Taylor, A. J. P.: English History, 1914–1945. New York 1965
Templewood	Templewood (Sir Samuel Hoare): Nine Troubled Years. London 1954
Thompson	Thompson, W. H.: Sixty Minutes with Winston Churchill. London 1953
Toynbee	Toynbee, A.: An Historian's Conscience. Correspondence of Arnold J. Toynbee and Columba Cary-Elwes, Monk of Ampleforth. Boston 1985
TRHS	Transactions of the Royal Historical Society
TT	Churchill, W.: The Second World War, Bd. VI: Triumph and Tragedy. Boston 1953; (dt.: Triumph und Tragödie. 1953)
Velasco/Petit	Velasco, A. A.: Memorias de un agente segreto. Barcelona 1979; Petit, D. P.: Espías españoles. Barcelona 1979
VfZ	*Vierteljahrshefte für Zeitgeschichte*
Vidalenc	Vidalenc, J.: L'exode de mai-juin 1940. Paris 1957
Villelume	Villelume, P.: Journal d'une défaite. Paris 1976
WaG	Die Welt als Geschichte
Watt	Watt, D. C.: How War Came. New York 1989
Waugh	Waugh, E.: Put Out More Flags. London 1942
WCR	Churchill, W.: The World Crisis, 1911–1918. London 1931
Weil	Weil, S.: Formative Writings, 1929–1941. Herausgegeben von D. T. McFarland und W. Van Ness. Amherst, Mass. 1987
Whalen	Whalen, R.: The Founding Father. The Story of Joseph P. Kennedy. New York 1964
Wiskemann	Wiskemann, E.: The Europe I Saw. London 1966

Woodward	Woodward, L.: British Foreign Policy in the Second World War, Bd. I. London 1970
Zoller	Zoller, A.: Hitler privat. Erlebnisbericht seiner Geheimsekretärin. Düsseldorf 1949

Anmerkungen

Bei Zitaten aus Tagebüchern sind entweder die Seitenzahlen oder das Datum der Eintragung angegeben.

Der achtzigtägige Zweikampf

10 »Meine Herren«: Schroeder, 102.
15 »Ach, das ist doch nicht so wichtig«: Gilbert, 306.
17 Thompson-Churchill: Thompson, 444.
17 »... als ich gegen drei Uhr früh«: GS, 667.
28 »vor allem brauchen wir ein gutes Gewissen«: Weil, 227.

Der erste Zufall
10. Mai 1940

29 »Als ich mich im Jahre 1918«: Rede in Platterhof, 26. Mai 1944, Artikel von Hans-Heinrich Wilhelm, MgM, 1976 (2).
29 f. »Solange ich lebe«: CDG, I, 44.
30 *(Fußnote).* »Sein schönstes Wort«: Goebbels D, 16. Juni 1926.
37 Hitler über die »Weserübung«: AOK/KTB, 1. April 1940.
39 »Wir stehen wohl«: Manchester, 336 (Quelle nicht eindeutig angegeben).
42 f. »Das Unterhaus«: Watt, 593.
43 »Unbehagen bereite«: Rock, 222.
43 Chamberlain an Roosevelt, 5. November 1939: Rock, 229.
43 »*Der* wäre bereit«: Irving, 224.
45 »Das Wetter« etc.: Delafield 28, 294.
47 Der britische Geschäftsträger in Moskau: Le Rougetel, FO 371 N 1068/96/38.

49	»*primus inter pares*«: GS, 587.
49	»von größter Loyalität«: GS, 589.
52	»Ein sehr großer Teil«: Ismay, 116.
52	»ein schlammiges Hin und Her«: GS, 649.
52	»Es war ein Wunder«: GS, 650.
53	»Wenn ich der 1. Mai wäre«: Colville, 115.
53	Chamberlain am 2. Mai: CAB 65 (7) 40.
53 f.	Lloyd George: GS 660.
54	»Gewöhnlich pflege ich«: GS, 663 (Datum falsch angegeben).
54	Kennedy: Irving, 262.
55	»Es herrscht mehr«: Nicolson, 7. Mai.
55	Nicolson am Neujahrstag: Nicolson D (u).
55	»Irgendwie wird alles«: Nicolson D (u).
57	*(Fußnote)*. »Mit der Autorität Englands hinter mir«: GA, 249 f.
58	Goebbels' Anweisungen an die Presse: Goebbels D, 28. Oktober 1938.
59	»Shaw«: Goebbels D, 11. Oktober 1939.
59	»Anweisung zur Behandlung des Falles Churchill«: Goebbels D, 20. Oktober 1939.
60	»Es obliegt zweifellos nicht«: WCR, 819 f.
62	»Natürlich hat Hitler erklärt«: NARS-Mikrofilm, T 120/ 5540/ K 567887, zit. n. Irving, 16.
63	»die enorme Dimension«: GCON, 261.
63	»Diejenigen, die mit Herrn Hitler«: *Strand*-Magazin, November 1935.
63	»Wenn unser Land«: *Evening Standard,* 17. September 1937.
64	»nicht in die Reihen der Kommunisten brachten«: GS, 52.
68	»Die Angst, sich lächerlich zu machen«: Schroeder, 363.
73	»Wenn er damit vorschlagen will«: Irving, 47.
75	»Wir, die wir die Herrschaft«: GS, 649.

In gefährlichem Gelände
11.–31. Mai 1940

85 f.	Robert Byron: in AoW, 15.
89	Taylor: Taylor EH, 475.
89	Orwell: *New English Weekly,* 21. März 1940.
89	»legten die Abgeordneten«: Channon D, 13. Mai 1940.
90	Cadogan: CAD-D, 280 f.
90	Butler: Colville, 122.

90	Edwards: Irving, 266.
91	Hankey: Rock, 290.
91	Colville: »Ich habe den ganzen Tag«: Colville, 129.
91	»Ich bin weitgehend«: Reynolds-Artikel in DIS, 150.
92	»Wenn man sich nur«: Cudlipp, 145.
92 f.	»Am schlimmsten«: Nicolson D (u), 14. Mai 1940.
93	»Hitler hat alles«: Toynbee, 61.
93	»Arme Teufel«: Ismay, 16.
93	Huntziger, Pétain: Vidalenc, 55; LEW, 78.
94	de Gaulle: CDG, I, 44.
94	Hitler 1932: nach Rauschning in LEW, 241. (Die Zuverlässigkeit ist angezweifelt worden; allerdings müssen wir in Rechnung stellen, daß Rauschning diese Worte vor Kriegsbeginn im Jahre 1938 wiedergab.)
95	»Die Vorstellung einer durchbrochenen Front«: FH, 43.
95	Churchill über die Maginot-Linie: *New York Herald Tribune* (Paris), 16. August 1939.
96	drängende Hilferufe: FH, 42.
97	»Wie ein Vulkan«: Baudouin, 44.
98	Churchill an das Kabinett: CAB 65 7 (40).
99	»mit absolut zuverlässigen«: Kriegstagebuch der Heeresgruppe A, zit. n. Ansel, 70.
99	»Der Führer«: Halder KTB sowie Jodl NARS-Mikrofilm, A-235 und IMT, 780-PS, 1811-PS.
102	»mit Mühe«: FH, 121.
102	»Überdies gab es in dem Konflikt«: FH, 121.
102 f.	Ciano, 2. Mai: CAB 65 7 (40).
103 f.	Churchill–Mussolini und Antwort: FH, 122.
105	Unzuverlässige Anzeichen, Hitler über Amerika im Jahre 1931: Calic, 60 f. (An anderer Stelle haben sich Calics Quellen als unzuverlässig erwiesen.)
107	Britischer Generalstab, Oktober 1939: LEW, 67, Anm. 26.
107	»unerwartete Stärke erlangten«: Rock, 230.
108	Welles, Berle: Leutze, 481.
108 f.	Ickes, Roosevelt, Miss Perkins, Mrs. Roosevelt: Leutze, 480.
110	»den Juden« etc.: Landis papers, zit. n. Irving, 446, 636.
110	Chamberlain–Kennedy: FDRL, Box 8 sowie Leutze, 479.
110	»Wir sollten keinen Fehler begehen«: Rock, 236.
110	»skrupellos und hinterhältig«, »zu gewissen einflußreichen jüdischen Persönlichkeiten«: Moffat Ms. Tagebuch, in Leutze, 476.
110	Kennedy zu Bullitt, März 1940: Rock, 278.

Anmerkungen 337

111	Vansittart und Halifax über Kennedy: Rock, 276 f.
111 f.	Churchill an Roosevelt, 15. Mai: CH/FDR, I, 37.
112	Bullitt an Roosevelt: CAB 65 7 (40), WM 129 (90).
113	»Wir sind entschlossen«: CH/FDR, I, 37.
115	Bullitt an Roosevelt: Irving, 278, 620.
117	Duff Cooper: CAB 65 7 (40).
117	Beaton und Calder: Calder, 106.
118	Nicolson, 20. Mai: Nicolson, D (u).
118	Hitler über Mosley: Engel D, 56.
118	Mitford-Byron: AoW, 7.
119	»außer sich«: Jodl D sowie NARS-Mikrofilm, A-235 und IMT, 1811-PS, 1760-PS.
121	»sein Geist ist unbeugsam«: Colville MV, 216.
122	»So eine Stümperei«, »Ich habe Winston«, »Armer Mann«: Colville, 138.
123	»dürfen ihre Bedeutung«: Hillgruber, 62 f.
124	»bedauerte diese Entscheidung«: FH, 79.
127	»Die Armee ist das Rückgrat Englands«: Schroeder, 105.
127	Jeschonnek: Ansel, 85.
127	Hitler, Februar 1945: Hitler/Bormann, 90.
128	Hitler–Göring: Engel D, 23. Mai.
130	Churchill, Calais: FH, 81 f.
134	»wir müssen Frieden schließen«: Villelume, 353.
135	Halifax im Dezember 1939: CAB 65/2, WM 107 04-02.
135	»der letzte starke Felsen«: Reynolds-Artikel in DIS, 149, Anm. 10.
135–138	Kabinett, 26. Mai: CAB 65/13 WM (40), 139th Conclusions, Confidential Annex, sowie CAB 65/13, WM 142, 140th Conclusions, Confidential Annex.
136	Villelume über Halifax und Churchill: Villelume, 356.
136	*(Fußnote).* Wilson–Léger: Horace Wilson papers, CAB 127/158.
138	Cadogan: CAD-D, 290.
138 f.	Ismay über Churchill am Abend des 26. Mai: Ismay, 131.
139	*(Fußnote):* Gilbert, Band VI, S. 406 Anm. 3 (Sir John Martin, Brief a. d. Verf., 24. 10. 1982).
139 f.	»Britische Strategie in einem bestimmten Eventualfall«: WP 140 (168), CAB 66/7, zit. n. Bell, 49 ff.
140–143	Kabinett, 27. Mai: CAB 65-13, WM (40), 142nd Conclusions, Confidential Annex.
140	Cadogan: CAD-D, 290.
142	Halifax: Birkenhead, 458; CAD-D, 291.
143	». . . es gibt Anzeichen dafür«: Colville, 140 f.

144	Churchill, Westminster Abtei: FH, 99.
144 f.	Kabinett, 28. Mai: CAB 65-13, 145th Conclusions, Confidential Annex.
145 f.	»Ich habe in den vergangenen Tagen«: Dalton, 335.
146	»gewissermaßen nebenbei«: FH, 100.
146	Kabinett, 28. Mai, 19 Uhr: CAB 65/13, 146th Conclusions, Confidential Annex.
147	»Wenn das Kriegskabinett«: Bell, 48.
148	»Öffentlich darf niemand«: Dalton D, 28. Mai.
148	»In diesen dunklen Tagen«: FH, 91 (laut Gilbert nicht am 28., sondern am 29. Mai erlassen).
149	Lloyd George im Juni: Addison-Artikel, 363.
149	»Der Kardinal ist energisch«: PREM 4/22/3.
149	Bastianini an Rom: DDI, IX, 4, 522.
150	»Versteckt sie in Höhlen und Kellern«: Gilbert, 449.
150	»Es sieht so aus«: Harvey, 372, 377.
153	Hitlers Bemerkungen: Halder KTB sowie in Hillgruber, 145.
153	»ernst gemeint«: Hillgruber, 144, Anm. 1.

Allein?
31. Mai–30. Juni 1940

158	»vernünftigen Friedensschluß«, »Das Problem«: Ansel, 107.
159	Philippi: Klee, 60, Anm. 181.
159	Hess: NARS-Mikrofilm, T-175 R-126-N 6751.
159	Boetticher: Engel D, 47.
160	Teleki: *Pesti Hirlap* (Zeitung), Budapest, 1. Juni 1940.
161	Himmler: IMT, H-174, 1198.
163	»Schließlich erhob er sich«: Martin in: Action, 140.
163	»die Freiheit und Offenheit«: Bridges in: Action, 122 f.
163	»Schreiben Sie das nicht auf«: Schroeder, 357.
164	Churchill an Ismay: FH, 141.
164	»Die englische Armee muß durchhalten«: FH, 107.
165	»Wenn Deutschland einen der Verbündeten«: FH, 112.
165	Bretagne: Churchill papers, 20/13, zit. n. Gilbert, 453.
166	»Viele unserer heimkehrenden Soldaten«: FH, 115.
166	Montgomery: zit. n. Gates, 482.
166	»ohne deren Abzug ernsthaft zu stören«: Gilbert, 452.
167	Churchill an Ismay: Churchill Papers, 20/13, zit. n. Gilbert, 460.
167	Churchill an Eden: Gilbert, 477.

Anmerkungen 339

167	»Wir sind offenbar«: Ibid.
167	Orwell: Orwell D, 30. Mai.
168	Churchill zu Chamberlain bez. Lloyd George: Churchill Papers, 20/11, zit. n. Gilbert, 474.
169	Churchill zu Herausgebern: King, 50.
170	»erübrigen«: PREM 3/486.
170	Churchill an Mackenzie King: FH, 145 f.
170 f.	»Die gegenwärtigen Berater«: FO 371 (1940), 24239.
171	Interessanterweise: Gilbert, 486, Anm. 2.
171	Bullitt an Roosevelt: FH, 143, dort zit. n. Hull.
171 f.	Charlottesville-Rede: Langer-Gleason, II, 516.
172	Churchill an Roosevelt, 11. Juni: CH/FDR, I, 43.
173	Churchill an König George VI., Churchill an Baldwin: Gilbert, 469.
173	»wie mir scheint«: FH, 146.
175 f.	Wiegand-Interview: Domarus, 1524–1525.
176 f.	»Das ist die letzte Kriegserklärung«: Engel D, 82.
177	»teuflisch geschickt«: FO 371 (1940), C7375/7362/17.
179	»Von den Kronleuchtern«: Spears, II, 155.
179 f.	»einen dramatischen Augenblick«: Eden, 116.
180	»Er hätte sich auch schämen müssen«: FH, 140.
181 f.	Beaverbrook: Gilbert, 539.
182	Churchill vor dem Kabinett: CAB 65/7, 165th Conclusions.
182 f.	Churchill an Roosevelt, 13. Juni: CH/FDR, I, 47.
183	»In der Weltpolitik«: CH/FDR, I, 46.
183 f.	Churchill an Roosevelt, 15. Juni: CH/FDR, I, 49 f.
185	»mit Furcht im Herzen«: Eden, 182.
185	»Es war natürlich ganz unmöglich«: FH, 203.
186	Kabinett an Frankreich: CAB 65/13, 168th Conclusions.
188	Churchill, Kriegskabinett, 16. Juni, 15 Uhr: Woodward, I, 279.
188	Pétain, Ybarnégaray, Mandel: zit. n. Churchill, FH, 213.
189	»kehrte mit schwerem Herzen«: FH, 212.
191	Ciano–Ribbentrop: Ciano D, 263.
191	(Fußnote). Heydrich an Ribbentrop: HH/IfZ.
191	(Fußnote). Hitler, »Auf [die] Frage«: Engel D, 94–95.
191 f.	Ciano über Hitler: Ciano D, 264.
192	Butler–Prytz: Woodward, I, 205, Anm. 1. (Von diesem Gespräch gibt es in den Archiven des Außenministeriums keine Aufzeichnungen.)
192 f.	Fransoni an Rom: DDI, IX, VI, 37.
193	Halifax an Mallet: FO 371 (1940), N 5848/112/42.

193	Hewel zu Hitler: HH/IfZ.
193 f.	Hitler, »skeptisch«: Engel D, 82 f.
196 f.	Churchill an Pétain und Weygand: FH, 216 f.
197	»Was hätte ich ohne seine Hilfe tun können?«: CDG, I, 89.
198	»Ob [Churchill] betrunken«: King, 55; LEW, 97, Anm. 5.
198	»Wie sehr wünschte ich mir doch«: Nicolson, zit. n. LEW, 98, Anm. 54.
198	»Winston schloß seine Rede«: Channon D, 20. Juni.
198	»ungebildete Leute«: Orwell D, II, 356.
198 f.	»allgemeine Einschätzung der gegenwärtigen Lage«: Informationsministerium, INF, I/264.
199	Maurois: zit. n. Bell. 119.
200	Orwell, 17. und 21. Juni: Orwell D, II, 353.
200	Waugh: Waugh, 416.
200	»nicht gerade ermutigenden«: CAB 65/13, 171st Conclusions.
200	»daß die Masse unserer Bevölkerung«: Ibid.
200	»Verwirrung und Ratlosigkeit«: Action, 18.
200	»im gesamten Land«: Bell, 128.
200 f.	Berichte des Informationsministeriums: Ibid.
201	»eine große untereinander zerstrittene Familie«: Mosley, 55.
201	Kennedy an Roosevelt: zit. n. Irving, 327 f.
201	Kennedy zu Lee: Lee 6.
201	Lee am Ende des Monats: Lee, 7.
202	Churchill zum Verlassen der Kanalinseln: CAB 65/17 (172).
202	Clementine Churchills Brief: zit. n. Gilbert, 587 f.
203	Churchill–Halifax–Butler: Gates, 398; FO 800/322, XXXII, 42–44.
203	Kabinett 26. Juni: CAB 65/7, 171 (40).
203	Cripps an Halifax: FO 371/ W 8602/ 8602/ 49.
204	»Ich selbst werde niemals«: PREM 4743 B/1.
204 f.	»ich glaube nicht«: FH, 228.
207	»Wir wissen, daß der Präsident«: FH, 229.
207	Taft, Januar 1941: Patterson, 247.
208	Taft–Stimson: Patterson, 242.
212	Churchill-Artikel über Trotzki: GCON, 197–205.
213–215	Churchill an Stalin: FH, 135 f.
215 f.	»Der Krieg im Westen ist beendet«: Boehme, 79.
216	Oberkommando der Luftwaffe: Klee, 61.
216	Goebbels: Goebbels D, 24., 25., 26., 27., 28. Juni.
219	»getötet oder verstümmelt würden«: zit. n. Irving, 357.
219	Cudahy–Vatikan: Chadwick, 138.

Anmerkungen 341

220	»daß wir keine Erkundigungen«: FH, 171.
220	»In jenen Tagen galt meine Sorge«: FH, 167.
220	Berichte aus Bletchley: Gilbert, 611.
221	»mit der Eröffnung der Offensive«: Gilbert, 617.
221	»die Möglichkeit zu sondieren«: Colville, 182.
222	»sich stets gutgelaunt und zuversichtlich«: Wiskemann, 45.

Große Erwartungen
1.–30. Juli 1940

227	Plan, 25. Juni: Klee, 61.
227 f.	Jodl-Denkschrift, 30. Juni: IMT, PS-1776 sowie Klee, 298.
228 f.	Hitler auf dem »Tannenberg«: Goebbels D, 4. Juli sowie Meissner, 448.
229	Goebbels D, 3. Juli und ff.
230	Goebbels-Anweisungen: Boelcke, 417.
233	»daß der Kampfgeist der britischen Kriegsflotte«: Ciano D, 273.
234	Churchill–Colville: Colville, 185.
234	Churchill an Somerville: FH, 235.
234	»Das hatte ich sonst noch nie erlebt«: FH, 238.
235	»Der Premierminister erwartet«: FH, 237.
235	»In den USA«: Macleod, 279.
236	»Am Bahnhof«: Channon D, 24. Juni.
236	»Jegliche panische Flucht«: FH, 646.
236	»Winstons Kontrolle«: Nicolson D (u).
237	»Abwechslung«: Colville, 193.
237 f.	Colville über Chequers: Colville, 179.
240	Jodl-Denkschrift: IMT, PS-1776.
240	Jodl, 12. Juli: Klee, 72.
241	Halder, 13. Juli: Halder KTB.
241	»Er will jedes Wort«: Ciano D, 6. Juli.
241 f.	»Mein Eindruck«: Engel D, 15. Juli.
242	Weisung Nr. 16: IMT, PS-442 sowie Klee 75 ff.
242	Hitler-Befehl: HH/IfZ.
244	gesamten erwachsenen Bevölkerung: BBC Audience Research, Brief an den Autor, 29. Dezember 1989, von BBC/WAC.
244	Churchill an Ismay, 2. Juli: FH, 266.
245	»W. legte ganz drastisch dar«: Colville, 192.
245	»durch kleine Parademärsche«: FH, 644.
245	»alberne Marotte«: Gilbert, 658.
245	»Setzen Sie Europa in Flammen«: Dalton, 367.

246	Königin zu Nicolson: Nicolson D, 100.
247	Churchill über Lebensmittelrationierung: zit. n. Gilbert, 663.
247	Orwell, 16. Juli: Orwell D, II, 362.
247	»in blendender Laune«: Bryant, 195.
249	»Wann geht es los?«: MA 441/2/2057.
249	»Vernichtung Englands« etc.: Kershaw, 156, Anm. 22.
249	»es fast kein Mensch erwarten«: Ibid.
250	»Heute abend«: Boelcke, 430.
250–253	Vollständiger Text der Hitler-Rede: GFK, 47–81.
253	»zurückhaltendes Vokabular«: Martin, 306.
253	»Hitler spricht einfach«: Ciano D, 277.
253	»Der Führer will Englands Antwort«: Goebbels D, 20. Juli.
254	»Auch einige Stimmen der Vernunft«: Goebbels D, 22. Juli.
255	Hitler in Bayreuth und »Damals begann es«: Kubizek, 343.
255	»eine große Wut«: Goebbles D, 25. Juli.
255 f.	»Die deutsche Öffentlichkeit«: Goebbels D, 29. Juli.
256	»Alles in allem«: Nicolson D (u), 19. Juli.
256	»Ich werde auf seine Rede«: Colville, 200.
256	»dies einer Sache, über die«: FH, 260.
257	Churchill an Stokes: PREM 100/2 (»Peace Feelers«).
258	»Ich glaube, daß Hitler«: CAD-D, 317.
258	Kardinal Hinsley: ADSS, I, 471, 474.
258	Hohenlohe–Kelly: HH/IfZ.
259	Churchill-Telegramm, 4. Juli: Churchill Papers, 20/9 und 20/4, zit. n. Gilbert, 700.
260	»in denen er davon sprach«: Gilbert, 706.
260	»den Friedenswunsch des Führers«: GD, D, X, 398; DDI, IX, V, 311.
260	»Ich bin davon überzeugt«: Gilbert, 705.
261	Raeder zu Hitler, 25. Juli: Klee, 95.
261 f.	Goebbels über Angriffspläne: Goebbels D, 26., 29. Juli, 1. August.
263	»Wenn England weiter Krieg führen will«: Halder KTB, 22. Juli.
265	Churchill an Roosevelt, 5. Juli (nicht abgeschickt): CH/FDR, I, 54.
266	»Ich bin sicher«: PREM 3/462/2/3.
266	»Es ist schon eine geraume Zeit her«: CH/FDR, I, 56 f.
266	Thomsen über Kennedy: Whalen, 321.
266	»Man muß sich über eines im klaren sein«: Langer–Gleason, II, 712.
269	»Das Wort gefällt mir nicht«: Bell, 131.
272	»Die großen deutschen Siege«: zit. n. Longmate, 256.
273	Gandhi am 22. Juni: Chaudhuri, 536.
273	Aga Khan: HH/IfZ.

274 f.	Drieu la Rochelle, Teilhard de Chardin: zit. n. LEW, 515.
275	Gide: Gide D, II, 256.
276	de Man: zit. n. LEW, 513, Anm. 174.

Der zweite Zufall
31. Juli 1940

278	»nur ein Beitrag«: GA, V.
278 f.	»Wir haben gesehen,«: FH, 315 f.
281	Hitler–Jodl, 29. Juli: Jodl Ms. IfZ (Dezember 1945) sowie IMT, NOKW-065.
281	Warlimont: IMT, 3032-PS, NOKW-165 sowie Klee, 193, Anm. 523.
282	»Er sieht«: Halder KTB.
282 f.	Hitler, 31. Juli: Ibid. sowie GD, D, X, 37–44.
284	Halder, 14. Juni 1941: Halder KTB, zit. n. Schustereit, 109.
284	Stegemann: Artikel in GWU, 1982.
284	Hillgruber über Krieg gegen England: Ibid.
285	»Wenn es Hitler nicht gelingt«: FH, 228.
286	Donovan–Lee: Lee, 27 f.
286 f.	Donovan–Kennedy: Lee, 28.
290	Roosevelt-Niederschrift, 2. August: FDR/L, II, 1050 f. sowie FRUS, 1940, III, 58 f.
292	Simon an Noel-Buxton: Addison-Artikel, 382.
292	»Die in Abschnitt 5«: PREM 100/3.
293	»dessen Wirkungen«: FH, 315 f.
294	Hitler, 14. August: SKL, Klee, I, 106.
296	»Wir haben nicht vor«: Woodward, I, 366.
297	Roosevelt an Kennedy, 28. August: in FDR Library, Navy File, »Destroyers«.
298	Morgenthau, 18. Juni: Morgenthau, Presidential Diaries Ms., FDR Library.
298	»auch ohne die Zerstörer auskommen«: Woodward, I, 376.

Fünfzig Jahre danach

304	Hitler zu Goebbels, 21. Juni 1941: Goebbels D, 22. Juni.
305	»großen Seifenblase«, »Der Beginn eines jeden Krieges«: Zoller, 142 f. sowie Schroeder, 183 und Anm. 220.
305	»Es ist die Tragik«: Klee, Einleitung, I, 25.

306	»Würde Hitler in der Hölle einmarschieren«: GA, 370.
306	Churchill zu Brendan Bracken: Balfour, 220.
306 f.	Churchill zu de Gaulle, November 1944: CDG, III, 60.
307	»Es gab nur wenige«: TT, 549.
310	*(Fußnote)*. »Seit Deutschland«: TT, 630.
310	»Kein Amerikaner wird mir«: GA, 607 f.
313	»In den letzten Monaten«: TT, 673.
313	»Nun, ich glaube«: Colville, 596.
314	»Ich habe zwei Europa kennengelernt«: Druon, 206.
314	»1940 jederzeit«: Gilbert, VIII, 391.

Register

Aga Khan 273
Amery, Leopold 110
Anderson, Sir John 235
Ansel, Konteradmiral 321
Attlee, Clement 145, 269
Augustinus, Heiliger 276

Bagnold, Enid 63
Baldwin, Stanley 173
Ball, Sir Joseph 41
Balzac, Honoré de 79
Barcenas, span. Diplomat 258
Bastianini, Giuseppe 134, 149, 192
Battaglia, Otto Forst de 79
Beaton, Cecil 117
Beaverbrook, William Lord 181 f., 285, 302
Bell, Philip 147, 269
Berle, Adolf 108
Bertram, Adolf Kardinal 86
Bilotte, Gaston 122
Bismarck, Otto von 11, 31-33, 61, 280
Bock, Fedor von 151, 169
Bodenschatz, Hans 261
Boehme, H., Oberst 177
Bötticher, Friedrich von 106, 159
Borrow, George 139

Bracken, Brendan 199, 248, 306
Brasillach, Robert 274
Brauchitsch, Walther von 126, 241, 262-264, 282
Braun, Wernher von 302
Breker, Arno 194
Bridges, Sir Edward 137, 163
Brooke, Alan 247
Bruce, Stanley 143
Bullitt, William C. 106, 110, 112, 115, 133, 171, 176, 289, 298
Burckhardt, Carl Jacob 160, 193, 258
Burckhardt, Jacob 77
Butler, R. A. (»Rab«) 90, 147, 192 f., 203
Byron, Robert 85, 118

Cadogan, Alexander 90, 138, 140, 142, 258
Calder, Alexander 117
Campell, Sir Ronald 188
Canaletto (Giovanni Antonio Canal) 246
Carr, E. H. 77
Céline, Louis-Ferdinand 274
Chamberlain, Hilda 42 f., 184
Chamberlain, Neville 12, 14-17, 33 f., 38-44, 47, 49, 51-54, 57-

59, 78, 89–92, 102, 107 f., 110, 115, 121, 132, 136 f., 139–146, 148 f., 160, 168 f., 184, 201, 218, 235, 254
Channon, »Chips« 54, 117, 146, 166, 198, 235
Channon, Paul 236
Chaplin, Charlie 38
Chaudhuri, Nirad 27
Chautemps, Camille 45, 190
Chesterton, G. K. 54, 77
Christian X., König von Dänemark 49
Churchill, Clementine 91, 197, 202, 300, 313
Churchill, John siehe Marlborough
Churchill, Lady Randolph 66
Churchill, Lord Randolph (Vater) 66
Churchill, Randolph (Sohn) 15
Ciano, Graf Galeazzo 102 f., 191, 193, 229, 233, 238, 241, 253
Clemenceau, Georges 80
Cobbett, William 246
Cohen, Benjamin 288
Columba, Abt 93
Colville, John 53, 68, 90 f., 121 f., 143, 234, 237, 256, 306, 312
Connolly, Cyril 247
Cooper, Alfred Duff 57 f., 77, 117, 201, 203
Coward, Noël 92, 288
Cowling, Maurice 323 f.
Cripps, Sir Stafford 203, 213, 215, 280
Cudahy, John 219

Dahlerus, Birger 152
Dalton, Hugh 213, 245

Darlan, Jean-Francois 180
Delafield, E. M. (Elizabeth Monica Dashwood) 44
De Man, Hendrik 274, 276
De Valera, Eamon 265
Dieckhoff, Hans 263
Dietl, Eduard 152
Donovan, William J. 265 f., 286
Doré, Gustave 246
Dostojewski, Fjodor 20
Dowding, Hugh 97 f., 247
Druon, Maurice 314
Dulles, John Foster 206, 312

Eden, Anthony 58, 118, 121, 124, 138, 180, 185, 250
Edwards, Ralph 90
Edward VIII., Herzog von Windsor 38, 217, 219, 241, 254, 259 f., 264
Einstein, Albert 38
Eisenhower, Dwight D. 307, 311 f.
Eliade, Mircea 274
Elisabeth, Königin von England 106, 108, 246
Engel, Gerhard 128, 241
Engels, Friedrich 21
Eriksen, Oberst 50 f.
Ermannsdorff, Otto von 160
Etzdorf, Hasso von 153

Falkenhorst, Nikolaus von 48
Foch, Ferdinand 194
Fox, Charles James 226
Franco, Francisco 190, 217 f., 232, 234, 275
Frankfurter, Felix 108
Fransoni, Francesco 192 f.
Friedrich der II., der Große, König von Preußen 31, 308

Fritzsche, Hans 58
Fuller, J. F. C. 268

Gamelin, Maurice 97
Gandhi, Mahatma 273, 324
Gaulle, Charles de 20, 29 f., 51, 94, 180–182, 186 f., 197–199, 306, 313
Gensoul, M.-B. 232
Gentile, Giovanni 274
Georg VI., König von England 16 f., 88, 106, 108, 170, 172, 246, 260, 298
Gibbs, Philip 63
Gide, André 275
Gilbert, Martin 139, 321
Gissing, Georg 246
Godfrey, Erzbischof 258
Goebbels, Joseph 30, 58 f., 157, 159, 174, 216, 229 f., 250, 253, 255 f., 261 f., 304
Göring, Hermann 127–129, 190, 194, 229, 247, 250, 258, 293 f., 296
Gort, General 120, 131
Greene, Graham 200
Greenwood, Arthur 138, 140, 142, 145
Guderian, Heinz 126
Guedalla, Philip 92
Guisan, Henri 277
Gustav V., König von Schweden 192, 275, 292

Haffner, Sebastian 320
Håkon VII., König von Norwegen 51, 246
Halder, Franz 99, 119, 153, 241, 254, 262–264, 282–284, 301
Halifax, Edward Frederick Lindley Viscount (seit 1944 Earl of) 15 f., 54, 103, 108, 111, 131–138, 141–147, 149 f., 163, 167 f., 192 f., 203, 213, 218, 220, 236, 254–256, 266, 280, 295
Hamsun, Knut 274
Hanfstaengl, Ernst 56
Hankey, Maurice 90
Harriman, Florence (Daisy) 298
Harvey, Oliver 150
Hearst, William Randolph 174
Henderson, Sir Neville 32, 78
Herrick, M. T. 176
Hess, Rudolf 159, 303 f.
Havighurst, A. F. 321
Hewel, Walther 12, 156, 160, 177, 193, 222
Heydrich, Reinhard 191
Hillgruber, Andreas 123, 284, 322
Himmler, Heinrich 156, 161
Hindenburg, Paul von 80, 261
Hinsley, Arthur Kardinal 149, 258
Hitler, Alois und Klara 66 f.
Hoare, Sir Samuel 41, 43, 91 f., 147, 217–219, 222
Hodgoson, Vere 201
Hohenlohe, Prinz Max zu 160, 193, 258, 273
Holland, Cederic 232
Holland, Lord und Lady 226
Hoover, Herbert 206 f.
Hull, Cordell 171
Huntzinger, Charles-Léon-Clément 93

Ickes, Harold 108
Ironside, Edmund 120 f., 138
Irving, David 323 f.
Ismay, Lord Hastings 52, 93, 138, 164, 167, 221, 244, 269

Jeschonnek, Hans 127
Jodl, Alfred 119, 128, 159, 162, 227 f., 239–241, 262, 264, 281 f.
Johnson, Samuel 76, 116

Keitel, Wilhelm 128, 281
Kelly, Sir David 222, 258
Kemal Atatürk 79
Kennedy, John F. 206
Kennedy, Joseph P. 54, 109–112, 114, 133, 143, 171, 201, 206 f., 219, 235, 266, 286, 296, 302
Kent, Tyler 114 f.
Kesselring, Albert 129
King, Cecil 198
King, Mackenzie 133, 170, 204
Klee, Karl 305, 321
Kleist, Ewald von 126
Kluge, Günther von 126
Knox, Frank 206, 288 f.
Krupp, F. A. 50
Kubizek, August 79, 254 f.

Lee, Raymond E. 201, 286
Leeb, Wilhelm Ritter von 159
Lees-Milne, James 116
Léger, Alexis 136
Lenin, Wladimir 23, 25, 212, 316
Leopold III., König von Belgien 140, 144, 272, 275
Lequerica, Don José 190
Leunhoff, Franz 320
Lewis, C. S. 201
Lewis, Wyndham 63
Lindbergh, Anne Morrow 206
Lindbergh, Charles A. 206
Lloyd George, David 53, 57, 59, 80, 91, 117, 148 f., 167 f., 199, 219, 236, 254, 257
Longmate, Norman 268

Lothian, Lord 113, 170 f., 207, 257, 289
Luther, Martin 309

Macksey, Kenneth 268
Maglione, Kardinal 219, 258, 275
Maisky, Ivan 212
Mallet, Sir Victor 193
Mandel, Georges 188
Manning, Olivia 273
Manstein, Erich von 35 f.
Marcks, Erich 299
Marlborough, John Churchill, Herzog von 56
Marshall, George C. 205, 287
Martin, John 139, 161, 322
Marx, Karl 20 f.
Maurois, André 199
Mengelberg, Willem 274
Metternich, Klemens Wenzel Fürst von 77
Mitford, Unity 62
Molotow, Wjatscheslaw M. 209, 211, 215, 280
Monnet, Jean 188
Montgomery, Bernard Law 166
Montherlant, Henry de 274
Montini, Monsignore 275
Morand, Paul 274
Morgenthau, Henry, jr. 288, 298
Morton, Desmond 188
Mosley, Diana 115
Mosley, Oswald 62, 115, 117 f., 121, 146, 149, 170 f., 241, 268
Muggeridge, Malcolm 198
Munro, H. H. (»Saki«) 268 f.
Mussolini, Benito 22, 30, 70, 78 f., 101–105, 134–138, 140 f., 143, 147, 150, 152, 171, 176,

Register

178, 190 f., 211, 218, 221, 225, 233, 238, 253, 274, 316

Napoleon I., Kaiser der Franzosen 11, 27, 33, 49, 74 f., 81, 129, 213, 226, 267, 297
Nelson, Horatio Lord (Viscount) 232
Nicholson, Claude 130, 138
Nicolson, Harold 55, 92, 116, 118, 198, 200, 203, 236, 246, 256
Noel-Buxton, Philip 292
Normanbrook, Lord 200
Novello, Ivor 92

O'Malley, Owen 160
Orsenigo, Monsignore 275
Ortega y Gasset, José 275
Orwell, George 89, 118, 167, 198, 200, 246 f., 257, 318

Palmerston, Henry John Temple Viscount 59
Papen, Franz von 224, 242, 261
Papini, Giovanni 274
Pascal, Blaise 267
Percival, A. E. 125
Perkins, Frances 108
Pershing, John J. 295
Pétain, Philippe 93, 134 f., 179 f., 186, 188, 190, 196, 221, 224, 231, 257, 272
Philippi, Alfred 159
Pilet-Golaz, Marcel 277
Pilsudski, Josef K. 79
Pitt, William 59
Pius XII., Papst 219, 258, 275
Plesman, Albert 258
Pleven, René 188
Poe, Edgar Allan 79
Ponting, Clive 323 f.

Pound, Ezra 274
Prytz, Björn 192 f., 217 f.

Quisling, Vidkun 47, 51

Rademacher, Franz 161
Raeder, Erich 129, 193, 239–241, 261, 263, 282, 291
Ramsay, Archibald Maule 115
Renan, Ernest 82
Reynaud, Paul 96 f., 134–137, 144, 146 f., 164, 180–183, 185 f., 188, 190, 315
Ribbentrop, Joachim von 12, 57, 156, 159–161, 174 f., 191, 193, 219, 222, 257 f., 305, 308
Rochelle, Pierre Drieu la 274
Roosevelt, Eleanor 109
Roosevelt, Franklin Delano 18, 20, 26, 43, 56, 72, 74, 100 f., 106–108, 110–116, 121, 133, 141, 159, 170–176, 181–184, 201, 204–208, 221, 263–266, 274, 279, 283–290, 294–299, 302 f., 306–308, 311
Rothermere, Lord 63, 68, 73
Rowse, A. L. 77
Runciman, Lord 160
Rundstedt, Gerd von 99, 124–128, 151–154, 157 f., 169, 254

Schröder, Christa 67 f.
Segura, Kardinal 276
Shaw, George Bernard 59
Simon, Sir John 292
Simpson, Wallis siehe Windsor, Herzogin von
Sinclair, Sir Archibald 138 f.
Smuts, Jan Christiaan 173
Sodenstern, Georg von 158, 210–215

Somerville, Sir James 232, 234
Spears, Edward 179
Speer, Albert 194
Stalin, Josef 18, 20, 23, 32, 46, 100 f., 124, 209, 221, 274, 280, 282, 299, 304–306, 312, 316
Stark, Harold R. 287
Stegemann, Bernd 284
Stimson, Harry L. 206, 208, 288
Stokes, R. R. 256
Strakosch, Sir Henry 41
St. Vincent, Lord 267
Suñer, Serrano 217
Sutherland, Graham 313

Taft, Robert A. 207 f.
Taine, Hippolyte 246
Talleyrand, Charles Maurice de, Herzog von 100
Tardini, Monsignore 275
Taylor, A. J. P. 89
Teilhard de Chardin, Pierre 274
Teleki, Paul 160
Thompson, W. H. 17
Thomsen, Hans 257, 266
Tiso, Josef 275
Tisserant, Eugène Kardinal 275
Toynbee, Arnold 93, 201
Treitschke, Heinrich von 84
Trotzki, Leo 77, 212

Vandenberg, Arthur 207
Vansittrat, Sir Robert 110, 188
Velasco, Ángel Alcazar de 217
Villelume, Paul de 134, 136

Wagner, Richard 254 f.
Warlimont, Walter 281
Washburn, Israel 176
Waugh, Evelyn 45, 198, 200, 269
Wedgwood, Veronica 189
Weil, Simone 28
Weizsäcker, Ernst von 128, 224
Welles, Sumner 43, 108, 288
Wellington, Arthur Wellesley, Herzog von 129
Weygand, Maxime 121–123, 126, 134 f., 179 f., 188, 196
White, William Allen 294–296
Wiegand, Karl von 174, 206, 219
Wilhelm II., Deutscher Kaiser 25, 33, 88, 178
Wilhelmina, Königin von Holland 88, 246
Willkie, Wendell 207 f., 289 f., 295 f.
Wilson, Horace 92, 136
Wilson, Woodrow 80
Windsor, Herzog von siehe Edward VIII.
Windsor, Herzogin von 38, 219, 241
Wood, Kingsley 54
Woodring, Harry 206

Ybarnégaray, Jean 188

Eberhard Jäckel
Hitlers Weltanschauung
Entwurf einer Herrschaft
Erweiterte und bearbeitete Neuausgabe
176 Seiten

Selten oder vielleicht tatsächlich nie in der Geschichte hat ein Herrscher, ehe er an die Macht kam, so genau wie Adolf Hitler schriftlich entworfen, was er danach tat. Eberhard Jäckel, Professor für Neuere Geschichte an der Universität Stuttgart, zeichnet dieses zugleich abstoßende und atemberaubende Gedankengebäude nach.

»Ein hochintelligentes Buch von einem der fähigsten Autoren über den Nationalsozialismus in Deutschland. Hitlers Weltanschauung – das gedankliche System, das die treibende Kraft seiner Laufbahn war – wird in der Geschichte seiner Bewegung zu oft übersehen. Eberhard Jäckel hat sie mit großer Geschicklichkeit und Gelehrsamkeit nachgezeichnet. Sein Buch füllt eine ernste Lücke: Es zeigt uns den geistigen Motor, der jene sonst unerklärliche Maschine brutaler Eroberung und Ausrottung antrieb.«

Hugh R. Trevor-Roper
Professor an der Universität Oxford

DVA